Kırmızı Kedi Yayınevi 511

Kırmızı Kedi Yayınevi: 511
Güncel: 25

Kadın
Yılmaz Özdil

© Yılmaz Özdil, 2015
© Kırmızı Kedi Yayınevi, 2015

Yayın Yönetmeni: İlknur Özdemir
Editör: Tunca Arslan
Son Okuma: Sabiha Şensoy
Kapak Tasarımı ve Grafik: Yeşim Ercan Aydın

Tanıtım için yapılacak kısa alıntılar dışında, yayıncının yazılı izni alınmaksızın, hiçbir şekilde kopyalanamaz, elektronik veya mekanik yolla çoğaltılamaz, yayımlanamaz ve dağıtılamaz.

Birinci Basım: Ekim 2015, İstanbul
Beşinci Basım: Aralık 2016, İstanbul
ISBN: 978-605-9799-43-0
Kırmızı Kedi Sertifika No: 13252

Baskı: Pasifik Ofset
Cihangir Mah. Güvercin Cad. No: 3/1 Baha İş Merkezi A Blok Kat: 2
34310 Haramidere/İSTANBUL
Tel: 0212 412 17 77 Sertifika No: 12027

Kırmızı Kedi Yayınevi
kirmizikedi@kirmizikedikitap.com / www.kirmizikedi.com
www.facebook.com/kirmizikedikitap / twitter.com/krmzkedikitap
kirmizikediedebiyat.blogspot.com.tr
Ömer Avni M. Emektar S. No: 18 Gümüşsuyu 34427 İSTANBUL
T: 0212 244 89 82 F: 0212 244 09 48

Yılmaz Özdil

KADIN

Hülya'ya

Elif

Swissair uçağı Zürih'ten havalanmıştı.
Washington'a gidiyordu.
Atlantik üzerindeydiler.

75 yaşındaki first class yolcusu, eklemlerini hareket ettirmek için koridorda yürümeye başlamıştı ki, eski gizli servis elemanı olan koruması yanına geldi, suratı allak bullaktı, sadece ikisinin duyabileceği şekilde mırıldandı, "Sayın başkan, iki uçak Dünya Ticaret Merkezi'ne çarpmış!"

Hani, inanılması imkânsız şeyleri duyunca "hadi canım" der gibi müstehzi bi ifade olur ya, işte o ifade oturmuştu yaşlı adamın mimiklerine.

"Pilot sizinle görüşmek istiyor" dedi koruma...
Kokpite girdiler.
Uçaklar kaçırılmıştı.
İki tanesi Dünya Ticaret Merkezi'ne, biri Pentagon'a çakılmıştı, biri de kayıptı, derhal İsviçre'ye geri dönüyorlardı.

"Kanada'ya inemez miyiz?" diye sordu yaşlı adam...
Kaptan kestirip attı, "Zürih'e dönüyoruz" dedi.
Emir böyleydi.

Pearl Harbor'dan bu yana ilk kez Amerikan topraklarına saldırı yapılıyordu. Tarih, 11 Eylül 2001'di.

O yaşlı yolcu, dolar'a hükmeden, Amerikan Merkez Bankası'nın efsane Başkanı Alan Greenspan'di.

Döndü, oturdu yerine, koltuğuna bağlı telefona sarıldı, kaput, hatlar kilitti... Yerdekiler bile birbirleriyle konuşamıyordu, havadaki nasıl konuşsun... Düşündü kara kara, üç saat boyunca... Her gün dört trilyon dolar pompalayan dünyanın motoru Amerikan ekonomisi felce uğrayacak, korku "küresel kartopu" etkisi yapacaktı.

Ve, herkesin bi şey desin diye ağzına baktığı kişi, havada, pencereden dışarı bakıyordu.

İndiler nihayet... Ayağı yere basar basmaz, "çalışır bi telefon bulun bana" dedi. Buldular. Amerikan Merkez Bankası Başkanı, tarihi kriz hakkında ilk talimatını verecekti. Herkes nefesini tuttu. Tuşladı telefonu, saniyeler adeta seneler gibiydi.

Ve...
"Andrea iyi misin?" dedi!

Dünya ekonomisinin en önemli adamı, dünya biraz beklesin demiş ve ilk önce eşini, sevdiği kadını aramıştı.

Dokuz sene sonra, tarih 2010.
Servis otobüsünün penceresinden dışarı bakıyordu genç adam, mutlu bir gülümseme vardı yüzünde... Yıllarca arazide, zor şartlarda yaşamış, vuruşmuş, nihayet İstanbul'a tayin olmuş, iki yaşındaki kızının huzurlu geleceği için hayaller kuruyordu ki... Bomba patladı.

Tahribatı artırmak için konulan çivilerden biri boynuna saplanmıştı. Tecrübeli askerdi, vaziyeti anlamıştı, son bir gayretle cep telefonunu çıkardı, tuşladı...

Atlantik'in ötesinde değil, iki kilometre ötede, lojmanda, Kardelen Elif'in telefonu çaldı.

10 dakika önce öperek uğurladığı eşi arıyordu.
Açtı.
"Canım" dedi.
Sesi gelmedi maalesef, son nefesi geldi.

Feleğin çemberinden defalarca geçmiş olan kahraman çavuş, felaket anında, son kez, ama aslında ilk önce... Sevdiği kadını aramıştı.

Eminim "iyiyim, merak etme" demeye gayret ediyordu.
Ve, "seni seviyorum" demeye.

Şu anda 84 yaşında olan Amerikan efsanesi Alan Greenspan *Türbülans Çağı* isimli kitabında anlatmıştı kendi öyküsünü... Türbülanstan türbülansa savrulan Türkiye'nin kahramanı, 28 yaşındaki Çağlar'ın öyküsü ise, bırakın kitap olmayı, kıytırık haber olmayı bile zor başardı.

Halbuki, her terör saldırısı, uçakların gökdelenlere çarpması gibi bi şeydir aslında... New York'ta olduğu için daha önemli, Halkalı'da, Şemdinli'de olduğu için daha önemsiz değildir.

İster Swissair'in first class'ında dünyanın patronu Amerikalı ol, ister servis otobüsünün dandik koltuğunda uzman çavuş maaşıyla kıt kanaat geçinmeye çalışan Türk ol... Hissettikleri aynıdır.

Pencereden dışarı bakarak yazıyorum bu satırları size ve çok düşündüm, sonunu bağlamamaya karar verdim. Yanınızdaysa yüz yüze, uzaktaysa kaldırın telefonu ilk arayacağınız kişiye; eşe, sevgiliye veya bir türlü açılamadığınız kıymetliye... Ne zaman gireceğimiz belli olmayan türbülansın cümlelerini siz bağlayın.

Elif İmenç Bölük

Elif, Muşluydu. Çağdaş Yaşamı Destekleme Derneği'nin Kardelen projesiyle okumuş, öğretmen olmuştu. Hatta, Kardelen projesinin reklam yüzü olmuştu, televizyon reklamlarında rol almıştı. Maalesef, ataması yapılmayan öğretmenlerdendi. Eşi şehit olunca, birinci derece şehit yakını kapsamında, lütfettiler, atamasını yaptılar! Şehit uzman çavuş Mehmet Çağlar Bölük, İzmir Tire'de toprağa verildi. İki yaşındaki kızları Eylül'le kalakalan 23 yaşındaki Elif de, İzmir'de görevlendirildi.

Gülsüm

Merak etme Gülsüm ana... Dünya güzelimiz Keriman Halis Ece karşılayacak Berkin'i, Feriköy'ün kapısında.

Hoşgeldin yavrum diyecek.
Sarılacak okuldan gelir gibi.
Annelik edecek ona.

Ali Sami Yen amcası koşacak nefes nefese, koltuk altında futbol topuyla, var mısın japon kale maça diyecek, gazozuna... Erol Günaydın dedesi seslenecek hemencecik şuradan... O kara kaşlı güzel yüzünü güldürebilmek için, ayı yogi taklidi yapacak.

Unutulmazlar kabristanıdır Feriköy.
Berkin de unutulmayacak.

Salah Birsel'den şiirler dinleyecek. Çocuk edebiyatımızın en önemli yazarlarından Güngör Gençay abisi oturacak yanına, *Ay'a Seyahat*'i okuyacak, *Balıklar Ovası*'nı, *Barut Yüklü Yıldızlar*'ı okuyacak.

Kerime Nadir teyzesi orada.
Kitaplarını verecek ona.
Fatma Aliye halası orada.
Hani şu, Türk edebiyatının ilk kadın romancısı olan, 50 liralık banknotların üstünde fotoğrafı bulunan Fatma Aliye.
Berkin okurken, saçını okşayacak.

Para lafını duyunca, sevimli üçkâğıtçı Selçuk Parsadan damlayacaktır oraya... Ne matrak hikâyeler var onda, yerlere yatıracak Berkin'i, kahkahalara boğacak, bugünkü siyasi dolandırıcıların yanında çırak bile olamam diyecek.

Deprem dede orada, Profesör Ahmet Mete Işıkara, çoktan kontrol ettirmiştir yatılacak yerin zeminini, sağlamdır mutlaka... Mihri Belli orada, eski tüfek, anlatacaktır tek tek Berkin'e, hem devletin demokrasi tarihini, hem milletin makûs talihini.

Nahit Fıratlı ablası orada.
Ne kadındı be kardeşim.
Ne aşk yaşamıştı Orhan Veli'yle.

Şu dizeleri yazdırmıştı büyük şaire:
Hiçbirine bağlanmadım / ona bağlandığım kadar / sade kadın değil, insan / ne kibarlık budalası / ne malda mülkte gözü var / hür olsak der / insanları sevmesini bilir / yaşamayı sevdiği kadar.

Off, of, anlatacaktır Berkin'e...
Fırtınalı hayatını, insanlığını, sevdasını.

Yeşilçam'da yeri doldurulamayan Vahi Öz orada. Efsane şapşal uşak Cevat Kurtuluş orada. Kadir Savun, Mualla Sürer, Turgut Özatay, Mine Mutlu, Reha Yurdakul orada. Aile gibi kucaklayacaklardır, seyrettireceklerdir Berkin'e, siyah-beyaz filmler dönemindeki Türkiye'nin, aslında ne kadar rengârenk olduğunu.

Tiyatro isterse, sahne hazır... Perde açılır, Zafer Önen, Ekrem Dümer, Engin İnal, Birsen Kaplangı, Ünal Gürel, liste çook uzun, iz bırakmış emektarlar orada.

Unutulmazlar kabristanıdır Feriköy.
Berkin de unutulmayacak, asla.

Sana gelince usta...

Hatırlanmak bile istenmeyeceksin.
Yatacak yerin yok, bilesin.
Tükürmesinler diye mezar taşına...
Toma bekleyecek başında.

>>><<<

Gülsüm Elvan

Berkin son nefesini verdi, Tayyip Erdoğan seçim gezisindeydi, Gaziantep mitinginde kürsüye çıktı, "çok enteresan, annesi beni suçluyor, evladımın katili başbakandır diyor, evladının mezarına demir bilyeler atışını pek anlamadım, o demir bilyeleri niçin atıyorsun mezarına, neyin mesajını veriyorsun" dedi. Meydanı dolduranlar yuuuuhhh diye bağırdı. Tarihimizde ilk defa, evladı polis tarafından öldürülmüş bir anne, başbakan tarafından yuhalatılıyordu. Peki, o bahsettiği "mezara atılan

11

demir bilyeler" neydi? Berkin'in babası Sami Elvan anlattı. "Çocuğum misket oynayacak yaşta vefat etti. Annesi misket oynasın diye renkli cam misketler koydu mezarına" dedi. Türkiye utançtan yerin dibine girdi, Tayyip Erdoğan bana mısın demedi.

※

Asuman

- Dereleri sattınız mı?
- Satmadık.
- Ya ne yaptınız?
- Devrettik.
- Ha, o başka.

Yemin etse başı ağrımaz!

Rize'de derelerin üstüne kurulan hidroelektrik santralının açılışını yaptı başbakanımız… Ki, mahkemeliktir o santral, henüz kararı verilmedi. Yargı kararını filan beklemeden kurdeleyi kesen başbakanımız, "bi takım çevreci tipler karşı çıkıyor" dedi.

İki ay önce…
Üç profesörümüz Bolu'da trafik kazası geçirdi, üçü de rahmetli oldu. Profesörlerimizden biri "üçüncü köprü İstanbul ormanlarını mahvedecek" şeklindeki rapora imza atan, Ahmet Hızal'dı. Bir diğeri ise, İstanbul Üniversitesi Orman Mühendisliği Bölüm Başkanı Profesör Asuman Efe'ydi. "Bitki ana" olarak tanınıyordu.

Nereye gidiyorlardı?
Kastamonu'ya.
Loç Vadisi'ne.

Küre Dağları'nın milli park alanı içinde kalan Loç Vadisi'ne hidroelektrik santralı yapılmak isteniyordu. Ahali itiraz edince, mahkemelik olmuştu. Kastamonu İdare Mahkemesi, bu üç saygın profesörümüzü "bilirkişi" tayin etmişti. "Gelin, yerinde inceleyin, ağaçlar katledilecek mi, çevre zarar görecek mi, rapor yazın, ona göre karar vereyim" demişti.

Çevreci tipler'di yani.
Maalesef kaza oldu, bilirkişi heyeti can verdi.
Ama, içimi sızlatan sadece bu değil.
O kaza, tüm basınımızda haber yapıldı. "Bitki ana"nın tüm gazetelerimizde, tüm televizyonlarımızda "hep aynı fotoğraf"ı yer aldı. Hep aynı vesikalık fotoğraf... Akbil kartından alınmıştı!

Çünkü... Ömrünü memleketin ormanlarına adayan "Bitki ana", o feci kazada hayatını kaybedene kadar, tek bir kare bile haber olmamıştı Türk basınında!

Ne bir etkinlik fotoğrafı.
Ne bir konferans fotoğrafı.

Çantasından Akbil vesikalığı çıkmasaydı, o güne kadar kendisinden tek satır bahsetmeye tenezzül etmeyen Türk basını, fotoğrafsız vermek zorunda kalacaktı "Bitki ana"yı.

Dolayısıyla... Dereleri ormanları haşat eden santralları "şahane oluyor" diye gümbür gümbür manşet yapan Türk basınına, "bi takım çevreci tipleri" şikâyet etmekte haklı başbakanımız...

Kim oluyor ki o çevreci tipler?
Hangi hakla pişmiş aşa su katıyorlar?
Göstermeyin kardeşim bunları.
Konuşturmayın. Yazmayın.

Asuman Efe

"Bitki ana" 2010'da rahmetli oldu. Üç sene sonra... Çankırı Karatekin Üniversitesi Orman Fakültesi Öğretim Üyesi Yardımcı Doçent Serhat Ursavaş, Isparta Kızıldağ Milli Parkı'nda dünya literatüründe bulunmayan bir kara yosunu türü keşfetti. Serhat Ursavaş, "Bitki ana" Asuman Efe'nin adını yaşatmak için, keşfettiği yosun türüne "Cinclidotus Asumaniae" adını verdi. Dünya durdukça, asla unutulmamasını sağladı.

Begüm

Artık gelenek oldu.
Her düğünde biri öldürülüyor.
Damadı indiren davetli de var...
Davetli indiren damat da.

Gelini vuran öküz bile çıktı.

Uçağı vurdular, uçağı...
Patriot değil, maganda füzesi.

Cuma akşamı 22.30 sularında İstanbul-Trabzon seferini yapan özel şirkete ait uçak, inişe geçtiği sırada, aşağıdaki düğünden fırlatılan havai fişek yüzünden düşme tehlikesi atlattı.

Bu gidişle, evleneyim derken vapur batıran magandayı da görürüz... Kimse "dur" demiyor nasıl olsa.

Son olarak Begüm'ü vurdular. Henüz 23 yaşında.
Galatasaray Üniversitesi son sınıf öğrencisiydi.
Seneye Sorbonne Üniversitesi'ne gitmeye hak kazanmıştı.
Akrabasının kına gecesine gitti.
Masal prensesleri gibi güzeldi.
9 milimetre ensesinden girdi.
Dişlerinin arasından çıktı.

Türkiye'de 2 milyon ruhsatlı, 5 milyon ruhsatsız silah var. Yani 10 kişiden 1'inin belinde... Her 4 evden 1'inde silah var.

İşte çarpıcı bir kıyas... Irak'ta savaş başladığından beri, yani son 2.5 yılda kaç Amerikalı öldü? 1.877... Türkiye'de sadece son 2.5 yılda kaç kişi maganda kurbanı oldu? 2.150.

Biri savaşıyor, 1.877 ölü.
Öbürü evleniyor, 2.150 ölü.

Sonra diyorlar ki, savaşma seviş!

Begüm Kartal

Begüm'ü öldüren maganda yakalandı, tabanca bulundu, her şey kabak gibi ortadaydı, 16 sene hapis cezası verildi, Yargıtay cezayı az buldu, kararı bozdu, yerel mahkemeye geri gönderdi, yerel mahkeme tekrar yargıladı, cezayı 22 seneye çıkardı, Yargıtay onadı. Ancak, bu arada beş senelik tutukluluk süresi dolduğu için, maganda serbest bırakılmıştı iyi mi... Kayıplara karıştı. Üç sene saklanmayı başardı. Neyse ki, polis işin peşini bırakmadı. Üç sene sonra yakalandı. Türkiye'de her sene ortalama 100 kişi, maganda kurşunuyla can veriyor. Buna rağmen hâlâ sağa sola ateş açanlarla alakalı olarak ciddi bir yasal düzenleme yapılmıyor. "Tabanca lobisi" önleyici yasa çıkarılmasını engelliyor, maganda lobisini tabanca lobisi koruyor!

Ümmügül

En kısa ömürlü üründür gazete.
Ekmekten bile daha kısa ömürlüdür.
Sabahın ilk ışıklarıyla doğar, akşamı görmeden ölür.
Ansiklopedi değildir, alasın da, yıllarca saklayasın...
Okursun, biter.
İstersen bin sayfa yap...
Okurun sana ayıracağı vakit 20 dakikadır.
Bilemedin 25.

Hani soruyorsunuz ya, "niye kısa yazıyorsun" diye.
Bundan.

"Yalancı dolma" gibidir uzun yazılar.
Okursun okursun, içinde bir gram et yoktur.
Ama bazen bir soru sorarsın...
Hayatın anlamı ete kemiğe bürünür.

İşte bugün öyle bir soru var, bu köşede.
Bana ait değil.
Size birini tanıştıracağım, o soracak.

İsmi, Ümmügül...
Yedi yaşında.
Balıkesir Burhaniyeli.

Cumhuriyet İlköğretim Okulu'nda öğrenci.

Bir konferans düzenlendi bu okulda.
Sivil savunma konferansı.
Konusu "deprem olursa, neler yapmalıyız" falan.

Koca koca uzmanlar gelmiş.
Çocuklar soracak.
Uzmanlar cevaplayacak, doğruları öğretecek.
Amaç bu.

Ümmügül parmağını kaldırıyor, soruyor:
"Deprem olursa, fakirleri de kurtarırlar mı?"

Öyle hemen bir alt satıra geçmek yok.
Bir daha okuyalım:
"Deprem olursa, fakirleri de kurtarırlar mı?"

Salonda sessizlik oluyor.
Adeta tavan çöküyor kafalarına...
Çünkü gerçek "ağır"dır aslında.

Şöyle bir bakıyoruz...
O parti geliyor, bu parti gidiyor.
Şu anda isminde "adalet" olan bir parti var iktidarda.
Ama "adaletsizlik" duygusu, yedi yaşındaki yavrularımızın yüreğinde bile var.

Bunu anlatmıyorsa gazeteler...
Bin sayfa olsa ne olur ki?

>>><<<

Ümmügül'e cevap veremediler, cevap vermek yerine, okul müdürünün odasına çağırıp, çikolata ve pastel boya verdiler. Akp döneminin tipik yaklaşımıydı. Makarna verdiklerinde, kömür verdiklerinde, çikolata verdiklerinde, sorunları çözmüş oluyorlardı!

>>><<<

Ümmügül Turhan

Semra

"Gelinim olur musun" yarışmasının damat adayı Ata, bir otel odasında uyuşturucudan hayatını kaybetmiş vaziyette bulundu. Cenaze töreni sayın televizyonlarımız tarafından "canlı" yayınlandı.

Rahmetli yaşarken çok izleniyordu.
Ölümü de çok izlendi.

Deniyor ki...
"Olacağı buydu, şöhret merakının sonunda biri öldü."

Evet, bu işlerden rahmetli olan ilk insan Ata oldu.
Ama, reality şovlarda ilk ölüm değil bu.
Hangi televizyondaydı tam çıkaramıyorum, bir de kedi ölmüştü. Üstüne mi basmışlardı, kapıya mı çarpmışlardı ne, Gizmo isimli kedi ölmüştü.

Diyeceksiniz ki...
"Amma adamsın, nereden hatırlıyorsun kediyi?"

Hatırlarım...
Hafızayı önemserim ben.
Hafızayı önemsediğim için, şu anda, bu tür yarışmalara katılan gençleri ve bu yarışmaları düzenleyen televizyon kanallarını "linç etmeye çalışanları" da hafızaya davet ediyorum.

Bakın bir liste vereyim... Muazzez Abacı, İbrahim Tatlıses, Garo Mafyan, Deniz Seki, Zerrin Özer, Ercan Saatçi, Ali Poyrazoğlu, Huysuz Virjin, Hamdi Alkan, Nurseli İdiz, Arif Sağ, Tan Sağtürk, Haldun Dormen, Mahsun Kırmızıgül, Serdar Ortaç, Cem Ceminay, Ahmet San, İlhan Şeşen, Seda Sayan, Tuncay Özilhan.

Kim bunlar?
Bu tür yarışmaların jürileri.

E hani gençler şöhret olmak istiyordu?
Bunlar ne peki?

Bu isimleri de geçelim...
Kim izledi kardeşim bu programları?
Reyting rekorlarını kim kırdırdı?

Ben Evleniyorum'un Caner'i Tülin'i.
Biri Bizi Gözetliyor'un Edi'si Melih'i.
Popstar'ın Bayhan'ı Abidin'i.
Türkstar'ın Ufuk'u Emrah'ı.
Öbür Popstar'ın Selçuk'u Sezen'i.
Bir Yıldız Doğuyor'un ismini hatırlamadığım gençleri.
Gelinim Olur musun'un Ata'sı Sinem'i.
Size Anne Diyebilir miyim'in Belmanım'ı Tatliş'i.
İkinci Bahar Gönüllerde'nin Fatma Hanım'ı Engin Bey'i.
Türkiye'nin Yıldızları'nın figüranları.
Bilmem neredeki adaya gidip balık tutan da oldu...
Dağ başındaki çiftliğe gidip inek sağan da.

Kim izledi bunları?
Kim attı trilyonlarca liralık mesajları?

Televizyonları suçlamak kolay...
Kimler manşet yaptı bu çocukları günlerce?
Posterlerini kim verdi?
Kaynana Semra'yı kimler yazar yaptı gazetelerine?
Kimler?

>>><<<

Semra Yücel

Suni şöhretin kurbanı olan zavallı çocuğun ismi Ata, soyadı Türk'tü. Tabuta Türk bayrağı örttüler iyi mi... Reyting kaynanası Semra "asker kızıyım, şehit verdim" dedi. Fatih Camii'ndeki cenaze töreni miting gibiydi. Ahali hücum etti. İzdihamdan kavga çıktı, yumruklaşmalar oldu. Televizyonlar canlı yayınladı. Kanal D, atv, Show, Star gibi kanalların ana haber bültenlerinde toplam 97 dakika haber oldu.

Medyamızdaki yozlaşmanın en vahim örneklerinden biriydi. Türkiye'nin en meşhur (!) kadını kaynana Semra, üç gün geçince unutuldu, tek sütun haber bile yapılmadı. Kullanılmış, işi bitmişti.

>>><<<

Ayşe, Zübeyde

Birinin adı, Ayşe.
Öbürünün, Zübeyde.
Hayatımda tanıdığım en ateşli kızlar bunlar.
Ayşe, 40 yaşında.
Zübeyde, 27'sinde.
Bugüne kadar kimseye yâr olmayan bu iki çılgın kız, önceki gün nihayet "gelin" edildi.
Başlık parası ne kadar biliyor musunuz?
6 milyar dolar!
Ereğli Demir Çelik'in fırınları onlar.
Birinin adı Ayşe, öbürünün Zübeyde.

Anadolu'dur inanır... Rivayete göre, ilk icat edildiği dönemlerde, evin erkeği çeliği döverken, anası, eşi ya da kızı körükle üflermiş... Körüğü tutan ana, eş ya da kız, saçından bir nazlı teli atarsa çelik hamuruna, o çeliğin bileği bükülmezmiş.

Sene 1965.
İlk fırına isim verilecek.
O gün, ustabaşının kızı dünyaya gelmiş, Ayşe.

Sene 1978.
Ayşe çalışmış çabalamış, bu memlekete hayırlı evlat olması için ikinci fırını doğurmuş. İsim verilecek. Düşünmüşler, bu memleketin en hayırlı evladı kim? Annesi, Zübeyde.

Ayşe ile Zübeyde, önceki gün "gelin" oldular.
Bana göre, göbeği yabancıya bağlanmaya çalışılan Türkiye'nin düğünüdür bu... Başlık parası 6 milyar dolar.

Allah'tan bu memlekette Coşkun Ulusoy diye bir adam var.
Yoksa, Ayşe ile Zübeyde, Rus'a ya da Fransız'a gelin gidecekti göz göre göre.

Özetle...
Bu gariban devletin varlıklarına "demir yığını" olarak bakarsan, ona da satarsın, buna da.
Ama "evlat" ya da "ana" gibi bakarsan...
Nasıl kıyıyorsun be arkadaş.

Türkiye'de 2015 itibariyle, kadın ismi taşıyan dokuz yüksek fırın var. Karabük Demir Çelik'in fırınları, Fatma, Zeynep, Ülkü... İskenderun Demir Çelik'in fırınları, Cemile, Ayfer, Gönül, Dilek... Erdemir'in Ayşe'si 43 yaşına geldiğinde 65 milyon dolar harcanarak yenilendi. Zübeyde ise, 34 yaşına geldiğinde 45 milyon dolara tazelendi.

Ayşe ve Zübeyde

Rahime

Bugün size çok önemli birini tanıştıracağım.
Nevzat.
Kim o derseniz?
Tanımak lazım.

Hadise Muş'ta geçiyor.
Avrupa Birliği'nin "üreme sağlığı" diye bir projesi var. Bu projenin, takibini yürüten bir de komiseri var. Bu komiser, Muş'a geliyor. Bakacak, uygun bulursa, Türkiye'ye "hibe" yapacak... Ki, sağlıklı üreyelim.

Bu komiser arkadaşı, Nevzat'la tanıştırıyorlar.
Adamcağız Nevzat'ı dinliyor.
Sonra da "şoktayım, tarihi bir gün yaşıyorum, gördüklerime inanamıyorum, biraz yalnız kalmam lazım" diyor!
Sandalyeye çöküyor.
Ayran falan veriyorlar kendine gelsin diye.

Çünkü... Nevzat'ın 4 eşi, 42 çocuğu var!

63 yaşında.
12 yaşında evlenmiş.
Eşlerinin isimleri sırasıyla:
Hediye, Rahime, Hayriye, Halime.
Kafiyeyi tutturmuş yani.
Üstelik, tornavida gibi maşallah...
"Maddi durumum iyi olsa, beşinciyi de alırım" diyor.

Tahminim... Ya Raziye olur, ya Şaziye.

Hediye'den 11 çocuğu olmuş.
Hayriye'den 13.
Halime en taze, henüz 4.
Rekor, Rahime'de...
Bir futbol takımı doğurmuş...
Yanına üç tane de hakem doğurmuş, 14!
Ve, şu anda hamile.
Allah izin verirse, 3 ay sonra kendisinin 15'inci, takımının 43'üncü golüne imza atacak.

Çocukların 19'u erkek, 23'ü kız.
En büyüğü, erkek, 50 yaşında.
En küçüğü, kız, 1 yaşında.

Eğer çocuklar da Nevzat'ın izinden giderse... Yani, erkekler, babaları kadar çocuk yaparsa... Kızlar, anneleri kadar doğurursa... 40 sene sonra, kaba hesap, 1.100 kişi olacaklar!

Peki isimleri?
Burası çok önemli.
Çünkü biz bir tanesinin bile ismini koyarken, dokuz doğuruyoruz. Onu mu koyalım, bunu mu koyalım, karar veremiyoruz.
Nevzat nasıl çıkmış bu işin içinden?
Sordurdum... Tam olarak hatırlayamadı.
20'sini çıkarabildi.

Muhtar'a sorduk.
İşte, Avrupa Birliği tarihine geçen 42 çocuğun ismi...

Kerem, Cevdet, Ekrem, Zozan, Kemal, Raif, İbrahim, Celal, Ömer, Kader, Nezahat, Şakir, Gönül, Aliye, Levent, Gülbahar, Mizgin, Harika, Gurbet, Sevda, Devrim, Tuba, İsmail, Şenol, Fatma, Kudbettin, Bilal, Nazime, Şengül, Güven, Pervin, Türkân, Barış, Emrah, Servet, Fadime, Sezer, Seher, Yusuf, Filiz, Cemile, Arzu.

Muş'ta yukarıda anlattığım tablo yaşanırken, Tayyip Erdoğan Ankara'da konuşuyordu: "Bu ülkede yıllarca doğum kontrolü ihaneti yaptılar, neslimizi kurutma yoluna gittiler, genç nüfus dinamik ülke demektir, en az üç çocuk yapın!"

Rahime Demir

≫≪

Dilara

Henüz beş yaşında.
Kız bebesi.

Dün öğle saatleri.
Annesiyle birlikte yürüyorlardı.
El ele tutuşmuşlar, eve dönüyorlardı.

İstanbul'da, Mahmutbey'de, Türkiye'nin en kalabalık muhitlerinden birinde, attı adımını Dilara… Yok oldu.

Bir karton bisküvi kutusunu ezmişler, düzleştirmişler, rögar kapağı olmayan kanalizasyon çukurunun üstüne örtmüşler... Basınca üstüne Dilara, gidiverdi içine.

Yaklaşık yarım metre çapında bir çukur... Beş metre kadar dikine, aşağı doğru gidiyor, sonra yatay şekilde yoluna devam ediyor. Boylu boyunca Mahmutbey'i yeraltından geçiyor, Şirinevler'i yeraltından geçiyor, altı şeritli E5'i yeraltından geçiyor, Ataköy'ü yeraltından geçiyor, Olimpiyat Evi'nin yanından gün ışığına çıkarak, dereyle birleşiyor.

Orada buldular cesedini.

Beş yaşındaki yavru, idrar ve dışkı seli içinde, yarım metre çapındaki zifiri karanlık boruda, sürüklendi, sürüklendi, sürüklendi... Dört kilometre.

Bir dakika sonra mı boğuldu?
Üç dakika dayandı mı acaba?
Can vermeden önce ne kadar çırpındı?
Bağırabildi mi çaresiz?
Neler hissetti o son saniyelerinde?

Ciğeri mi patladı havasızlıktan?
Yoksa kalbi mi durdu önce?
Bilinmez.
Dört kilometre uzakta, kanalizasyonun dereyle birleştiği yerde buldular cesedini.

Bakıyorum fotoğrafa...
Babacığı sarılmış evladına.
Almış kucağına, bağrına basıyor.
Haykırıyor, bağırıyor, isyan ediyor.
Ne fayda.

Dilara'nın saçları yapışmış suratına.
Kolları ve bacakları çarpık duruyor.
Galiba parça parça olmuş incecik kemikleri, o zifiri karanlık tünel yolculuğu sırasında.

15 milyar dolar bütçesi var bu şehrin.
Yılda 15 milyar dolar.

Koca koca, görkemli belediye binaları var.
En pahalı makam araçları var.
Rögar kapağı yok.
Bir de vicdanı.

Müteahhitlere çuvalla para ödemek kolay da...
Nasıl ödenir Dilara'nın vebali?

Dilara Dumrul

Maalesef... Dilara'nın babası, müteahhit firmayla anlaştı, "helalleştik" dedi, şikâyetinden vazgeçti.
Sorumlular iki ay yatıp çıktı, tutuklu sanık kalmadı.
AKP döneminin neden bu kadar uzun sürdüğünü gösteren, hazin örneklerden biriydi. Evladını kaybeden baba bile evladının hesabını sormuyorsa... Dilaralar ölmesin diye AKP'nin haksızlıklarına direnmeye çalışan insanlar ne yapabilirdi ki?

Matild

Vergi şampiyonları belli oldu.
Araştırmacı gazeteler tek tek yazdı.
Şu birinci, şu beşinci falan... Bilgilendik.

Ben gazeteciliği hobi olarak yaptığım için, araştırma işine kafam pek basmaz. Listede sadece "tek" isme bakarım... Var mı, yok mu?

Yok.

Matild Manukyan... Vergi şampiyonu genelev patroniçesi, 20 yıldır ilk kez, ilk 100 listesinde yok.

1987'de 1'inci.
1994'te 4'üncü.
1996'da 63'üncü.
2000'de 67'nci.
Atlayarak yazıyorum ama, aradaki yıllarda da hep listede...
2001'de vefat etti, malı mülkü, mirası, oğlu Kerope'ye geçti.
2001'de 82'nci.
2003'te 84'üncü.
2005'te 95'inci.
Ve, bu yıl listeye giremedi.

1914'te, İstanbul Sütlüce'de doğdu Matild... Aslında soyadı Manokyan'dı. Ama her nedense ısrarla Manukyan diye yazıldı. Kafanız karışmasın diye, ben de öyle yazıyorum.

Babası, Manuk efendi, Sultanhamam'da manifaturacıydı. Üç oğlu, bir kızı vardı. Kızının da iyi tahsil almasını arzu ediyordu. Notre Dame de Sion'a gönderdi.

Diplomasını alan Matild, terzi olmak istedi. Lucia hanımın yanında başladı. Sonra, dönemin sosyete terzisi Maksud'un yanına kalfa oldu.

Varlıklı mühendis Aram bey ile evlendi. İkinci dünya savaşı patladı, Aram bey iflas etti. Kerope'ye hamile olan Matild, çaresiz, terziliğe geri döndü. Perde diktiği, Behice isimli bir müşterisi vardı. Behice hanım borcunu ödeyemedi, "gel benim eve ortak ol, paranı öyle al" dedi. O ev, malum evlerden biriydi. Böyle başladı o işe Matild... Vefat ettiğinde, hanları, apartmanları, bine yakın gayrimenkulü vardı.

Ahlaksızlık rekortmenleri "namuslu tüccar" ayaklarıyla bu ülkenin ırzına geçerken... O işin bile "namusuyla" yapılabileceğini kanıtladı. "Vergi benim namusumdur" diyordu.

Erkek dünyasında kadın...
Kurtlar sofrasında mama...
Vergi yarışında şampiyondu.

20 yıldır ilk kez listede yok.

Fuhuş azalmayıp, azdığına göre...
Listeye bak, vaziyeti gör.
Millete "namus, ahlak" dersleri verenler, bu konuda da kontrolü elden kaçırdı.

KDV'siz fuhuş sokağa taştı.
O iş de "kayıtdışı" artık bu ülkede.

1987'de 251 milyon lira ödeyerek, İstanbul'un vergi şampiyonu olmuştu. O günün parası bugün ne anlama geliyor derseniz... Hayatını kaybettiği 2001 senesine kadar, toplam, 10 milyon dolar vergi ödedi.

Matild Manukyan

Aysun

Kanaat önderi olarak NTV'de program yaptırılan manken Aysun Kayacı, "dağdaki çobanla benim oyum eşit olamaz" filan demiş.

Şimdi bakın...

Ordu'nun tabiat harikası Perşembe Yaylası, taa 1991'de turizm merkezi ilan edilmişti. Tesis yapılmadı, bari hayvanlar otlasın diye mera yapıldı. Gel zaman git zaman, önceki sene TOKİ musallat oldu, "ver merayı bana, villalar yapayım sana" dedi. Tarım İl Müdürlüğü Mera Komisyonu şak diye toplandı, birinci sınıf merayı, mera kapsamından çıkardı iyi mi... Üstelik "toprak bedava, 20 senelik ot parasını öde, al" dedi. TOKİ üç kuruş ot parasına, 450 bin metrekarelik meraya oturdu, caanım yeşillikte pata küte inşaata başladı. Başladı ama... "İyi de birader, biz hayvanları nerede otlatacağız" diyen "çoban" Muharrem Yumbul, zart diye gitti, avukat bile tutmadan, bi başına, Bölge İdare Mahkemesi'ne başvurdu. Mahkeme inceledi, "yok öyle yağma, çoban haklı" dedi, şırrak diye durdurdu TOKİ inşaatını.

Aynı günlerde... İstanbullu hayırsever bi aile, Florya'daki 95 dönümlük muhteşem arazisini "hastane yapılsın" diye, SSK'ya bağışladı. Hastane mastane yapılmadı. Reform yapıyoruz ayaklarıyla SSK'yı lağvettiler. Hastane için bağışlanan araziyi de TOKİ'ye devrettiler. TOKİ "hastaneyi boşverin, ben buraya rezidans yapayım, iş merkezi yapayım" dedi, İstanbul Büyükşehir Belediyesi'ne başvurdu. Büyükşehir Belediye Meclisi, bu öneriyi fevkalade buldu, son sürat onay çıktı. TOKİ de son sürat ihaleye çıktı. İhaleyi, İstanbul Büyükşehir Belediye Başkanı Kadir Topbaş'ın damadının ortak olduğu şirket kazandı. Kimsenin gıkı çıkmadı.

Böylece... Dağdaki çoban "hayvanları"nın merasını kaptırmazken, "insanlara" hastane yapılması gereken katrilyonluk arazi, kaptırıldı.

Dolayısıyla... "Dağdaki çobanla benim oyum eşit mi olacak şekerim" lafını, ciddi ciddi tartışmakta fayda var.

Bence eşit olmamalı.
Çobanın oyu en az iki sayılmalı!

>>><<<

Aysun Kayacı

"Haydi Gel Bizimle Ol" isimli program, NTV'de yayınlanıyordu. Aysun Kayacı, Müjde Ar, Pınar Kür ve Çiğdem Anad, diplomasiden ekonomiye, aklınıza gelen gelmeyen her konuyu masaya yatırıyordu. Asli görevi haber vermek olan haber kanalları, magazinleşeyim, suya sabuna dokunmayayım derken, tam tersi sonuçlara yolaçıyordu. Birikimi tartışmalı tipler "kanaat önderi" olarak ekrana çıkarılırsa, çam devrilmesi gayet doğaldı. Tayyip Erdoğan, Aysun Kayacı'nın sözlerini siyasi malzeme yaptı, laiklerin üzerine yıktı. AKP gazeteleri bangır bangır manşet yaptı, sömürdü. NTV gibi kanalların sorumsuz yaklaşımı, Tayyip Erdoğan'a hep güç verdi.

Pippa

Sene 1988... Üzerinde masumiyetin simgesi "gelinlik" bulunan sanatçı, otostop yapa yapa İstanbul'a gelmeye çalışır. Yol kenarında gelinlikli kızı gören sapık, zınk diye durur, ağzı sulana sulana aracına alır, kuytuya çekip tecavüz eder.

Sene 2008... Üzerinde masumiyetin simgesi "gelinlik" bulunan sanatçı, otostop yapa yapa İstanbul'a gelmeye çalıştı. Yol kenarında gelinlikli kızı gören sapık, zınk diye durdu, ağzı sulana sulana aracına aldı, kuytuya çekip tecavüz etti, sonra da boğarak öldürdü.

İlk öykü, filmdi. *Arabesk*... Başrolde Müjde Ar vardı. Kötülüklerden kaçarken, başına felaket üstüne felaket geliyordu. Ülkemizdeki tuhaflıkları izleyip gülmekten kırılmıştık.

İkinci öykü, maalesef gerçek... Başrolde, İtalyan sahne sanatçısı-aktivist Pippa Bacca vardı. Savaşsız bir dünya yaratmak için, kötülüklerle mücadele etmek için yola çıktı, başına felaket üstüne felaket geldi. Ülkemizdeki gerçekle yüzleştik, utanıyoruz.

Yani?
Yani, olaylardan ders almayan, aynı şeyleri tekrar tekrar yaşayan Türkiye'nin klişe bir lafı vardır, "biz bu filmi gördük" diye... Öyle oldu.

Arabesk'in senaryosunu, görmek istemediğimiz gerçekleri gülümseye gülümseye tokat gibi yüzümüze çarpan, usta kalem, Gani Müjde yazmıştı. Tuşladım telefonu. Sordum. "Ne diyorsun?"
Şöyle dedi: "Bir mizahçı olarak bile, hoş bir şey söyleyebilmem mümkün değil. Bunlarla aynı havayı solumak, aynı pasaportu

taşımak bile utanç veriyor. Şu anda etrafımda turistleri görüyorum. 'Nereye geldiğinizin farkında mısınız?' demek geliyor içimden... Çünkü Türkiye'de hayat, filmlerdeki gibi masum değil maalesef... Bunlarla mücadele edilmesi lazım, sayıları azaltılmalı... Ama hâlâ, fazla fazla doğuralım diye tavsiyelerde bulunuyorlar. Ne oldu bize böyle? Nasıl bir Nasreddin Hoca ülkesi burası? İlla odak arıyorsak eğer, barbarlığın, hoşgörüsüzlüğün odağı oldu Türkiye..."

※

Pippa Bacca

Guiseppina Pasqualino di Marineo, 33 yaşındaydı, aktivistti, "Pippa Bacca" sahne adıyla tanınıyordu. Ortadoğu barışına katkı sağlamak için Milano'dan yola çıkmış, Tel Aviv'e gidiyordu. Slovenya'yı, Hırvatistan'ı, Bosna'yı, Sırbistan'ı, Bulgaristan'ı hiç sorunsuz geçti, Türkiye'de hunharca katledildi. Hırsızlıktan sabıkası bulunan Murat Karataş isimli, evli ve iki çocuk babası psikopat, otostop yapan Pippa'yı Gebze'de kamyonetine aldı, döverek bayılttı, Tavşanlı köyü yakınlarındaki ormanlık alana götürdü, tecavüz etti, boğarak öldürdü, cesedini çalılıklara sakladı, kredi kartını ve telefonunu alarak, kaçtı. Pippa'nın ailesi, kızlarından haber alamayınca kayıp başvurusu yaptı. Türk emniyeti devreye girdi, telefon sinyali takip edildi, Murat Karataş yakalandı. Pippa'nın kolyesi kamyonette bulununca, katil hemen çözüldü, itiraf etti. Güya müebbete mahkûm edildi, 36 seneye indirildi, mahkemeye kravat takarak geldiği için "iyi hal indirimi"nden faydalandı, cezası 30 yıla indirildi. 2015 itibariyle hapisteydi ama, bi kaç yıla kalmadan çıkarsa, hiç kimse şaşmamalı!

※

Scarlet

Hollywood yıldızı Türkiye'ye geldi.
Bütün gazeteler yazıyor:
"Emmy ödüllü yönetmen David Nutter'ın çektiği Scarlet dizisinin başrol oyuncusu Natassia Malthe, İstanbul'a geldi. Robbie Williams'ı terk eden kız olarak tanınan Natassia, ünlü dizinin prömiyerinin yapılacağı Suada'daki görkemli geceye katılacak."

Bütün medya Scarlet'in peşinde... Televizyonda da görmüşsünüzdür mutlaka, ana haber bültenlerinde verdiler. En son Beyaz'ın programına çıktı.

Cümleten tebrik ederim.

Ve, şimdi sıkı durun...
Böyle bir dizi yok!

Evet, yok.

Scarlet, aslında, Güney Koreli teknoloji devi LG'nin piyasaya süreceği yeni televizyonun ismi... Hollywood yıldızı diye gezdirilen kız, estirilen rüzgâr, hepsi, piyasaya çıkacak olan televizyonun reklamı.

Bu zekâ dolu "sürpriz kampanya"yı tasarlayan adam, LG'nin pazarlama müdürü... "Eğlenceli yoldan insanları kandırıyoruz" diyor.

Suada'da yapılacak prömiyerde, Scarlet'in "gerçek kimliği" açıklanacak. Reklamın asıl sloganı şu: "Bazen hiçbir şey göründüğü gibi değildir."

Peki, bunları nereden biliyorum?
Dünya medyası çatır çatır yazıyor, ordan biliyorum.
Bu tezgâhı, bizimkilerden başka yiyen olmadı!

Çünkü elâlemin gazetecileri, "Madem bu dizi bu kadar ünlü, niye bizim haberimiz yok? Madem bu kız Hollywood yıldızı, niye tanımıyoruz? Amerika'daki dizinin prömiyeri neden bizim ülkemizde yapılıyor birader?" gibi basit soruları soruyor!

Bizde ise, "bakın bu bir yıldız" de...
Kapıp, televizyona çıkarıyorlar.
Manşet yapıyorlar.
"Niye, kim, neden" diye soran yok.

Gerçekleri yaz...
Kimse inanmaz.
"Ekonomi şahane, işsizlik azaldı" de...
Herkes inanır.
Onun gibi.

Özetle...
Bu LG, Türkiye'de çok satar.
Rekor kırar, rekor.

Natassia Malthe

Yüce basınımıza "Hollywood starı" diye kakalanan Natassia, Norveçli bir mankendi. Londra'da tiyatro eğitimi almıştı, Kanada'da yaşıyordu, "Lina Teal" takma adını kullanıyordu, dandik televizyon dizilerinde rol almıştı, Hollywood'dan yolu bile geçmemişti.

Akdeniz

Antalya Altın Portakal Film Festivali'nin sembolü Venüs heykeli, magandalar tarafından müstehcen bulunarak, yakıldı. Gaziantep Üniversitesi'nin bahar şenliğinde sergilenen göğsü açık kadın heykeli, tahrip edildi. Muğla Milas'ta çıplak kadın heykelinin kafası kırıldı. İzmir Sevgi Parkı'ndaki kadın heykelinin kolları bacakları, beton kesme aletiyle parçalandı. Edirne'ye Türk Kadınlar Birliği tarafından yaptırılan özgür kadın isimli heykel, halatla çekilerek kaidesinden koparıldı. Ordu'daki kadın heykellerine, sprey boyayla "edep yahu" yazıldı. Bursa'da uluslararası heykel sempozyumu kapsamında yaptırılan Gerçek Aşk isimli kadın heykelinin, ayakları kırıldı. Ankara Yüksel Caddesi'nin simgesi oturan kadın heykeli, kayboldu. İstanbul'da İsrail'i protesto gösterileri sırasında, kadın figürü Akdeniz heykelinin kolu koparıldı, taşla vurula vurula gövdesi ezildi.

Türkiye'de kadın olmak, zordur.
Kadın heykeli olmak, daha zordur.

Hal böyleyken... İnsanlık Anıtı'na ucube diyen Tayyip Erdoğan, anıtın heykeltıraşına 10 bin lira manevi tazminat ödemeye mahkûm oldu.
Bağımsız yargının üstüne Tayyip Erdoğan gölgesinin düştüğü, herkesin tir tir titrediği dönemde, adalet adına verilmiş tarihi bir karardır. Üstünlerin hukukunu değil, hukukun üstünlüğünü kanıtlayan bir karardır. Ve aynı zamanda "takdiri ilahi"dir.

Çünkü, "kadın erkek eşitliği fıtrata ters" diyen Tayyip
Erdoğan'ı, sanata hakaret ettiği için mahkûm eden hâkim...
Bir kadın hâkim!

※※※

Akdeniz heykeli

2014'te İsrail, Gazze'ye kara harekâtı başlattı.
Cumhuriyet tarihinde bir ilk yaşandı, TBMM kapatıldı.
Genel kurul çalışmaları iptal edildi, milletvekilleri
İsrail Büyükelçiliği'nin önündeki protesto eylemine
gitti. "Kahrolsun İsrail" sloganları atıldı, İsrail bayrağı
yakıldı. Aynı dakikalarda... İsrail Konsolosluğu'nun
bulunduğu İstanbul Levent'teki bina taşlı saldırıya
uğradı, binanın önündeki Akdeniz heykelini yıkmaya
çalıştılar, kolunu kopardılar. Konsolosluğu protesto etmek başka
şey, konsoloslukla hiç alakası olmayan heykeli yıkmak başka şeydi.
"Ucube kültürü"nün neticesiydi. 12 milimetre kalınlığındaki 112 metal
levhanın yan yana getirilmesiyle oluşturulan kadın figürü, Akdeniz
heykeli, İlhan Koman'ın eseriydi. Dört ton ağırlığındaki heykel, 1980'de
Halk Sigorta tarafından yaptırılmıştı, senelerdir Levent'te Yapı Kredi
Binası'nın önünde duruyordu, İstanbul'un sembollerinden biriydi.
Sevgiyi ve kucaklaşmayı, kollarını iki yana açmış güzel bir kadınla
anlatıyordu. Sağ kolu koparılan Akdeniz heykeli, daha önce heykelin
röprodüksiyonunu yapan Ferit Özşen'in ellerine emanet edildi.
Koparılan kol ve taşlarla vurularak tahrip edilen diğer bölümleri tamir
edildi, tekrar yerine yerleştirildi.

※※※

Arzu

Çocukları vali yapacaklar bugün.
Koltuklarına oturtacaklar.
Bakan yapacaklar.
Başbakan yapacaklar.

Halbuki, hangi çocuk büyüyünce Ahmet Davutoğlu olmak ister
ki?

Veya sorun bakayım... Tayyip Erdoğan'ın imzalı fotoğrafını mı
isterler, Örümcek Adam'ın imzalı fotoğrafını mı?

"Karizma" zannedilen şahsiyetler, işte bu kadar havagazıdır aslında.

Siz siz olun kardeşim... Çocuğunuzu Müjdat Gezen'in koltuğuna oturtun. Götürün bugün okuluna, gezdirin, "servet" denilen kavramın, para değil, insan biriktirmek olduğunu öğrensin çocuklarınız.

İlla koltuğa oturtacaksanız, götürün Sunay Akın'ın koltuğuna oturtun. Baba mirası köşkünü kat karşılığı müteahhite vermektense, Oyuncak Müzesi'ne dönüştüren Sunay Akın'ın koltuğuna... Ki, "insan evladı" yetiştirmenin, çocuk oyuncağı olmadığını kavrasın çocuklarınız.

Zagor okutun çocuklarınıza, *Kaptan Swing*, *Mister No* okutun. Çizgi romanlar eğitime zararlı filan derler, tam tersidir. Daima iyiler kazanır, kötüler kaybeder. Hayat felsefesinin temelini bu çizgi romanlarla atan Ümit Kocasakal gibi olsun çocuklarınız... Kötülerle mücadele etmeyi öğrensinler, iyiliğe dair Ümit'lerini kaybetmesinler.

"Herkes Everest'e tırmanamayabilir ama, herkesin tırmanabileceği bir Everest'i vardır" diyen Nasuh Mahruki'yle tanıştırın çocuklarınızı... Lay lay lom gezmek varken, AKUT'u kuran, başkalarının hayatı için sadece elini değil, bedenini taşın altına sokan Nasuh'a özensin çocuklarınız... Bilgili, mütevazı, cesur olsunlar.

DİSK genel sekreterliği koltuğuna oturan tarihteki ilk kadın, Arzu Çerkezoğlu'nun koltuğuna oturtun çocuklarınızı, örnek alsınlar... Bencilliğin, bana ne'ciliğin maharet sayıldığı memlekette, başkalarının derdini kendilerine dert edinmeyi öğrensinler.

Mimarlar Odası Ankara Başkanı Tezcan Karakuş Candan'ın koltuğuna oturtun mesela çocuklarınızı... Saray'ın soytarısı olup, malı götürmek varken, milletin malına göz kulak olmanın erdemini kavrasınlar.

Atatürkçü Düşünce Derneği Başkanı Tansel Çölaşan'ın koltuğuna oturtun çocuklarınızı... Çağdaş Yaşamı Destekleme Derneği Başkanı Profesör Aysel Çelikel'in koltuğuna oturtun.

Türkiye Gençlik Birliği Başkanı Çağdaş Cengiz'le tanıştırın, Çağdaş'lığa sahip çıksınlar.

Profesör Bingür Sönmez'le tanıştırın, elinden tutsun çocuklarınızı, Sarıkamış'a götürsün, Allahuekber Dağları'na götürsün, ki... Adeta boş vita tenekesi muamelesi yapılan vatanın değerini anlasınlar.

Muhtar Kent'in koltuğuna oturtun çocuklarınızı... "Gazozdan işlerle uğraşma" diye nasihat eden bir toplumdan, gazozdan işlerle uğraşa uğraşa Coca Cola'nın zirvesine nasıl çıktı? Anlatsın, dinlesinler. "Demek ki olabiliyor, ben de olabilirim" diye yüreklensinler.

Hazır 23 Nisan tatiliyken, Eskişehir'e götürün çocuklarınızı, Profesör Yılmaz Büyükerşen'le balmumu heykel yapsınlar. Hayrettin Karaca'yla ağaç diksinler. Teee Bayburt'a 45 kilometre uzaklıktaki Bayraktar köyüne müze kuran, ressam Profesör Hüsamettin Koçan'ın paletinin ucundan tutsunlar. Unicef elçisi Gülsin Onay'ın piyano taburesine otursunlar. Kendine villa yaptırmak varken, kendi adıyla okul yaptıran ilk sanatçımız Türkân Şoray'a sarılsınlar.

İşinde, mesleğinde başarılı olmuş çok insan vardır ama... Bu başarısının getirdiği parayı ve şöhreti, başka insanların hayatını güzelleştirmek için kullanan çok az insan vardır.

Çocuklarımız bu tür insanlara özensin.
Onlar gibi olmayı öğrensin.

Yoksa, o koltuktaki bakanmış, valiymiş, asrın lideriymiş, hepsi hikâye...

Koltuk'tan kalksın.
Tırışkadan teyyare.

⸻

Arzu Çerkezoğlu

Tayyip Erdoğan, Gezi Parkı direnişi sırasında, bir grup sanatçı ve sivil toplum temsilcisiyle bir araya geldi. O heyette, Sunay Akın, Halit Ergenç, Mahsun Kırmızıgül, Yavuz Bingöl ve Sertab Erener'in yanısıra, mimarlar odası, şehir planlamacıları odası, tabipler odası, KESK ve DİSK'ten temsilciler vardı. Tayyip Erdoğan çok öfkeliydi, uzlaşmaya, geri adım atmaya, polis şiddetini durdurmaya niyeti yoktu. Sanatçılar alttan alıyordu, espriler yaparak yumuşatmaya çalışıyorlardı. Söz sırası kendisine gelen DİSK temsilcisi, lafı eğip bükmedi, zonk diye söyledi, "orası parktır, park olarak kalmalıdır" dedi. Vay sen misin diyen... Tayyip Erdoğan "sizden öğrenecek değiliz" dedi, ayağa kalktı, toplantıyı terk etti. Eleştirilmeye tahammülü yoktu, hele hele bir kadın tarafından eleştirilmeye hiç tahammülü yoktu. DİSK temsilcisi o kadın, Arzu Çerkezoğlu'ydu. Artvin doğumlu, İstanbul Üniversitesi Tıp Fakültesi mezunu, patoloji uzmanı, hekimdi. Öğrenciliğinden beri sendikal mücadele içindeydi. 2015 itibariyle, Devrimci Sağlık İşçileri Sendikası başkanı ve DİSK genel sekreteriydi. Tarihi boyunca DİSK yönetimine giren ilk kadındı.

⟫⟪

Nana

George Clooney'nin eşi, Ermenistan'ın avukatı oldu.
Kim Kardashian belgesel çekmek için Ermenistan'a geldi.
Papa "soykırım" dedi.

Hadise "papa-razzi"ye döndü.

Ve aslına bakarsınız, kelimenin tam manasıyla cuk oturdu!

Sene 1958. Roma. Amerikalı milyarder Peter Howard, kontes sevgilisinin doğum günü için Rugantino gece kulübünü kapatmıştı. New Orleans Jazz Band çalıyordu. Konuklar arasında, prensler, baronlar, Hollywood efsanesi Tyrone Power, Elsa Martinelli, Anita Ekberg, usta yönetmen Federico Fellini filan vardı. İran havyarı yerlere saçılıyor, Fransız şampanyası su gibi akıyordu. Mısır kralı Faruk da davetliydi. Evsahibi milyarder, krala sürpriz yapmak istedi. Rugantino'nun sahibi Romolo'yu yanına çağırdı, Faruk oryantale bayılır, gidin dansöz getirin, en iyisini bulun dedi. Saatler geceyarısı ikiyi gösterirken, "La Turca" getirildi.

Asıl ismi, Hermin Arslanoğlu'ydu. İstanbullu bir Ermeni kızıydı. Henüz 15 yaşındayken sahneye çıkmış, Zennube, Özcan Tekgül, Aysel Tanju, Necla Ateş gibi şöhretli oryantaller arasına girmişti. Paris, Kahire, Beyrut turnelerine götürülürdü. Türkiye'den taşınmış, dünya jet sosyetesinin eğlence merkezi haline gelen Roma'ya yerleşmişti. "Ayşe Nana" ismini kullanıyordu. "La Turca" diye tanınıyordu.

Apar topar getirildiği için yanında kostümü yoktu. Ama, hiç sorun değildi. Partinin alkol seviyesi iyice yükselmişti. Olduğun gibi dans et dediler. Beyaz tenli, uzun siyah saçlı, ince belli kadın, ayakkabılarını fırlattı, yalınayak ortaya çıktı, eteklerini sıyırdı, vücudundan seksapel fışkırıyordu, emredici bi ifadeyle, "yere halı serin" dedi. Tüm konuklar, masaların ortasındaki avuç içi kadar yuvarlak pistin etrafında toplanmıştı. Roma imparatorluk hanedanından Prens Hercolani, ceketini çıkardı, halı serer gibi, piste attı. Peşinden, diğer centilmenler... Nana'nın ayaklarının altında, ceketten halı oluşmuştu.

Ritmik hareketlerle kıvrılmaya başladı. Yırtıcı bakışlarıyla etrafını süzüyor, büyülenmiş bakışlarla seyrediliyordu. İşte her şey o anda oldu... Evsahibi Amerikalı, üzerindekileri çıkar diye bağırdı. La Turca ağır ağır dansederken elbiselerini çıkardı, iç çamaşırlarıyla kaldı. Ok yaydan çıkmıştı. Amerikalı bu sefer, "sutyeni de çıkar" diye bağırdı. Rugantino coşku çığlıklarıyla inlerken, Ayşe Nana kopçayı açıverdi.

Herkes kendinden öylesine geçmişti ki, gazeteci Tazio'nun şakır şakır deklanşöre bastığını kimse fark etmemişti. Aslında, bu tür prestijli kulüplerin kapısında goril'ler beklerdi, içeri gazeteci alınmazdı. Ama, tecrübeli magazin muhabiri Tazio Secchiaroli her nasılsa içeri sızmış, kimseye çaktırmadan tam yedi kare'yi ölümsüzleştirmişti.

Girdiği gibi, süzülerek çıktı dışarı, atladı motosikletine, dooğru *L'Espresso* dergisine... Yazıişleri müdürleri, fotoğrafları görünce tırnaklarını yemeye başladı. Şahaneydi ama, nasıl yayınlayacaklardı? O dönemde, çıplak kadın fotoğrafı basmak, nükleer füzenin düğmesine basmak gibi bi şeydi. Vatikan ayağa kalkardı. Düşündüler taşındılar, göğüs uçlarını beyaz boyayla kapatarak yayınladılar.

Yer yerinden oynadı... Tiraj rekoru kırılmıştı ama, İtalya ayağa kalkmıştı. Nana'nın çıplak fotoğraflarını gören Katolik yobazlar akın akın kiliselere koştu, "kirlenen gözleri için" günah çıkarttı. Papalık makamı kaşlarını çatarak resmi açıklama yayınladı, "bu skandalın asla kabul edilemez" olduğunu ilan etti. Ayşe Nana hedef haline gelmişti, linç ediliyordu. Roma polisi tarafından "izinsiz çalışmak ve müstehcen gösteri yapmak"tan gözaltına alındı. Sınır dışı edilmesi isteniyordu. Amerikalı milyarder Peter Howard tarafından kefaleti ödendi, serbest bırakıldı. Ama hayatı mahvolmuştu... Sokağa bile çıkamıyor, her görüldüğü yerde yuhalanıyordu.

O gecenin bütün faturası ona kesilmiş, aforoz edilmişti. Kariyerinin zirvesindeyken, iş bulamaz hale geldi. "İtalyan halkından özür dilerim, Katolik kültürüne saygım sonsuz, hatta Katolik olmayı düşünüyorum" bile dedi ama, nafile... Affedilmedi. Sadece 38 koltuklu daracık bi salonda erotik danslar sergileyerek hayatını sürdürmeye çalıştı. Ve geçen sene, 78 yaşındayken, küskün şekilde vefat etti.

Gel gör ki... Bu talihsiz güzel kadın, o gecenin konukları arasında yeralan Federico Fellini'ye ilham kaynağı olmuştu.

Beş defa Oscar ödülü kazanan, usta yönetmen Fellini... O geceden yola çıkarak, *La Dolce Vita*, *Tatlı Hayat*'ı çekti.

Film büyük infial yarattı. Fellini de Ayşe Nana gibi saldırıya uğradı, Vatikan'ın baskılarına maruz kaldı, sansürlenmeye çalışıldı, hakkında davalar açıldı... Umursamadı. İki sene sonra, 1960'ta vizyona soktu.

Başrollerinde Anita Ekberg'le Marcello Mastroianni oynuyordu. Ayşe Nana'yı Nadia Gray canlandırmıştı. Gazeteci Tazio rolünde, Walter Santesso vardı. Gazetecinin filmdeki ismi "Paparazzo"ydu.

La Dolce Vita'daki Paparazzo ismi döndü dolaştı, bu tür sansasyonel fotoğrafları çeken gazetecilerin ortak sıfatı oldu: Paparazzi!

Evet... Fellini'ye ilham veren, Ayşe Nana'ydı. Ayşe Nana'nın çıplak fotoğrafını çeken gazeteci ise, paparazzilik mesleğinin miladıydı.

Demem o ki... Türkiye doğumlu Ermeni kızının Papa tarafından lanetlenmesi, paparazzilik mesleğinin doğmasına yol açmıştı. Şimdi aynı Vatikan "papa-razzi"liğe merak sarmış, bize hoşgörü ve insanlık dersi vermeye çalışıyor.

Keşke Fellini yaşasaydı da, başrollerinde Papa'yla Kim Kardashian'ın oynadığı bir film daha çekseydi...

İsmini de "soykıvırım" koysaydı!

Hermin Arslanoğlu

Nur Nana, Ayşenur, Ayşe Aslanyan isimlerini kullanan, en sonunda "Ayşe Nana"yla meşhur olan Hermin Arslanoğlu, 1936'da İstanbul-Kurtuluş'ta dünyaya gelmişti. "La Turca" sıfatıyla sahne alıyordu ama, biz Türkleri sevmezdi, soykırımcı olduğumuzu iddia ederdi. Bir röportajında "Asala sempatizanı" olduğunu söylemişti. İstanbullu olduğunun bilinmesini istemez, "Beyrut doğumluyum" derdi.

Bilun

Yandaş gazete "Atatürk'ü İsmet İnönü zehirledi" diye manşet attı ya... Atatürk ve İnönü tarafı palavra ama, zehirlenme olduğu doğru!
17 Kasım 1938
Saat 23.45
Dolmabahçe Sarayı

Atatürk'ün naaşı, muayede salonundaki katafalkta yatıyordu. İlk gün, 200 bin civarında kişi, bayrağa sarılı tabutun önünden ağlayarak geçmişti. İkinci gün hava çoktan kararmış, gece yarısı olmuştu ama, kuyruğun ucu hâlâ Ortaköy'deydi. 150 binden fazla kişi ısrarla oradan ayrılmıyor, saraya girmek için sıra bekliyordu, insan seliydi.

Maalesef, izdihamdan dalgalanma oldu, durun ittirmeyin demeye kalmadı, giriş kapısının önünde, saat kulesi'nin çevresinde çığlıklar yükseldi, atlı polisler arkadan yüklenen kalabalığı dağıtana kadar iş işten geçti, facia oldu, insanlar sıkıştı, ezildi, 11 kişi hayatını kaybetti.

Ertesi günkü gazeteler, hükümetin resmi tebliğini yazıyordu... Denizyolları işletmesi müdürü Raufi Manyas'ın kızı Bilun, 16 yaşındaydı. İstiklal Caddesi 236 numarada oturan bayan Anna, 58 yaşındaydı. Bayan Roya Kişnir ve kızı Bella Kişnir, İstiklal Caddesi Yıldız Apartmanı'nda oturuyorlardı. Bakırköy'den Hatice hanım, aşçıydı, 55 yaşındaydı. Kurtuluş'tan Diyamandi, sütçüydü, 40 yaşındaydı. Topkapı Arpaemini yokuşunda oturan Abdülhamid, 50 yaşındaydı. Aksaray Laleli'de oturan bayan Kevser Mehmet, 35 yaşındaydı. Tarlabaşı 19 numarada oturan Satenik Ohannes, 35 yaşındaydı. Saint Benoit Lisesi öğrencisi Paul Kuto, henüz 15 yaşındaydı. Ve, Beyoğlu Lüksemburg Oteli'nde kalan Leon.

Müslüman, Hıristiyan, Musevi, Türk, Rum, Ermeni... "Ne mutlu Türküm diyene"ye dua etmek için, saygılarını sunmak için kuyruğa girmişlerdi. Ortak payda'ya ortak gözyaşı döküyorlardı.

E şimdi bakıyoruz...

Gayrimüslimden vazgeçtik, Müslümanı bile senden-benden diye ayıran... Etnik kökeni boşverdik, kendisine biat etmeyenleri insan'dan bile saymayan... 77 sene önce yan yanayken, 77 sene sonra kızlı-erkekli aynı kuyrukta beklenmesine bile tahammül edemeyen... Vedalaşmak için cenaze törenine gelenlerin kimlikleri ortadayken, Atatürk'e hâlâ utanmadan "ırkçı" diyen bir zihniyet tarafından sürükleniyor Türkiye.

Kıssadan hisse.

Atatürk'ü elbette kimse zehirlemedi ama... Özellikle son senelerde "milletin nasıl zehirlendiğini" açıkça gösteriyor yukardaki liste!

Bilun Manyas

16 yaşındaki Bilun, kendisinden bir yaş büyük ablası Füsun ve annesi Lahika hanımla birlikte Dolmabahçe'ye gelmişti. İzdihamın tam ortasında kalıverdiler. Lahika hanım bayıldı. Ayıldığında iki kızı da yanında değildi. Çaresizce evine gitti. Raufi bey'in felaketten haberi oldu, evine koştu, vaziyeti öğrendi, telaşla kızlarını aramaya çıktı. Füsun, yarım saat kadar sonra eve döndü, dalgalanan kalabalıktan sıyrılmış, canını kurtarmıştı. Babası, talihsiz Bilun'un cansız bedenini Beyoğlu Zükur Hastanesi'nde buldu. Diğer cenazelerle birlikte, bugün Beyoğlu Göz Hastanesi olarak bilinen, Zükur Hastanesi'nin morguna kaldırılmıştı. Bilun'un maalesef, gazete arşivlerinde, kitaplarda veya konuyla alakalı araştırmalarda yayınlanmış tek kare fotoğrafı yok. Manyas ailesinin, ulaşabildiğim fertlerinde de maalesef bulamadım. Ama... Atatürk sevdalısı bu kızımızın hafızamızdaki yeri asla "boş kalmamalı" diye düşündüm, kitaba dahil ettim. Tozlu rafların altını üstüne getirmeye, aramaya devam ediyorum, Bilun'un fotoğrafını mutlaka bulup, sonraki baskılara ilave etmeyi ümit ediyorum.

※》》《《※

Gonca

Yiğittir.
Delikanlıdır dadaş.
Merttir, cesurdur.
Erzurum'un efesidir.
Kahramandır.
Kardeştir, ağabeydir.
Dosttur, arkadaştır.
Bar tutan, at binen, cirit atandır ama...
Aynı zamanda beyefendi'dir.
Sevgidir, saygıdır.
Başın sıkışır mesela, dayanışmadır dadaş.
Gözün kapalı güven duyarsın.
Asil bir ruh halidir.
Zalimin karşısında, mazlumun yanındadır.

Böyle bildik biz dadaşı.

Böyle tanıdık.
Çocuklarımıza böyle anlattık.

E şimdi bakıyoruz...
Bir genç kız, avukat.
Memleketinden siyasete girmiş.
CHP'den milletvekili adayı olmuş.

Vay sen misin...
Bir aydır saldırıyorlar!

Yandaşlar saldırıyor.
Zabıtalar saldırıyor.
Polisler saldırdı, coplarla.
Utanmasalar asker getirecekler.

Gencecik bir kız.
Direniyor.

Onun savaşçı yüreği... Erzurum'un kadın dadaşları, Nene Hatun'u, Kara Fatma'yı, Onbaşı Nezahet'i hatırlatıyor.

Ve, dadaşlar diyarında bir Allah'ın kulu çıkıp, "kardeşim ayıp değil mi, gücünüz bu genç kıza mı yetiyor, bu mudur dadaşlık, Türk tarihine, Türk kültürüne nam salmış yiğitliğimize yakışıyor mu?" demiyor.

Hani toplumsal çürümenin miladı olarak, "önce ekmekler bozuldu" denir ya... Öyle mi oldu acaba?
Yandaşlık dadaşlığı da mı bozdu?

Bin yıllık dadaş...
Yandadaş mı oldu?

※》》《《

Gonca Aytaş

CHP, 1983'ten beri Erzurum'da milletvekili çıkaramıyordu. 1983 doğumlu Gonca Aytaş, CHP'nin Erzurum birinci sıra adayı oldu. İstanbul Üniversitesi Hukuk Fakültesi mezunu, avukattı. Şehit Aileleri Derneği'nde, Engelli Çocuklar Vakfı'nda gönüllü çalışıyordu. AKP'li belediyeye, AKP'nin emrindeki valiliğe-polislere karşı, adeta savaş verdi. AKP yandaşları, Gonca Aytaş'ın seçim çalışmalarını engellemek için, her türlü numarayı çevirdi. 2015 genel seçiminin, sonucu en çok merak edilen şehirlerinden biriydi. Sandıklar açıldı... CHP anca dördüncü olabildi, sadece 10 bin oy alabildi. Milli mücadelenin en önemli adreslerinden biri olan Erzurum'da... HDP'ye CHP'nin yedi misli oy çıktı. AKP yüzde 52 oyla, sildi süpürdü.

≫≪

Angelina

Sene 1942...
İkinci Dünya Savaşı'nın göbeğiydi. ABD Başkanı Roosevelt, dört Oscarlı yönetmen John Ford'u Beyaz Saray'a çağırdı. Bu görüşme sonrasında, Pentagon'da Hollywood'un irtibat bürosu kuruldu.

O güne kadar, kızılderililer düşmandı. İyi kalpli John Wayne mıhlıyor, masum insanlara saldıran kötü kalpli apaçiler geberiyordu. O günden sonra, düşman rolü Almanlara ve Japonlara verildi.

(İlla uçaklı, tanklı-toplu filmler olarak düşünmeyin. *Kazablanka* mesela... Humphrey Bogart'la Ingrid Bergman'ın romantik aşk hikâyesi ayaklarıyla, nazilerden kaçan direnişçilerin ABD'ye iltica etme mücadelesini anlatıyordu. Böylece... Atlantik'in öbür yakasında yaşananlara, Amerikan halkının dikkatini çekmeyi amaçlıyordu.)

70'li yıllarda, Soğuk Savaş vesilesiyle, düşman coğrafyası değişti. Aptal ve suratsız KGB ajanları daima yeniliyor, zeki ve yakışıklı CIA ajanları daima kazanıyor, üstelik, Polonyalı-Macar komünist kızları yatağa atıp, çatır çatır götürüyordu. Komünist kızlar bi tek komünistlere âşık olmuyor, devamlı Amerikalılara âşık oluyorlardı.

80'lere gelindiğinde, Rocky ringe fırladı, Rus yarması Ivan Drago'nun ağzını burnunu kırdı. Bilahare... Boks eldivenlerini çıkardı, kafasına bandana bağlayıp, Rambo olarak Vietnam ormanlarına daldı, kötü kalpli çekik gözlülerin hepsini tek başına bıçakladı. Geldi 60 yaşına, kıçının kılları ağardı ama, kötülüklere duyarsız kalamıyor, insaniyet namına iyilik yapmaya devam ediyordu, atladı atına, Afganistan'a gitti, zavallı Müslüman Afganları işgalci Rusların elinden kurtardı.

Müslüman âlemi pek sevindi.
Artist Rambo'yu alkışladı.

Halbuki, 2000'lere gelinmişti.
Sıra bize gelmişti!

Kızılderililer, naziler, çekik gözlüler, komünistler filan demodeydi. Hollywood'un yeni modası, Müslümanlardı.

Çünkü, kahraman (!) Amerikalıları senelerdir hayran hayran seyreden Müslümanların haberi yoktu ama... 11 Eylül'den hemen sonra, Bush'un sağ kolu Karl Rove, sinema endüstrisinin devleriyle Beverly Hills'te biraraya gelmişti, "yeni senaryo"lar ele alınmıştı.

Ve, bir başka moda başlamıştı... Hollywood'un beyazperdedeki rolü kesmemiş, gerçek hayatta da rol üstlenmeleri istenmişti.

İyi niyet elçisi rolü.

İlk önce Brooke Shields, Birleşmiş Milletler iyi niyet elçisi oldu. İyi niyetini göstermek için, Basra'daki Amerikan uçak gemisine geldi, bahriyelere iyi niyetlerini sundu. Brooke gemiden ayrılır ayrılmaz, bu defa bahriyeliler iyi niyetini gösterdi, Saddam'ın kafasına füze fırlattı.

Peşinden, Julia Roberts, George Clooney, Andy Garcia, Brad Pitt ve Matt Damon, iyi niyetlerini göstermek için Adana İncirlik'e geldiler. İyi niyetlerini kanıtlamak için, pilot montları giydiler, F16 kokpitlerine oturup, hatıra fotoğrafı çektirdiler. Bu iyi niyetli ziyaretin tüm masrafları *Ocean's Eleven* filminin yapımcısı Warner Bros şirketi tarafından karşılandı. İncirlik'teki pilotlar da, bu iyi niyetli ziyarete iyi niyetle karşılık verip, Saddam'ı bombaladılar.

Irak'ı yok ettiler.
Terminator, Bağdat'a geldi!

Arnold Schwarzenegger, Irak'taki en büyük Amerikan üssü Victory'de iyi niyetli bi konuşma yaptı, "ben yokedici'yi sadece canlandırıyorum, sizler ise gerçek yokedicilersiniz, hepinizi kutlarım" dedi.

Antonio Banderas, Nicole Kidman, Orlando Bloom, Susan Sarandon, Edward Norton, Drew Barrymore, Liam Neeson, Forest Whitaker, Jackie Chan, Danny Glover, Whoopi Goldberg... Hep iyi niyet elçileri.

Bir yere gidiyorlar.
ABD orayı vuruyor.
Veya, önce ABD vuruyor.
Sonra bunlar gidiyor.

En ünlüleri Angelina Jolie.

Afganistan'a gitti, Kosova'ya gitti, Pakistan'a, Sudan'a, Libya'ya gitti. Tunus'a, Irak'a, Mısır'a gitti... Her gittiği yerin altı üstüne geldi!

Üç sene önce Türkiye'ye uğradı, Suriyeli mültecileri ziyaret etti, o günden beri Amerikan uçakları Suriye topraklarını bombalıyor.

Dün gene Türkiye'deydi.

Habire Türkiye'ye gelmeden önce, habire nereye gidiyordu biliyor musunuz... Suriye'ye!

Esma Esad'ın kankasıydı. Zırt pırt Şam'a gidiyor, Suriye'ye sığınan Iraklı mültecilere iyi niyet gösteriyordu. Hatta, Suriye'ye üçüncü gidişinde, Brad Pitt'i de yanında götürmüştü. Beşar Esad makam otomobilinin direksiyonuna geçmiş, Brad'i gezdirmişti.

Kendini hâlâ başrolde zanneden Tayyip Erdoğan'ı, bastığı yerde ot bitmeyen Angelina'yla sohbet ederken görünce, yazayım dedim bari... Bu kafayla gidersek, bizi kurtarmaya Denzel Washington mı gelir, Sandra Bullock mu, orasını bilemem gari!

Angelina Jolie

Angelina Jolie, Hatay'a geldi, Suriyeli mülteci çocukların saçını okşadı, cömertliğinden ötürü Türkiye'ye teşekkür etti, koltuklarımız kabardı. Angelina Jolie, Mardin'e geldi, Suriyeli mülteci çocukların saçını okşadı, cömertliğinden ötürü Türkiye'ye teşekkür etti, göğsümüz kabardı. Neticede... Angelina gitti, iki milyon Suriyeli bize kaldı!

Tuğçe

Kıbrıs'ta vuruşmuş, gazi olmuş, deniz astsubayı, kahraman bir babanın evladıydı. Gölcük'te, lojmanda doğmuştu. Liseyi bitirince Deniz Harp Okulu'na yazıldı. Sevgi'yle tanıştı. Âşık oldu. Evlendi.

Görevi gereği denizde yaşıyordu, sürekli seferdeydi. Bazen aylarca gelemez, çiçeği burnunda gelin gözyaşları içinde beklerdi. Sadece asker eşlerinin anlayabileceği, katlanabileceği, çaresiz bir yalnızlıktı bu... Bebeğini de eşinin yokluğunda dünyaya getirdi. Kızları oldu.

Haberi aldığında denizin ortasındaydı, içi içine sığmadı, kendini sürekli gülümserken yakalıyordu, demek baba olmak böyle bir duyguydu. Karaya ayak basar basmaz minik kızını kucağına aldı, öptü, kokusunu içine çekti, "ismin Tuğçe olsun" dedi. Tuğçe gülümsedi. Dünyalar babasının oldu. Genç bir çift, güzel bir bebek, önlerinde pırıl pırıl bir yaşam umudu vardı.

Tuğçe her denizci çocuğu gibi, babasına hasret büyüdü. Gölcük'teki lojmanın penceresinde oturur, yolunu gözlerdi. Seyir dönüşlerinde ise, bayram havası olurdu. Babasının geleceği sabahı zor ederdi, bütün gece heyecandan uyuyamazdı. Annesi tertemiz giydirirdi. En yeni ayakkabı hangisiyse, o ayakkabı seçilirdi. Saat belli olurdu... O saatte Poyraz Limanı'na koşarlardı. Gemi uzaktan görünürdü ama, ağır ağır yaklaşır, zaman geçmek bilmezdi. Bembeyaz kıyafetiyle gemiden inerken gördüğünde... "İşte benim kahramanım geliyor" derdi, öyle hissederdi. Tören kurallarını, komutanları filan boşverip, kucağına atlardı.

Tuğçe büyüdü, üniversitede Yasin'e âşık oldu. Allah'ın emri, peygamberin kavli, tam nişanlanacakları sırada... Asrın iftirası atıldı, o uğursuz dönem başladı. Babası tutuklandı. Bir ay sonra bırakıldı, nişan yüzükleri takıldı ama, babası tekrar tutuklandı, düğün iptal oldu. Ucu açık, sonu belirsiz, kahredici bir süreç başladı.

Ne ceza verilecek, kaç sene yatılacak, hukuk söz konusu olmadığı için, kimse kestiremiyordu. İstemeden de olsa kızının en mutlu gününe engel olmak, bir babanın taşıyabileceği yükten ağırdı. Açık görüşte aldı kızını ve müstakbel damadını karşısına, "burada rahat olmamı istiyorsanız, lütfen yuvanızı kurun" dedi. Babanın isteği, bir evladın taşıyabileceği yükten ağırdı ama... Babası için, o sorumluluğu taşıdı.

Ağlaya ağlaya Üsküdar evlendirme dairesine gittiler, işlemleri yaptılar. Gelin adayının hıçkırıklara boğulduğunu, konuşamadığını gören memur, genç kızı zorla evlendiriyorlar sanmıştı.

Nikâh salonuna girdi. Gözüne ilk olarak, o kırmızı-beyaz çelenk ilişti. Kırmızı karanfillerle süslenmişti. Üzerinde beyaz bir çıpa vardı. "Kızıma mutluluklar dilerim" yazıyordu.

Nikâh masasına oturdu. Gözyaşları yanaklarından süzülüyordu. Nikâh memuru babasının ismini sordu. Gölcük'teki Poyraz Limanı'nda koşa koşa babasına sarılan o minik kızın yaşadıkları, film şeridi gibi gözlerinin önünden geçti... Gurur duyduğu ismi fısıldadı, "Cem Aziz Çakmak" dedi. İstanbul, İstanbul olalı böyle nikâh görmemişti. Davetliler ayakta alkışlıyor, herkes ağlıyordu.

Çıktılar nikâh salonundan, el ele, doooru Hasdal Askeri Cezaevi'nin yolunu tuttular. İçeri girdiler. Bahçeye. Tuğçe'nin duvağı kapalıydı. Kızını gelinlikle gören baba, bir süre öylece kalakaldı. Birbirlerine bakıyor, konuşamıyorlardı. Sessizliği Tuğçe bozdu, "babacığım duvağımı açmayacak mısın?" dedi. Baba kendine geldi, açtı duvağı, alnından öptü, "ne güzel olmuşsun kızım" dedi, "bir kuğu gibi..."

Babasının arkadaşları, tutuklu amiraller, generaller, albaylar alkışlıyordu. Hepsinin aklında, kendi aileleri, kendi çocukları vardı. Çalınan ömürlerini düşünüyor, dişlerini sıkıyor, gülümseyerek belli etmemeye çalışıyorlardı. Aralarında para toplamışlar, hediyeler almışlardı, takı töreni misali, tek tek geline verdiler.

Kurmay subaylar, cezaevindeki düğünü en ince ayrıntılarına kadar hesaplamış ve hazırlamışlardı. Çünkü sadece bir saat izinleri vardı. Tutuklu komutanlar karşı karşıya dizilip, koridor oluşturdu, gelinle damat koridordan yürüyerek içeri girdi. Bahçede düğün salonu atmosferi yaratılmıştı. Hasdal cezaevindeki tüm masalar birleştirilmiş, masaların üzerine bahçeden toplanan çiçekler, yapraklar serpiştirilmişti. Düğün pastası vardı. Müziksiz olmazdı. Koramirallerden biri gitar çaldı.

Baba-kız yanak yanağa dans etti.

Sayılı dakikalar akıp gitti, ayrılık vakti geldi. Komutanlar yine koridor oluşturdu, gelin damat gözyaşlarıyla uğurlanırken, hep bir ağızdan "oğlan bizim, kız bizim" tezahüratı yapıyorlardı.

Tam kapıdan çıkarlarken, Tuğçe durdu, geri döndü. "Gelin çiçeğimi atmayı unuttum, bu çiçeği hepinizin özgürlüğü için atmak istiyorum" dedi. Kimse bunu beklemiyordu, adeta ıslık çalmış gibi sessizlik oldu. Hasdal cezaevinin az önceki şen şakrak bahçesinde çıt çıkmıyordu. Tuğçe arkasını döndü, çiçeğini omuzunun üstünden fırlattı. Bir tuğamiral kaptı. Ve, kaptığı gibi tekrar Tuğçe'ye uzattı, "özgürlük çiçeği demir parmaklıklar arkasında kalmasın, lütfen evinde bizim için kurut, sakla, biz özgür kalınca gelip senin evinde görelim" dedi.

Tarih boyunca utançla hatırlanacak olan dönemin... Asla unutulmayacak düğünü, böyle sona erdi.

Ve Tuğçe, kahrından kanser olan babasını bugün toprağa veriyor.

Ramazan mübarek gün, beddua etmeyelim ama... Bu yapılanlar, bunu yapanların yanına kalırsa, zaten bu canlı cenaze ülke için dua etmeye de, beddua etmeye de gerek kalmamış demektir!

Tuğçe Çakmak Kara

Tuğamiral Cem Aziz Çakmak'ın, kızı Tuğçe'den torunu oldu. "Cem Poyraz" bebek... Hem annesinin hasretle kahramanı'nın yolunu gözlediği Poyraz Limanı'nın hatırasını taşıyor, hem de şehit dedesinin onurlu adını yaşatıyor.

Ayumi

Apo İtalya'ya sığındığında, İtalyan mallarını boykot başlamıştı. Sayın ahalimiz makarnaya bile pkk'lı muamelesi yapıyor, spagetti yemiyor, pizzacıya oturanı yumrukluyordu. Satışlar bıçak gibi kesilince... Markalarında "ellona, mellona" gibi İtalyanvari esintiler bulunan firmalar, yandım Allah diyerek, gazetelere sayfa sayfa ilan verdi, "aman ha, biz valla Türküz!"

Bilahare, Fransa devleti "soykırım yoktur" diyeni hapse tıkan yasa çıkardı, hadi bakalım, bu sefer Fransız ayağına yatan markalarımız tutuştu. Vatandaşın senelerdir Fransız zannettiği firmalar reklama sarıldı, "ekmek çarpsın Türküz!"

Hiç unutmam... Solcu bi grup Galata Kulesi'ni basmıştı, "ABD defol, Amerikan hükümetini protesto ediyoruz" diye slogan atıyorlardı. Baskıncılardan birinin tişörtünün göğsünde "FBI" yazıyordu!

IMF başkanı geldi, konferans verdi, bir üniversite öğrencisi "IMF defol, yaşasın tam bağımsız Türkiye" diye haykırarak, IMF başkanının kafasına ayakkabısını fırlattı. Kapitalizme karşı olan tam bağımsızlıkçı arkadaşımızın ayakkabısı, Nike'tı.

İstanbul'da senelerdir İsrail konsolosluğunun önünde protesto eylemi yaparlar, binaya yumurta atarlar, taş atarlar, binadan çıkanlara "pis Yahudi" filan diye hakaret ederler. Halbuki, o binada konsolosluk yok. Yapı Kredi Bankası var. Konsolosluk, C blokta, arkada kalıyor, eylemin yapıldığı yer görülmüyor bile.

Akp valisi güya Coca Cola'yı protesto etti, Fanta içti.

Barzani'yi protesto edip, Kürdistan bayrağı yaktılar, yakılan bayrağın Kamerun bayrağı olduğu anlaşıldı... Ermenistan'ı protesto ettiler, Ermenistan bayrağı diye Kolombiya bayrağı yaktılar.

Antalya'da uçak gemisinden inen Amerikan askeri diye adamın kafasına çuval geçirdiler, Tanzanyalı turist çıktı.

Çin devleti Uygur Türklerine eziyet ediyor diye, tiyatro sanatçımız Ayumi'ye twitterdan hakaret yağdırıyorlar. Ayumi, Japon.
En son... Uygur Türklerinin hakkını savunmak için Çin lokantasını darmadağın edip, "burada Çinli istemiyoruz, defolun" diye bağırdılar. Lokantanın sahibi Türk, Çinli diye dövülen aşçı, Uygur Türkü.

Hani, öfkelendiği iki kişiyi gösterip, "bunu asın, şunu da becerin" demiş ya padişah... Becerilecek olan kurban, infaza giderken cellata habire hatırlatıyormuş, "aman ha kardeş, bi karışıklık olmasın, onu asacaksınız, beni..."

Tokyo doğumlu Ayumi, 1998'den beri Türkiye'de yaşıyor. Filmlerde, dizilerde, tiyatro oyunlarında, reklamlarda rol aldı. Sunuculuk yaptı. Yemek kitabı yazdı. Japon dışişleri bakanlığı tarafından "Türkiye dostluk elçisi" seçildi. Ne fayda... Gözleri çekikse, Çinliydi!

Ayumi Takano

Rabia

Çanakkale'de Seyit Onbaşı bibloları satılıyor.
Papyonlu!
Çin'den ithal ediyoruz.
Muska nedir bilmedikleri için, fotoğrafına bakıp, olsa olsa papyondur demişler, papyon takmışlar.
Smokinli Seyit Onbaşı biblosu var iyi mi... Papyon takınca, bari smokin de giydirelim diye düşünmüşler.
Fötr şapkalı Seyit Onbaşı var.

Bizim milliyetçiler hâlâ n'olacak bu Uygurların hali diye eylem yapıyor.

Üstünde namaz kıldığımız seccadeler Çin'den geliyor. Takke, tespih, zikirmatik, hatimmatik, kıbleyi gösteren pusula, ezan okuyan Kâbe maketi, kontağa bastığında yol duası okuyan cihaz, diyanet vakfının hacılarımıza dağıttığı şemsiyeler bile Çin malı... Kefen bezi geliyor.
Bizim milliyetçiler hâlâ n'olacak bu Uygurların ibadeti diye kahroluyor.
Tehlikeli kimyasal maddeler içeren, zehirli ayakkabılar ithal ediyoruz Çin'den... Pet şişeden yapılmış svitşörtler getiriyoruz.
Eskiden kanserojen yiyorduk, artık kanserojen giyiyoruz.
Ameliyat önlüğünden şırıngaya, neşterden sargı bezine, tekerlekli sandalyeden işitme cihazına, kalça protezinden diş dolgusuna, kalp damarlarına takılan stentlerden memelere takılan slikonlara kadar, sağlığımıza dair ne varsa, hepsini Çin'den ithal ediyoruz.
100 tane yara bandı, 1 lira, insan sırf zevk için yapıştırır bu fiyata...
Sakal, kaş, kirpik, peruk getirtiyoruz, botoks getirtiyoruz.
Prezervatif getirtiyoruz, şişme kadın getirtiyoruz.
Bizde insana verilen değer, sıfır... Adamların ölüsü bile para ediyor. Kadavra ithal ediyoruz Çin'den.
Bizim milliyetçiler hâlâ Tayland fahri konsolosluğuna hesap soruyor.

Sayın hükümetimiz, nüfusu az diye, Hereke Belediyesi'ni kapattı. Türkiye'de resmi olarak Hereke diye bir bölge kalmadı. Bunu fırsat bilen Çin hükümeti, Hereke ismiyle sanayi bölgesi kurdu, Hereke isminin tescilini aldı. Çin'de ürettikleri çakma halıyı "Made in Hereke" diye kakalıyorlar. Türkiye'deki halı pazarının yüzde 90'ı Çin'in eline geçti, Kapalıçarşı'da Çin malı Hereke satılıyor.
Biz var olanı yok ettik.
Onlar yoktan var ettiler.
Bizi ampul yönetiyor.
Ampul, Çin'den geliyor.
Bizim milliyetçiler hâlâ yakasına yapışmak için Koreli kovalıyor.

Milli yemeğimiz kuru fasulye'yi artık Çin'den ithal ediyoruz.
Ceviz, kestane, kabak çekirdeği, sarmısak, soğan, karabiber

getiriyoruz. Bal getiriyoruz. Meyve tohumu getiriyoruz. Hamurun bayatlamasını geciktirmek için, domuz kılından üretilmiş katkı maddesi getiriyoruz. Bebek maması getiriyoruz. Türk mutfağı, olmuş sana Çin mutfağı...
Bizim milliyetçiler hâlâ Çin lokantasının camını çerçevesini indiriyor.

Zonguldak'ta maden faciası yaşandı, 30 insanımız hayatını kaybetti. Yüzeye yakın olan 28 işçimizin cenazesini çıkardık, daha derine savrulan iki işçimizin cenazesine ulaşamadık, utanmadan Çin'den yardım istedik, cenazelerimizi taa 8 ay sonra Çinliler çıkardı.
Yaşatmaktan âciziz, kurtarmaktan âciziz, cenazelerini çıkarmaktan âciziz... Ceset torbalarını Çin'den ithal ediyoruz.

Tebeşirimiz Çin malı... Kalem, kalemtıraş, kalem kutusu, silgi, defter, matara, abaküs, kuru-sulu-pastel boya, beslenme çantası, yapıştırıcı, mürekkep, karatahta, sınıf duvarlarına asılan harita, termometre, kâğıt, karton, dosya, kravat, her 10 okul çantasından 9'u Çin malı.
"İlim Çin'de bile olsa gidip alınız" diyen peygamberimizin buyruğunu, "ilimi boşveriniz, malları alınız" şeklinde anlamışız.

Palmiye ağacı getiriyoruz Çin'den... Plastikten... Asırlık ağaçlarımızı katledip, avm yapıyoruz, avm'lerin bahçesine bunları dikiyoruz.

Sayın hükümetimiz, Arap âlemine şirin görünmek için "Rabia" işareti yapıyor. Kapılarımız ardına kadar açık, iğneden ipliğe, donumuza kadar her şey Çin'den giriyor. Ama... "Uygur Ana" diye tanınan, Uygur Türklerinin kahraman kadını Rabia Kadir'in Türkiye'ye girişi yasak!
Çin'e şirin görünmek için, "bizim Rabia"ya vize vermiyoruz.
Bizim milliyetçilerimiz hâlâ akp'li meclis başkanı seçtiriyor, akp'yle koalisyon kurmak için kapılarını ardına kadar açıyor.

Bizim milliyetçiler Türk bayraklarıyla yürüyüş yaparak, Çin bayrağı yakıyor... Bizim Türk bayrakları, akp'den beri Çin'den ithal ediliyor!

»»«««

Rabia Kadir

1946 doğumlu Rabia Kadir, Sincan Özerk Bölgesi'ndeki Uygurların hakları için mücadele ediyor. 1999'da sekiz yıl hapse mahkûm edildi, uluslararası baskılar üzerine, 2005'te serbest bırakıldı, ABD'ye iltica etti, o günden beri ABD'de yaşıyor. 2006 ve 2007'de Türkiye'ye vize başvurusunda bulundu, ikisinde de reddedildi. 2009'da Tayyip Erdoğan "başvuru olursa, Rabia Kadir'e vize veririz" dedi. 2015 oldu, hâlâ vize mize verilmedi. *Hürriyet* gazetesine konuşan Rabia Kadir, şöyle yakınıyordu: "Tek umudumuz, tek güvendiğimiz ülke Türkiye... Ama, bizi kandırıyorlar, ağzımıza kuru emzik verip, oyalıyorlar. Türkiye iki milyon Suriyeliye kucak açtı, çok da iyi yaptı ama, biz Türk'üz, ırkımız, dilimiz, dinimiz aynı, bize niye sahip çıkılmıyor?"

Gencay

Ayıptır söylemesi, Türkiye'de değil, dünyada ilk kez, günlük köşe yazılarının tiyatro haline getirileceğini... *İsim Şehir Hayvan* isimli kitabımın kabare olacağını, Gencay Gürün'ün Tiyatro İstanbul'u tarafından sahneleneceğini yazmıştım.

Perde açılıyor.
Gala, İzmir Karşıyaka Açıkhava Tiyatrosu'nda.

Paris Başkonsolosluğu, İzmir Milletvekilliği yapan, Devlet Tiyatroları'nda senelerce başdramaturg ve genel sekreter olarak çalışan, İstanbul şehir tiyatroları'nın efsane genel sanat yönetmeni olan, 1994'te kendi tiyatrosunu kuran, Yılın Kadını seçilen Gencay Gürün... *İsim Şehir Hayvan*'ın genel sanat yönetmenliğini üstlendi. Hayatımda aldığım en büyük ödül.

Dünyada ilk kez, günlük köşe yazılarının kabare haline getirilmesi fikrinin mimarı, Tiyatro İstanbul'un genel müdürü, Emin Hamarat... Projenin hayata geçmesi için, aylardır gecesini gündüzüne katan, ruh ikizim... Okurlarımla birlikte yaşadığımız gururu, ona borçluyuz.

Yöneten'in ismini ilk duyduğumda, çaktırmadım ama, bayılacak gibi oldum. Metin Serezli... 100'den fazla tiyatroda,

50'den fazla filmde rol aldı, 28 oyun, 5 müzikal yönetti.
200 küsur radyo oyunu, onlarca televizyon dizisi... Bristol, Erlangen, Avignon festivallerine oyuncu ve Türkiye delegesi olarak katıldı. Dormen Tiyatrosu, Şan Tiyatrosu, Çevre Tiyatrosu'nun ardından, 14 yıldır da Tiyatro İstanbul'da... Avni Dilligil, Afife Jale, İsmail Dümbüllü, Üniversiteler Birliği, Rotary ve Lions'lardan en iyi oyuncu ve en iyi yönetmen ödülleri var. Duayen, yaşayan efsane... Bu onuru hak etmek için ne yaptığımı hakikaten bilmiyorum, sadece Allah'a şükrediyorum.

Oynayanlar... Nusret Çetinel, Sabri Özmener, Hülya Gülşen Irmak, Bilal Çatalçekiç, Burcu Kazbek, Taner Ergör, Banu Çiçek, Aybar Taştekin, Yeliz Şatıroğlu, Levent Çimen, Anıl Yülek.

Kimi devlet tiyatrosu sanatçısı, kimi konservatuvarda öğretim üyesi, kimi Haldun Dormen'in, kimi Göksel Kortay'ın asistanı, kimi de Levent Kırca, Müjdat Gezen, Gülriz Sururi, Ali Poyrazoğlu, Hadi Çaman gibi ustaların tiyatrolarında rol alıp, Dinçer Sümer, Rutkay Aziz, Kenan Işık, Ejder Akışık, Cihan Ünal, Emre Kınay ve Işıl Kasapoğlu'yla çalıştı. Hemen hepsini, tiyatronun yanı sıra, sinema filmlerinden ve televizyon dizilerinden tanıyorsunuz ama, kırk yıl düşünsem, gelmiş geçmiş en büyük halk ozanımız, kurban olduğum Âşık Veysel'in torunu Yeliz Şatıroğlu'yla aynı projede yer alabileceğim aklıma gelmezdi... Ve, elbette kariyerlerini, ödüllerini tek tek buraya sığdırabilmem mümkün değil, hepsinin adına, kadronun en tecrübelisi, bir büyük ustayı yazayım, Nusret Çetinel... Ankara Birlik Sahnesi, Kardeş Oyuncular, Küçük Komedi Tiyatrosu, Nisa Serezli-Tolga Aşkıner, Levent Kırca ve devlet tiyatrolarında sayısız oyunda rol aldı, 1972'den beri sahnede ve ekranda.

Dekor, Barış Dinçel... Bir başka efsane, tiyatro ve sinema sanatçısı, yönetmen, rahmetli Savaş Dinçel'in oğlu. Şehir Tiyatroları'nda görev yapıyor, Mimar Sinan Üniversitesi Güzel Sanatlar Fakültesi'nde sahne tasarımı dersi veriyor. Sihirbaz olduğunu biliyordum, yaptıklarını görünce, büyücü olduğuna karar verdim. Ne demek istediğimi, kabareyi seyredince anlayacaksınız ama, ipucu vereyim, memleketin hali gibi, komple yamuk!

Kostümler, Sinan Demir... Tiyatronun yanı sıra, *Issız Adam* filminin sanat yönetmen yardımcısı, "Keşanlı Ali", "Geniş Aile", "Kınalı Kuzular" gibi televizyon dizilerinde imzası var.

Müzik, Serdar Aslan, Zafer Aslan ve Alev Azyok... Piyano, gitar, buzuki, kemençe, perküsyon sanatçıları... Sözler yazılardan, müzik, beste ve söylemesi onlardan.

Koreografi, Gizem Erden... Ankara Üniversitesi Devlet Konservatuvarı'nda öğretim görevlisi olarak, Ankara Devlet Tiyatrosu'nda dansçı ve koreograf olarak çalıştı. *Oz Büyücüsü, Karlar Kraliçesi, Titanik Orkestrası* müzikallerinin koreografisini yaptı.

Oyunlaştıran... Yani, *İsim Şehir Hayvan*'daki günlük köşe yazılarını, tiyatro olarak ete kemiğe büründürenler, birinci sınıf iki hergele, Saygın Delibaş ve Fethi Kantarcı.

Saygın, Müjdat Gezen Sanat Merkezi'nde yetişti, Ferhan Şensoy'un yanında pişti, bu iki ustanın isteğiyle, yazarlığa yöneldi. Fethi ise, beni yeni tanıdı ama, ben onu bebekliğinden beri tanırım. Değerli gazeteci ağabeyim Cevher Kantarcı'nın oğlu... 10 yaşındayken reklam yıldızı oldu, büyüyünce yazarlığa geçti. Özgeçmişini gönder bakayım dedim, şunu göndermiş: "Yüce Allah'ın emrinde, Atatürk'ün izinde, alayına gider, yaşasın tam bağımsız Türkiye!"

Tahminim, nasıl bi tiyatro yazdıkları konusunda fikir vermiştir size... İkisi birlikte, Kraliyet Tiyatrosu'nu kurdular, *Hastasıyız* ve *Denizaltı* isimli oyunları yazıp, yönettiler. Böyle yürekli ve zeki gençler varken, niye tırışkadan tiplere köşe yazdırırlar, inanın, izahı mümkün değil.

Özetle...
Perde açılıyor.
Gala, İzmir Karşıyaka Açıkhava Tiyatrosu'nda.
Gelişmeleri aktarmaya devam edeceğiz sayın seyirciler...

Gencay Gürün

Bugün bu yazıyı okuyanlar, eminim, tiyatro oyunumun tanıtımı gibi algılayacaktır. Ancak... Bu kabarenin sahneye konulduğu, bu yazının yazıldığı tarihte, 2012'de, Türkiye tir tir titriyordu. Asrın iftiraları atılıyor, kumpaslar kuruluyor, Ergenekon, Balyoz, Odatv, Casusluk filan, AKP'ye muhalif olan herkes şakır şakır tutuklanıyordu, Tayyip Erdoğan'ın canını sıkan herkesin başı derde giriyordu. Korku atmosferi hâkimdi. Özellikle sanat camiası, utanç vericiydi. Üç beş gerçek sanatçı hariç, kimse sesini çıkarmıyordu, aman benim başıma da gelmesin diye, sus pus oluyordu, hatta yalakalık yapıyordu. Gencay Gürün... İşte tam bu atmosferde, yüreğini ortaya koydu, tiyatrosunu ortaya koydu, *İsim Şehir Hayvan* isimli kitabımı sahneye koydu. Kariyerini riske attı. Yandaş medyada hedef haline getirildi. Hakaretlere maruz kaldı. Aldırış bile etmedi. "Sanat" denilen kavramın, aslında zor zamanlarda lazım olduğunu kanıtladı. İlk kez burada yazıyorum... Rol teklif edilen pek çok tiyatrocu, AKP'den korktu, teklifi kabul etmedi, üstüne, aman bana teklif ettiğiniz duyulmasın diye tembihledi. Gencay Gürün, bunları bana belli etmediği gibi, tam tersine, gazetelere verdiği reklamları artırdı, turneleri artırdı, *İsim Şehir Hayvan*'ın olabildiğince çok yurttaşa ulaşması için çaba harcadı, para harcadı. Çok şükür ki... Aylarca kapalı gişe oynadık, 18 şehirde, 24 ilçede, 350 defa sahnelendik.

※※※

Anne

- Başım ağrıyo yav...
- Saçın ıslak ıslak çıktın ondan.

- Başım dönüyo...
- E bi şey yemiyorsun, açlıktan.

Anam ilkokul mezunuydu.
Ama, doktordu.

Popoma fitil sokan tek kadın.

Eczacıydı aynı zamanda...
- Gözüm morardı.
- Gel, patates basayım.

- Kepeklerim çoğaldı.
- Otur, zeytinyağı süreyim.
- Arpacık çıktı galiba.
- Yum, sarmısak değdireyim.

Hemşireydi...
- Öfff, terledim be.
- Dur, sırtına havlu sokayım.

Röntgen mütehassısıydı...
- Öhh-höööaa!
- İçme şu zıkkımı.
Bebekken, anestezi uzmanıydı...
- Dandini dandini dastaaana.

Bi ara sünnetçiydi...
- Çıkar, pansuman yapıcam.

Ürologdu...
- Çişin niye sarı bakiiim?

Fizyoterapistti...
- Dizim ağrıyor.
- Benim de belim ağrıyor, geçer.

Diyetisyendi...
- Mis gibi türlü yaptım, sakın sokakta burger filan yiyip gelme, kola da içme!

Cildiyeciydi...
- Sırtımda sivilce çıktı.
- Çikolata yeme.

Laboranttı...
- Burnum akıyor.
- Ben şimdi sana bi adaçayı kaynatayım, rezene, bal, limon, tarçınla zencefili de ılık ılık iç, sırtına rakıyla aspirini karıştırıp sürelim, uyu, uyan, sabaha bi şeyin kalmaz.

Psikiyatrdı...
- Nen var oğlum?
- Bi şeyim yok.
- Var var, canın sıkkın.

- Yav bırak, iyiyim.
- Yok yok, bilirim ben.
- Anne delirtme insanı!
- Bak gördün mü?
- Neyi gördüm mü?
- Sinirlerin bozuk senin.

Genetikçiydi...
- Babana çektin sen, o da sinirli, bütün kötü huylarını ondan almışın zaten.

Veterinerdi...
- Anne, bu sene Anneler Günü'nde babama Viagra hediye etmeyi düşünüyorum, bu iyiliğimi unutma.
- Defol, terbiyesiz hayvan!

Hastasıydım...
Hastaydım ona.
İyi bakın onlara.

❖

Bu yazıma gelen mesajlar sayesinde bir kez daha teyit etmiştim ki, annelerimizin sadece isimleri değişiyor... Evlatlarına yaklaşımları açısından, hepimizin annesi hep aynı anne.

❖

Nadide'yle Yılmaz

Enden

Sene 2002...
Enden hanım 53 yaşındaydı.
Babasından miras kaldı.
Geniş, boş bir tarla.
Toprağı mümbit.
Tarım Bakanlığı'na ait Batı Akdeniz Araştırma Enstitüsü'ne başvurdu, Antalya'daki miras toprağına dikmek üzere Washington cinsi portakal fidanı satın aldı.
Elleriyle dikti...

2003
2004
2005
2006
2007
2008
2009
Çapaladı, suladı.
Sabırla bekledi, bekledi...
Hem babadan kalma miras toprağını güzelleştirdiğini düşünüyor, hem de geleceğe dair umutlarını yeşertiyordu.

Ve, günü geldi.
Fidanlar ağaç oldu.
Meyve verdi.

Enden hanım 60'ına gelmiş...
Sıra, hasada gelmişti.

Onca masraf, onca emek, onca umut, onca sene, nihayet karşılığını alacaktı. Tüccarın adamları toplamak için bahçeye geldi ki, o da ne? Portakal, portakal ama, Washington değil yahu... Çekirdekli!

Meğer, baba mirasına yedi sene önce büyük umutlarla yatırım yapan, kendi elleriyle diken, bakan, büyüten Enden Hanım'a, Washington fidanı yerine, Valencia fidanı satmışlardı iyi mi.

Kazıklanmıştı yani.
Anca yedi sene sonra anlayabildi.

Bu haber, gazetelerin arka sayfalarında küçücük yayınlandı. Halbuki, Türkiye'nin halini bundan daha iyi anlatan haber yoktu.

Çünkü aslında, hepimiz Enden hanımız.

Başımıza geleni anlamasına anladık ama...
Anca yedi sene sonra.
Yanlış fidan ağaç olduktan sonra!

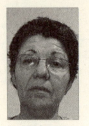
Enden Kısaalioğlu

Enden hanım, Batı Akdeniz Tarımsal Araştırma Enstitüsü'nü mahkemeye verdi. Haklı bulundu. Yedi sene önce 360 liraya satın aldığı fidanlar için, enflasyon ve faiz hesabıyla, 18 bin 441 lira tazminat ödenmesine hükmedildi. Hiç olmazsa parayı kurtarmıştı ama... Ömründen kaybettiği yedi seneyi geri alabilmesi, asla mümkün değildi. Tıpkı Türkiye'nin de kayıp senelerini geri alamayacağı gibi.

Zeynep

30 Haziran 1996.
Tunceli.
Cumhuriyet meydanında bayrak töreni yapılacaktı.
Garnizon bandosu ve tören kıtası yerini almıştı.
İstiklal Marşı okunacaktı.
Pazar günüydü.
Saat 17.30'du.
Bi tuhaflık vardı...
Normalde cıvıl cıvıl kalabalık olurdu.
O gün, etrafta kimse yoktu.
Tören alanı bomboştu.
Genç bir kız yaklaştı...
Yaz sıcağı olmasına rağmen, üzerinde mavi anorak mont vardı, karnı burnundaydı, dokuz aylık hamile gibi görünüyordu.

Bum!

Türkiye tarihinin ilk canlı bombasıydı.

Hamile mamile değildi.
Vücuduna TNT kalıpları ve beş adet el bombası bağlamıştı.

Astsubaylarımız Ali Alıç, Cafer Akıncı, Hakan Akyar, Önder Yağmur, erlerimiz Celal Hatıl, İbrahim Sever, Ahmet Yayman, Yusuf Yıldırım... Sekiz askerimiz şehit düştü. 29 askerimiz yaralandı.
Canlı bomba...
Zeynep Kınacı'ydı.
Kod adı Zilan'dı.

PKK'lıydı.

Malatya doğumluydu. 24 yaşındaydı. Malatya İnönü Üniversitesi Rehberlik ve Psikolojik Danışmanlık Bölümü'nden mezun olmuştu. Malatya Devlet Hastanesi'nde röntgen teknisyeni olarak çalışmıştı. 1995'te örgütün dağ kadrosuna katılmış, Tunceli'nin Bezik ormanlarında eğitilmiş, bir sene sonra intihar bombacısı olmuştu.

Eylemden önce ses kaydı alınmıştı, eylemden sonra MED TV'de yayınlandı. "Halkımdan aldığım moral ve güçle, düşmanın üzerine yürüyeceğim. Partimiz PKK'ya, başkan Apo'ya, dağlarda savaşan yoldaşlarımıza bağlılığın gereği olarak eylemi gerçekleştireceğim. Tüm dünyaya haykırıyorum, duyun artık, gözünüzü açın" diyordu.

Örgüt tarafından "şehit" ilan edildi.
Adına türküler bestelendi.

Abdullah Öcalan o zamanlar Suriye'deydi.
BBC'ye röportaj verdi.
"Bu bir başlangıç" dedi.

İktidarda Refahyol hükümeti vardı, Necmettin Erbakan sadece iki gün önce başbakanlık koltuğuna oturmuştu. Erbakan'a aracılarla veya mektupla mesaj göndereceğini belirten Öcalan, "eğer olumlu yanıt verilmezse, bu tür eylemleri yoğunlaştırırız" diye tehdit etti.

Arkası da geldi zaten...
Adana'da Sivas'ta Hakkâri'de Diyarbakır'da Bingöl'de Van'da İstanbul'da Ankara'da, PKK'nın canlı bombaları patladı.

HADEP, DTP, BDP, HDP... Birbirinin peşi sıra açılıp kapanan partiler, ilk canlı bomba Zeynep Kınacı'yı asla unutmadı, adını yaşattı, "kahraman" yaptı, her sene 30 Haziran'da anma töreni düzenledi.

Mesela, 2011 anmasında, BDP milletvekili Sabahat Tuncel konuştu, "Zilan yoldaşın sisteme karşı vücudunu bomba yapıp patlatmasını, kendi mücadelemiz olarak görmeliyiz. Şehitlerimizi anarken, onların yaşam idollerini kendimize yaşam idolü olarak görmeliyiz" dedi.

2004'ten beri, Almanya'da her sene, Uluslararası Zilan Kadın Festivali düzenleniyor. Geçen sene Tunceli'ye heykelini dikmeye çalıştılar. Bu sene Bitlis'te, Şehit Zilan Özgür Kadın Festivali düzenlendi.

Ve...

PKK'ya endeksli Kürt siyasetçiler tarafından yüceltilen, şehit mertebesine yükseltilen canlı bomba kavramı... Bumerang gibi döndü dolaştı, Suruç'ta, Kürt siyasi hareketi için mücadele veren gençlerimizi hedef aldı.

Apo ilk canlı bombayı Suriye'de çöreklenirken göndermişti. Son canlı bombayı, Suriye'de çöreklenenler gönderdi.

TC karşıtları tarafından bi zamanlar özgürlükler coğrafyası olarak görülen Suriye toprakları... Bumerang gibi döndü dolaştı, TC karşıtlarının TC topraklarındaki özgürlüğüne saldırmaya başladı.

Terör, terördür.
Bumerang gibi döner vurur.
Ha PKK.
Ha IŞİD.
Canlı bombayı yüceltmek, insanlık suçudur.

※※※

Zeynep Kınacı

Türkiye'de canlı bombanın miladı, Zeynep Kınacı'ydı. Zeynep'ten dört ay sonra Leyla Kaplan, Adana'da patladı. Leyla'dan dört gün sonra Güler Otaş, Sivas'ta patladı. 1998'de Fatma Özen Hakkâri'de, Hüsniye Oruç Diyarbakır'da, Hamdiye Kapan Van'da patladı. 1999'da Maral Kaymak İstanbul'da, Canan Akgün Tunceli'de pimi çekti. 2006'da Devrim Solduk Van'da patladı. 18 kişiyi hayatından ettiler, 90 kişiyi yaraladılar. PKK, canlı bomba eylemlerinde çoğunlukla kadınları kullandı. Çünkü, örgüte katılan kadınların kendilerini kanıtlama çabası, fedakârlık çabası, intihara yönelmelerini kolaylaştırıyordu.

※※※

Ayraniç

Diyarbakır'da leopar'ı öldürdüler.
Burdur'da vaşak'ı kurşunladılar.
Antalya'da karakulak'ı otomobille ezdiler.
Kars'ta, memleketin uydu vericisi takılan ilk kurt'unu vurdular.
Leopar erkek, vaşak dişiydi.
Karakulak erkek, kurt dişiydi.
İzmir'de pelikanları mangal yaptılar. Sakarya'da midilli cinsi minik atları yediler. Sinop'ta köpekleri çöp kamyonunda preslediler. Edirne'de güvercinleri zehirlediler. İstanbul'daki dev akvaryumda vatoz'un kafasına pet şişeyle vuruyorlar. Bolu'da asfalta çıkan ayı'ya çarpıp, postunu yüzdüler. Antalya hayvanat bahçesinden maymun çaldılar. Ankara'da piton kayboldu, akıbetini çevre bakanına sordular, bugünlerde hiç kimseye şişkebap yemesini tavsiye etmem dedi! Kuş gribinde tavukları yaktık. Kastamonu'da kene'leri imha edeyim derken, evini yakan oldu, köyü zor kurtardılar. İzmir'de caretta'nın önce ayağını kestiler, sonra boynuna beş kiloluk kaya bağlayıp, boğdular. Muğla'da caretta'yı kör ettiler. Antalya'da fok'u döverek öldürdüler. Sivas'ta Dana Ferhat şöhret oldu, fırsat bu fırsat, vaktinden önce iki katı paraya sucukçuya sattılar. Sinop'ta Balina Aydın'ı önce medya maymununa çevirdik, sonra Rus ajanı olduğunu iddia ettik. Sütaş'ın vole atan santrfor ineği Ayraniç'i, memeleri görünüyor diye Rtük'e şikâyet ettiler. Anayasa Mahkemesi işi gücü bıraktı, CHP'nin kedisi Şero'yu suçlu buldu. Başbakan "kedi" diyeni mahkemeye veriyor. Garfield şüpheli şahıs oldu. Buggs Bunny gözaltına alındı. *Fareler ve İnsanlar* romanı sakıncalı bulundu. "İnek" Şaban dini değerleri aşağılıyor diye savcılığa verildi. İstanbul'da yaşayıp yaşamadığını taş atarak kontrol ederken timsah'ı öldürdüler. Kurban bayramında boğa'ya ateş eden var. Abant'ta beygir'e tecavüz eden mühendis yakalandı, hayvanseverler derneği beygir'i ziyaret edip, insanlık namına özür diledi, yüce Türk basını beygirin adını Ceylan diye yazarken, rencide olmasın diye sahibinin adını D.U. diye kodlayarak verdi iyi mi...
Sonra Aydın'da eşek'e tecavüz ettiler, ben de inadına, eşeğin fotoğrafını gözüne bant atarak yayınladım, hayvanseverler beni

mahkemeye verdi! Sahillerimize habire kurşunlanmış yunus cesedi vuruyor. Domuz'dan çiğköfte yakalandı. Sucuklar nallı kuzu... Uçak için deve kestiler. İzmir'de süs havuzundaki ördek'leri araklayıp, av eti ayağıyla sattılar. Ankara'da narkotik köpeklerini otomobilin içinde unuttular, sıcaktan, havasızlıktan can verdiler. Gezi Parkı'nda biber gazıyla 8 köpek, 63 kedi, bine yakın kuş öldürüldü; kör olan köpekler var. Denizli'de malûm yeri fazla büyük diye, at heykelini sünnet ettiler. Haram diye, çizgi filmdeki domuz karakterini makasladılar.

Kızlı-erkekli gene iyi kötü idare ediyoruz ama...
İnsanlı-hayvanlı imkânsız bu memlekette!

Sütaş'ın ineği

Sütaş'ın "Ayraniç" adıyla reklamlarında kullandığı inek, üç yaşındaydı, Hollanda cinsiydi, Antalya Varsak'ta bir çiftlikte yaşıyordu. Çeşitli açılardan görüntüsü kaydedilmiş, bilgisayar animasyonuyla vole attırılmıştı. Özellikle çocuklar, bu sevimli futbolcu ineğe bayılıyordu. RTÜK'e şikâyet yağdı. Ayraniç'in memelerinden rahatsız olan vatandaşlar, "müstehcen görünüyor, çocukların seyretmesi açısından sakıncalı" diyorlardı. Reklamda antrenör rolünü canlandıran Harun Çetinsoy "ne yapsaydık acaba, sutyen mi taksaydık" diye gülüyordu. İneğin sahibi Hüseyin Yarbaş ise, "memlekette bu kadar çıplak varken, benim ineği mi sakıncalı buldular" diye yakınıyordu. Neyse ki, RTÜK ceza vermedi.

Çocuk gelin

Türkiye'de...
1 milyon çocuk gelin var.

Gaziantep'te özel hastanede 18 yaşında birinin kimliğini kullanarak doğum yapan kız çocuğunun, aslında 12 yaşında olduğu ortaya çıktı. Bolu'da imam nikâhıyla yaşayan 11 yaşındaki kız çocuğunun sekiz aylık hamile olduğu anlaşıldı. Adana'da 13 yaşındaki kız çocuğuna düğün yapıldı. Sakarya'da kuzeniyle evlendirilen 15 yaşındaki kız çocuğu, evden kaçıp polise sığındı. Tekirdağ'da bir noterin, 14 yaşındaki kızlarını evlendirmek isteyen anne-babaya muvafakatname verdiği ortaya çıktı. Tokat'ta evlendirilen 12 yaşındaki kız çocuğunun dört aylık hamile olduğu anlaşıldı. Ağrı'da 16 yaşında evlendirilen kız çocuğu, tuvalette eli-kolu bağlanmış halde bulundu. İzmir'de 12 yaşında evlendirilen kız çocuğu sezaryenle doğum yaptı. Adana'da imam nikâhıyla evlendirilen 16 yaşındaki kız çocuğu, trenin önüne atlayarak canına kıydı. Bursa'da 14 yaşında... Şanlıurfa'da 13 yaşında... Erzurum'da 11 yaşında... İstanbul'da 13 yaşında... Samsun'da otomobil çarptı diye koma halinde hastaneye getirilen 14 yaşındaki kız çocuğunun, imam nikâhlı eşi tarafından dövüldüğü, sonra da kaza süsü vermek için motosikletle üzerinden geçildiği ortaya çıktı. Ordu'da 13 yaşında başlık parasıyla evlendirilen, 16 yaşında anne olan kız çocuğu, imam nikâhlı kocasının evi terk etmesi nedeniyle ortada kaldı.

Antalya'da düzenlenen Korunması Gereken Çocuklar Sempozyumu'nda konuşan yardımcı doçent Ahmet Burhan Çakıcı, yaşadığı hadiseyi şöyle anlattı: "Gümüşhane'de yolda bir kız çocuğunu kucağında bebeğiyle ağlarken gördüm. 16 yaşında evlendirilmiş, anne olmuş. Bebeğinin eli yanmış, ne yapacağını bilmiyor, çocuğuyla birlikte ağlıyor. Aslında orada bir anne ağlamıyor. İki çocuk ağlıyor."

Resmi raporlara göre...
Türkiye'de her üç evlilikten biri, çocuk gelin.

Türkiye bu utançta Avrupa şampiyonu... Kongo, Afganistan, Uganda ve Nijer'in arkasından dünya beşincisi.

Her 10 çocuk gelinden dördü, ikinci eş... Kadın sığınma evlerimizde barınanların üçte biri, çocuk gelin.

Reşit olmuş; kendisi hakkındaki kararları kendisi verebilen pırıl pırıl gençlerimizin yakasından düş... Çocukları koynuna alan sapıklara ve o sapıklara utanmadan nikâh kıyan imamlara kafa yor biraz!

12 yaşında...

Çocuk Koruma Kanunu'na göre, 18 yaşını doldurmamış kızlar, çocuk gelin sayılıyor. Medeni Kanun'a göre, 17 yaşını doldurmamış kızlar, çocuk gelin sayılıyor. Türk Ceza Kanunu'na göre, 15 yaşını doldurmamış kızlar, çocuk gelin sayılıyor. Hâkim kararıyla evlilik için, 16 yaşını doldurma şartı aranıyor. Açıkça görüldüğü gibi, her kanun ayrı telden çalıyor.

Kanunlar arasındaki çelişkiyi ortadan kaldırmak için çaba harcanmıyor. Sırf bu durum bile, çocuk gelinlere nasıl göz yumulduğunu kanıtlıyor. Partiler değişiyor, iktidarlar değişiyor ama... TBMM, çocuk gelin dramına asla müdahale etmiyor.

⋙⋘

Flört

Hiç unutmam, gene bi gün üniversitenin bahçesinde kızlı erkekli sevişiyoruz, kimimiz bankta sevişiyor, kimimiz merdivenlerde, hava mis, şööyle vapura binip kızlı erkekli sevişe sevişe dolaşsak mı acaba dedik, değişiklik olur püfür püfür sevişiriz, kimimiz faytona binelim sevişelim diyor, kimimiz boşverin gezmeyi, kızlar kahvesine gidip king oynayarak sevişelim diyor, neticede derse girmeye karar verdik, hoca geldi amfiye, saç baş dağınık, belli ki öğle tatilinde sevişmiş, çıkarın sutyenleri kızlı erkekli sınav yapıcam demez mi, buyrun burdan yakın, başladık ağlamaya, etme eyleme hocam dün akşam elektrikler kesikti sevişemedik filan, nafile, fırçaladı hepimizi hoca, biz sizin yaşınızda öğrenciyken yokluk içindeydik, gaz lambasının ışığında sevişirdik, ayakkabımız bile yoktu, yırtık terliklerle sevişirdik, şimdi her türlü imkân var hâlâ sevişmeye üşeniyorsunuz ayıptır dedi, şımarıklığımızdan utandık haliyle, boynumuzu büktük, ufak ufak aklımızda kaldığı kadarıyla seviştik gari... E olacağı buydu, maalesef anca 30 alıp bütünlemeye kaldım, rahmetli babam çok sinirlendi, zaten top peşinde koşmaktan sevişmeye vakit ayıramayan abime öfkeli, bana patladı, biz dişimizden tırnağımızdan artırıp seni okutmaya çalışıyoruz, senin aklın havada, sevişmeye niyetin yoksa bırak okulu, defol askere git diye bağırdı, rahmetli anam, ana yüreği tabii, bu kadar gitme çocuğun üstüne, sen onun yaşındayken daha mı iyi sevişiyordun sanki dedi, n'apsak falan derken, elektrik-elektronikte bizden üç sınıf büyük bi abla vardı, öğrenci seçme sevişme sınavında Türkiye beşincisiydi, kulakları çınlasın, hakkını ödeyemem, bütün yaz ondan ek sevişme dersleri aldım ve zor kurtardım paçayı finallerde.

Gençliğini yaşayamayanlar...
Gençliği böyle zannediyor herhalde.

İddia ediyorum, Haydar Dümen bile bizim başbakan kadar kafa yormuyordur bu işlere.

İki saygısız...

"Kadın erkek eşitliği fıtrata ters" diyen Tayyip Erdoğan, flört kavramına da yamuk bakıyordu. "Kadın erkek bir bankta oturursun, sohbet edersin, bunu saygıyla karşılarsın, Tayyip Erdoğan olarak ben bunu saygıyla karşılamam" diyordu. Türkiye Cumhuriyeti'ni yöneten kişiye göre, gençlerin yan yana oturup, konuşmaları bile kabul edilemez bir durumdu. 2015 senesinde Tayyip Erdoğan'ın kabul edilemez bulduğu durum, artık İran'da bile anormal değildi!

Saç

Türkiye Cumhuriyeti'nin başbakanı, türban hakkında konuştu, "başörtüsü dinimizin gereklerinden biridir, dinimizin böyle bir emri olduğunu bilmeyecek kadar cahiller" dedi.

Bangladeş Başbakanı, kadın, Şeyh Hasina Vecid, saçı açık.
Fas Kralı'nın eşi Selma, başı açık, şahane kızıl saçları var.
Malezya Başbakanı'nın eşi Rosmah'ın başı açık.
Pakistan Başbakanı'nın eşi Begüm'ün saçı açık.
Ürdün Kralı'nın eşi Rania, ki Filistin asıllıdır, başı açık.
Rahmetli Yaser Arafat'ın eşi Süha'nın başı açık.
Mısır'da Mübarek'in eşi Suzan'ın başı açıktı.
Libya'da Kaddafi'nin eşi ve kızının başı açıktı.
Tunus'tan kaçan first leydi Leyla'nın başı açıktı; şimdiki cumhurbaşkanı Marzouki'nin ilk eşinden olan kızlarının başı

açık, ikinci eşini hesaba katmıyorum, çünkü şimdiki eşi Fransız, zaten başı açık.
Irak'ta Saddam'ın eşinin başı açıktı.
Şimdiki cumhurbaşkanı Talabani'nin eşi Hero'nun başı açık.
Suriye'de Beşar Esad'ın eşi Esma'nın başı açık.
Bizim başbakanın kankası Katar Emiri'nin eşi Mozah'ın saçı açık, Sophia Loren gibi kadın.
Dubai Emiri'nin eşi Haya'nın, kızı Mehra'nın başı açık.
Cezayir Devlet Başkanı'nın eşi Amal'ın saçı açık.
Lübnan Başbakanı'nın eşi May'ın başı açık.
Afganistan Cumhurbaşkanı'nın eşi Ziynet'in saçı görünmeyen tek kare fotoğrafı yok.
Suudi Arabistan Prensi El Velid Bin Tallal Abdülaziz El Suud, Bodrum'a geldi, eşi Amira'nın başı açık, kızı Cevahir'in başı açık.
Azerbaycan Cumhurbaşkanı İlham Aliyev'in eşi Mihriban, dünya hayran, başı açık.
KKTC'de rahmetli Denktaş'ın eşinin başı açıktı, AKP'nin Kıbrıs bayisi Mehmet Ali Talat'ın eşinin başı açıktı, şimdiki Cumhurbaşkanı Derviş Eroğlu'nun eşinin başı açık.

Hepsi cahil demek ki... İmam hatip'e gitmedikleri için, nasıl giyineceklerini bilmiyorlar herhalde.

Gül bağlama...

AKP döneminde en çarpıcı değişikliklerden biri, kuaför sektöründe yaşandı. Tesettür kuaförleri türedi. 90 değişik şekilde türban bağlanıyordu; gül bağlama, lale bağlama, papatya bağlama gibi modeller vardı. Çalışanların tamamı kadınlardan oluşuyordu. Trajikomikti. Kuaför salonunun sahibi erkekse, namahrem olduğu için, kendisine ait salona giremiyordu. Türkiye Berberler ve Kuaförler Federasyonu, 2015'te kuaför milli takımını belirlemek için ülke genelinde yarışma düzenledi; renklendirme, kesim, topuz'un yanısıra, tarihte ilk kez, tesettür kategorisi de yeraldı.

Gertrude

Dünya medya imparatoru Rupert Murdoch, Ankara'ya geldi, Tayyip Erdoğan'la baş başa görüştü, hatıra olarak da John Philby'nin kitabını hediye etti.

Rupert Murdoch... 1915'te Avustralya başbakanına Çanakkale'den gizlice mektup yazan, cephedeki İngiliz komutanlarının Londra'ya yalan raporlar gönderdiğini belirten, "Çanakkale geçilemez" diyerek İngiliz hükümetinin uyanmasına ve geri çekilmesine vesile olan Avustralyalı gazetecinin oğlu.

Murdoch'ın Tayyip Erdoğan'a hediye ettiği *The Empty Quarter* isimli kitabın yazarı John Philby ise, İngiliz casusuydu. Anadili gibi Arapça biliyordu. Müslüman oldu. Şeyh Abdullah ismini aldı! Biz Çanakkale'de İngilizlerle boğuşurken, Osmanlı'ya isyan bayrağı açan Mekke Şerifi Hüseyin'e yardımcı olması için Arabistan'a gönderildi. Bi yandan bizi sırtımızdan hançerleyen Arapları organize etti, bi yandan petrol şirketlerine imtiyaz topladı, bi yandan da, araklayıp İngiliz müzelerine sattığı tarihi eserlerle servet yaptı. İngiltere'ye döndü, siyasete atıldı, seçilemedi, küstü, İkinci Dünya Savaşı'nda saf değiştirdi, kendi ülkesini satmaya, çaktırmadan Hitler'e çalışmaya başladı, tutuklandı, ev hapsine alındı, savaş bitince Lübnan'a taşındı, kalpten öldü, Beyrut'ta Müslüman mezarlığına gömüldü.

Bu casus arkadaşın bi oğlu vardı, Kim Philby... O da babası gibi Cambridge'den mezundu, o da sular seller gibi Arapça biliyordu, o da casustu. 1947'de Türkiye'ye, konsolosluk sekreteri ayaklarıyla İstanbul'a gönderildi. Sonra, CIA ile MI6'in irtibat görevi için Washington'a tayin edildi. Soğuk Savaş tarihine "asrın casusu" olarak geçti. Çünkü, çift taraflı çalışıyordu, köstebekti. Sovyet gizli servisi tarafından devşirilmişti, Moskova'ya bilgi satıyordu. Şüphelenildi, takip edildi, bir türlü suçüstü yapılamadı ama, kovuldu. O da gitti, babası gibi Beyrut'a yerleşti. Güya gazeteciydi. Gel zaman git zaman, 1961'de, Anatoliy Golitsy isimli KGB subayı ABD'ye iltica etti, bülbül gibi öttü. Kim Philby'nin ipliğini pazara çıkardı. Aranan kanıt bulunmuştu. İngiliz siciminin boynuna dolanmak üzere olduğunu anlayan Kim Philby, Suriye üzerinden Ermenistan'a, oradan Rusya'ya kaçtı. Daha önce bi İngiliz, bi Amerikalı eşinden boşanmıştı, bu sefer Polonya kökenli Rus yazar Rufina Pukhova'yla evlendi. Hayatı roman oldu, Hollywood'da film oldu. Alkolik oldu. İki defa intihara kalkıştı, beceremedi. 1988'de babası gibi kalpten gitti. Rusya, onun hatırasına posta pulu bastırdı.

Hatta, ölümünden sonra ortaya çıktı ki... İstanbul'da çalıştığı sırada, SSCB'nin İstanbul Başkonsolosluğu'nda görevli olan ve İngiltere'ye iltica etmek isteyen Konstantin Volkov isimli KGB subayını, usta manevralarla, bizzat kendi elleriyle KGB'ye teslim etmişti. Çünkü, Volkov'un elinde köstebek'lerin listesi vardı ve listenin en başında Kim Philby ismi yazıyordu!

Bu casus arkadaşın, kendisi gibi casus olan babasına dönersek... Suudileri örgütleyen John Philby, Irak'ın örgütlenmesi işini Gertrude Bell isimli bi kadınla yürütüyordu.

Oxford mezunu Gertrude, casustu. Türkçe, Arapça, Farsça, Kürtçe dahil, şakır şakır yedi lisan biliyordu. Çok güzeldi. Kızıl saçlı, yeşil gözlü, narin yapılıydı. Gören, çarpılıyordu. Etrafına ışık saçıyordu. Arkeolog ayaklarıyla Mezopotamya'yı karış karış gezdi, aşiretleri örgütledi. 1919'da Paris Konferansı'na delege olarak katıldı, haritaladı, Kürt, Arap, Türkmen bölgelerine ayırdı, bugünkü Irak'ın sınırlarını elleriyle çizdi. 1924'te Türkiye'yle İngiltere arasında imzalanan Irak sınırı, onun eseriydi. Bi de kral buldu... John Philby'nin kankası Şerif Hüseyin'in oğlu Faysal'ı, kukla olarak Irak tahtına oturttu.

Araplar ona "Çöl Kraliçesi" diyordu. Hiç evlenmedi. Âşıktı aslında... Binbaşı Dick Doghty-Willie'ye... Talihsizliğe bakın ki, binbaşı evliydi. Gizli gizli mektuplaşıyorlar, buluşuyorlar ama, binbaşı eşinden boşanmıyor, Gertrude bunalıma giriyordu. Meseleyi biz çözdük... Binbaşıyı Çanakkale'de vurduk, herif öldü, böylece, aile faciası yaşanmasına gerek kalmadı!

Kimbilir, belki de Gertrude'un Türk nefreti böyle başlamıştı. Sevgilisi ölünce, kendini Kahire'ye attı, İngiliz gizli servisinin Arap bürosuna katıldı, yukarda özetlediğim işleri halletmek için Irak'a geçti. Önce bizim kuyumuzu kazdı, sonra kendi başını yedi. 1926'da, 58 yaşındayken aşırı dozda uyku hapı alarak, intihar etti. Bağdat'a gömüldü.

Kendini öldürmeden önce, gene arkeolog ayaklarıyla defalarca Anadolu'ya geldi. Kadın konusundaki zafiyetimizi biliyordu, gayet iyi kullandı, kapıları ardına kadar açtırdı, yetmedi, yanına rehber bile verdik... Ki, istediği gibi kurcalasın, memlekette cirit atsın! Hakkını verdi, dört döndü... Ne Diyarbakır bıraktı, ne Adana, ne Konya, ne Kapadokya... Kürt köylerinin, Hıristiyan köylerinin listesini çıkardı, hangi aşiret devletten yanadır, hangi aşiret ihanete müsaittir, şeceresini çıkardı. Nereler kuytudur, nerelerden nerelere geçilir, haritaladı. Mesela, bir mektubunda aynen şöyle anlatıyordu: "Zaho kampında konakladım..."

Bilmiyorum, bir yerlerden hatırlıyor musunuz, bu Zaho kampını!

Cudi'ye bile çıktı. Antakya'ya da gitti. Bugün ne hale geldiğini gördüğümüz Suriye sınırında, kiliseleri geziyorum dümeniyle, ahalinin etnik kökenini, mezheplerini raporladı. Öldüğünde, kendisinden geriye, elyazısıyla 16 günlük, iki bine yakın mektup, yedi bin fotoğraf kaldı.

Dedim ya, hiç evlenmemişti ama, anne sayılırdı.
Çünkü "manevi oğlum" dediği biri vardı. Yarbay Thomas Edward Lawrence... Namı diğer, Arabistanlı Lawrence!

Evlat yetiştirir gibi yetiştirmişti onu, yol gösterdi, akıl hocalığını yaptı, nüfuzlu kişilerle tanıştırdı. Arabistanlı Lawrence, kendisinden 20 yaş büyük olan bu kadın için "annemden farksız, bildiğim her şeyi ondan öğrendim" diyordu.

Mekke'deki Osmanlı kalesi Ecyad'ı yıkıp, otel yapan...
Bizim cumhurbaşkanıyla başbakanı, kendi kaldığı otele, ayağına getirtip madalya takan Suudi Kralı... Bu Arabistanlı Lawrence'ın Cidde'de yaşadığı evi restore etti, kapısına da kocaman harflerle "bu ev, Türklere karşı savaş vermemize yardımcı olan Lawrence'ın karargâhıdır" plaketi astı!

Neyse... 1935'te, henüz 46 yaşındayken İngiltere'de motosiklet kazasında ölen Arabistanlı Lawrence'ın hayatı film oldu. 1962'de vizyona giren film, en iyi yönetmen dahil, yedi dalda Oscar kazandı. ABD Kongre Kütüphanesi tarafından, tarihi değeri nedeniyle, Ulusal Film Arşivi'nde koruma altına alındı. Ve, okumuşsunuzdur... Arabistanlı Lawrence'ı canlandıran

Peter O'Toole, önceki gün vefat etti.

Ancak... The End olmadı.

Aksine... Yeni başlıyor.

Çünkü... Şimdi de, Gertrude Bell'in hayatı film oluyor. Çöl Kraliçesi isimli filmin yönetmeni, Werner Herzog... Çekimlerine bu ay başlandı. Gertrude Bell'i, Oscar ödüllü Nicole Kidman canlandırıyor.

Aslına bakarsanız, Gertrude'un hayatını film yapmak için, İngiliz yönetmen Ridley Scott çalışıyordu. Hatta, Gertrude rolü için Angelina Jolie'yle anlaşmıştı. Geç kaldı. Werner Herzog, elini daha çabuk tuttu.

Peki, Gertrude Bell'in hayatı film olur da, o filmde Arabistanlı Lawrence olmaz mı... Elbette olur. Kambersiz düğün olmaz. Peki, kim canlandırıyor Lawrence'ı? Robert Pattinson... Hani şu, *Twilight-Alacakaranlık* serisinde, başroldeki vampir çocuk var ya, işte o.

Popcornları hazırlayın gari.

Bizim kuşağın Arabistanlı Lawrence'ı ölüyor.
Y kuşağı'nın Arabistanlı Lawrence'ı doğuyor.
Aktörler değişiyor ama, senaryo hep aynı kalıyor.
Bu topraklarda çevrilen film hiç bitmiyor!

⸺

Çöl Kraliçesi, Fas ve Ürdün'de çekildi. 36 milyon dolara maloldu. Beş bin figüran kullanıldı. İlk gösterimi Berlin Film Festivali'nde yapıldı. 2015'in Kasım ayında vizyona girmesi bekleniyor.

Gertrude Bell

⸺

Hatice, Quanitra

Neslihan, Naz, Nilay, Eda, Ergül, Esra, Gözde, Güldeniz, Neriman, Selime, Polen, Gülden, Gizem, Büşra, Özge ve Bahar.

Filenin Sultanları... Tarihimizde ilk kez, takım halinde, olimpiyat'a katılacak olan Türk kızları.

Nevriye, Nilay, Yasemin, Esmeral, Birsel, Işıl, Tuğçe, Tuğba, Quanitra, Begüm, Şaziye ve Bahar.

Potanın Perileri... Kendi branşlarında, tarihimizde ilk kez, olimpiyat'a katılacak olan Türk kızları.

Periler.
Sultanlar.
Güzel günlerin müjdecisi gibi...
İkisinde de "Bahar" var.

Çünkü, Arap özentiliğine... Elâlemin baharına, hurmasına ihtiyacı yok Atatürk Türkiyesi'nin! En zor anlarımızda açan... Geleceğe umutla bakmamızı sağlayan rengârenk çiçeklerimiz var bizim.

Ve, şu fotoğrafa... Geleneksel başörtümüzü siyasi araç olarak kullanmaya çalışan bademlerle... Bademleri araç olarak kullanan coni'lerin, iyi bakmasını öneririm.

Burası Türkiye Cumhuriyeti'nin başkenti... Ay-yıldızlı milli formamızı taşıyan kızımız, ABD'de dünyaya gelen, "Ne mutlu Türküm diyene"yi tercih ederek, Türk vatandaşlığına geçen, kısaca "Q" diye çağırılan, Quanitra... İnsan anca öz anasına bakar böyle.

Geleneksel başörtüsü, kurban olduğum basma entarisi, öpülesi yorgun elleriyle, şefkatle okşayan ise, Hatice teyze... Forvetimiz Şaziye'nin akrabası.

Spor yapıyor, şort giyiyor diye, magandaların belediye otobüsünde kızlarımızı yumruklayarak çirkinleştirdiği ülkemin, güzel yüzü, güzel kadını... Gelmiş oraya, tribüne, alkışlamış, sarılıyor, gururla bağrına basıyor... İnsan anca öz evladına bakar böyle.

Peri masalı kahramanıdır...
13'üncü peridir Hatice teyze.

Ve, Türkiye budur kardeşim.
Türkiye'nin "öz"ü budur.

Elâlemin baharına, hurmasına ihtiyacı yok Atatürk Türkiyesi'nin... En zor anlarımızda, Hatice teyzelerimizin başörtüsünde, entarisinde açan, geleceğe umutla bakmamızı sağlayan çiçeklerimiz var bizim.

Quanitra Hollingsworth

1 metre 96 santim boyundaki Quanitra, 1988'de Virginia'da dünyaya geldi. WNBA'de Minnesota ve New York'ta forma giydi. Letonya ve Rusya liginden sonra Fenerbahçe'ye transfer oldu. 2012'de Türk vatandaşlığına geçti.

Kader

Bu toz duman arasında...
Kader gitti.

12 yaşında evlendirildi.
13 yaşında anne oldu.
14 yaşında ölü bulundu.
Bırakalım dünya bizsiz dönsün bugün... Önemli mevzuları (!) başkaları yazsın, bırakalım memleketi başkaları kurtarsın... Biz, Kader'i konuşalım.

Soruşturma açılmış hemen. Kader'in babasına soracaklar. Çocuk yaşta gelin verilir mi diye. Damadın babasına soracaklar. Çocuk yaşta gelin alınır mı diye. Muhtara soracaklar. Bostan korkuluğu musun, düğünden haberin yok muydu diye. Doktora soracaklar. Çocuk yaşta doğum yapmış, ihbar etmen gerekmiyor muydu diye.

İmama sormayacaklar.

Halbuki... Bu işin baş sorumlusu imam değil mi?
İmam olmadan bu suç işlenebilir mi?

30 senedir bu topraklarda gazetecilik yapıyorum, binlerce defa Kader haberi yazdık. İş işten geçtikten sonra... Hep ailelere hesap soruldu, katil kocalar, manyak kaynanalar, sapık dünürler cezalandırıldı, doktorlar kınandı, muhtarlar ayıplandı, alakası olan herkese bi şekilde dokunuldu. Nikâhı kıyanların kılına bile dokunulmadı.

İmamlar onaylamasa, iş işten geçebilir mi?

Hazır, hukukta çarşı karışmışken...
Hükümet imamları üç buçuk atarken...
Tarihe geçecek bi savcı aranıyor.

Sadece bir savcı kapıyı aralasın...
Arkası çorap söküğü gibi gelir.

Çünkü, iddia ediyorum... Göz göre göre çocuklara nikâh kıyan imamların yakasına yapışılsın, çocuk gelin dramı yüzde 90 biter Türkiye'de.

Kader Erten

Kader'in nikâhsız eşine 10 sene, babası ve kayınpederine dörder sene hapis cezası verildi. Ama... Beş sene denetime tabi tutularak, hükmün açıklanması geri bırakıldı. Yani, hepsi salıverildi. Kader'in annesi ve kayınvalidesine "bölgenin sosyal yapısında kadınların söz sahibi olmaması" gerekçe gösterilerek, beraat kararı verilmişti. İmam nikâhını kıyan imam, "cinsel istismara yardımcı olmak" suçundan aranmaya başlandı. Kader 2014'te öldü, imam bir sene arandı, bir sene sonra 2015'te... Anayasa Mahkemesi "imam nikâhından önce resmi nikâh kıyma şartı"nı kaldırdı, "resmi nikâhtan önce imam nikâhı kıyanlara hapis cezası veren kanun maddesi"ni iptal etti. Böylece, Kader'in nikâhını kıyan imam yırttı. Aynı durumdaki bütün imamlar yırttı. Ekstra hazin tarafı... Güya bir senedir aranan imamın, kimliği bile tespit edilememişti. Herkes biliyordu, herkes şahitti ama, imamın kim olduğu bile bulunamamıştı.

Eminea

Barbun Senegal'den geliyor.
Kalamar Hindistan'dan ithal.
Ahtapot İspanya'dan.
Karides Endonezya'dan.
Lagos Mısır'dan. Kalkan Romanya'dan. Norveç'ten getirilen seyitbalığını restoranlarda mezgit diye kakalıyorlar. Lüks otellerimizde yediğiniz kılıç şiş'ler aslında Çin'den ithal köpekbalığı. Mercan Gine'den. Sinarit Gana'dan. Her mevsim dilbalığı olmaz, bizde oluyor, çünkü mevsimine göre, bazen Afrika'nın batısındaki Senegal'den, bazen Afrika'nın doğusundaki Somali'den geliyor. Uskumru, Norveç'ten. Yemek için değil, bakmak için olanları bile yurtdışından getiriliyor, mesela geçenlerde mülteci ayaklarıyla sınırı geçen kamyonetin kasasında 20 bin tane süs balığı yakalandı, Suriye Japonu deniyor. Karadeniz'de 26 balığın neslini tükettik, Marmara'da 125 balığın neslini kuruttuk. Midye teee Şili'den. Üç tarafımız denizlerle çevrili, Türk havuzu denilen kendimize ait denizimiz var, denizi olmayan Konya'da Uşak'ta Diyarbakır'da tarla balıkçılığı yapıp, arazide levrek yetiştirmeye çalışıyoruz. Cumhurbaşkanımız, Afrika ülkesi Gabon'un sahilinde paçalarını sıvayarak çıplak ayaklarıyla yürüyüş yaptı, resmi temaslarda(!) bulunurken, Gabonlu balıkçı Ayao Nyavor'la tanıştı, sohbet etti, bilahare Ayao Nyavor'a dışişleri bakanlığımız aracılığıyla balıkçı motoru ve balık ağı hediye etti, ki, Gabon'dan bize tekir satabilsinler. Fas'tan Moritanya'dan orfoz getiriyorlar, Kızıldeniz'den karagöz getiriyorlar. İzlanda'da 2010 senesinde volkan patladı, kül ve lav yağmuru nedeniyle kıyıları zehirlendi, toplu balık ölümleri meydana geldi, balıkları analiz ettiler, ağır kurşun, radyoaktif madde ve insana zararlı kimyasallar tespit edildi, bütün dünya İzlanda'dan balık ithalatını durdurdu, Türkiye'nin İzlanda'dan balık ithalatı yüzde 250 arttı, elâlemin almadığı kansere yol açan balıkları, ki, çoğunluğu somondu, afiyetle bize yedirdiler. Istakoz ABD'den, Kanada'dan. Bataklıklarda yetiştirilen panga'yı, kılçıksız deniz balığı filetosu diye, taaa Vietnam'dan getiriyorlar. Sardalya festivali düzenliyoruz ama, o sardalya artık Yunanistan'dan geliyor.

E tabii birilerinin bu gidişe dur demesi gerekiyordu.

Balıkçılığımızı kurtarmak için kolları sıvayan Recep Tayyip Erdoğan Üniversitesi, burnunun dibindeki Karadeniz'de balık arayacağına, taaa Fırat Nehri'nde balık aradı, sazan türleri buldu, birine "recepi" adını verdi, birine "eminea" adını verdi!

Eminea

Eminea'ya Tayyip Erdoğan'ın eşi Emine Erdoğan yüzünden değil... Recep Tayyip Erdoğan Üniversitesi Su Ürünleri Fakültesi dekanı Davut Turan'ın annesi Emine hanım'a atfen Eminea adı verildiği söylendi. Peki ya Recepi'ye neden Recepi adı verilmişti? "Sazan çalışmalarına katkıda bulunan Recep Buyurucu diye bi vatandaş vardı, ona atfen" denildi. Eminea ve Recepi zaten yeterince komikti ama, açıklamalar kahkahalarla karşılandı. Mizah dergilerine malzeme oldu.

Kadın müzesi

Türkiye'nin ilk "Kadın Müzesi" açıldı.
İzmir'de.

En güzel müze.

Dünyada 70 ülkede kadın müzesi var, Türkiye'de ilk... Basmane'de, tarihi Tilkilik semtinde, 100 senelik, üç katlı bina restore edildi, butik müze haline getirildi. 13 odadan oluşuyor. Mekân küçük ama, anlamı devasa... Antik dönem kadınları, Anadolu'da kadın, öncü kadınlar, koleksiyon eserler ve protesto odası gibi bölümler var.

Girişte, o efsane fotoğraf karşılıyor sizi... Mustafa Kemal Atatürk'ün, 1929'da, Ankara Palas'ta, manevi kızının düğününde, manevi kızı Nebile Hanım'la dans ederken çekilmiş fotoğrafı.

Antik bölümde, Hera'nın öyküsü de anlatılıyor, Pandora'nın öyküsü de... Koleksiyon eserler bölümünde, Selçuklu, Osmanlı ve Cumhuriyet dönemi kadınlarının eşyaları, eserleri yer alıyor.

Duvarlar, 19'uncu yüzyıla ait, altın sırma işlemeli bindallılar, kaftanlar, cepkenlerle süslü.

Gazi Kara Fatma, Sabiha Gökçen, bombalı suikasta kurban verdiğimiz Bahriye Üçok, Profesör Türkân Saylan, dünya güzelimiz Keriman Halis Ece, La Diva Turca Leyla Gencer, öncü kadınlar bölümünde.

İlk kadın doktorumuz Safiye Ali, ilk hemşiremiz Esma Deniz, ilk Türkiye güzelimiz Feriha Tevfik, ilk kadın tiyatro sanatçımız Afife Jale, ilk kadın gravürcümüz Aliye Berger, ilk kadın romancımız Fatma Aliye Topuz, ilk kadın büyükelçimiz Filiz Dinçmen, ilk kadın muhtarımız Gül Esin, ilk kadın kaymakamımız Özlem Bozkurt Gevrek, ilk kadın valimiz Lale Aytaman, ilk kadın belediye başkanımız Müfide İlhan, ilk kadın bakanımız Türkân Akyol, ilk kadın mimarımız Leyla Asım Turgut, ilk kadın ressamımız Mihri Müşfik, ilk kadın fotoğrafçımız Naciye Suman, ilk kadın astrofizikçimiz Nüzhet Gökdoğan, ilk kadın heykeltıraşımız Sabiha Belgütaş, ilk kadın veterinerimiz Sabire Aydemir, ilk kadın rektörümüz Ayşe Saffet Rıza Alpar, ilk kadın gazetecimiz Selma Rıza Feraceli, ilk kadın karikatürcümüz Selma Emiroğlu, ilk kadın hâkimimiz Suat Berk, ilk kadın avukatımız Süreyya Ağaoğlu, sadece Türkiye'nin değil, dünyanın ilk Yargıtay üyesi kadın hâkimi Melahat Ruacan, ilk kadın sendikacımız Zehra Kosova Durmaz, ilk kadın sendika başkanımız Dervişe Koç, otomobil sürücü ehliyeti olan ilk kadınımız Asıme Şahsuvaroğlu, ilk kadın kaptanımız İlgi Öztuncer, ilk kadın subayımız Ülkü Sema Aydın, ilk kadın polisimiz Fitnet hanım, ilk kadın polis komiserimiz Hikmet Cengiz, ilk kadın emniyet müdürümüz Feriha Sanerk, ilk kadın arkeoloğumuz Halet Çambel, ilk kadın orkestra şefimiz İnci Özdil, ilk kadın opera sanatçımız Semiha Berksoy, dünya şampiyonu ilk kadın sporcumuz Tennur Yerlisu, medeni kanunla evlenen, Türkiye'nin ilk resmi nikâhlı kadını Zehra Say... Hepsi ve daha fazlası, orada.

Protesto Odası, hakikaten çok etkileyici... İzmir Kent Müzesi Arşivi'ne ait belgelerden ve gazete kupürlerinden oluşuyor. Kadınlarımızın toplumsal yaşamdaki direnişlerinden örnekler anlatılıyor. Mesela... Taaa 1828 senesinde, ekmeğe zam yapıldığını, İzmirli kadınların çocuklarıyla birlikte sokağa dökülüp, protesto gösterisi yaptığını, kadınların isyanı üzerine, dönemin valisi Hasan Paşa'nın ekmek zammını geri aldığını biliyor muydunuz? Protesto Odası'nda detaylarıyla öğreniyorsunuz.

Başka neler var Protesto Odası'nda? 1919'da düşman işgaline direnmek için, Kastamonu Kız Öğretmen Okulu'nda toplanan üç bin yurtsever kadının hikâyesi var. 1987'de kadına karşı şiddeti protesto etmek için yürüyüş yapan İstanbullu kadınlar var. Yine 1987'de cezaevlerindeki insanlık dışı koşulları protesto etmek için, siyahlar giyinip, yürüyüş yapan İstanbullu kadınlar var. 1989'da toplanan 1'inci Feminist Kongre var. Yürekleri kan ağlayan Cumartesi Anneleri var. Kürtaj hakkımızdır, bedenimiz bizimdir eylemleri var. Ve elbette, Gezi Parkı'nın kadınları var; kırmızılı kadın, siyah elbiseli kadın, sapanlı teyze var.

Enstalasyon Odası'nda Gezi direnişinde aktif rol alan kadınlarımızla ilgili, müthiş bi video gösteri var.

Konak Belediye Başkanı Hakan Tartan tarafından hayata geçirilen müzede, Muazzez İlmiye Çığ, Afet İnan, Zuhal Yorgancıoğlu, Aysel Gürel gibi, hayatımıza damga vuran çok sayıda kadının özel eşyaları da sergileniyor. Halide Edip Adıvar, Cahide Sonku, Afife Jale gibi unutulmazların, maskları var.

Anlatmakla bitecek gibi değil... İzmirli hemşerilerime ve Türkiye'nin her köşesindeki "İzmir'in zihniyet hemşerileri"ne öneririm.

Denizi kız, kızı deniz, sokakları hem kız hem deniz kokan İzmirim... Türkiye'nin ilk kadın müzesinde, Türkiye'nin olağanüstü kadınlarıyla, sizleri bekliyor.

⋙⋘

Sema Pekdaş

Türkiye'nin ilk kadın müzesi, açılır açılmaz bir ilk'e daha vesile oldu. Kurdelanın kesilmesinden bir ay sonra seçim yapıldı. Sema Pekdaş, müzeyi hayata geçiren Konak Belediyesi'nin ilk kadın başkanı seçildi. Öncü kadınlarımızdan biri olan Sema Pekdaş, 1908 senesinde kurulan İzmir Barosu'nun da, tarihteki ilk kadın başkanıydı.

≫≪

Şenay

İğrenç seçim atmosferinde, CHP sıcacık bir televizyon reklamı yapıyor. Belediye başkan adayları, "Hayat Bayram Olsa"yı söylüyor.

Şenay'ın şarkısı o.

Çocukluk günlerimin efsanesiydi o güzel kadın... 70'li yılların alaturka kıyafetli, etine dolgun, ağır makyajlı yıldızlarından farklıydı, punk havalıydı. Türk popunun babalarından Şerif Yüzbaşıoğlu'yla evlenmişti, sırılsıklam âşıktı. Gazeteler onun bir satır haberini yapabilmek için çıldırırdı, o ise, magazinden uzak dururdu, sıradan yaşamayı sever, kendi şöhretinden bile uzak dururdu.

"Sev Kardeşim"le patladı. Dünyaya geldik bir kere, kavgayı bırak, her gün bu şarkımı söyle... Peşinden, "Hayat Bayram Olsa"yla patladı. Şarkıları adeta marş gibi olmuştu, ezbere biliniyordu.

Çünkü, herkesin sokakta birbirini vurduğu dönemde, insan sevgisinden bahsediyor, "bak kardeşim, elini ver bana, sar kardeşim, kolunu boynuma" diyordu.

Yürekliydi. Eyyamcılık yapmaz, siyasi görüşünü saklamaz, tam tersine, elini taşın altına koyardı. Seçim mitinglerine çıkan ilk sanatçıydı o... Karaoğlan dönemlerinde, Bülent Ecevit'ten önce miting kürsüsüne çıkar, "Sev Kardeşim"i, "Hayat Bayram Olsa"yı söyler, Ecevit sonra çıkardı. Bu nedenle, TRT'de yasaklıydı, Cem Karaca, Selda Bağcan gibi kara listedeydi, ekrana çıkarılmazdı.

1975'te ilk Eurovision Şarkı Yarışması'nda finale kaldı, ancak, eşi jüride olduğu için, dedikodu olur dedi, yarışmadan çekildi. Zarafete bakar mısınız... Sopot, Atina, Tokyo gibi uluslararası festivallerde ödüller aldı. İngilizce sözlerle "Honki Ponki"yi çıkardı, sınırlarımızı aştı, Avrupa listelerine girmeyi başardı. Her şey muhteşemken, maalesef, Şerif öldü.

Yıkıldı Şenay... Nefes alıp veriyordu elbette ama, manen o da ölmüştü. Hayata küstü. Arkadaşları, dostları çırpındı, nafile, devam edemedi, bir daha toparlanamadı. Elini eteğini çekti, evine kapandı.
Kendisini yazıya ve resme verdi, sürrealist yağlıboyalarla avunmaya çalıştı. Sigarayı giderek artırdı. Vakit dolduruyordu aslında... Şerif'in yanına gitmek için, vakit dolduruyordu. Ve, peş peşe yaktığı sigaralarla o vakti hızlandırmaya çalışıyordu. 2013 Ocak ayında, rahmetli oldu. Nihayet, Şerif'ine kavuşacaktı. Kardeşlerine bıraktığı vasiyeti tek cümleden ibaretti, "beni Şerif'in yanına gömün".

Gel gör ki... Ömrü boyunca, insanlara sev kardeşim çağrısı yapan bu hümanist kadının, son isteği yerine getirilmedi. Adeta, intikam alındı.

Şerif Yüzbaşıoğlu, Merkezefendi mezarlığında yatıyordu. Hemen yanı başı boştu. Şenay için ayrılmıştı. Kusura bakmayın, bu mezarın Şerif Yüzbaşıoğlu'na ait olduğunu gösteren tapu yok dediler. Eşini buraya defnedemeyiz dediler. İstanbul'un neredeyse yarısından fazlası kaçak inşaat... Mezara tapu istediler!

Hiç şüphesiz, öte tarafta buluşmuşlardır, el ele dolaşıp, "Sev Kardeşim"i söylüyorlardır ama... Şenay'ın bedenini götürüp, Ayazağa'ya defnettiler.

Bunların ruhuna öyle bir nefret tohumu ekilmiş ki, kardeşim... Ne diri, ne ölü, kendilerinden olmayan hiç kimseyi insan yerine koymuyorlar. Yaşarken mutsuz etmeleri yetmiyor, öldükten sonra da kahretmekten zevk alıyorlar.

Dolayısıyla, oyumu vereceğim Mustafa Sarıgül'den bir ricam var... "Hayat Bayram Olsa"yla kazanırsan, pazartesi günü ilk iş, Şenay'ı Şerif'inin koynuna taşı başkan.

Şenay Yüzbaşıoğlu

Şerif Yüzbaşıoğlu, 60'ların 70'lerin en önemli müzik adamlarındandı. Orkestra denilince, ilk akla gelen isimdi. Atilla Özdemiroğlu, Asım Ekren, Garo Mafyan, Onno Tunç'u yanına alarak, kendi ismiyle orkestra kurmuştu, solistleri Şenay'dı, o orkestra zamanla, İstanbul Gelişim Orkestrası'na dönüşmüştü. 1971'de evlendiler, 1981'de, henüz 49 yaşındayken Şerif öldü. Şenay 2013'e kadar yaşadı ama, aslında 1981'de dünyayla ilişkisini kesmişti. Yukarıda bahsedilen 2014 yerel seçimini maalesef CHP kazanamadı, Şenay'ın vasiyeti yerine getirilemedi. İki sevgili, hâlâ ayrı yatıyor.

⋙⋘

Özlem

Tayyip Erdoğan her gittiği şehirde, her çıktığı mitingde "Adnan Menderes" diyor.

Şu işi netleştirelim artık.

"Ben Erbakan'ı Erdoğan'a tercih ederim. Erbakan, Erdoğan'a göre çok daha ulusçudur, Türkiye'nin bağımsızlığından yanadır. Tayyip Erdoğan tam bir kapalı kutu, kendisini hangi kişilerin, hangi fikirlerin yönettiğini bilmiyoruz. Tayyip Erdoğan'ı şahsen tanımam, uzaktan izlediğim kadarıyla, etrafında devamlı negatif elektrik var. Üslubunda hep tehdit var. Girdiği her yerde kavga çıkarabilir. Benim Türkiye adına endişelerim var. Şoför acaba bir terslik yapar mı diye, herkesin yüreği ağzında... Erdoğan başbakan olduğunda, Erbakan katıla katıla gülerek, bana inat, başlarına getirdiklerine bakın demiştir herhalde."

Kime ait bu sözler?
Adnan Menderes'in oğlu Aydın Menderes'e ait.
Rahmetli olmadan önce, 2003 senesinde, AKP iktidara geldikten hemen sonra, *Hürriyet*'e vermişti bu röportajı.

Başka ne demişti?
"Avrupa Birliği, açık ve aleni şekilde Türk Silahlı Kuvvetleri'ni kendine hedef seçti, umarım AKP bu oyuna gelmez, bir Cumhuriyet hükümeti için, yabancının lafıyla kendi askerine

yönelik düzenleme yapmaya kalkışmak, Türkiye Cumhuriyeti adına çok büyük bir hata olur" demişti.

Taa 2003'te...
Öngörüye bak.

Adnan Menderes'le birlikte sehpaya gönderilen dışişleri bakanı, Fatin Rüştü Zorlu... Büyük metanetle yürüdü ölüme, önce masaya, sonra masanın üstündeki sandalyeye çıktı, "Allah memleketi korusun, haydi Allahaısmarladık" dedi, ittirdi ayağının altındaki sandalyeyi... Torunu var, kendisiyle aynı adı taşıyor, Fatin Rüştü... Gaz maskesini taktı, Gezi direnişine en ön saflarda katıldı. Niye katıldın diye sordular? "Allah memleketi korusun, dedemin son sözleriydi, annemin bana bıraktığı en büyük miras da buydu" dedi.

Başka ne dedi torun Fatin Rüştü?
"İnsanların yaşamlarına müdahale edilmeyen bir ülkede yaşamak istiyorum. Annem Mülkiye'de okurken, bir hocayı görevden aldıkları için eyleme katılmış. Anneannem, Emel ne yapıyorsun böyle demiş. Annem, yürüyüşe katılıyorum diye cevaplamış. Dedem ise, kızım bir bireydir, karışamam demiş. Yani, annem, kendi babasına karşı yürümüş... Bu tür farklılıkların bu ülkede olması gerekiyor."

Adnan Menderes'e dönersek... Onun da torunu var, onun da adı soyadı, Adnan Menderes... Tıp profesörü. İzmir'de yaşıyor.

Adnan Menderes'in üç oğlu vardı, büyük oğlu Yüksel intihar etti, ortanca oğlu Mutlu trafik kazasında vefat etti, en küçük Aydın ise, 2011'de rahmetli oldu. Mutlu'nun oğlu, torun Adnan... Menderes soyadını taşıyan tek kişi.

Siyasetten uzak, huzurlu hayatını rahatsız etmek istemezdim ama, mecburuz, kusura bakmasın. İzmir'deki fısıltılara göre, AKP'nin milletvekili yapmak için Adnan Menderes'e yalvardığını biliyoruz. Adnan Menderes'in kesinlikle kabul etmediğini de biliyoruz. Zaten bana sorarsanız, böyle bir birliktelik, asla mümkün değil... Annesi, Profesör Münevver Menderes'in, zamanında ANAP'a karşı açıkça SHP'yi desteklediğini, sosyal demokrat görüşe sahip olduğunu biliyoruz.

Peki, anneyle oğul illa aynı görüşü mü destekler? Elbette böyle bir şart olamaz. Ancak, amcası Aydın Menderes'in eşi Ümran hanım, yani yengesi şöyle diyor: "Torun Adnan Menderes, siyasi olarak dedesiyle aynı yerde durmuyor."

Rahmetli başbakan Adnan Menderes'in doğduğu köye gelirsek... Aydın, Çakırbeyli... AKP, darbelerle hesaplaşıyoruz ayağıyla 12 Eylül'de yetmez ama evet referandumu yaptı. Adnan Menderes'in köyü Çakırbeyli'den "hayır" çıktı!

Öyle kıl payı filan değil.
Yüzde 70 hayır çıktı.

Ve, Aydın...
Adnan Menderes'in şehri.
Bugün gidin, sokakta rastladığınız herhangi birine Adnan Menderes deyin, gözleri buğulanır. Rahmetlinin matemi hâlâ devam eder Aydınlılarda.

CHP'nin kalesi şu anda.
CHP büyük ihtimalle Türkiye'deki rekor oyunu alacak Aydın'da... Sadece şehir merkezi değil, bütün ilçelerinde, Söke, Nazilli, Kuşadası açık farkla, ya CHP'nin ya MHP'nin... Adnan Menderes'in şehrinde AKP anca üçüncü durumda... Bazı ilçelerde DSP'nin bile arkasında.

Tayyip Erdoğan, Aydın'da yok hükmündedir.

Hal böyleyken... Merhum Adnan Menderes'in AKP'ye alet edilmeye çalışılması, Adnan Menderes'in ruhuna işkencedir.

※»«※

Özlem Çerçioğlu

Nazilli doğumlu Özlem Çerçioğlu, Selçuk Üniversitesi Makine Resim Konstrüksiyon Bölümü'nden mezun oldu. Eğitime destek, uyuşturucuyla mücadele, nüfus planlaması gibi toplumsal projelerde görev aldı, Atatürkçü Düşünce Derneği'nde çalıştı. 2002'de CHP Aydın milletvekili oldu, 2007'de tekrar seçildi. Milletvekili koltuğunu bırakıp, Aydın belediye başkanlığına talip olduğunda, hiç kimse kazanabileceğine ihtimal vermiyordu, çünkü CHP tam 32 senedir Aydın'da kazanamıyordu. Özlem Çerçioğlu kazandı, 2009'da Aydın'ın hem belediye başkanı, hem de ilk kadın belediye başkanı oldu. 2013'te Türkiye'nin en başarılı il belediye başkanı seçildi. 2014'te Aydın, büyükşehir oldu, Özlem Çerçioğlu da CHP'nin oyunu yüzde 44'e çıkararak, Aydın büyükşehir belediye başkanı oldu. Evli ve iki çocuk annesi, "topuklu efe" lakabıyla tanınıyor.

Leyla

Genetik mühendisi olmak isteyen gençler, üniversite sınavından önce yatıra gidiyorsa... Evde kalmış kızlar, kısmeti Telli Baba'dan istiyorsa... Susuz Dede'ye "emlakçı", Zuhuratbaba'ya "işçi bulma kurumu" muamelesi yapılıyorsa... "İmam vermezse papaz verir" diyenler Ayın 1'i Kilisesi'nde kuyruk oluyorsa... Maç kazanmak için stadın çimlerine muska gömülüyorsa... Şifa bulmak için üfürükçülerin etekleri öpülüyorsa... Bunun karşılığında, üfürükçüler gariban kızları göbeğinden öpüyorsa... Oruç tutarken kalp nakli yaptırabilir miyim, iftarda sevişebilir miyim falan diye merak ediliyorsa... Rüyasında evliya gören profesörün mektubu, Milli Eğitim Bakanlığı'nda "resmi evrak" oluyorsa... Brandaya benzer haşemayla denize giriliyor, mayo reklamları brandayla örtülüyorsa... Bebeleri intihar komandosu olmaya özendiren cihad çizgi filmleri şakır şakır satılıyorsa... Ekmekten fare çıkarken, Helal Gıda Standardı çıkarılıyorsa... 800 nüfuslu köye 1.300 kişilik cami yaptırılıyorsa...
"Bize oy veren cennete gider" diyenler iktidara geliyorsa...

Başbakan'ın "türbana mahkemeler karar veremez, söz söyleme hakkı ulemanındır" demesinin neresi acayip?

Bence hukuk fakültelerini kapatalım artık.
Kadılar baksın davalara.

Leyla Şahin

Leyla Şahin, İstanbul Üniversitesi Cerrahpaşa Tıp Fakültesi öğrencisiyken, derslere türbanla girmek isteyince, kılık kıyafet yönetmeliğine aykırı davrandığı gerekçesiyle disiplin cezası aldı. 28 Şubat sürecinin sembolü oldu. 1999'da "türban yasağının insan hakları ihlali" olduğu gerekçesiyle Avrupa İnsan Hakları Mahkemesi'ne başvurdu. Avusturya'ya gitti, Viyana Üniversitesi Tıp Fakültesi'ne kaydoldu. Avrupa İnsan Hakları Mahkemesi, 2005'te nihai kararını verdi, "türban yasağının insan hakları ihlali olmadığına" hükmetti. Tayyip Erdoğan öfke saçtı, "mahkemenin söz söyleme hakkı yoktur, söz söyleme hakkı din ulemasınındır" dedi. Anayasamızda yazılı olan "laiklik ilkesi"ne ve "hukuk"a bakışı buydu. Leyla Şahin, 2003'te Viyana'dan mezun oldu, 2007'de Türkiye'ye döndü, türban mücadelesine devam etti, AKDER'in, Ayrımcılığa Karşı Kadın Hakları Derneği'nin başkanı oldu, İstanbul büyükşehir belediyesinde kurum doktoru olarak çalışırken, 2015 seçiminde Konya'dan aday gösterildi, AKP milletvekili olarak TBMM'ye girdi.

⋙⋘

Serpil

Mehmet Ali Ağca, Abdi İpekçi'yi öldürdüğü için 5.5 yıl yattı, çıktı. Vatandaş haklı olarak isyan ediyor, bu kadar az ceza olur mu?

Yağmurlu bir gündü.
Akşam saatleri.
Henüz 20 yaşındaydı Serpil.
Fidan gibi kız derler ya, öyle...
Anaokulu öğretmeniydi.
İşinden çıkmış, evine gidiyordu.
Kolunda anacığı vardı.
Dört tane it yollarını kesti.
Tinerciydiler...
Ellerinde bıçak vardı.
Sürüklediler ana-kızı tenhaya.
Bir Allah'ın kulu yoktu ortada.
Belki vardı da, kimsenin maçası yetmedi.
Kimse müdahale etmedi.

Önce anasını bıçakladılar, attılar bir kenara...
Sonra Serpil'in üzerine çullandılar.
Bir, iki, üç, dört... Dört kez tecavüz ettiler.
Bayılmıştı garibim...
Yetmedi.
Bıçaklaya bıçaklaya deştiler karnını.
Gırtlağını kestiler.
Sonra defolup, kaçtılar.
İş işten geçti, Türk polisi geldi.
Yakalandılar bir süre sonra...
Hâkim önüne çıktılar.

Bakın sonra sırasıyla şunlar oldu...
İdam istendi.
75 yıl hapse çevrildi.
36 yıla düşürüldü.
Af çıktı.
Cezaları 7 yıla indi.
Ve serbest kaldı kansızlar.

Çıktıktan sonra ne yaptılar?
Hacca gitmediler herhalde...
Aramızda geziyorlar.
Kimbilir kimin ırzına geçtiler bu arada.
Kimbilir kimi takip ediyorlar şu anda.

Dönelim başa...

Ağca'nın az yatıp çıkması kamu vicdanını rahatsız etti. İyi de arkadaş... Bu kamu vicdanı denilen şey, sadece ünlü biri öldürüldüğü zaman mı rahatsız oluyor?

Serpil Yeşilyurt

Serpil öğretmenin katilleri "şartlı salıverme ve ceza indirimi yasası"ndan faydalanmıştı. Bu yasa, kamuoyunda "Rahşan affı" olarak tanınıyordu. Bülent Ecevit'in başbakanlığı döneminde, 2000 senesinde çıkarılmıştı. Bülent Ecevit'in eşi Rahşan hanım, cezaevlerini ziyaret etmiş, başka kimseleri olmadığı için mahkûm anneleriyle birlikte cezaevinde yatmak zorunda kalan çocuklardan etkilenmiş, "kader kurbanları"na ceza indirimi yapılmasını sağlamıştı. Kader kurbanları için çıkarılan yasadan, sapıklar, seri katiller, soyguncular faydalandı. Yasa çıkınca cezaevleri boşalıvermişti ama, kısa süre sonra "üç misli" doluverdi. Çünkü, Rahşan affı yüzünden maalesef suç oranında patlama meydana geldi. Hatta... Tayyip Erdoğan bile Rahşan affından faydalandı! 2001 senesinde, Tayyip Erdoğan hakkında, İstanbul büyükşehir belediye başkanı olarak "sahte fatura düzenlemek, rüşvet almak" iddialarıyla "çete kurmak"tan soruşturma açıldı. İçişleri bakanlığı soruşturmaya izin verdi. Tayyip Erdoğan, bu iznin iptal edilmesi için Danıştay'a başvurdu. Danıştay, söz konusu suçların çete kurmaya değil, görevini kötüye kullanmaya girdiğini, görevini kötüye kullanma suçunun da Rahşan affına girdiğini belirterek, soruşturmanın ertelenmesine hükmetti. Böylece, Tayyip Erdoğan da Rahşan affıyla kurtulmuş oldu.

Duru

1979... Henüz 14 yaşındaydı. Tokat-Zileli'ydi. Dar gelirli ailenin çocuğuydu. Bir eliyle babasının ceketinin ucundan tutuyor, öbür eliyle bavulunu taşıyordu. Gözleri, biraz da korkuyla faltaşı gibi açılmıştı, İstanbul'a ilk gelişiydi, denizi ilk defa o gün gördü. Eminönü'ye vardıklarında Yeni Cami'yi tanıdı, seyrettiği filmlerden... Yolun karşısına geçtiler. Altı numaralı iskeleden bilet aldılar. Hayatında ilk defa gemiye binecekti. Yüreği pır pır. Vapur kalktı, etrafı seyrediyordu, ezberlercesine, Topkapı Sarayı'nı, Kız Kulesi'ni gördü, geride kalan Sirkeci uzaklaşıp, küçülürken, Adalar belirdi. Yanaştıkları ilk tabelayı okudu, Kınalıada. Burası değildi. Üçüncü adada indiler, Heybeliada'ya böyle ayak bastı. Erguvanlar açmıştı. Ada, yaz coşkusuyla karşılamıştı onu ama, aileden, yuvadan ayrılmanın hüznünü gel de ona sor... Babası, cebindeki adres kâğıdını çıkardı, iskelede duran birilerine gösterdi, tarif ettiler. Adanın en uzak tepesiydi. Faytona binmediler. Baba-oğul, yürüye yürüye, tırmandılar. İşte gelmişlerdi. Deniz Lisesi. Baba, evladına sarıldı, öptü, emanet etti oraya... Macera başlamıştı. 14 yaşında.

Ardından, Deniz Harp Okulu'nu bitirdi. O ufak tefek oğlan, aslan gibi teğmen çıkmıştı. Deniz Harp Akademisi'ni de birincilikle bitirdi, kurmay oldu. Gökova firkateyninin komutanlığını üstlendi, harp filosunun en iyi gemisi ödülünü kazandı. Bangladeş'te askeri ataşelik yaptı. Komodorluk yaptı. Hani, Libya'da içsavaşta sıkışıp kalan vatandaşlarımız, gemilerle taşınarak kurtarılmıştı ya... İşte o, en öndeydi, operasyonun kritik komutanıydı. Sema'yla evlendi, Batu dünyaya geldi, sonra Duru... İyi insan, iyi baba, iyi komutan... Birinci sıradan amiral olacağı kesindi. 30 Ağustos'a gün sayıyordu.

22 Ağustos'ta tutukladılar!

"Asrın iftirası"na uğrayan seçkin subaylarımızdandı.

Savunmasında şunları anlattı...
"Ömrümün üçte ikisini Türkiye Cumhuriyeti'ni ve hükümetlerini, dünya denizlerinde temsil edip, canım pahasına korumaya ant içmişken, gerçek olmadıkları yüzlerce kez ispatlanmış dijitallere dayanarak suçlanmamı, kara mizah olarak tanımlıyorum. İddianamede, ev adresim ve kaldığım cezaevi bile yanlış yazıyor!"

"Bir baba olarak, çocuklarıma bırakacağım en büyük miras, her ne olursa olsun doğruyu söylemeleri tavsiyesidir. Yalan, bu dünyadaki en büyük onursuzluktur. Bu inancımın aksine, en büyük onursuzluğu yapıp, sadece açık görüşte kucaklayabildiğim yedi yaşındaki kızıma hayatımda ilk kez yalan söyledim. Olan bitenden etkilenmemesi için, burada eğitim aldığımı, eve ne zaman döneceğimi bilmediğimi söylüyorum. Bana belli etmek istemese de, kendisini bu yalana inandırarak, kalbi kan ağlayarak, babasının vatan ve bayrak için kendilerinden uzakta olduğuna inandırarak, başı dik yürüyor."

"Savunmamı, peygamberimizin söylediği ve hepimizin kulaklarına küpe olması gereken 'bir günlük adalet, 60 yıllık ibadetten faziletlidir' sözüyle tamamlıyorum. Bir saniyenin bile çok önemli olduğu insan yaşamında... Türk hukuk sistemine güvenmeye devam ediyorum."

16 sene yapıştırdı Murat'a...
Güvenmeye devam ettiği Türk hukuk sistemi!
Maltepe'deki arkadaşlarımdan biriydi.

Bir gece sancılarla hastaneye kaldırdılar. Safrakesesi... Ameliyat edildi. Salata yaparken parmağının ucunu bile kessen, kendini bir hafta kötü hissediyorsun. Hiç olmazsa, iki gün hastanede yatabilirdi. Yok kardeşim... Ertesi sabah cezaevine geri gönderdiler. Sırf bu hadise bile, meselenin hukuk meselesi olmadığının kanıtıydı. Yarışarak geçilmesi mümkün olmayan subaylar, ölümüne cezalandırılıyordu.

Önce Hasdal'a geçti, sonra eşinin ve çocuklarının yanına, Ankara'ya, Mamak'a naklini istedi. Her hafta açık görüş için o kadar yol yapmasınlar, perişan oluyorlar, bari ben oraya gideyim demişti.

Bu değişiklik, hem ailesine, hem ona iyi gelmişti, biraz merhem olmuştu. Taa ki 23 Nisan'a kadar... Her gün zaten fenaydı ama, o gün daha bir fenaydı. Çocuk Bayramı'nda çocuklarına sarılamıyordu. Anca 26'sında açık görüş vardı. Üç gün, üç asır gibi geçti. Hep güler yüzlü, hep iyimserdi ama, o üç gün adeta içine kapanmıştı. 26'sı sabahı, nihayet, koştu kucakladı hasretle, kızını, oğlunu, eşini, annesini...

Batu, 14 yaşına gelmişti. Babasının, kendisini Deniz Lisesi'ne teslim ettiği yaşa... Ama, oğlunun 14 yaşı, kendisinin 14 yaşından çok farklıydı, yaşanan sıkıntılar 24 yaşın olgunluğuna getirmişti Batu'yu... Sakın merak etme babacığım, ailenin başındayım dercesine, dimdik duruyordu.

Duru'nun ise, gözleri dolu doluydu.
Belli etmemeye çalışıyor, dudaklarını ısırıyordu.
Bir baba için, daha çaresiz nasıl bir durum olabilir ki?

Gel dedi kızına...
Güya neşelendirecek, gel biraz top oynayalım dedi.

Ayağı kaydı, düşüp başını taşa çarptı diye yazdı gazeteler... Elbette palavraydı... Maalesef, buraya kadar dayanabilmişti. Dünyanın kahrını taşımaktan yorulan asırlık ağaç misali, durup dururken devrildi. Düştüğü için beyin kanaması geçirmedi, beyin kanaması geçirdiği için düştü.

Mahkemesindeki savunmada "bir saniyenin bile çok önemli olduğu insan yaşamında" derken, tam olarak bunu kastediyordu. Ha bugün çıkacak, ha yarın çıkacak denilen Balyoz kararı, Anayasa Mahkemesi'nde oyalanıp durmasaydı... Murat, sapasağlam, aramızda, çocuklarının yanında olacaktı.

Şu anda GATA'da.
Durumu çok ağır.
Ameliyat bile edilemiyor.
Uyutuluyor.
Ve, Maltepe'deki kardeşlerimle konuştum, az daha sabır, aman moralinizi sağlam tutun diye... Cam kırıkları çiğner gibiydi sesleri... 16'şar sene yediklerinde bile, onları bu kadar üzgün görmemiştim. Akademi sınavlarına çalıştırdığı Erdinç, Gökova firkateynini devrettiği Ender, deniz lisesinden beri ağabeylik yaptığı Cem, akademiden sınıf arkadaşı Yavuz ve yan yana ranzalarda yattığı havacı ağabeyi İsmet, dua ediyorlar, hayata tutunması için...

Tıpkı, Hasdal, Mamak, Silivri, Hadımköy, Şirinyer gibi.

Tarih, böyle ihanet görmedi.

➢➣➢➣➢➣

Duru Özenalp

Duru'nun babacığı şehit oldu. GATA'da morgun kapısında cenazeyi alırken yaşadıklarımı ömrümün sonuna kadar unutamam... Kadınlar karşıladı Murat'ı... Göz pınarları ağlamaktan kurumuş, gözleri ağlamaktan şişmiş kadınlar... Esir subayların eşleriydi. Murat'ın eşi Sema'nın yanında saf tutmuşlardı. Şapka takmışlardı. Şapkalarda TCG Maltepe, TCG Mamak, TCG Silivri, TCG Hasdal, TCG Sincan, TCG Hadımköy, TCG Şirinyer yazıyordu. Eşlerinin yattığı hapishanelerin isimlerini donanma gemileri gibi sembolize etmişlerdi. Hüzün donanması'ydı. İmam geldi. Üç beş tırışkadan beylik laftan sonra, malûm soruyu sordu. Hakkınızı helal eder misiniz? Murat'ın annesi, Samiye anne, "ben hakkımı bu devlete helal etmiyorum, torunlarımın öksüz kalmasına sebep olanları iki cihanda affetmiyorum, dilerim Allah da affetmesin" dedi. Kahraman bir evlat yetiştiren annenin bedduasını alan devlet ayakta kalabilir mi, sanmıyorum.

➢➣➢➣➢➣

Victoria

Taziyeye gidip cenaze sahiplerini yumruklayan başbakanımız... Bi kaç yüz madencinin ölümünü fazla abartmamamız gerektiğini izah etti. 1800'lü yıllardan, Kraliçe Victoria döneminden örnekler verdi, "olağan şeylerdir, fıtratında var" dedi.

Çünkü...

Kraliçe Victoria döneminde, padişahımız efendimiz Abdülhamid Han Hazretleri iktidardadır. Saraya telgraf gelir.

"Çınarlı'da Mustafa Bey ocağında gaz tutuşarak beş amele yanmıştır, amele ocağa gitmekten çekinmektedir, tahkikat yapılması babında, 27 Temmuz 1878."

Yani diyor ki, grizu patladı, içerdeki işçiler öldü, dışardaki işçiler madene girmek istemiyor, facianın nedeni hakkında soruşturma talep ediyoruz.

Saray işi savsaklamaz...
Aynı gün cevap telgrafı çekilir.

"Bartın Kaymakamlığı Vekâletine, umumi ocaklarda böyle sakatlıklar olması, madenin cümle hususundandır, her nerede olur ise olsun, eceli kaza, mukadderat-ı ilahiden olduğundan, hiçbir ocağın tatiline mahal olmadığı, gerekli tedbirlerin alınmasıyla, emsalleri gibi imalata devam etmek üzere, amelenin nasihatle tedibinden geri durulmaması gerekir, 27 Temmuz 1878."

Yani diyor ki, soruşturmaya filan gerek yoktur, kaza vesiledir, ecelleri gelmiş, kaderleri böyleymiş, ölenleri gömün, üretime devam edin, öbür işçilere de söyleyin, terbiyesizlik etmesinler, girip çalışsınlar, asabımı bozmasınlar.

(Bu resmi yazışmaları, Maden Mühendisleri Odası'nın 2011'de Zonguldak'ta düzenlediği, iş güvenliği sempozyumundan aktarıyorum.)

Zat-ı şahane'nin fıtratıyla...
Asrın lideri'nin fıtratı aynıdır.

Hedef 2023.
Kafa 1800'dür.

Kraliçe Victoria

Soma'da tarihimizin en ağır maden faciası yaşandı. Ocakta yangın çıktı, 301 madencimiz hayatını kaybetti. Tayyip Erdoğan "bunlar olağan şeylerdir, literatürde vardır, fıtratında var" deyip, Kraliçe Victoria'dan örnek verdi ama... Soma'da 432 çocuk yetim kaldı, yaş ortalaması 10'du. Rahmetli madencilerimizin 255'i evliydi, imam nikâhıyla evli olanlar vardı, miras meselesinde ve devlet yardımında ekstra dramlar yaşandı. Üç günlük yas ilan edildi, matem ayaklarıyla 19 Mayıs törenleri iptal edildi. Ancak... "Tören mören yapılmaz, matemimiz var" diyen AKP'liler, düğüne gitmeye devam ediyorlardı! Soma'da cenazeler toprağa verilirken, AKP milletvekili Muhyettin Aksak, kızını evlendirdi. Çevre bakanı İdris Güllüce, sosyal medya adresinde düğünden fotoğraflar yayınlayıp, "kadim dostumuz Muhyettin beyin kızının nikâh merasiminde mutluluklarını paylaştık" yazdı. Memleket yastayken, mutluluk paylaşıyorlardı! Düğün fotoğraflarında başbakan yardımcısı Bülent Arınç'la TBMM başkanı Cemil Çiçek de görülüyordu.

Aslı

Ayağında basma şalvar.
Sırtında el örgüsü hırka.
Saçında çiçek desenli yazma.

Çömez muhabirken, hayatımda ilk defa Soma'da maden kazasına gittiğimde, böyle bekliyorlardı ocağın kapısında... 30 sene geçti. Hâlâ aynı böyle bekliyorlar.

Soma'da da böyle beklerler.
Kozlu'da da.
Kar yağarken de böyledir.
Sağanak altında da.
Ayağında basma şalvar.
Sırtında el örgüsü hırka.
Saçında çiçek desenli yazma.

Çünkü, her gün mezara girip, günde 40 lira yevmiyeyle, anca

bu kıyafeti alabilirsin sevdiğine, çocuklarının anasına.

Oysa, tabuttan çıkarıldıktan sonra, ambulansın sedyesi kirlenmesin diye, can pazarında bile devletin-milletin malına titizlenen o mübarek adamların, kadınlarıdır onlar... Sırtlarından trilyonlar, servetler kazanılır, onların sırtında anca el örgüsü hırka.

Bak mesela, 300'den fazla canımız gitti, maaşlarını topluyorsun, ekonomi bakanının koluna bi saat almaya bile yetmiyor.

300 can daha gitse, ucu ucuna!

Dolayısıyla... Cüppeni çıkar siyasete gir, üniformanı çıkar Meclis'e gir lafları sıktı artık. Ceplerine euro sıkıştırılan takım elbiseni çıkar da, madene gir! Kutusuna dolar istiflediğin ayakkabını çıkarıp çizme giy de, öyle gir. İnsanlıkla alakanız kalmadı. İnsan görürsünüz biraz.

※※※

Aslı Yıldırım

Aslı, Kınık'ın Aziziye köyündendi. İlkay, Kınık'ın Elmadere köyünden. Birbirlerini çok sevdiler. Aileleri evlenmelerine karşı çıktı. Kaçtılar, evlendiler. İki çocukları oldu, Sevcan ve Sercan isimlerini koydular. Torunlar doğunca, aileler yumuşadı, herkes barıştı. Sekiz senedir gayet mutluydular. Taa ki o uğursuz güne kadar... Maalesef, İlkay da ölenler arasındaydı. Aslı yıkıldı. Facianın olduğu gün kameralara isyan eden madenci eşlerinden biri de Aslı'ydı. Ayağında basma şalvar, sırtında el örgüsü hırka, saçında çiçek desenli yazma vardı. "Kader değil bu, katliam, cinayet, kader deyip üstünü örtmeye çalışıyorlar, hayatımızı bitirdiler, kendilerinin başına böyle bir şey gelse, gene kader derler miydi" diye haykırıyordu. Aradan sekiz ay geçti. Aslı, İlkay'ın ölüm aylığını bankadan çekmek, sonra da Kınık pazarına uğramak için, kayınpederinin kullandığı otomobille yola çıktı, aylığı çekti, alışverişini yaptı, kızı Sevcan'a toka aldı, dönüşe geçtiler, kayınpeder direksiyon hâkimiyetini kaybetti, uçuruma yuvarlandılar. 25 yaşındaki Aslı oracıkta can verdi. 5 yaşındaki Sercan'la 6 yaşındaki Sevcan, hem anasız hem babası kaldı.

※※※

Fatma

Bugün anneler günü.

Yılın annesi olarak, 14 yaşındaki evladı Berkin'i ekmek almaya yollayıp, eriye eriye 14 kilo kalmış cesedini geri alabilen ve miting meydanlarında yuhalatılan Gülsüm anne'yi mi seçsek acaba?

Yoksa, Ali İsmail'in katillerinin yargılandığı duruşmada, "nasıl bakıyorsunuz çocuklarınızın yüzüne, gözlerimin içine bakarak söyleyin, nasıl kıydınız oğluma" diye feryat eden Emel anne'yi mi?

Ya da ne bileyim, evladı Murat'ı 14 yaşındayken deniz lisesine emanet edip, askeri cezaevinden tabutla geri alabilen Samiye anne'yi mi seçsek yılın annesi?

Veyahut hepsini temsilen, Maltepe'deki evladına hasret dördüncü anneler gününü geçiren Saime anne'yi, Refika anne'yi, Fazilet anne'yi, Nurper anne'yi, evladı Mamak'ta olan Feride anne'yi, evladı Hasdal'da Rukiye anne'yi, evladı Hadımköy'de Nuran anne'yi, evladı Şirinyer'de olan Revine anne'yi mi seçsek?

Kuruş kuruş biriktirdiği harçlığıyla, anneler gününde annesine sürpriz yapıp, hediye yüzük almak için çarşıya çıkan... Yeteneksiz yöneticilerimiz, bize ait olmayan kirli savaşı bize sıçrattığı için, Reyhanlı'da havaya uçan Oğulcan'ın, paramparça cenazesine sarılan Fatma anne'sini mi seçsek yılın annesi?

Evdeki paraları sıfırla'nın, 30 milyon avro kaldı babacım'ların, dolar dolu ayakkabı kutularının, yatak odasında para kasalarının, 700 bin liralık kol saatinin, kısacası, asrın liderinin asrın ülkesinde... Aile bütçesine katkı için, ağabeyiyle birlikte sokaklarda kâğıt toplarken, kamyonun altında kalarak can veren, henüz 6 yaşındaki Yücel'in, çaresizlikten saçını başını yolan Zübeyde anne'sini mi seçsek?

Abdülmecid dedemiz çizdi, çılgın projeler yaptık, ikinci boğaz açıyoruz, üçüncü köprü dikiyoruz, Arjantinli Messi'yi bile thy'yle uçuruyoruz filan diye böbürlenirken... Köy yolu kardan kapandığı için, hastaneye götürülemeyen, ateşler içinde yitip giden, minicik bedeni babasının sırtında, çuval içinde taşınan 1.5 yaşındaki Muharrem bebeğin, Halise anne'sini mi seçsek yılın annesi?

O olmazsa... 12 yaşında evlendirilen, 13 yaşında doğum yapan, 14 yaşında av tüfeğiyle vurulup öldürülmüş halde bulunan, çocuk-anne Kader'i mi seçsek?

3 yaşındaki Pamir kaybolduğunda, arama çalışmaları devam ederken, annesi aleviymiş, annesi dhkp-c'liymiş, annesi gezi eylemcisiymiş, annesi çapulcuymuş, annesi beyaz Türk gibi, vicdansız ötesi vicdansız yorumlara muhatap olan, Süverce anne'yi mi seçsek yılın annesi acaba?

Yoksa, Tayyip Erdoğan en az üç diye haykırırken, çoluğu çocuğu olmayanlar aile nedir bilmez diye bağırırken, çocuk sahibi olamadığı için kendini adeta suçlu hisseden kadınları mı seçsek yılın annesi?

Papağan gibi analar ağlamasın'ı tekrar edip, anaları böylesine kahreden bir ülke burası.

Baba'lara gelince...
Yüzyılların imbiğinden süzülen, bu topraklara ait atasözü der ki, barışta oğullar babalarını gömer, savaşta babalar oğullarını.
Savaştadır Türkiye...
İhanetle, kinle, cehaletle savaşta.

※※※

Fatma Tuna

17 yaşındaki Oğulcan, okul birincisiydi, kitap kurduydu, pilot olmak istiyordu, 11 Mayıs 2013'te dersaneden çıkmış, anneler günü için hediye yüzük almak üzere çarşıya gitmişti, Hatay-Reyhanlı sıradan bir gün yaşıyordu ki, üç dakika arayla çifte bomba patladı, tarihimizin en kanlı terör saldırısıydı, 52 insanımız hayatını kaybetti, biri Oğulcan'dı, paramparça bedeni PTT'nin önünde bulundu... Anneler gününde evlatlar annelerine giderken, Fatma Tuna evladının kabrine gidiyor. Oğlunun odasını adeta müze gibi koruyor, okul eşyalarından bisikletine kadar her şey, 2013'te nasıl bıraktıysa, öyle duruyor.

※※※

Seda

Flash TV'deki "Ne Çıkarsa Bahtına" isimli izdivaç programı, toplumun ne hale geldiğini göstermesi açısından pek öğreticiydi.

Herifin biri, 17 yaşındaki kuzenini zorla kaçırmış, imam nikâhıyla kapatmış, bir başkasından kıskanmış, kızcağızı bıçakla delik deşik ederek öldürmüş, güya 14 sene vermişler, alt tarafı dört sene yatıp Rahşan affıyla çıkmış. Çıktıktan sonra, işe girmiş, aynı yerde çalıştığı bir arkadaşıyla tartışmış, tesadüfe bak, belinde ruhsatsız tabancası da varmış, çekmiş vurmuş, arkadaşı ölmemiş, ameliyat mameliyat kefeni yırtmış, ölmediğine göre çok önemli değil tabii, yaralamadan dört sene hapis cezası vermişler, ama, bi daha yapma diyerek cezayı ertelemişler, belindeki ruhsatsız tabancayla sokağa geri salmışlar. Bu sefer, resmi nikâhla evlenmiş, resmen evliyken, dul bir kadınla yaşamaya başlamış, evimin tapusunu senin üstüne yapacağım demiş, iki sene tapu mapu yapmayınca, hır çıkmış, sen misin bağıran, kapmış baltayı, savurmuş, kadının kafayı ikiye bölmüş, güya 15 sene vermişler, alt tarafı altı sene yatıp çıkmış. Çıktıktan sonra, bir başka kanaldaki izdivaç programına katılmış, e böyle pırıl pırıl damat adayı her zaman bulunmaz, kapanın elinde kalmış, Arap asıllı bi kadınla evlenmiş, neyse ki o kadını öldürmemiş, bir sene sonra boşanmışlar, talihsizlikler hep bu adamcağızı (!) bulmuş yani, şansını yeniden denemek için "Ne Çıkarsa Bahtına" programına katılmış.

Canlı yayında anlattı bunları.

"Kader kurbanıyım" dedi.
"Dürüst bir insanım, yalan söyleyemem, evlenmek, yuva kurmak benim de hakkım, 62 yaşındayım, şeker hastasıyım, bi su verenim olsun istiyorum" dedi.

İki ay sonra...

Normalde insan içine çıkmaması gereken bu herif, Seda Sayan'ın Show TV'deki programına konuk edildi. Seda Sayan gayet güzel sohbet etti, seyircilere dönüp "bu kadar güleryüzlü bir katil gördünüz mü?" diye sordu, kahkahalarla alkışladılar.

Sefer Çalınak'ın öldürdüğü kadınlardan birinin oğlu canlı yayına telefonla bağlandı, "bu adamın televizyona çıkarılmasından rahatsızlık duyuyorum" diye tepki gösterdi. Seda Sayan "neden rahatsız oluyorsun ayol?" diye sorunca da, haklı olarak isyan etti, "neden olacak yahu, oradaki adam annemi öldürdü, normalde hapiste olması lazım, televizyon televizyon geziyor" diye bağırdı.

Bu memleketin ne kadar arsızlaştığının, ne kadar yüzsüzleştiğinin göstergesidir bu... Utanma, sıkılma, ayıp gibi kavramların tedavülden kalktığının kanıtıdır.

⸻

Seda Sayan

Kadın örgütleri, Seda Sayan'ın programının yayından kaldırılması için kampanya başlattı. Programın sponsoru Schafer, sponsorluktan çekildi. CHP milletvekili Aylin Nazlıaka, Schafer'in tavrını tebrik etti. Vay sen misin tebrik eden... Seda Sayan açtı ağzını yumdu gözünü, "botokslarıyla gündeme gelmiş biri, Seda Sayan hakkında konuşamaz, ben bu ülkeye vergi veriyorum, senin maaşını ben veriyorum, bu vekilin şöhret tutkusu var" dedi. CHP milletvekili Sabahat Akkiraz, Aylin Nazlıaka gibi yapmadı, hiç polemiğe girmedi, "suçu ve suçluyu övmek"ten Seda Sayan hakkında suç duyurusunda bulundu. Soruşturma açıldı. Seda Sayan savcıya ifade verdi, bilirkişi istendi, bilirkişi söz konusu yayını inceledi, "suç unsuru yok" raporu verdi. Neticede, İstanbul Cumhuriyet Başsavcılığı "basın özgürlüğüne, ifade özgürlüğüne" atıfta bulunarak, takipsizlik kararı verdi. Namuslu gazeteciler mahkeme mahkeme süründürülürken, hapislere tıkılırken... İmam nikâhlı eşlerini hunharca öldüren herifi "sevimli katil" diyerek ekranlara çıkarmak, alkışlatmak, yılışık yılışık kahkahalar attırmak, basın özgürlüğü, ifade özgürlüğüydü.

⸻

Şule

Mustafa Kemal'in, melhame-i kübra, kan deryası diye nitelendirdiği Sakarya Meydan Muharebesi'nde 27'nci makineli tüfek alayı komutanıydı. Kuvayı Milliye kahramanı.

Kurtuluş Savaşı'nda ayak basmadığı cephe, vuruşmadığı mevzi kalmadı. TBMM özel oturumunda şeref madalyasıyla ödüllendirildi. Milli mücadelenin gözünü budaktan sakınmayan evladı, Nazım Kafaoğlu.

İşte bu cesur adamın torunu.
Kızının kızı.

O da dedesi gibi, Yozgatlı.
Babasının tayiniyle Ankara'ya taşındılar. Necatibey İlkokulu, Mimar Kemal Ortaokulu, bizzat Atatürk'ün kurduğu Ankara Kız Lisesi'nin ardından, 1975, Ankara Hukuk Fakültesi'nden mezun oldu.

Çocukluk arkadaşları bilir, henüz ortaokuldayken mesleğini seçmişti. Mutlaka avukat olacaktı. Çünkü, dedesinin tavsiyesi, hatta vasiyetiydi. Ateşten gömleği giyen dedesi, onu en çok etkileyen, kişiliğini şekillendiren, rol modeliydi. Sık sık minik torununu karşısına alır, nasihat ederdi, "hukukçu ol, avukat ol, mağdur insanlara, hakkını arayan insanlara yardım et, bu meslek sana bu imkânı verir..."

Başka ne derdi?
"İnsan ol, dürüst ol, namuslu ol, paraya tamah etme, diploma yetmez, gazete oku, kitap oku, Türkçeyi güzel kullan, iyi evlat yetiştirmek için kendini iyi yetiştir."

Bu şuurla, avukat oldu. Stajını Çorum'da yaptı. Niye Ankara değil? Erken evlenmişti. Eşi savcıydı. Görev yeri Çorum'du. Sonra, gene eş durumu tayiniyle, Denizli'ye gittiler. Kızı dünyaya geldi, Dicle... MC hükümeti döneminde, Muş'a sürüldüler. Büyüklerimizi (!) rahatsız eden, ele avuca sığmayan kadın avukat'a eş durumundan bedel ödetiliyordu. Muş, güya cezaydı. Oysa, meslek hayatının en güzel günlerini Muş'ta geçirdi. Hâlâ sevgiyle, özlemle anlatıyor. Savcı eşidir dememişler, hukuktan, insanlıktan asla taviz vermeyen bu idealist kadın avukatı bağırlarına basmışlardı. Oradan Vezirköprü'ye gönderildiler, Samsun'da avukatlık yaptı. Hayat bazen yağmurludur, boşandı, kızıyla birlikte Ankara'ya yerleşti, e hayat bu, illa ki güneş açar, şu an soyadını taşıdığı ikinci eşiyle evlendi. Senelerce mücadele, mücadele, mücadele, siz yeni tanıyorsunuz ama, milli mücadele kahramanının torunu olan bu kadın, bilgisiyle, yüreğiyle, cesaretiyle, Ankara Barosu'nun en dişli avukatlarından biri oldu.

Zaman aktı geçti, takvimler 2009'u gösteriyordu. Kızı Dicle de kendisi gibi avukat olmuştu, üstüne İngiltere'de mastır yapmış, İstanbul'da hukuk bürosu açmıştı. Dicle'nin bir arkadaşının kardeşi amiraldi, Ankara'da karargâhta görevliydi, ortada henüz iddianame bile yokken, yandaş medyada linç edilen subaylardan biriydi, gidişat belliydi, Türk Silahlı Kuvvetleri yalanlarla infaz ediliyordu. Arkadaşı, Dicle'ye geldi, annenin yardımına ihtiyacımız var, yaparsa o yapar, kardeşimin avukatı olmasını rica ediyoruz dedi.

Kuvayı Milliye kahramanının torunu, asrın iftirasıyla boğuşmaya böyle başladı.
Ve, sizinle tanıştırmaktan onur duyuyorum.
Kuvayı Milliye kahramanının torunu... Cüppesini giyerek, tarihte ilk kez, Anayasa Mahkemesi'nin önünde adalet nöbeti başlatan avukat, Şule Nazlıoğlu Erol'dur.

Kumpasla içeri tıkılan 14 subayın savunmasını üstlendi.
Biri, kahırdan kanser oldu. Anayasa Mahkemesi'ne bireysel başvurusunu yaptığı subaylardan biri de, Murat'tı, şehit oldu. Son olmalıydı. Bir saniyenin bile insan hayatında ne kadar önemli olduğunu vurgulamak, çabaları hızlandırmak için, giydi cüppesini, Anayasa Mahkemesi'nin önünde adalet nöbetine başladı.

Bazen tek bir kişi, her şeyi değiştirebilir derler...
İşte o tek bir kişi, o'dur.

Peki ya dede?

Maalesef bu güzel adam, adeta ilmik ilmik işlediği torununun avukat olduğunu göremedi. Lisedeyken rahmetli oldu. Ama, Sakarya Meydan Muharebesi'nde çekilmiş fotoğrafı, şu anda Şule Nazlıoğlu Erol'un avukatlık bürosunda, başköşede duruyor. Gülümseyerek seyrediyor torununu oradan, gururla.

>>><<<

Şule Nazlıoğlu
Erol

Kurmay albay Murat Özenalp, askeri cezaevinde kızı Duru'yla oynarken, kahrından beyin kanaması geçirdi, şehit oldu. Murat'ın avukatı Şule Nazlıoğlu Erol, cüppesini giydi, tek başına, Anayasa Mahkemesi'nin önünde "adalet nöbeti"ne başladı. Çünkü... Balyoz davasıyla alakalı olarak altı ay önce Anayasa Mahkemesi'ne başvurulmuştu, karar bir türlü çıkmıyordu. Eğer bu karar çıkmış olsaydı, Murat Özenalp şu anda yaşıyor olacaktı. Şule Nazlıoğlu Erol, işte bu oyalamaya isyan etti, karar çıkana kadar, gece-gündüz orada bekleyeceğini açıkladı. Tek başına başladı, her şeyi değiştirdi... Adalet Nöbeti'ne onbinler katıldı. Türkiye Barolar Birliği, İstanbul Barosu, Ankara Barosu, Atatürkçü Düşünce Derneği, Türkiye Gençlik Birliği, Fenerbahçeliler Derneği, Emekli Subaylar Derneği, İşçi Partisi, CHP-MHP milletvekilleri, çocuğunu kucaklayıp gelen sıradan vatandaşlar, yurtdışından gelenler oldu. Sanatçıların çoğu korkudan araziye uymuşken, tiyatromuzun duayeni Ayten Gökçer, geldi nöbet tuttu. Deniz Kuvvetleri Komutanı olmak varken, esir subaylarına destek için istifa eden koramiral Atilla Kezek'le, Ergenekon'dan iki sene yatırılan efsane bordo bereli albay Hulusi Gülbahar, oradan hiç ayrılmadı. Adalet Nöbeti, hakikaten tarihi hadiseydi, dünyada görülmemiş bir hukuk eylemiydi, dünya çapında ses getirdi. Anayasa Mahkemesi'nden müjdeli haber çıkana kadar, tam 46 gün, gece-gündüz devam etti. Neticede, amacına ulaştı, esir subayların özgürlüklerine kavuşmasını hızlandırdı. Antalya Barosu'nun Uğur Mumcu Özel Hukuk Ödülü, Şule Nazlıoğlu Erol'a verildi.

⸺⸻⸺

Füsun

"Söylesem tesiri yok.
Sussam gönül razı değil."

10 ay önce... Ekmeleddin İhsanoğlu, Tarabya Oteli'nde oğlunu evlendirdi. Basına kapalı düğünde, Ekmeleddin bey sadece bir davetliyi kapıya kadar çıkıp, öperek karşıladı. Kimdi o? Beşir Atalay'dı. Çünkü, Ekmeleddin bey'le hükümetin arası, Mısır yüzünden limoniydi, buna rağmen, başbakan yardımcısı onur konuğu olarak gelmiş, Ekmeleddin bey'i hepten gözden çıkarmadıklarını göstermişti.

Peki, nikâh şahitleri kimdi?
Tayyar Altıkulaç ve Zeki Yamani'ydi.

Tayyar Altıkulaç, eski diyanet işleri başkanı, AKP kurucusu, AKP milletvekiliydi. Zeki Yamani, eski OPEC başkanıydı, Suudi Arabistan petrol bakanıydı, şeyh.

"Çatı adayı"nın davetlileri arasında, CHP'yi temsil eden, ilaç için bir kişi bile yoktu. MHP'yi temsil eden bir kişi bile yoktu. Hem nikâh şahidi, hem onur konuğu olarak, sadece AKP vardı.

(Zeki Yamani deyince, aklıma geldi... 2005'te Çırağan Sarayı'nda kızını evlendirmişti. Sarayın bahçesi, suni şelalelerle vaha haline getirilmiş, masaların arasına palmiyeler yerleştirilmiş, Babil'in asma bahçeleri konsepti yaratılmış, gelinle damada taht kurulmuştu. Türk mezeleri, risotto, bonfile ve dondurma ikram edilen yemekte, içki servisi yapılmamıştı. Zeytinyağlı yaprak sarması ve parmesanlı risottoyu, şerbetle yediler. Hatta, Çırağan Sarayı'ndaki bardaklara alkol değdiği için, düğünde kullanılan bardaklar dışardan, sıfır getirilmişti. Tabakların altına iliştirilen kâğıtta "nur ve iman beldesi Mekke tepelerinden geldik, sevincimizi açığa vuruyoruz Osmanoğulları tepelerinde" yazıyordu. Bizim yalaka basın, Suudi damadın, Hazreti Muhammed'in soyundan geldiğini, beş yaşındayken Kuran'ı ezberlediğini yazmıştı. Gelin, damadın elini öpmüştü.)

(Abdullah Gül'le Hayrünnisanım, Ekmeleddin İhsanoğlu ve eşiyle, aynı masaya oturmuşlardı. Abdullah Gül henüz cumhurbaşkanı olmamışken, Ekmeleddin bey de henüz cumhurbaşkanı adayı olmamışken... Arap şeyhi düşünmüş taşınmış, bunca davetli arasında yan yana otursa otursa, anca bunlar oturur diye düşünmüştü. Zaten, pek tatlı bi tesadüf, Abdullah Gül ve Ekmeleddin İhsanoğlu gibi, Zeki Yamani de Exeter'dendi.)

(Zeki Yamani'yle Ekmeleddin bey'in yakın arkadaşı, gazeteci Leyla Umar, düğün izlenimlerini aktarırken, "gelini bebekliğinden beri ikinci bir anne gibi seven Füsun İhsanoğlu masaları dolaşıp, ev sahipliği yaptı" diye yazmıştı. Ekmeleddin bey'in, saçı açık olduğu için laik denilen eşi Füsun hanım, Arap şeyhinin sekiz çocuğundan birinin manevi annesiydi yani.)

Tarabya Oteli'ndeki düğüne dönersek...

Mademki, Ekmeleddin bey'i cumhurbaşkanı yapacak kadar yakından tanıyor CHP... O halde neden, en mutlu gününde yoktular? İnsan sevdiklerini düğününe çağırmaz mı? AKP başköşedeyken, niye davet bile edilmediler? Sadece 10 ay önce, aralarında merhaba bile yokken, aniden fışkıran bu Ekmeleddin bey sevgisi tuhaf değil mi?

Bu badireden kurtulmak için, sesimizi kesip, yutkunup, kayıtsız şartsız destek vermemizi istiyorlar. Elin mecbur, desteklemezsen, AKP'nin ekmeğine yağ sürersin demeye getiriyorlar. Oysa, Tayyip Erdoğan'ın kötü adam olması, Ekmeleddin İhsanoğlu'nu iyi adam yapmaz.

Kendi seçmenini "kırk katır, kırk satır" açmazına sürükleyen Yeni CHP, şu sorunun cevabını acilen vermek zorundadır... Esamisi okunmazken, Ekmeleddin İhsanoğlu ismini kulağınıza kim üfledi?

Füsun İhsanoğlu

Kemal Kılıçdaroğlu "cumhurbaşkanı adayımız Ekmeleddin İhsanoğlu'dur" dedi. Vatandaşlar internetin başına koştu, Google'dan "kim bu?" diye aramaya başladı! O an... Türkiye'deki tanınma oranı sadece yüzde 22'ydi. Kahire doğumluydu, Türkiye'ye ilk defa 27 yaşında gelmişti. 2004'te AKP'nin desteğiyle İslam İşbirliği Teşkilatı genel sekreteri olmuş, 2014'te bu görevinden ayrılmış, Türkiye Cumhuriyeti'ne talip olmuştu. Babası Mehmet İhsan efendi, müderrisi, Cumhuriyet ilan edilir edilmez Türkiye'den ayrılmış, Mısır'a gitmişti. Ekmeleddin bey'in babası, Mustafa Kemal hakkındaki idam fermanını bizzat kaleme alan, "öldürülmesi caizdir, dini vazifedir" diyen, "elimden gelse bütün Türkleri Arap yaparım" diyen, Vahdettin'in şeyhülislamı Mustafa Sabri'nin en yakın arkadaşıydı. Tayyip Erdoğan cumhurbaşkanlığı adaylığını açıklarken dua okumuş, sözlerini Fatiha suresiyle bitirmişti. Ekmeleddin İhsanoğlu da seçim bildirgesini okumaya besmele ve Fatiha suresiyle başladı. "Türkiye'nin 12'nci cumhurbaşkanı adayı olarak huzurunuzdayım, rahman ve rahim olan

Allah'ın adıyla başlıyorum, hamd olsun, Allahımıza hamd olsun, o özünde merhametli, işinde merhametli, Rabbimiz yalnız sana kulluk eder, yalnız senden yardım isteriz, nimet verdiklerinin yoluna, gazaba uğrayanların ve sapanların yoluna değil, doğru yola, amin" dedi. Ne kadar "dindar bir insan" olduğunu kanıtlamaya çalışıyordu. Ekstra hazin tarafı... CHP'nin adayı Ekmeleddin İhsanoğlu, CHP'li olmadığını açıkladı! Tayyip Erdoğan için "aile dostum" dedi, kendisinin "demokrat parti geleneğinden geldiğini" izah etti, "Turgut Özal'ın yanında çalıştığını" anlattı. CHP'nin adayı konuştukça, CHP'lilerin başından aşağı kaynar sular dökülüyordu. Ekmeleddin İhsanoğlu seçilseydi, eşi Füsun hanım "first lady" olacaktı. Türban takmadığı için "laik" deniliyordu, Ekmeleddin bey'in "modern yüzü" olarak sunuluyordu. Halbuki, Füsun hanım'ın da CHP'yle hiç alakası yoktu, Demokrat Parti ve Adalet Partisi'nin kurucularından "koca reis" lakaplı Sadettin Bilgiç'in yeğeniydi. Sadettin Bilgiç'in oğlu Süreyya Sadi Bilgiç, AKP milletvekiliydi. Cumhurbaşkanlığı seçiminden 10 ay sonra genel seçim yapıldı, CHP'nin cumhurbaşkanı adayı Ekmeleddin bey, MHP milletvekili oldu.

≫≪

Arzuhan

3 Kasım 2002.
AKP iktidara geldi.
Sakıp Sabancı, iş dünyasının duygularını dile getirdi, "ikinci Özal trenine biniyoruz, bizi AB'ye götürecek trene biniyoruz, demokrasi kazandı, Türkiye yeniden inşa edilecek, kavga yok, gürültü yok, herkes rahat olsun" dedi.

O gün, TÜSİAD Başkanı Efes Pilsen'in sahibi Tuncay Özilhan'dı. Bugün, bira neredeyse yasak... Basketbol kulübünün ismi sansürlendi, Pilsen demek bile yasak.

Tuncay Özilhan'dan sonra Ömer Sabancı, TÜSİAD Başkanı oldu, polis şiddetini eleştirdi. Başbakan anında cevap verdi, "ben amcasının katillerinin iadesiyle uğraşıyorum, o kalkmış, amcasının katillerinin ağzıyla konuşuyor" dedi. Hükümetin imam hatipler konusundaki ısrarını eleştirdi. Başbakan anında cevap verdi, "böyle konuşursanız, TÜSİAD'a dinsiz derler" dedi. Önce terör yardakçılığı, sonra dinsizlikle suçlanan Ömer

Sabancı, o günden beri ortada görünmüyor.

Ömer Sabancı'dan sonra Arzuhan Doğan Yalçındağ, TÜSİAD Başkanı oldu. Türkiye vergi rekortmeni aileye, tarihte görülmemiş ebatta vergi cezası kesildi.

Arzuhan Doğan Yalçındağ'dan sonra Ümit Boyner, TÜSİAD Başkanı oldu. İnternet yasağına karşı çıkıp, özgürlükleri savunduğu için, pornoculukla suçlandı. Yetmez ama evet referandumunda, "bitaraf olan bertaraf olur" diye tehdit edildi. Başbakan miting kürsüsüne çıktı, Cem Boyner'e ait mağazaların boykot edilmesi için çağrı yaptı.

Ümit Boyner'den sonra Muharrem Yılmaz, TÜSİAD Başkanı oldu. Yolsuzlukları eleştirip, hukukun üstünlüğünü savunduğu için, bizzat başbakan tarafından vatana ihanetle suçlandı. Şirketi hedef alındı, havuz medyasında infaz edildi.

TÜSİAD Yüksek İstişare Konseyi Başkanlığı'nı, AKP döneminde, en uzun süreyle, Mustafa Koç üstlendi. Van Yüzüncü Yıl Üniversitesi Rektörü'nün kumpasla içeri tıkılmasını eleştirdiği için, Savcılık tarafından hakkında inceleme başlatıldı, utanmasalar hapse atacaklardı. Divan Oteli'ni hücre evi ilan ettiler. Tapelerde dinledik, Milgem'i alıp, kendi adamlarına verdiler. Müfettiş yağdırdılar, Tüpraş'a ceza üstüne ceza kestiler. Kod adı Ananas filan diye, Pensilvanya'ya bağladılar.

AB'ye fersah fersah uzağız.
Hukuk mahvedildi.
Basın özgürlüğü yok edildi.
Demokrasimize diktatörlük deniyor.
TSK felç edildi.
Türkiye bölünüyor.

Çünkü maalesef... Patronlar adına havai fişek fırlatan ve "ikinci Özal trenine biniyoruz" diyen rahmetli Sakıp ağa, bu tespitte bulunurken, hem TÜSİAD hem Türkiye adına hayati hata yapmıştı.

Özal treni değildi bu.
Olsa olsa...
Geceyarısı Ekspresi'ydi!

Arzuhan Doğan
Yalçındağ

Aydın Doğan'ın en büyük kızı Arzuhan Doğan Yalçındağ, TÜSİAD'ın ilk kadın başkanıydı. İşadamları'nın başkanı kadın olmuştu! Çünkü... 1971 senesinde Türk Sanayicileri ve "İşadamları" Derneği'ni kurarlarken, kadınların da iş dünyasında işveren seviyesine yükselebileceğini tahmin etmemişlerdi. "İşkadınları"nı hiç hesaba katmamışlar, "işadamları" demişlerdi. Arzuhan Doğan Yalçındağ başkan seçilince, "işadamı" kelimesinden kurtulmayı düşündüler, TÜSİAD'a uygun olsun diye "Türk İş Dünyasının Sesi" veya "Türk İş Dünyası Sanayicileri" gibi alternatif isimler tartıştılar. Ama baktılar ki olacak gibi değil, vazgeçtiler, aynen bıraktılar. Arzuhan Doğan Yalçındağ, babası Aydın Doğan'a kesilen tarihi vergi cezasından sonra, süresi dolmadan TÜSİAD başkanlığından ayrıldı, Tayyip Erdoğan'ın "akiller heyeti"ne katıldı. Ancak, babasına yönelik öfkeyi frenleyemedi. Tayyip Erdoğan, kendisinin hapse girdiği dönemlerde *Hürriyet* gazetesinde atılan manşetleri asla unutmuyordu, Aydın Doğan ağzıyla kuş tutsa, Tayyip Erdoğan'a yaranamazdı. 2015 itibariyle, yandaş gazeteler Aydın Doğan'a "PKK destekçisi" diyordu, yalan manşetlerle linç ediyordu. Yukardaki "Arzuhan" başlıklı yazıya kaldığı yerden devam edecek olursak... Tayyip Erdoğan tarafından "vatan haini" ilan edilen Muharrem Yılmaz istifa etti, TÜSİAD başkanlığına Haluk Dinçer seçildi. Birkaç ay sorunsuz idare etti. Sonra *Hürriyet*'e konuştu, "cumhurbaşkanı devletin başıdır, TÜSİAD'ın muhatabı cumhurbaşkanı değildir, başbakandır" deme gafletinde bulundu. Vay sen misin bunu diyen... Tayyip Erdoğan küstü. "Madem muhatap biz değiliz, bundan sonraki davetlerine katılacak bir muhatap bulurlar" dedi. Yandaş medya Haluk Dinçer'i yerden yere vurdu, "paralelci" ilan etti, imar yolsuzluğu yaptığını filan yazdılar. Haluk Dinçer altı ay dayanabildi, koltuğunu Cansen Başaran Symes'e bıraktı. TÜSİAD'ın üçüncü kadın başkanı Symes, 2015 itibariyle kazasız belasız oturuyordu.

≫≪

Sezen

"Özgürlük" şarkıları söyleyen "hümanist" sanatçımız Sezen Aksu, hapse tıkılmamı talep etti!

Niye derseniz?

Sezen Aksu, açılım süreci'yle alakalı olarak Tayyip Erdoğan'ı telefonla aramış ve "annemle babamla konuştum, canıgönülden destekliyoruz, elimden geleni yapmaya hazırım, annem babam bu sürecin karşısında duranları iki cihanda lekeli kabul ediyorlar, ben de öyle görüyorum" demişti. Sezen Aksu'nun "baba" vurgusu önemliydi, çünkü, Sezen Aksu'nun babası, Fethullah Gülen cemaatinin en önemli okulu, İzmir Yamanlar Koleji'nin kurucu müdürüydü. Gel zaman git zaman... 17-25 Aralık patladı, yolsuzluklar fışkırdı, akp'yle cemaat'in arası bozuldu. Tayyip Erdoğan, düne kadar öve öve bitiremediği cemaati, haşhaşi-terörist ilan etti, inlerine gireceğiz filan dedi. O sırada, Berkin öldü. Sezen Aksu, kişisel internet sitesine mektup yazdı, "muhakeme yetisini kaybetmiş bir kibir, iktidar ve güç zehirlenmesinden doğan vicdan tutulması Berkin'i de aldı; namuslu insanlar var bu dünyada, illa ki kazanacaklar" dedi. E ben de oturdum, bu iki açıklamayı alt alta koyarak, "Firuze" başlıklı yazımı yazdım. "Cemaatle akp cankuşken, yetmez ama evet'ti, akp'nin karşısında olanlar iki cihanda lekeliydi, cemaatle akp düşmanken, Tayyip Erdoğan güç zehirlenmesi ve vicdan tutulması yaşayan, muhakeme yeteneğini kaybetmiş biriydi, Tayyip Erdoğan'ın karşısında olanlar namuslu insanlardı" dedim.

Vay sen misin diyen...

Sezen Aksu, İstanbul Cumhuriyet Başsavcılığı'na suç duyurusunda bulundu, beş sene hapse atılmamı istedi. Yanlış okumadınız, beş sene... Ne kadar büyük bir suç işlediğimi kanıtlamak için de, Kadir Has Üniversitesi'nden bir profesörün hukuki görüşünü, şikâyet dilekçesine eklemişti.

Neyse ki, Kadir Has Üniversitesi'ndeki profesör karar vermiyor bu işlere... Cumhuriyet Savcısı karar veriyor.

Hayata senden-benden diye bakmayan, hukuk penceresinden bakan namuslu savcılar var bu ülkede... İnceledi, elinin tersiyle itti. Dava bile açılmasına gerek görmeden, reddetti. Kapı gibi, ders gibi gerekçe yazdı. Yargıtay'dan Avrupa İnsan Hakları Mahkemesi'nden çarpıcı örnekler vererek, basın özgürlüğüne vurgu yaptı, özetle "söz konusu yazıda suç unsuru yok" dedi.

Şimdiiii, gelelim zurnanın zırt dediği yere...

Sezen Aksu, şikâyet dilekçesinde "tarihi bir yalanlama"da bulundu. "Söylemediği sözleri, kendisi tarafından söylenmiş gibi yazdığımı" öne sürdü. "Referandumun karşısında duranları 'iki cihanda lekeli' olarak nitelendirdiği yönünde, tamamen gerçekdışı bir iddiada bulunduğumu" öne sürdü. "İki cihanda lekeli dediği yönündeki iddiamın, hiçbir veri ve bilgiye dayanmadığını" öne sürdü.

Yani dedi ki...
"İki cihanda lekeli demedim.
Yılmaz Özdil yalan yazıyor, iftira atıyor."

Halbuki...
Bunu diyen ben değilim.
Sabah gazetesi.

19 Ağustos 2009'da manşet yaptı, alt başlığında aynen şu yazıyordu: "Erdoğan'ı telefonla arayan Sezen Aksu, bu sürece karşı duranlar iki cihanda lekeli dedi."

Sabah gazetesi kimin?

Üstelik...
Sezen Aksu, *Sabah*'ın bu manşetini yalanlamadı.
Dikkatinizi çekerim, bu manşet dün atılmadı.
Teee 2009'da, beş sene önce atıldı.
Sezen Aksu, iki cihanda lekeli dediğini, beş senedir yalanlamadı. Bu beş sene boyunca, Hıncal Uluç'tan Ertuğrul Özkök'e, Fatih Altaylı'dan Bekir Coşkun'a neredeyse bu konuyla alakalı yazmayan kalmadı. *Hürriyet*'ten *Yeni Şafak*'a, *Cumhuriyet*'ten *Zaman*'a, *Sözcü*'den *Bugün*'e, *Aydınlık*'tan *Star*'a, tüm gazetelerde, CNN Türk, NTV, Habertürk, Samanyolu, hepsinde haber oldu, tartışma programlarına konu edildi. Google'a girip "iki cihanda lekeli"yi ararsanız, 141 bin defa haber yapıldığını görürsünüz. Sezen Aksu'dan gık çıkmadı.

Şimdi savcıya diyor ki:
"İki cihanda lekeli demedim, tamamen gerçekdışı."

Aslına bakarsanız... Sezen Aksu'nun bunu illa savcıya şikâyet etmesine gerek yoktu. Bana veya herhangi bir gazeteciye söyleseydi, zaten yazardık. Çünkü, iki cihanda lekeli demediyse, büyük haberdir. İki cihanda lekeli dememesine rağmen, sanki demiş gibi, *Sabah* gazetesi tarafından manşet yapıldıysa, bu daha büyük haberdir. Açılım'ı desteklemekle, açılım'a karşı çıkanlara lekeli demek arasında, dağlar kadar fark vardır. Ve, beş sene boyunca susup, beş sene sonra kamuoyuna açıklamadan, savcılık şikâyetinde yalanlamak, maalesef çok daha büyük haberdir.

Elbette hukuka karşı boynumuz kıldan incedir, eşeklik yaptıysak, bedelini öderiz, gerekirse sırf Sezen Aksu'nun hatırı için yatarız, canı sağ olsun ama... "Özgürlük" şarkıları söyleyen "hümanist" sanatçılarımız bile artık gazetecilerin hapse girmesini talep ediyorsa, hakikaten ağla Firuze, ağla.

Sezen Aksu

Sezen Aksu hepimizin Sezeni'ydi, 2002'den sonra Ak'su oldu. AKP destekçisi oldu. Yetmez ama evet'çi oldu. Açılım'cı oldu. Tayyip Erdoğan'ı şakşaklarken pek iyiydi, pek seviliyordu, yandaş medyada yere göğe sığdırılamıyordu. Ama... Türban konusunda "bizi örteceğinize nefsinizi örtün" deyince, aniden AKP yandaşlarının hedefi oldu. *Takvim* gazetesi "kart serçe" manşeti attı. *Akit* gazetesi "küstah sanatçı bozuntusu" dedi. Yandaş televizyonlarda "başörtüsüne küfür ettiği" bile söylendi. Böylece... AKP destekçisi Sezen Aksu da, AKP'nin "ileri demokrasi"siyle tanışmış oldu!

Hayrünnisa

Abdullah Gül'ün cumhurbaşkanı adaylığı açıklandığında, fitre beş liraydı. Dindar cumhurbaşkanımız, görev yaptığı yedi sene zarfında 750 milyon liracık harcadı. Çankaya Köşkü'nün sırf bu seneki bütçesi 169 milyon liracıktı. Günlüğü 463 bin liraya geliyordu.

Her gün 463 bin lira.

Bi ara mesele oldu..

"Çok para harcıyor bu" denildi.

Şak, cumhurbaşkanlığından açıklama yapıldı, "görev süremizin ilk altı ayında iddia edildiği gibi çok masraf yapılmadı, sadece 20.196 bin YTL harcama yapıldı" denildi.

Yani?

Yeni parayla 20 milyon lira, eski parayla 20 trilyon lira diyeceklerine "20.196 bin" denilmişti! Abrakadabranın böylesi görülmemişti.

Dindar cumhurbaşkanımız, bismillah ilk icraat, kızını evlendirdi. İstanbul Gösteri ve Kongre Merkezi'ndeki mütevazı (!) düğüne üç bin davetli katıldı, altı bin polis nöbet tuttu, şarkıcı Kıraç özel beste yaptı, nikâh sırasında o çalındı, tavandan ışık şelaleleri döküldü. Takılar desen... Derishow'un hazırladığı torbalarla toplandı.

Dindar cumhurbaşkanımızın oğlu, bizim gibi gerizekâli değil, akıllı çocuk, 14 yaşında sigortalı oldu, Ankara Ticaret Odası'na kaydını yaptırdı, henüz 15 yaşındayken ticaret hayatına atıldı, bardakta mısır işine girdi, Ankara'daki alışveriş merkezlerinde yer açtı. Dindar cumhurbaşkanımız "oğlum Bill Gates'i örnek alıyor, finansörü annesi" dedi. Bill Gates'i mısır toptancısı zanneden sayın ahalimiz, alkışladı. Bu akıllı çocuk, geçenlerde ABD'de diploma aldı, mezuniyet törenine giden dindar cumhurbaşkanımız, geceliği 14 bin lira olan otelde kaldı. Dört gece kaldı, fatura 56 bin liracıktı. Ama merak etmeyin, kahvaltı dahildi.

Dindar cumhurbaşkanımız, George Clooney'nin ikizi gibiydi! Hani belki merak ediyorsunuzdur, ilk defa kim benzetmişti diye... Yalaka medyamızın günahı yoktu. Köprü, tünel, boru hattı ihalelerini kovalayan İtalyanların işiydi. Tarihte ilk defa, İtalyan dergisi *Panorama* "Boğaz'ın George Clooney'i" başlığıyla tanıtmıştı. Allah bereket versin, acayip malı götürdüler Türkiye'den... Bilahare, İngiliz basını Tayyip Erdoğan'ı Sean Connery'e benzetti ama, artık çok geçti.

Dindar cumhurbaşkanımızın babasını "yılın ahisi" seçtiler. Adamcağız 62 yıldır tornacıydı, seçmemişlerdi, oğlu cumhurbaşkanı oldu, şırrak, yılın ahisi seçtiler.

Dindar cumhurbaşkanımızın eşi, first leydimiz, Dolmabahçe Sarayı'nı gezerken, padişahların kullandığı koltuk, sehpa gibi 35 parça tarihi eseri beğendi, fotoğraflarını çektirdi, Çankaya Köşkü'ne gönderilmelerini istedi. Hır çıktı. "Orası mobilya mağazası değil, müze" denildi. "İyi ki Topkapı'yı gezmedi, Kaşıkçı Elması'nı da isteyebilirdi" denildi. First leydimiz kırıldı, küstü. E haklı tabii... Hakikaten yaranılmıyor bu millete yani... Tarihi eserlerin transferinden vazgeçildi.

Halbuki... First leydimizin tadilat krizi sırasında, dindar cumhurbaşkanımızın genel sekreteri bizzat TBMM'ye gelerek izah etmişti. Ömer Seyfettin'in *Pembe İncili Kaftan*'ından örnek vermiş, bu tür tadilatların "psikolojik etkisi" olduğunu, masraf olarak görülmemesi gerektiğini, devletimizin büyüklüğüne yakıştığını söylemişti. Helali hoş olsun, bu mantıklı izahat (!) benim içime sinmişti.

İncili kaftan filan deyince, aklıma geldi... Varlığıyla onur duyduğumuz sayın cumhurbaşkanımız Ahmet Necdet Sezer, kendisine hediye edilen 1243 parça hediyenin 1243'ünü de Çankaya'da bıraktı. Koliye doldurup, evine götürmedi. Dindar cumhurbaşkanımıza neler neler hediye edildiği ise, meçhul.

Dindar cumhurbaşkanımız, 72 ayrı ülkeye, 114 defa yurtdışına gitti, devletimiz için kendini hırpaladı, New York Central Park'ta yürüdü, sokak ressamına portresini çizdirdi, Gabon sahillerinde çıplak ayakla dolaşıp resmi temaslarda bulunurken, balıkçı Ayao Nyavor'la sohbet etti, Kenya'da safariye çıktı, zürafa fotoğrafı çekti. First leydimiz çita'ları sevdi, Boston'da Hermes'ten alışveriş yaptı, Washington'da Cafe Milano'da ıstakozlu makarna yedi, tabağı 45 dolarcıktı, ıstakozlu makarna haberini basına sızdıran Türk garson derhal işinden atıldı.

Ve, Tayyip Erdoğan'ın adaylığı açıklandı.
Fitre 10 lira.

Bana sorarsanız, asrın liderimiz, dindar cumhurbaşkanımızı aratmaz, hatta 5 basar. 2023'te su içinde 15 lira olur.

Yaşadı gene yani garibanlar.
Cümleten hayırlı dindarlar.

>>><<<

Hayrünnisa Gül

1965'te dünyaya gelen Hayrünnisa Gül, Çemberlitaş Kız Lisesi'nde öğrenciyken, 1980'de, henüz 15 yaşındayken, kendisinden 15 yaş büyük olan Abdullah Gül'le evlendi. 1997'de liseyi dışardan bitirerek, Ankara Üniversitesi Dil Tarih Coğrafya Fakültesi Arap Dili ve Edebiyatı'nı kazandı. Ancak, illa türbanlı fotoğraf verdiği için, kaydı yapılmadı, Avrupa İnsan Hakları Mahkemesi'nde dava açtı, Türkiye'yi şikâyet etti. O sırada, eşi Abdullah, Fazilet Partisi milletvekiliydi. Aynı Abdullah, 2002'de başbakan, 2003'te dışişleri bakanı oldu. Hayrünnisanım 2004'te Avrupa İnsan Hakları Mahkemesi'ne açtığı davayı geri çekti. Eşi başbakanken "davamı şimdi geri çekersem, makam mevki için geri çekti demezler mi" demişti. Davasını geri çekerken "eşim dışişleri bakanı olunca, hem davacı hem davalı konumuna düştüm, o yüzden geri çektim" dedi. Geri çekmediğinde "onurlu kadın, yakışanı yaptı" denilerek alkışlanmıştı. Geri çektiğinde "onurlu kadın, yakışanı yaptı" denilerek alkışlandı. Bugün gene dava açsa, eminim "onurlu kadın, yakışanı yaptı" diye alkışlanır. Neyse... Daima yalanlandı, hep inkâr edildi ama, Emine Erdoğan'la arası limoniydi. Tayyip Erdoğan hep birinci adam, Abdullah Gül hep ikinci adamdı ama, kaderin cilvesi, Abdullah Gül daha önce başbakan oldu, daha önce cumhurbaşkanı oldu. Ankara'da kulaktan kulağa konuşulan ama, asla seslendirilmeyen dedikoduya göre... Hayrünnisanım'ın Eminanım'dan önce first leydi olması, Eminanım'ın havasını bozmuş, Hayrünnisanım'ı havaya sokmuştu. Protokol gereği mecbur kalmazlarsa, biraraya gelmiyorlardı. Eminanım çeşitli mazeretler ileri sürerek, Hayrünnisanım'ın evsahibi pozisyonunda olduğu davetlere katılmıyordu. Tayyip Erdoğan cumhurbaşkanı olduktan sonra, bu defa, Hayrünnisanım çeşitli mazeretlerle gelmemeye başladı.

>>><<<

Begüm

Kuleli'den mezun olur olmaz kendini milli mücadelenin içinde bulmuş, İstiklal Savaşı'nın hemen her cephesinde vuruşmuştu, 9 Eylül'de İzmir'e girenlerden biriydi, süvari yüzbaşıydı,

Mareşal Fevzi Çakmak'ın yaveriydi. Mustafa Kemal'in "at yarışları modern toplumlar için sosyal bir ihtiyaçtır, geliştirmek gerekir" şeklindeki sözü, hayatının vizyonu oldu. Yarış Atı Yetiştiricileri ve Sahipleri Cemiyeti'nin kurucuları arasında yer aldı. Soyadı olarak benimsedi. Ahmet Atman oldu.

1927 senesinde ilk Gazi Koşusu'nda, Mustafa Kemal'le birlikte tribündeydi. O tarihi koşuyu, şekerci Ali Muhiddin Hacıbekir'in Neriman isimli kısrağı kazanmıştı. Laf aramızda, Hacıbekir'in çapkınlıkları dillere destandı, hanımların sigarasını parayla yaktığı yolunda söylentiler vardı. Neriman ise, aslında, gönül ilişkisi yaşadığı evli bir kadının ismiydi, ünlü bir gazetecinin eşiydi. Neyse... Gazi Koşusu'nu 1929'da Celal Bayar'ın, 1930'da İsmet İnönü'nün safkanları kazandı. Milli mücadele kahramanlarının tamamı, Atatürk gibi at sevdalısıydı. Ahmet Atman da, sahibi olduğu taylarla, Gazi Koşusu'nu üç defa kazandı.

Evlendi. Bir oğlu, bir kızı oldu. At sevgisini çocuklarına da aşıladı. Kızı Esin, henüz altı yaşındayken at binmeye başladı, Türkiye Jokey Kulübü'nden aldığı resmi lisansla, 1958'de Veliefendi'de yarıştı, dikkatinizi çekerim, dünyanın ilk kadın jokeyi oldu, bilahare, biniciliğe yöneldi, milli oldu, 1980 Balkan Şampiyonası'nda bronz madalya kazandı, dresaj hakemliği yaptı.

Oğlu Özdemir ise, Robert Kolej'de okudu, henüz lisedeyken at antrenörlüğüne başladı, ABD Cornell Üniversitesi'nden inşaat mühendisliği diploması aldı, ancak, at yetiştiriciliğine kafa yordu, atların anatomik yapısını daha iyi kavrayabilmek için veterinerlik fakültesinin derslerine girdi, ameliyatları izledi, 1967'de, 1987'de, iki defa Türkiye Jokey Kulübü Başkanı seçildi, foto finish sistemini kurdu, starting box'ları Türkiye'ye ilk o getirdi, tüm zamanların en süratli safkanı Bold Pilot'ı yetiştirdi, Gazi Koşusu'nu kazandı, Bold Pilot'ın rekor derecesi 1996'dan beri kırılamadı.

Özdemir evlendi, dört kızı oldu. Üçüncü kuşağa geçilmişti. Kızlardan ikisi, ikizdi. Esra ve Begüm. Babaları, halaları, dedeleri gibi, atlara tutkuyla bağlıydılar. Aile geleneği olan at yetiştiriciliğine devam ettiler. İkisi de at antrenörü oldu, şampiyon taylar çıkardılar. Esra, Türkiye Jokey Kulübü yönetim kuruluna girmeyi başaran, tarihimizdeki ilk kadın oldu.

Begüm, at yarışlarıyla alakası olmayanların bile tanıdığı, hipodrom efsanesi jokey, Halis Karataş'la evlendi. Dünya çapındaki kariyerinin yanısıra, sporcu kişiliği, disiplinli yaşamı, centilmen karakteriyle camiada saygın yeri olan Halis, atçılığın duayen ailesine damat olmuştu. Gariban köy çocuğuyla, kolejlerde büyüyen kız, iki farklı dünya, siyah-beyaz Türk filmleri misali, at tutkusunun ortak paydasında birbirlerine âşık olmuş, yuva kurmuşlardı, iki evlatları olmuştu. Gel gör ki, maalesef, mutlulukları uzun süremedi. Begüm amansız hastalığa yakalandı, üç ay önce vefat etti.

Ve, önceki gün...
Gazi Koşusu vardı.
Eşinin ölümünden sonra dünyası başına yıkılan Halis, piste çıktı. Sadece 2 dakika 35 saniye 4 saliselik koşuda, hayatı, evliliği, film şeridi gibi gözünün önünden geçti. Finişte tek başınaydı. Gazi Koşusu'nu kazanmıştı. 6'ncı defa kazanmıştı. Ama bu hepsinden farklıydı. Herkes yumruğunu havaya kaldırmasını, zaferini haykırmasını beklerken, usulca, alyansını öptü.
Gazi Koşusu'nu ilk defa, kayınpederinin Bold Pilot'ıyla kazanmıştı. Son Gazi Koşusu'nu da, rahmetli eşinin ruhu için kazandı. Mikrofon uzattılar, "sevgili eşime armağan ediyorum" dedi. Kupasını almak üzere şeref tribününe çıkmadan önce, gözleri dolu dolu olan minik kızıyla minik oğluna sarıldı. Sanırım, şampiyonun en zor anıydı.

(Niye hâlâ filme çekmek için senaryo ararlar bu memlekette, hakikaten anlamak mümkün değil yani.)

Ve, sadece Gazi Koşusu yoktu önceki gün... Alirıza Bey Koşusu vardı, Zübeyde Hanım Koşusu vardı, Anafartalar Koşusu vardı, Nene Hatun Koşusu vardı, İstiklal Savaşı Koşusu vardı.

Başta Mustafa Kemal, milli mücadele kahramanlarının önderlik ettiği Türk atçılığı, tarihi bir gün daha yaşadı. Veliefendi hipodromunun tribünleri "Mustafa Kemal'in askerleriyiz" sloganıyla inledi.

Dolayısıyla... Hazır, cumhurbaşkanlığı yarışı devam ederken,

Gazi Koşusu'nu yazayım bari dedim. "Ne olacak canım, alt tarafı at yarışı işte" zannedilen vizyonun, insanların hayatına nasıl dokunduğunu, nesilden nesile yüreklere nasıl ulaştığını... Mustafa Kemal sevdasının, bağımsızlık ateşinin, mücadelenin-eğlencenin, evlat-hayvan sevgisinin, kızlı-erkekli coşkuların, zengin-yoksul aşkların, tutkuların, bizi biz yapan duyguların, aynı potada nasıl harmanlandığını, yazayım istedim.

Gerçi, kime anlatıyoruz di mi? Seneye hayırlısıyla Gazi Koşusu'nu falan iptal edip, "ayakkabı kutusu koşusu" düzenleriz gari!

Begüm Atman

Türk atçılığının yaşayan efsanesi Halis Karataş, kariyerinde beş binden fazla yarış kazandı, Gazi Koşusu'nu altı defa kazandı, 20 Temmuz 2012'de at bindiği yedi yarışın yedisini de kazanarak, inanılması güç bir rekor kırdı. "Atlara fısıldayan adam" olarak tanınan Halis Karataş, "başarımın yüzde 40'ı benimse, yüzde 60'ı eşimindir" diyordu. Ve, ömrü boyunca kupa kaldıran Halis, hayatında bir defa kupa verdi... Türkiye Jokey Kulübü, henüz 48 yaşındayken vefat eden eşi adına "Begüm Atman Karataş Koşusu" düzenledi. Kazanan atın sahibi, kupasını Halis'in elinden aldı. Eminim, eşinin adını yaşatmak için verdiği kupa, kendisinin kazandığı tüm kupalardan daha değerliydi.

Şevval

Kenan Evren iktidardı. Resim yaptı, yağlıboya, yağcılar üşüştü, işadamları açık artırmada kıran kırana yarıştı, tiko para 105 milyar liraya satıldı, memleketin en dandik ressamı, memleketin en pahalı ressamı olmuştu, avangard yalakalar öylesine yalıyordu ki, kendini Picasso'yla kıyaslıyor, "ne var yani, bunu ben de çizerim" diyordu.

Devran döndü... Aynı Kenan Evren sergi açtı, tablolarına 500 lira fiyat koydu, kimse almadı, 250 liraya indirdi, nafile, gene kimse almadı. İktidardayken kuşekâğıda basılan sergi kataloğu, internette 5 liradan satışa sunuldu, 5 lira, günahını bile veren olmadı.

Turgut Özal iktidardı. Papatyalar pervaneydi, hasbahçe geceleriydi, işadamları elini, gazteciler kıçını öperdi, icraatın içinden'de gözümüze soktuğu tükenmezkalemi açık artırmayla satıldı, dolmakalem bile değil, bildiğin tükenmezkalem, 20 bin dolar ödeyen oldu, üstünde namaz kıldığı seccadesi müzelerde sergileniyordu, o zamanlar umreye gitmek moda değildi, ihale kapmak isteyen seccadeyi görmeye gidiyordu.

Devran döndü... Musluk kesildi, pırlantalara boğanlar da selamı sabahı kesti. ANAP'ın en şaşaalı günlerine tanık olan seçim otobüsüne bile haciz konuldu. Hem de, alacaklarını tahsil edemeyen partinin çaycıları tarafından!

Süleyman Demirel iktidardı. Hiç unutmam, İzmir'de partisi yararına balo tertiplenmişti, kendisi gelemedi, şapkasını gönderdi, hem vallahi hem billahi, fötr şapka özel olarak yaptırılmış cam fanus içinde getirildi, görevlilerin elinde salona girerken ayakta alkışlandı, şapkaya tezahürat yaptılar, en öndeki masaya, başköşeye yerleştirdiler, bi ara şapka konuşacak zannettim ama, olgun şapkaydı, sessiz kalmayı tercih etti, piyangoya konuldu, tanesi 2 bin liradan 20 bilet alan talihli işadamına çıktı. Baba'nın şapkaları sadece parayla satılmıyordu, kuponla da veriliyordu! *Günaydın* gazetesi yarışma düzenlemiş, seçim meydanlarında millete sallanan şapkalardan 10 tanesini ikramiye olarak koymuş, acayip tiraj patlatmıştı.

Devran döndü... Demirel, kendisine yakın bi işadamına imzalı şapka hediye etmişti, işadamı iflas etti, alacaklılar icraya başvurdu, yediemin deposuna kaldırılan eşyalar arasında imzalı şapka da vardı, başbakan ve cumhurbaşkanıyken yurt gezilerinde adeta elinden kapılan, kapış kapış giden şapka için, 50 lira fiyat biçildi. 50 lira. Alan olmadı, hacizli mallar deposunun tozlu raflarında duruyor.

Tayyip Erdoğan iktidar. Yoksullara yardım için kermes düzenlendi, özel eşyaları açık artırmayla satışa sunuldu, ayakkabısı ve kadife pantolonu 21 bin liraya alıcı buldu, talihli işadamı kadife pantolonu evinin salonunda tablo gibi duvara astı, ayakkabıları da biblo gibi şöminenin üstüne koydu. Malatya'da yaşayan beş aylık Şevval bebek, bayram harçlığını Tayyip Erdoğan'ın cumhurbaşkanlığı kampanyasına bağışladı. Beş aylık bebeğin harçlığı mı olurmuş demeyin. Olur. Babası izah etti, "henüz el öpmeyi öğrenemedi ama, büyüklerinden bayram harçlığı toplamayı öğrendi" dedi. Beş aylık Şevval bebeğin iki çeyrek altın ve kese içindeki parası –miktar açıklanmadı– belediye başkanına teslim edildi.

Devran dönünce ne olur derseniz?
Asla değişmez.
Akıbetleri hep aynıdır.
Sıkmayın canınızı.

Çünkü...
Milletin adamlarını da tanırız biz.
Onların milleti'ni de.

Şevval Er

Cumhurbaşkanlığı kampanyası sırasında, Tayyip Erdoğan'a 1 milyon 614 bin kişi bağış yaptı, 59 milyon lira toplandı. Şevval bebek, bu bağışçılardan biriydi. Gel gör ki... Yüksek Seçim Kurulu, seçimden sonra bağış belgelerini inceledi, usulsüzlük yapıldığı ortaya çıktı. Tayyip Erdoğan'ın bağış hesabında kullanılmamış 1 milyon 200 bin lira kalmıştı, usulsüzlüğe karşılık, söz konusu hesaptan 1 milyon lira kesilmesine karar verildi. İşin matrak tarafı... Tayyip Erdoğan'ın avukatları Yüksek Seçim Kurulu'na başvurdu, "Tayyip Erdoğan'ın kendi bağış hesabına kendi cebinden 100 bin lira yatırdığını" belirterek, "Tayyip Erdoğan'a ait olan bu 100 bin liranın kendisine iade edilmesini" istedi! Neyse ki, Yüksek Seçim Kurulu bu talebi reddetti. Bu arada... "Kendisinin haberi bile olmadan kendi adına bağış yapanlar" ortaya çıktı! Mesela, Çanakkale gümrük binası inşaatında çalışan işçilere, "sigortanızı yapacağız, kimliklerinizi verin" denilerek, nüfus cüzdanlarının toplandığı, sonra da bu kimlikler üzerinden Ziraat Bankası'na Tayyip Erdoğan adına 10'ar lira bağış yapıldığı anlaşıldı. Bu tür atraksiyonlarla, Tayyip Erdoğan'a bağış yapmış gibi görünen insanların sayısı şişirilmişti.

Ayşe

Cızlavet onlar.

Recep amcanın ayakkabıları.

Rahmetli maden işçisinin babası.

Bazı yörelerde "cizlavit" denir. Bazı yörelerde "cıslavat". Hurda lastikten yapılır. Yekpare, kalıp halinde tabanıyla birlikte preslenir. Bağcıkları varmış gibi görünür ama, yoktur, bağcık şeklinde baskısı vardır.

İsveç malıdır!

1900'lerin başında, Wilhelm ve Carl Gislow adında iki kardeş tarafından icat edildi. Bu iki biraderin aslında otomobil lastiği fabrikası vardı. Gislaved şehrinde yaşıyorlardı, lastiğin markası da Gislaved'di. Hurda lastikleri atmaktansa, değerlendirmeyi düşündüler, kalıpladılar, preslediler, bu ayakkabıyı ürettiler. Çok ucuzdu. Sadece İsveç'e değil, bütün Avrupa'ya sattılar. 1930'larda Türkiye pazarına girdiler. Ahalimizin dili dönmedi, Gislaved diyemedi, cızlavet dedi.

Gislow biraderler İkinci Dünya Savaşı'ndan sonra ayakkabı üretimini durdurdu, Avrupa değişmiş, sanayi gelişmişti, bu ilkel ayakkabı türevi artık satılamıyordu. Türkiye hariç... Türkiye'de taklitleri çıktı, şakır şakır üretime devam edildi.

1930'larda Türkiye gibi Gislaved giyen İsveç... Bugün, kişi başına 42 bin dolar milli geliriyle, dünyanın en mutlu, yaşam kalitesi en yüksek ülkelerinden biri.

Türkiye ise, cızlavet'e devam...

Gislaved'ler bu topraklara geldiğinde, Recep amca henüz 5 yaşındaydı. Bugün 75 yaşında. Ayağında hâlâ cızlavet var. Üstelik yırtık.

Çünkü... Türk siyasi tarihi, cızlavet'ten prada'ya terfi etmiş politikacılarla doludur. Cızlavet'ten Milano markalarına geçince, matah adam oldum zannedip, halktan kopan, bağrından çıktığı insanları "köle"si gibi gören tiplerle doludur.

Ya ayakkabı kutularıyla mücadele edeceğiz kardeşim... Ya da, öbür Recep saray yaptırırken, Recep amcalarımız bi 75 sene daha cızlavet giymeye devam eder.

Recep amca gibi, eşi Ayşe teyzenin ayağında da cızlavet vardı. Ama Ayşe teyze, yırtık cızlavetleriyle değil, vicdanları yırtan sözleriyle gündeme oturmuştu. Ermenek madenini su basınca, "oğlum yüzme bilmiyor" diyerek, yüreğimizi cızzzlavettirmişti.

Ayşe Gökçe

Türkân

Nobel Barış Ödülü, Pakistan'ın yürekli kızı Malala Yusufzay'a verildi. Kız çocuklarının eğitim alması için mücadele eden 17 yaşındaki aktivist Malala, iki sene önce okuldan dönerken Taliban tarafından suratından vurulmuş, ölümden kılpayı kurtulmuştu. Nobel Barış Ödülü'nü kazanan tarihteki en genç insan oldu.

(Ömrünü kız çocuklarının eğitim almasına adayan yürekli kadınımız Profesör Türkân Saylan, 36 bin kız çocuğunun hayatına dokundu, okumalarını, meslek sahibi olmalarını sağladı. Gözlerini yumduğunda 29 bin üniversite öğrencisine burs veriyordu. 28 kız yurdu, 56 okul yaptırdı. Atatürk ilkelerini ve devrimlerini korumak amacıyla kurulan Çağdaş Yaşamı Destekleme Derneği'nin başkanıydı. Kardelen projesiyle, Baba Beni Okula Gönder kampanyasıyla toplumsal bilinci artırdı. Polis tarafından evi basıldı. Yedi saat boyunca didik didik arandı. Baba beni okula gönder diyeceğine, baba beni tarikata gönder deseydi, bırak evinin basılmasını, YÖK başkanı bile olurdu! Kemoterapi görüyordu. 19 Mayıs sabahı gazeteleri açtık, manşetlerdeydi, vefat etmişti. Sen dur dur diren, tam 19 Mayıs'a denk getir, hakikaten mübarek kadındı. Miting gibi tören yapıldı. Sadece AKP hükümeti katılmadı. Kızlarımızın eğitimine ömrünü veren "kadın"ın cenazesine "kadın milli eğitim bakanı" bile katılmadı. İstanbul valisi Muammer Güler'di, o da katılmadı. Çiçek bile göndermediler. Başsağlığı bile yayınlamadılar. Toprağa verildiği gün, yandaş medyanın gazeteleri "lezbiyen, terörist, fahişe, dinsiz, Ergenekoncu, misyoner, Amerikan ajanı, komünist" diye yazdı. Zincirlikuyu'da defnedildi, kabristandaki belediye işçisi Halil Düldül her gün mezarını sulayıp, her gün başucunda dua ediyordu, çünkü, kızı üniversitede okuyordu, Türkân Saylan'ın bursu sayesinde okuyordu. O narin, güzel kadının zihnimize kazınan son hatırası... Ruhumuza açılan çiçekli penceresinden gülümseyerek el sallamasıydı.)

Ve geçenlerde, asrın liderimiz Nobel'e haddini bildirdi. "Nobel ödülleri objektif kararlarla mı veriliyor, asla" dedi.

Haklıydı.
Normalde... Malala'nın evi basılmalıydı. Dinsiz ve fahişe olduğu yazılmalıydı. Kız çocukları okuldan alınmalı, hepsinin kafasına 5 yaşındayken türban takılmalı, 15 yaşındayken imam nikâhıyla babası yaşındaki herifin koynuna sokulmalı, en az üç doğurtturulmalıydı. Pakistan'daki bütün okullar imam hatip'e çevrilmeli, Talibanlar öğretmen yapılmalı, yurtların tapusu Pakistan cumhurbaşkanının oğlunun üzerine geçirilmeliydi. Ama bu haysiyetsiz Nobel, gitti barış ödülü verdi!

❯❯❯❮❮❮

Türkân Saylan

2015'te... Profesör Türkân Saylan'a yöneltilen Ergenekon suçlamasının, tamamen yalan, tamamen iftira, tamamen kumpas olduğu kanıtlandı. Çağdaş Yaşamı Destekleme Derneği'nin bilgisayarında bulunduğu iddia edilen sözde delillerin, bizzat polis tarafından yüklendiği ortaya çıktı. Yandaş medyada o dönemde atılan başlıkların, "İşte ÇYDD'nin burs verdiği PKK'lılar, ÇYDD burs verdiklerini fuhuş için kullanıyor" gibi iğrenç manşetlerin tamamı, algı yönetiminin parçasıydı, kara propagandaydı. Uluslararası Gandhi Ödülü'nü alan, Vehbi Koç Ödülü'nü alan, Dünya Sağlık Örgütü'nün danışmanı olan, Yılın Kadını seçilen, Çağdaş Yaşamı Destekleme Derneği başkanı Profesör Türkân Saylan... Atatürk kızıydı, Cumhuriyet kadınının rol modeliydi, Anadolu'da cehalete-tarikatçılara teslim edilen kızlarımızın umuduydu, eğitimli, ahlâklı, vicdanlı, yurtseverdi. Hedef haline getirilmesinin sebebi, buydu.

❯❯❯❮❮❮

Betül

Aslında her şey "cennete yazılan mektup"la başladı.

"Sevgili babacığım... Seni çok özledik, 1 mayıs işçi bayramını sensiz geçirdiğim için çok üzgünüm. Cezalarını çekecekler, içinde hiç kuşku olmasın. Oradaki bütün abi, dede ve amcaların ellerinden öpüyorum. Seni çok seviyorum. Cennette mutlu bir şekilde bizi bekle babacığım. Ben pilot olacağım, senin yüzünü kara çıkarmayacağım, söz veriyorum. Yeni köpeğim Tarçın'ı da çok seveceğini umuyorum."

9 yaşındaki Betül yazmıştı.

Soma'da hayatını kaybeden 301 şehidimizden Ali'nin kızı.

Ve, cennete yazdığı bu mektubunu, çiçek bırakır gibi, babacığının mezarına bırakmıştı.

(Mektubunun sonuna, el ele tutuşmuş, dört kişilik aile resmi çizmişti, babası, annesi, abisi, kendisi... Hemen yanlarında bir de köpek yavrusu oturuyordu, Tarçın.)

Evet, konuşamıyorlardı, kucaklaşamıyorlardı, baba-kız öpüşemiyorlardı ama, aralarındaki temas hiç kopmamıştı. Bazen dualarda buluşuyorlardı, bazen rüyalarda, bazen de cennete yazılan mektuplarda.

Hürriyet.com.tr bu mektuptan yola çıktı, "Soma'nın Hayalleri Var" kampanyası başlattı. Adı üstünde, Soma şehitlerinin çocuklarıyla tek tek görüşecekler, hayallerini gerçekleştireceklerdi.

(Pekçok arkadaşın emeği var ama... Bu kampanyayı akıl eden, gönlünü koyan, gecesini gündüzünü katan, Zeynep Gürcanlı, Aysel Alp, Banu Şen ve Yücel Arı'ya, yurttaş olarak teşekkür ederim.)

Bu muhteşem girişime, Betül'ün hayaliyle başladılar.
Pilot olmak istiyordu, babasına öyle söz vermişti.
Neden pilot olmak istiyor derseniz...
"Babamın göklerde olduğunu düşünüyorum, ona daha yakın olacağım" diyordu.

Türk Hava Kurumu duyarsız kalmadı, şehit kızının hayalini görev kabul etti. THK Başkanı bizzat Soma'ya geldi, Betül'ün ailesi ve Soma Kaymakamlığı'yla protokol imzalandı. Betül 18 yaşına geldiğinde, Türk Hava Kurumu tarafından pilot olarak yetiştirilecek.

Bitmedi... Betül, ikiz kardeşi Furkan'la birlikte, Türk Hava Kurumu'nun "tanıtım yüzü" oldu. Soma'da çekimler yapıldı. Kamu spotu haline getirildi. Bu kurban bayramında, tüm Türkiye, Betül'ün havacılık hayalini ve cennete yazdığı mektubunu izleyecek.

Ayrıca... Yarın, Soma'daki tüm şehit çocuklarıyla birlikte Eskişehir'e gidecek, planöre binecek. İsteyenler, yamaç paraşütüne de binecek.

Betül'ün hayali gerçekleşmiş olacak.
Peki ya diğerleri?

Yaşları 4 ila 18 arasındaki 400 çocukla tek tek konuşuldu.

8 yaşındaki Sudenaz, fotoğraf makinesi ve fotoğrafçılık eğitimi düşlüyordu. 6 yaşındaki Sude, doktorculuk oynarken kullanmak üzere doktor önlüğü ve steteskop istiyordu!

9 yaşındaki Burak'ın hayalini duyduklarında, o güne kadar neler görmüş olan tecrübeli gazetecilerin bile gözleri buğulandı... 4 yaşındaki kardeşi Berat'la birlikte Antalya'ya gidip, plajda kumdan kale yapmak istiyordu.

4 yaşındaki Sedat, uzaktan kumandalı araba dedi, 6 yaşındaki Kerem, akülü araba dedi, kırmızı... Neslihan, Kız Kulesi'ni görmeyi hayal ediyordu, Şule ise, Anıtkabir'e gitmeyi.

6 yaşındaki Sercan, "Şefkat Tepe" dizisine bayılıyor, Serdar Komutan'la tanışmak istiyordu. Serdar Komutan rolündeki Mert Kılıç'ı karşısında gördüğünde, az daha hakikaten bayılıyordu.

7 yaşındaki Dilara hayalini söyledi... Ayakkabı kutularında dolar istifleyen, 700 bin liralık kol saati takan, yatak odasında para kasaları biriktiren, oğluyla paraları sıfırlayıp, saraylarda oturan arkadaşların iyi duymasını isterim... "Kırılmamış bir bebek" istedi Dilara.

14 yaşındaki Döne, dört kişilik ranza ve çalışma masası istedi. Çünkü, sadece bir yatakları var. Döne, iki kardeşi ve annesi, aynı yatakta yatıyorlar. "Çok olmazsa, bir de bilgisayar isteyebilir miyim?" diye sordu.

5 yaşındaki Yiğit, itfaiyeci olmak istedi. Gökdeniz, uçağa binmek istedi. Doğanay, futbol okuluna gitmek istedi. Ata, Fenerbahçeli futbolcularla tanışmak istedi, Basri, Galatasaraylı futbolcularla tanışmak istedi. 8 yaşındaki Merdan, polis olmak istedi, motosikletli polis... Onurcan, subay olmak istedi.

Büşra ve Şeyma, kardeşler... Anneleriyle birlikte tatile gitmeyi hayal ediyorlardı. Nazmiye, Sakine ve Mustafa, kardeşler, hiç hayvanat bahçesi görmemişler, hep televizyonda görüyorlarmış, çok merak ediyorlardı. Basri, ablası Yağmur'la denize gitmek istiyordu. 10 yaşındaki Sıla, Fransa'yı görmek istiyordu. 16 yaşındaki Merve, Kapadokya'ya gidip, balona binmek istiyordu. 15 yaşındaki Enes, aşçı olmak istiyor, yemek okuluna gitmek istiyordu. 16 yaşındaki Anıl, elektroniğe düşkün, teknolojiyle alakalı bir kursa katılmak istiyordu.

4 yaşındaki Ferhat, sıkılmış oralardan, sadece gezmek istiyordu, neresi olursa.

İbrahim hiç lunapark'a gitmemiş. Gülten, jimnastik dersi almak istiyordu. Eren 5 yaşında, kreşe gitmek istiyordu. Rümeysa, Çanakkale'yi görmek istiyordu. Furkan, İzmir'deki uzay kampına katılmak istiyordu.

Bazı örneklerini verdiğim hayallerin yüzde 80'i gerçekleştirildi. Tek tek tamamlanıyor.

Ve, Berkan...

16 yaşını yeni doldurdu. Soma'da anadolu lisesi öğrencisiydi, notları harikaydı. Yaz tatillerinde aile bütçesine katkı için, mısır-domates toplamaya, tarlaya işçi olarak gidiyordu, günübirlik yevmiyeyle inşaat işlerinde çalışıyordu. Faciadan hemen sonra, TED yöneticileri Soma'ya geldi, sordular soruşturdular, öğretmenlerin hepsi onun adını veriyordu. Ailesiyle görüştüler, ikna ettiler, daha iyi eğitim alması için burs verdiler, Karabük TED Koleji'ne yatılı olarak kaydettiler. Notları yine çok başarılı.

Seneye üniversite sınavına girecek, İstanbul veya İzmir'de hukuk okumak istiyor.

"Hayalin ne?" diye sordular... "Yılmaz Özdil'i okumayı çok seviyorum, onunla tanışmak, onunla bir gün geçirmek isterdim" dedi.

Hayalini bile kuramayacağım bir onur benim için.

Varsın bugün dünya kendi kendine, bizsiz dönsün... Biz bugün Berkan'la birlikteyiz.

≫≪

Betül Yüksel

Betül, arkadaşlarıyla birlikte Eskişehir'e götürüldü, hayalinin ilk adımını attı, Türk Hava Kurumu'nun planörüyle uçuruldu. Somalı çocuklar, Eskişehir büyükşehir belediyesi tarafından ağırlandı. Balmumu Heykel Müzesi'ni gezerlerken, Betül usul usul Yılmaz Büyükerşen'in yanına yaklaştı, "başkan amca, acaba babamın heykelini de yapabilir misiniz?" diye sordu. Büyükerşen, bu hiç beklenmedik talebi kırmadı, şehit madenci Ali Yüksel'in fotoğraflarını, varsa video görüntülerini istedi. Betül'ün babasının balmumu büstü yapılacak ve madencilik tarihinde bir ilk olacak.

≫≪

Sus!

Kadın, bilmeyene nefs, bilene nefes'tir, Şems-i Tebrizi.
Tanrı, erkekleri evcilleştirmek için kadınları yarattı, Voltaire.
Kadını, şarabı, şiiri, müziği sevmeyen, ömrü boyunca ahmak kalır, Goethe.
Uygarlık için ölçü, kadınların toplum üzerindeki etkisidir, Emerson.
Benim en parlak başarım, eşimi benimle evlenmeye ikna etmiş olmamdır, Winston Churchill.
Bir zamanlar erkeğin üstün olduğuna inanıyordum, evlendim, karım bu inancımı tamamen yıktı, Jack Lemmon.
Kadınlar, hayatta yapmaları gereken şeyleri, kendilerinin yarısı kadar bile iyi olmayan bir erkeğin yaptığından iki kat

iyi yapmak zorundadır, neyse ki bunu yapmak çok zor değil, Charlotte Whitton.

Bir kadın olmadan yaşanmayacağı doğru değildir, bir kadın olmadan yaşanmış olunmaz sadece, Karl Kraus.

Güçlü erkekler, kadınlarının desteği ile başarılı olurlar, güçlü kadınlar ise, kocalarına rağmen başarılıdır, Lynda Lee-Potter.

Eğer ki kadınlar olmasaydı, dünyadaki paranın hiçbir değeri kalmazdı, Aristotle Onassis.

Âdem, eline geçen ilk fırsatta suçu Havva'ya attı, Nancy Astor.

Güya kadınların siyasal güçleri yoktur, halbuki, akıllı kadınlar aptal kocalarını hiç güçlük çekmeden parlamentoya sokar, hatta bakan koltuklarına oturturlar, Bernard Shaw.

Kadının tahmin ettiği şey, erkeğin emin olduğu şeyden daha doğrudur, Rudyard Kipling.

Kadınlarla ilgili yapılabilecek üç şey vardır; onu sevebilir, onun için acı çekebilir, ya da, onu edebiyata çevirebilirsin, Henry Miller.

Zeki olup da, aptal görünmek kadar iyi bir şey yoktur, Agatha Christie.

Kadından meleklik bekliyorsan, ona cennetini sunacaksın, Can Yücel.

Kadınsız erkek, horozsuz tabanca gibidir, erkeği ateşleyen kadındır, Victor Hugo.

Bir kadına inanmak, ona tapmak, onu hayatın başlangıç noktası, ışığı bellemek... Bu, yeniden doğmak değil de, nedir? Honore de Balzac.

Hıçkırarak ağlayan bir kadının gözyaşları, ağlatan adamın başına geleceklerin altına atılacak imzadır, Charles Bukowski.

Bütün dehamı, bütün eserlerimi, akşam yemeğine geç ya da erken gelmemle candan ilgilenen bir kadın uğruna feda etmeye hazırım, Turgenyev.

Bir kadın söyleyeceği çok şey olduğu halde susuyorsa, erkek artık tüm şansını kaybetmiştir, Pablo Neruda.

Kadın öyle bir konudur ki, onu ne kadar incelersen incele, her zaman yepyenidir, Tolstoy.

Gökyüzünün yarısını kadınlar taşır, Çin atasözü.

Kadın, bir erkeğin kendisini sevmediğini, ondan daha önce farkeder, Rus atasözü.

Cahildirler kadından üstün olduğunu sananlar, Mevlana.

Kadınlarını geri bırakan toplumlar, geride kalmaya mahkûmdur, Mustafa Kemal Atatürk.

Bir kadın şikâyet ediyorsa, erkeklerin deyimiyle vıdı vıdı ediyorsa, erkek bilmelidir ki, o ilişkiden hâlâ ümidi vardır kadının, yürütmek, birlikte yaşamak, sorunları çözerek mutlu olmak istiyordur, daha önemlisi, hâlâ seviyordur. Kadın susarak gider... Erkeklerin hiç anlayamadığı durum, işte bu kadar basittir. Ne zaman ümidini o ilişkiden kestiyse, yüreğindeki bavulları toplamıştır, kafasındaki biletleri almış, aslında bedeni orada durarak, çıkıp gitmiştir, kimse hissetmeden, kapıları vurup kırmadan gitmiştir. Adam anlamaz ama, kadın sessizce gider. Bir kadının çığlıklarından, kavgalarından korkmamak gerekir, çünkü, kadın susarak gider, Cemal Süreya.

Bir kadın olarak sus, Bülent Arınç.

Bir kadın olarak, oğullarınızı takunya kafalı büyütmeyin, Yılmaz Özdil.

⇛⇚

Arınç'a göre Kadın!

Bülent Arınç, TBMM genel kurulunda konuşurken, HDP milletvekili Nursel Aydoğan tepki göstererek ayağa kalktı, cevap verdi. Vay sen misin cevap veren... Arınç sinirlendi, "hanımefendi sus, bir kadın olarak sus" diye bağırdı. Ve bu, Arınç'ın kadınlar hakkındaki ilk veciz sözü değildi. Daha önce "kadın iffetli olacak, herkesin içinde kahkaha atmayacak" demişti. İnternet yasaklarına karşı çıkan TÜSİAD'ın kadın başkanı Ümit Boyner'i hedef alarak, "onun gibi düşünenler iktidara gelirse, pornoyu serbest bırakabilir" yorumunu yapmıştı. DTP milletvekili Emine Ayna hakkında "yaratık" sıfatını kullanmıştı. Kamusal alanda türban takılır mı sorusuna "şeyini şey ettiğimin şeyi" cevabını vermişti. Özetle... Kadın dediğin, haddini bilmeliydi, konuşmamalıydı, gülmemeliydi, düşünmemeliydi, türban takmalıydı.

⇛⇚

Tülay

Osmanlı'nın zevk-ü sefa dönemiydi. Müsriflik almış başını gitmişti. Ahalinin kıçında don yokken, şatafatlı saraylar, köşkler, lale bahçeleri yaptırılırdı. "Bir safa bahşedelim gel şu dil-i naşade, gidelim serv-i revanım yürü Sadabad'e" filan... Sadabad eğlencelerinde hava karardıktan sonra kaplumbağayla mum gezdirilirdi. Devlet çökerken, devleti yönetenler gösteriş peşindeydi. Yolsuzluk had safhaya ulaşmıştı. Liyakat hiçe sayılmış, yalakalar baştacı edilmişti. Padişahı yalamaktan dillerinde pütür kalmamıştı. Neticede imparatorluğu batırdılar tabii.

Saltanatla beraber, israfın sembolü olan "lale" de ortadan kayboldu.

AKP iktidar oldu, lale sevdası hortladı.

Şehirlerin tüm yeşil alanlarını katledip, beton diken AKP... Enteresan şekilde, refüjlere, kaldırımlara, hatta duvarlara bile lale ekmeye başladı.

İstanbul'da mesela... Her yıl 15 milyon adet lale dikiliyor. İstanbul'un sırf laleye ödediği para, Muğla, Artvin, Siirt, Van gibi şehirlerimizin yıllık bütçesinden fazla.

Ömrü bir hafta.
Taş çatlasın 10 gün.
Ağaç gibi kalıcı değil.
Açmasıyla dökülmesi bir oluyor.
Seneye, hadi bakalım silbaştan.
Gene sıfırdan ekiliyor.

Osmanlı lalesi'nin en büyük üreticisi Balıkesir'de bi şirket... Türkiye'deki lalelerin neredeyse yarısını tek başına bu şirket üretiyor. Lale işine 2009'da başladı, sadece 5 yılda adeta uçtu, Türkiye'nin en büyüğü oldu. İstanbul büyükşehir belediyesine lale satıyor. Ankara büyükşehir belediyesine lale satıyor.

Hani şu "600 yıllık imparatorluğun 90 yıllık reklam arası sona erdi" diyen AKP milletvekili var ya... İşte bu lale şirketinin sahibi!

E hal böyleyken... Lale devri'ni Osmanlı lalecisi şakşaklamayacak da, kim şakşaklayacak yani.

Tülay Babuşçu

Tülay Babuşçu, Türkiye Cumhuriyeti'ne "reklam arası" demekle kalmadı, kısa süre sonra twitter adresinden "Bizans dostu kahpe İnönü" mesajını paylaştı. Ama bunca hakarete rağmen, Tayyip Erdoğan'ın gözüne giremedi, 2015 seçiminde aday adayı olmasına rağmen, isminin üstü çizildi, milletvekili adayı yapılmadı. Dört sene "milletvekili" sıfatı taşıyan Babuşçu'nun TBMM karnesi nasıldı? Lale ticaretinden başka ne işe yaramıştı? Dört sene boyunca doğrudan verdiği bir tek yasa önerisi yoktu. Yazılı soru önergesi yoktu. Sözlü soru önergesi yoktu. Genel görüşme önerisi yoktu. Sıfır'dı.

Sümeyye

Fuat Avni'yle Umut Oran yazışıyormuş, Fuat Avni "hocaefendi emir verdi, Sümeyye'ye suikast yapacağız, ABD'den katil ayarladık, Tayyip kızıyla uğraşırken siz de seçimi kazanacaksınız, aman ha seçimi mutlaka kazanın ki, ABD'ye İsrail'e mahcup olmayalım, tamam mı koçum" demiş, Umut Oran da "peki abi" demiş.

Havuz medyası günlerdir bunu yazıyor.

Tel tel dökülen bu yalan haber hakkında, sorulması gereken soru şudur... Neden Umut Oran? Onca muhalif milletvekili arasından, hedef tahtasına niye o oturtuldu? Sümeyye üzerinden itibarsızlaştırmak için neden o seçildi?

Buyrun okuyun...

Tayyip Erdoğan'ın kızı Sümeyye, 17 Aralık 2013 tarihinde Ankara'daki ikametlerinin bulunduğu Subayevleri semtinden saat 08.01'de kendisine ait 530 826XXXX numaralı cep telefonuyla Bilal'in kullandığı 533 167XXXX numaralı cep telefonunu arayıp, 14 saniyelik görüşme yaptı mı? Bu görüşmenin üzerine Tayyip Erdoğan, saat 08.02'de Ankara Subayevleri'ndeki ikametinde bulunduğu sırada 536 065XXXX numaralı telefondan İstanbul Kısıklı'da bulunan Bilal'le 240 saniyelik görüşme yaptı mı? Bilal aynı gün İstanbul Üsküdar Emniyet Mahallesi ve Bulgurlu'dayken 530 364XXXX numaralı telefonundan Ankara Subayevleri'ndeki Tayyip Erdoğan'ı arayarak, saat 08.12'de 73 saniyelik, 11.17'te 160 saniyelik görüşme yaptı mı? Tayyip Erdoğan, İstanbul'daki paraların sıfırlanmasına yardımcı olması ve paraların dağıtılacağı adreslerin listesini vermesi için, kızı Sümeyye'ye aynı gün acilen İstanbul'a gitmesi talimatını verdi mi? Aynı gün, THY'nin sabah saat 9'daki İstanbul uçağına yetişmek için Esenboğa Havalimanı'na hareket eden Sümeyye, Akyurt kavşağındayken saat 08.53'te 505 215XXXX numaralı telefonundan koruma polisi T. Acar'ı aradı mı? Sümeyye ve T. Acar, THY'nin TK2123 sefer sayılı uçağıyla 17 Aralık 2013 günü sabah saat 9'da İstanbul'a birlikte gittiler mi? Sümeyye business class 01F numaralı koltukta, T. Acar ise 01D numaralı koltuklarda mı uçtular? TK2123 sefer sayılı bu uçuşta, eski bakanlardan Koray Aydın'ın da 2D numaralı koltukta seyahat ettiği doğru mudur? Sümeyye'nin paraları sıfırlama işlemine yetişip yetişmediğini merak eden Tayyip Erdoğan, aynı gün saat 10.31'de 530 155XXXX numaralı telefonundan İstanbul Bağcılar İstoç Oto Center bölgesinde bulunduğu sırada, kızı Sümeyye'yi arayıp 82 saniyelik görüşme yaptı mı? Bu görüşmenin ardından Sümeyye saat 11.05'te Kısıklı'da bulunan Bilal'i arayarak, paraları sıfırlamaya başlayabileceklerini bildirdi mi? Gün içersindeki gelişmeleri Ankara ve Konya'da takip eden Tayyip Erdoğan, gün boyunca Bilal'le saat 11.17, saat 11.44, saat 15.40 ve saat 23.15'te görüştü mü? İstanbul Başsavcılığı, İstanbul Emniyet Müdürlüğü'ne, 15 Aralık 2013 ve sonrasındaki telefon dinleme, izleme, sinyal bilgileri kayıtlarını yoketme talimatını neden verdi? Türkiye İletişim Başkanlığı (TİB) üzerinden, üç GSM şirketine benzeri biçimde, kayıtlarının silinmesi talimatı verildi mi?

İçinde cevaplarını barındıran bu sorular... "Paraları sıfırla" tapesi çıktıktan sonra, Umut Oran tarafından TBMM Başkanlığı'na verilen soru önergesiydi.

Adres adres, saniyesi saniyesine aktarılan sinyal bilgileri... Tayyip Erdoğan'la Bilal arasındaki telefon görüşmelerinin "gerçek" olduğunun kanıtıydı.

Önergeyi tekrar okuyun lütfen. Tam seçim arifesinde muhalefete kumpas kurmaya çalışanların... Sümeyye üzerinden itibarsızlaştırmak için neden Umut Oran'ı seçtiğini görürsünüz.

Sümeyye hakkında herhangi bir savcılık işlemi yok ama... Sümeyye'nin 17 Aralık'taki telefon trafiğinin göbeğinde olduğunu belgeleyen kişi, Umut Oran'dı.

≫≪

Sümeyye Erdoğan

Yandaş *Akşam* ve *Güneş* gazeteleri, 2015 seçiminden hemen önce, "Sümeyye Erdoğan'a suikast" manşetleriyle çıktı. Fethullahçı gazeteci Emre Uslu'yla CHP milletvekili Umut Oran arasında twitter yazışmaları olduğu, bu yazışmalara göre, Tayyip Erdoğan'ın küçük kızı Sümeyye'ye suikast planlandığı, kiralık katil ayarlandığı, suikast emrinin Pensilvanya'dan, Fethullah Gülen'den geldiği iddia ediliyordu. Tayyip Erdoğan'ın ailesi hakkında ne kadar hassas olduğunu herkes biliyordu, çocukları hakkında haber yapmak, adeta yasak'tı. Dolayısıyla, suikast haberinin, Tayyip Erdoğan'ın onayı olmadan manşet yapılabilmesi, yandaş medyanın böyle bir habere cesaret edebilmesi, asla mümkün değildi. Hedefe oturtulan Umut Oran, böyle bir yazışma yapmadığını, kendisine iftira atıldığını belirterek, derhal, Ankara Cumhuriyet Başsavcılığı'na suç duyurusunda bulundu. Ankara Başsavcılığı, dosyayı İstanbul Basın Savcılığı'na gönderdi. Dosyayı devralan Bakırköy basın savcıları, söz konusu twitter konuşmalarını iki ayrı bilirkişiye inceletti. Bilişim uzmanı bilirkişilerin raporu neticesinde, *Akşam* ve *Güneş* gazeteleri tarafından manşet yapılan twitter yazışmalarının "sahte" olduğu ortaya çıktı. Bunun üzerine, soruşturmayı yürüten savcılar, *Akşam* ve *Güneş* gazeteleri hakkında "hakaret ve iftira" suçlarından beş ayrı dava açtı. Sonra ne oldu biliyor musunuz? Suikast haberinin palavra olduğunu kanıtlayan ve yandaş gazetelere iftira davası açan savcıların, Mustafa Gökay ve Hüseyin Parlakkılıç'ın görev yeri değiştirildi! Adeta sürgün edildiler. Ve, sadece savcılar uçmamıştı. Aynı zamanda, Umut Oran da uçmuştu. Çünkü... CHP'nin en başarılı milletvekillerinden biri olan, 17/25 Aralık soruşturmalarını yakından takip eden Umut Oran, bizzat Kemal Kılıçdaroğlu'nun müdahalesiyle milletvekili aday listesinden çıkarıldı. "Suikast" yalanının asıl hedefi, Umut Oran'ın yeniden milletvekili seçilmesini engellemekti. Yandaş gazetelerin yapamadığını, bizzat Kemal Kılıçdaroğlu yapmış oldu. Peki, Kemal Kılıçdaroğlu neden böyle bir şey yaptı? Muammaydı. 2015 seçiminden sadece bir ay sonra suikast haberinin yalan olduğu ortaya çıktı ama, iş işten geçmişti, Umut Oran TBMM dışında bırakılmıştı. Bu kitabın piyasaya çıktığı tarihte, hükümet kurulamamış, 1 Kasım 2015'te tekrar seçim kararı alınmıştı, Umut Oran'ın aday gösterilip gösterilmeyeceği merak konusuydu.

※※※

Aylin

Asrın lideri, kadınların protesto dansına sinirlendi, CHP milletvekili Aylin Nazlıaka'yı hedef aldı, "bu ne biçim iştir yav, ölüm karşısında dans etmek nedir, bunun kültürümüzdeki yeri nedir, ateş düştüğü yeri yakar, Özgecan'ın ailesine bir başsağlığı dile, biliyorsan bir fatiha oku" dedi.

Danıştay basıldı, Mustafa Yücel Özbilgin öldürüldü, herkes Kocatepe Camisi'ne gitti, asrın lideri cenazeye katılmak yerine, Antalya'ya Ak Gençlik Şöleni'ne gitti. Aslında aileye başsağlığı dileseydi, biliyorsa bi fatiha okusaydı, iyiydi.

Aktütün basıldı, 15 şehit vardı, memleket yastaydı, cenazelerin toprağa verildiği gün, akp milletvekili oğluna stadyumda sünnet düğünü yaptı, akp'nin ulaştırma bakanı kirve oldu, akp logolu pasta kesip, davul zurnalarla halay çektiler. Aslında ailelere başsağlığı dileselerdi, biliyorlarsa bi fatiha okusalardı, iyiydi.

Afyon'da cephanelik patladı, 25 şehit vardı, şehitler henüz morgdayken, akp'nin valisi akp'nin generaline törenle sucuk hediye etti, "hayat devam ediyor, acımız var diye ara mı verelim" dedi, akp'nin sözcüsü destekledi, "yadırganacak bir şey yok, lokum bile ikram edilir, kahkahalarla gülselerdi yadırgardım" dedi. Aslında ailelere başsağlığı dileselerdi, biliyorlarsa bi fatiha okusalardı, iyiydi.

(Akp milletvekili takvimde başka gün kalmamış gibi, oğluna

10 Kasım'da düğün yaptı. "11 Kasım'da akp kongresi var, 12 Kasım'da boş düğün salonu bulamadık" dedi. Geriye kalan 362 gün, düğün için uygun değildi demek ki...)

Reyhanlı havaya uçuruldu, tarihimizin en ağır terör saldırısıydı, 53 insanımız hayatını kaybetti. O gece... Akp milletvekili oğluna düğün yaptı, tbmm başkanımız, bakara makaracı bakanımız ve anayasa mahkemesi başkanımızla birlikte 1500 davetli katıldı. Akp milletvekili duygularını twittera döktü, "yaşanan olay düğünümüzün tadını kaçırdı" diye yazdı. Aslında ailelere başsağlığı dileseydi, biliyorsa bi fatiha okusaydı, iyiydi.

Soma'da tarihimizin en ağır maden katliamı yaşandı, 301 işçimiz hayatını kaybetti, milletin ağlamaktan gözlerine kan oturmuştu, cenazeler toprağa verilirken, akp'liler akp milletvekilinin kızının düğünündeydi, akp'li çevre bakanı twitter adresinden düğünün fotoğraflarını yayınlayıp, "kadim dostumuz muhyettin beyin mutluluğunu paylaştık" diye yazdı. Memleket karalar bağlamışken, mutluluk paylaşıyorlardı. Düğün fotoğraflarının başköşesinde –bilmiyorum mutluluk gözyaşı döktü mü– Bülent Arınç vardı. Aslında ailelere başsağlığı dileselerdi, biliyorlarsa bi fatiha okusalardı, iyiydi.

(Gazze'de kan gövdeyi götürürken, Filistin Devlet Başkanı Mahmud Abbas, Türkiye'ye geldi. Adamı kolundan tutup, asrın liderinin iftarına götürdüler. Bülent Ersoy, Işın Karaca, Alişan, Ece Erken, Soner Sarıkabadayı, Metin Şentürk, Orhan Gencebay, Mustafa Sandal, Cengiz Kurtoğlu, Yavuz Bingöl, Sinan Özen, İzzet Yıldızhan'la birlikte oturttular. Gazze'de ölü sayısı iki bini geçmişken, Bülent Ersoy'la yan yana poz verdirdiler, kahkahalar eşliğinde selfie çektirdiler. Aslında adama bi başsağlığı dileselerdi, biliyorlarsa bi fatiha okusalardı, iyiydi.)

Askeri konvoya pusu kuruldu, 10 şehit vardı, cenazelerin toprağa verildiği gün, asrın lideri cenazelere katılmak yerine, atladı uçağa, eşini, kızlarını, damadını, Ajda Pekkan'ı Sertab Erener'i Muazzez Ersoy'u yanına aldı, Somali'ye gitti, "burada insanlık test ediliyor, vicdanlara sesleniyorum" dedi, Ajda'yla Sertab Erener apronda "moral dansı" yaptı... "Mini eteği giyip soyunup laik sistemin ahlaksızlaştırdığı sapıklar tarafından tacize uğrayınca bas bas bağırmayacaksın" diyen, kanaat önderi (!) akp türkücüsü Nihat Doğan da oradaydı. Aslında, şehit ailelerine başsağlığı dileselerdi, biliyorlarsa bi fatiha okusalardı, iyiydi.

Taziyeye gidip, cenaze sahiplerini yumruklayan dünyadaki ilk ve tek kişi, asrın lideri... Kadınlara yönelik şiddetten bahsederken bile kadınlara hakaret edeceğine, biliyorsa bi fatiha okuyup sussaydı, daha iyiydi.

Aylin Nazlıaka

Üniversite öğrencisi Özgecan Aslan, 11 Şubat'ta hunharca katledildi. Bindiği dolmuşta cinsel saldırıya uğradı, direnince öldürüldü, tanınmasın diye yakılarak, dereye atıldı. Bu vahşi cinayet, infial yarattı. AKP döneminde kadın cinayetleri adeta patlama yaptığı için, AKP suçlandı, hükümet çok sert eleştirilere maruz kaldı. Üç gün sonra, 14 Şubat, sevgililer günüydü. Dünyanın her ülkesinde olduğu gibi, Türkiye'de de "one billion rising" etkinliği yapıldı. Kadına yönelik şiddeti protesto etmek için, toplumun bu meseleye dikkatini çekmek için, kadınların zıplayarak dans ettiği bir kampanyaydı. Kadınlar topluca dans edince, medyada geniş yer buluyor, böylece, verilmek istenen mesaj daha geniş kitlelere ulaşıyordu. Sembolik dansın amacı buydu. Türkiye'deki etkinlik adresi, Ankara Kuğulu Park'tı. Kadına yönelik şiddeti protesto eden konuşmalar yapıldı, sembolik olarak dans edildi. Protestocu kadınların arasında, CHP milletvekili Aylin Nazlıaka da vardı. Tayyip Erdoğan bunu fırsat bildi, sanki eğlenmek için dans etmişler gibi, "bu ne biçim iştir yav, dans ediyor, ölümden zevk alıyor, biliyorsan bi Fatiha oku" dedi. Aslına bakarsanız, sözlerin muhatabı sadece Aylin Nazlıaka değildi, tüm kadınlardı. Çünkü, Tayyip Erdoğan protestoya bile zaman zaman katlanıyordu ama, "kadın"ların protestosuna asla tahammül edemiyordu.

Brooke

Grammy ödülleri dağıtıldı. Sam Smith sildi süpürdü, dört kategoride ödül kazandı, "Stay with me" yılın şarkısı oldu. Beyonce, Grammy koleksiyonunu 20'ye çıkardı. Kırmızı halı'nın en sansasyonel ismi, gene Madonna'ydı. Rihanna pembe elbisesiyle sükse yaptı. Miley Cyrus, Katy Perry, Lady Gaga, herkes oradaydı, e kambersiz düğün olmaz, Kim Kardashian da oradaydı.

Geceye damgasını vuran ise, Obama'ydı.

ABD başkanı, sürpriz şekilde, video konferansla törene katıldı. Ekrana kilitlenmiş insanların gözünün içine bakarak "kadına şiddete son" çağrısı yaptı.

ABD'de her beş kadından birinin cinsel saldırıya veya saldırı girişimine uğradığını, her dört kadından birinin aile içi şiddete maruz kaldığını söyledi. "Zihniyetlerin ve davranışların değişmesi konusunda, sanatçıların çok önemli gücü var. Şiddetin tolere edilmediği, mağdurların desteklendiği, tüm kadın ve erkeklerin hayallerini takip ettiği bir kültür yaratmak, elimizde... Hepinizden, kadına yönelik şiddetin sonlandırılması kampanyamıza destek istiyorum" dedi.

Obama'dan sonra sahneye Brooke Axtell isimli bi kadın çıktı. Aile içi şiddet mağduruydu. Bir milyar insanın gözünün içine bakarak, şu cesur konuşmayı yaptı: "Yakışıklı, karizmatik bir adamla birlikteydim. Bir yıllık ilişkiden sonra, hiç tahmin etmezdim, beni taciz etmeye başladı. Ondan korkuyordum. Bu halde olmaktan utanıyordum. Beni ölümle tehdit ettiğinde, kurtarılmam gerektiğini anladım. Anneme anlattım. Aile içi şiddet merkezine gitmemi önerdi, yardım almam için beni teşvik etti. Annemin bu sözleri, hayatımı kurtardı. Gerçek sevgi, başka bir insanın değerini hiçe saymak demek değildir. Gerçek sevgi, utandırmaz ya da taciz etmez. Eğer size saygı göstermeyen bir ilişki içindeyseniz, sevilmeye değer olduğunuzu bilmenizi istiyorum. Lütfen yardım isteyin. Çağrınız sizi kurtaracak. Karanlık gecelerinize bir yardım eli uzanmasına izin verin. Gerçekte kim olduğunuzu bilin. Sevilmeyi hak eden, değerli biri olduğunuzu bilin."

Kadına yönelik şiddete dur denilmesi için, gelmiş geçmiş tüm kampanyalardan daha sarsıcıydı. Bizzat ABD başkanının katılımıyla, küresel mücadele çağrısıydı.

Obama'nın "mağdur kadınlar için, zihniyetlerin değişmesi için

hepinizi destek vermeye çağırıyorum" dediği dakikalarda...
Bizim asrın liderinin zihniyeti gene aynı zihniyetti. Şiddet kavramına sadece "din" gözlüğüyle bakıyor, ABD'de öldürülen üç Müslüman genç için "Obama'ya sesleniyorum, eyyy Obama nerdesin, biz siyasiler ülkemizde işlenen cinayetlerden sorumluyuz" diyordu.

Bizim asrın liderinin, ABD'de öldürülen Müslüman gençler için Obama'ya hesap sorduğu dakikalarda... 20 yaşındaki üniversite öğrencimiz Özgecan'a, evine gitmek için bindiği dolmuşta tecavüze kalkıştılar, başaramayınca bıçakla delik deşik ederek öldürdüler, ormana götürüp benzinle yaktılar, dereye attılar.
Eyy Obama...
Sen ne sorumsuz herifsin kardeşim, bu kaçıncı Özgecan?

Brooke Axtell

Bizim memlekette, kadına yönelik şiddeti protesto eden kadınlar "biliyorsan bi Fatiha oku" diye aşağılanırken... Düşüncesini ifade eden kadınlara "bir kadın olarak sus" diye emredilirken... ABD başkanıyla birlikte mesaj veren Brooke Axtell'in sözlerini, tüm dünyada 750 milyon kişi, aynı anda, canlı yayında izledi. Brooke Axtell, bizim vatandaşımız olsaydı, biliyorsa bir Fatiha okuyup, bir kadın olarak susması gerekiyordu, Obama'yı zor durumda bırakmaması gerekiyordu!

Özgecan

Altı yaşındaydım.
Hayli yaşlı bir komşumuz vardı.
90 küsur.
Vade doldu.
Vefat etti.
İlk kez tanışmıştım ölümle... Dün gibi hatırlıyorum. Mahallede adeta yas ilan edilmişti. Televizyon açmak yasak. Radyo yasak. Teyp yasak. "Duyulur, ayıp olur" deniyordu. Yüksek sesle

konuşmak yasak. Top oynamak yasak. Çıt çıkarmaya utanılırdı. Sessizlik hâkim olurdu. İşine, okuluna gidenler, başı öne eğik, hüzün korteji gibi yürürdü.

Yatağında, eceliyle son nefesini veren 90 küsur yaşındaki insanlarımızı bile, böyle uğurlardık... Hatırlarsınız.

Türkiye henüz bu duygularını yitirmeden önce, gazeteciliğe başladım. Gece muhabiriydim. İlk haberim, cinayetti. Zordu. Öldürülen kişinin tek kare vesikalık fotoğrafını alabilmek için, cenaze evine gidip, kendimi sivil polis olarak tanıtmıştım. Başka çarem yoktu. Çünkü, gazeteci falan giremezdi cenaze evlerine... Hatta mahalleye bile giremezdi. Acılı aileye saygısızlık olarak kabul edilirdi.

Diri'ye olmasa bile...
Ölü'ye saygı vardı en azından.

Sonra?
Sonra bi haller oldu bize.

Darbeyle beraber yozlaşma hızlandı, 80'lerin sonuna doğru, cinayet mahalline gitmemize gerek kalmadı, cinayet mahalli bize gelmeye başladı! "Gazeteye çıkayım da, nasıl çıkarsam çıkayım" gibi, tuhaf bir duygu toplumu zehirliyordu. Telefon ediyorduk, öldürülen kişinin ailesi fotoğraf albümünü koltuğunun altına koyup, getiriyordu.

Önceleri araç gönderiyorduk. Baktık ki, gereksiz masraf oluyor, "taksiye binin, öyle gelin" demeye başladık. İnanmakta güçlük çekeceksiniz ama, komşular da gelsin diye, minibüs tutanı bile gördüm.
90'lı yılların başında, artık zahmet edip telefon etmiyorduk. "Cinayet oldu, fotoğrafları getireyim mi?" diye telefon ediyorlardı. E memlekette cinayetler artmıştı, hangi birini basacağız... "Öldürülen kız güzelse getir, güzel değilse boşver" demeye başladık. Manşeti sağlama almak için kurbanın gelinliğini getiren bile oluyordu.

90'ların sonuna doğru, maktul aileleri şımardı! Özel televizyonlar çıktığı için, gazetelere yüz vermemeye başladılar, "tirajın kadar konuş" diye küçümsüyorlardı. Gazeteler kurbanların kuru kuruya fotoğraflarını vermeye çalışırken, televizyonlar şakır şakır düğün videolarını yayınlıyordu. "İşte görüyorsunuz sayın seyirciler, katil aile dostuydu, boğazını kestiği geline bileziği böyle takmıştı, şöyle halay çekmişti" filan.

Bilahare, milenyum geldi. 2000'ler... Öldürülen kadının tatil videosu, katledilen çocuğun sünnet videosu falan kesmemeye başladı. Zaten, video işi internete kaymıştı, cinayet seyretmek için ana haber bültenlerini beklemeye gerek kalmamıştı, tıkla, hemen seyret... Özel televizyonlara yeni bi atraksiyon lazımdı. Bulduk... Anne-babalara "evinize canlı yayın aracı gönderelim, çocuğunuzu nasıl öldürdüler çıkın anlatın" demeye başladık. Kabul ettiler!

Ama... Canlı yayın araçlarının parasını sokaktan toplamıyorduk. Fazla pahalıya maloluyordu. "Çok istiyorsanız, gelin stüdyoda spikere anlatın" demeye başladık. Onu da kabul ettiler!

Bu sefer, başka bi pürüz çıktı ortaya... Özel televizyonların sayısı belki 100 tane, öldürülenin anası-babası sadece iki kişi... Arz-talep meselesi yüzünden, karaborsa oluştu. İşin içine para girdi. "Bizim ekrana çıkmanız için şu kadar para veriyorum" diyen kanala çıkmaya başladılar. Para verenlerin reytingi arttı. Aileler tadını almıştı. "Para vermem" diyenlerin telefonuna bile çıkmıyorlardı.

Bi ara ipin ucu öyle kaçmıştı ki, sektör haline gelmişti. Komisyonla çalışan aracılar peydah olmuştu. Aileyi önceden bağlıyor, futbolcu menajeri gibi, televizyon kanallarıyla pazarlığa oturuyorlardı. Neyse ki, medya patronları musluğu kesti, "etik gazetecilik" ayağına yatıldı, haber için para ödenmekten vazgeçildi.

Medyamız bu olan bitenlerden ders çıkarmıştı. Özeleştiri yaptık. Dedik ki... Rekabet için birbirimizin kafasını gözünü yarmayalım, herkese yetecek kadar maktul ailesi var, paylaşalım!

Bu makul öneride uzlaştık. Aileleri kırışmaya başladık. Kurbanın babası star'a çıkıyorsa, annesi kanal d'ye çıkıyor, ağabeyi atv'ye gidiyor, kızkardeşini show tv alıyordu.

Haber kanalları zayıf kalıyor, genellikle amca'yla teyze'yle idare ediyorlardı. Herkes konuklarını aynı anda canlı yayına çıkarıyor, reytingin takdiri yüce Türk milletine bırakılıyordu!

Ailece anlatılıyor...
Ailece seyrediliyordu.

Böyle böyle, yavaş yavaş, bir zamanlar 90 küsur yaşındaki komşusunun eceliyle vefatında bile adeta yas ilan eden toplum... Gencecik, hunharca ölümleri bile normalleştirdi. Rutinleştirdi.

Ve dün, gazetelerde yayınlandı...
Özgecan'ın babası, sahneye çıkıp konser verdi!

Evet, yanlış okumadınız.
Tayyip Erdoğan'ın emriyle "devlet sanatçısı" yapıldı, Mersin Devlet Klasik Türk Müziği Korosu'na alındı, kızının adı verilen meydanda, ramazan konserinde sahneye çıktı, solistlik yaptı.

Kızı öldürüldüğünde şarkıcı olsaydı, hayat devam ediyor diyeceğim ama... Kızı öldürüldüğünde grafikerdi, matbaalarda çalışıyordu. Müziğe merakı var diye, Tayyip Erdoğan tarafından "devlet sanatçısı" unvanı verildi, çıkıp şarkı söylesin diye, koroya dahil edildi.

Vardığımız nokta itibariyle, ne demeli, inanın bilemiyorum. Şu kadarını diyeyim bari...

Türkiye'nin sorunu, hukuki veya siyasi değildir.
Halledilemeyen sorunlarımızın kaynağı, çok daha derinde, çok başka bir yerdedir.

>>><<<

Özgecan Aslan

Özgecan Aslan 20 yaşındaydı, Çağ Üniversitesi Fen Edebiyat Fakültesi Psikoloji Bölümü birinci sınıf öğrencisiydi. Okuldan çıktı, Tarsus'ta bir arkadaşıyla alışveriş merkezinde dolaştı, evine, Mersin'e gitmek üzere dolmuşa bindi. Başka yolcu yoktu. Şoför Suphi Altındöken, D-400 karayolundan gitmesi gerekirken, güzergâh değiştirdi, Tarsus-Mersin yoluna saptı. Şoförün bakışlarından rahatsız olan Özgecan, güzergâhın değiştirilmesi üzerine bağırmaya, çığlık atmaya başladı. Şoför bir kuytuya çekti, saldırdı. Özgecan çantasında biber gazı taşıyordu. Çünkü, bu hatta çalışan dolmuşçulardan çok rahatsız oluyorlardı, Çağ Üniversitesi'nde okuyan kız öğrencilerin tamamı, cinsel saldırı endişesi yaşıyordu. Bu konuda defalarca şikâyette bulunmuşlar, kimse kılını bile kıpırdatmamıştı. Özgecan biber gazını çıkardı, şoförün suratına sıktı. Şoför önce yumruk attı, sonra bıçağını çıkardı, defalarca sapladı. Yetmedi, demir çubukla defalarca vurdu. Özgecan'ın cesedini ormanlık alana attı, Tarsus'a döndü, hadiseyi babası Necmettin Altındöken'e ve arkadaşı Fatih Gökçe'ye anlattı, yardım istedi. 26 yaşındaki şoför Suphi Altındöken, evliydi, bir çocuk babasıydı. Aslında, yakın zamana kadar varlıklı bir aileydiler, kuyumculuk yapıyorlardı, iflas etmişler, babasıyla birlikte dolmuşlarda şoförlük yapmaya başlamışlardı. Fatih Gökçe, kamyon şoförüydü, boşanmıştı, bir kızı vardı, dört ay önce bir kadını zorla alıkoymuş, kadın kaçmayı başarmış, ancak, korkudan şikâyetçi olmamıştı. Bu üçü... Olay yerine geldiler. Özgecan direnirken, tırnaklarını şoförün yüzüne geçirmişti. DNA tespitinin önüne geçmek için, Özgecan'ın ellerini kestiler. Sonra da, tanınmasın diye, üzerine benzin döküp yaktılar, Cinderesi'nin kenarına attılar. İki gündür kayıp olan Özgecan'ı arayan jandarma ekipleri, yol kontrolü sırasında, katillerin dolmuşunu durdurdu, kan izleri bulundu, bir de şapka vardı, Özgecan'ın babası çağrıldı, kızının şapkasını tanıdı, şoför gözaltına alındı, ilk sorguda her şeyi itiraf etti, babası ve arkadaşıyla birlikte tutuklandı. Mersin Barosu'na kayıtlı 1600 avukat var, 1600 avukatın 1600'ü de, bu canileri savunmak istemediklerini açıkladı. Yasa gereği, mecburen, bir avukat atandı. Kitabın piyasaya çıktığı Ekim 2015 itibariyle, katil ve yardımcılarına müebbet hapis isteniyordu. Ve... Özgecan'ın babası "devlet sanatçısı" yapılmıştı!

≫≪

Müzeyyen

Evin önünde bekleyen siyah otomobil, Atatürk'ün makam aracıydı. Şoför arka kapıyı açtı. Genç kız bindi. Henüz 18 yaşındaydı. Heyecandan dizleri birbirine çarpıyordu. Az gittiler, Dolmabahçe Sarayı'nın önünde durdular. İndi. Yürüdü mü, uçtu mu, tam olarak hatırlamıyor, kendini salonda buldu.

En öndeki masada oturuyordu Gazi... Seslendi, gel çocuk dedi. Yanındaki sandalyeye oturttu. Genç kızın elinde repertuvar defteri vardı. Aldı, sayfalarını inceledi, 600 civarında şarkı bulunuyordu, üç tanesini işaretledi, hadi bakalım bunları oku, dinleyelim dedi.

Atatürk'ün en sevdiği ve ilk işaretlediği şarkı, "mani oluyor halimi takrire hicabım, üzme yetişir üzme, fırakınla harabım"dı. "Utancım halimi anlatmaya engel oluyor, üzme artık, ayrılığınla harabım..." Tatyos efendi'nin bestesiydi. Tam adı Tatyos Ekserciyan olan Tatyos efendi, klasik Türk Sanat Müziği'nin efsanelerindendi. Atatürk'ün en beğendiği şarkıda, onun imzası vardı.

Sadece sesiyle değil, hayata bakışıyla "Cumhuriyet'in divası" unvanını kazanacak olan bu genç kız, Sadettin Kaynak gibi, Selahattin Pınar gibi üstatlardan ders almıştı.

Sadettin Kaynak, bestekârlığından önce, hafızdı. Kasımpaşa Küçükpiyale Cami imamı Hafız Cemal efendi ve Hafız Melek efendi tarafından yetiştirilmişti. İlk Türkçe ezanı okuyan da, Sadettin Kaynak'tı.

Tamburi, udi, unutulmaz şarkıların bestekârı Selahattin Pınar, Üsküdar Musiki Cemiyeti'nin kurucuları arasındaydı. Demlenmeyi severdi rahmetli... En sevdiği mekânda, Rum vatandaşımız Todori'nin meyhanesinde vefat etti. Meşhur tamburu, Müzeyyen'e yadigârdı. O tambur, Selahattin Pınar'ın 50'nci ölüm yıldönümünde, Kutlu Payaslı aracılığıyla Todori'ye armağan edildi.

Çok başka kadındı Müzeyyen.
Çok başka.

Tarihte ilk ve son kez...
Gazinoya adı verilen sanatçıydı.

Beşir Öge, Kürt Beşir lakabıyla tanınırdı, Kurtuluş Savaşı kahramanıydı, gaziydi, İzmir'e ilk girenlerdendi, İzmir'e yerleşmiş, esnaflık filan derken, Fuar'da Çamlık Gazinosu'nu açmıştı. Müzeyyen'in hayranıydı. Parayı herkes veriyor, ne yapsın da ikna etsin? Gazinosunun adını "Çamlık Senar Gazinosu" olarak değiştirmişti. Sanatçılar İzmir fuarında herhangi bir gazinonun neon ışıklarında adı yazsın diye can atarken, Müzeyyen'in kartvizit gibi, adıyla sanıyla gazinosu vardı!

Filmler siyah beyazdı ama... Rengârenk günlerdi.

Kimse kimseye Ermeni, Rum, Kürt, Türk diye cephe almaz, hafız'ı rakıcı'sı aynı potada erir, kimse kimsenin mezhebiyle meşrebiyle ilgilenmezdi. Ortak paydamız, insandı, cumhuriyetti, Müzeyyen'lerdi.

Gidiyor Müzeyyenler birer birer... Memleketi senden-benden diye birbirine sokan saray'ın, soytarıları kalıyor geriye.

※※※

Müzeyyen Senar

1918'de Osmanlı İmparatorluğu'nun vatandaşı olarak dünyaya geldi, Türkiye Cumhuriyeti'nin divası oldu. İsmini "Hikmet" koyacaklardı, nüfus işlemlerini yapan eniştesi "Hikmet"i beğenmedi, nüfus kâğıdına "Müzeyyen" yazdırdı. Çocukken kekemeydi. Üç defa evlendi, hiç gelinlik giyemedi, maalesef, eşlerinin aileleri tarafından hep istenmeyen gelin oldu. Kızlık soyadı Dombayoğlu'ydu, ilk eşinin soyadını, Senar'ı ömrü boyunca taşıdı. 2006'da Sepetçiler Kasrı'nda son defa sahneye çıktı. 97 yaşında vefat etti. Cenaze namazı, yıllarca oturduğu Bebek'te, Bebek Camisi'nde kılındı, Zincirlikuyu'ya defnedildi. Toprağa verilirken, vasiyeti gereği, Tatyos efendi'nin "ehl-i aşkın neşvegâhı kûşe-i meyhanedir" isimli kürdilihicazkâr eseri çalındı. "Ehl-i aşkın neşvegâhı kûşe-i meyhanedir, sakiya uşşakı dil şad eyleyen peymanedir, güfту guy-i âleme aldanma hep efsanedir, sakiya uşşakı dil şad eyleyen peymanedir..." Aşk ehlinin neşelenip keyif bulacağı yer, ancak kırık dökük bir meyhane köşesidir, âlemin söylediklerine aldırma, onlar uydurma efsanelerdir, âşıkların gönlünü mutlu kılan, bir kadehten başka şey değildir.

※※※

İdil

Henüz dört yaşındaydı. Pıtı pıtı boyuyla merdiveni tırmanamadı, sahneye kucakta çıkarıldı. Piyanonun başına oturtuldu ama, iskemle alçak kalmıştı, parmakları tuşlara yetişemiyordu. Nota kâğıtlarını üst üste koydular, altına minder gibi yerleştirdiler, anca denk geldi. Gözucuyla şööyle kalabalığa baktı, Ankara konservatuvarının salonunda çıt çıkmıyordu. Kırmızı pabuçları vardı, ayaklarını ileri geri salladı ve başladı...

Bach'ın clevecin bien temperesi'nden do majör prelüdü çaldı. Ardından dö minör prelüd... İzleyenler gözlerine kulaklarına inanamıyordu. O ise, oyuncaklarıyla oynuyormuş gibiydi, öylesine rahattı. Beethoven'ın op. 49 sonatından bir menuet çaldı. Salon alkışlarla bravolarla çınlıyordu. Şaşkınlık, hayranlık hepsi birbirine karışmıştı, bu küçük kızın yeteneği karşısında gözyaşlarını tutamayanlar vardı.

Tekrar kucakladılar, ayakta alkışlayan cumhurbaşkanının yanına getirdiler. İsmet İnönü sarıldı bu harika çocuğa... "Adın ne yavrum?" diye sordu. "İdil" dedi. "İdil Biret."

Bu tarihi geceyi, efsane Milli Eğitim Bakanı Hasan Âli Yücel organize etmişti. O gece karar verildi... Cumhuriyet'in en önemli vizyonlarından biri olan "Harika Çocuklar Yasası" çıkarıldı. İdil Biret ve henüz dokuz yaşında olmasına rağmen kemanını büyülercesine çalabilen Suna Kan, yurtdışına eğitime gönderilecekti.

"İdil-Suna yasası" denilen özel yasayla, İdil Biret ve Suna Kan'dan sonra, Gülsin Onay, Verda Erman, Hüseyin Sermet, İsmail Aşan, Fuat Kent, Selman Ada, Ateş Pars, Nevbahar Aksoy, Neveser Aksoy, Tunç Ünver, Bedri Baykam, Tuluyhan Uğurlu gibi, dünya çapında sanatçılarımız yetişti.

Şak... "Türkiye'de hiçbir başarı cezasız kalmaz" kuralı devreye girdi, harika çocuklar yasası işletilmemeye başlandı. Özel yetenekli çocuklarımız çığ gibi artıyordu ama, burs verilmiyor, eğitime gönderilmiyorlardı.

Uğraş, didin, güç bela "özel statü yönetmeliği" çıkarıldı. Fazıl Say, Oya Ünler, Burçin Büke, Çağıl Yücelen, Şölen Dikener, Muhiddin Dürrüoğlu Demiriz, Yeşim Alkaya Yener, Çağlayan Ünal Sümer, Ertan Torgul, Özgür Balkız gibi, varlığıyla onur duyduğumuz sanatçılara sahip olduk.

Sonra?

AKP geldi.
Özel statü'ye son verildi.

Ve dün... Milli Eğitim Bakanlığı, ezan okuma yarışması düzenleyeceğini açıkladı, en yetenekli harika çocukların seçileceği yarışmaya "Genç Bilaller" adı verildi!

İdil Biret

İdil Biret'in 2009'da Topkapı Sarayı'nda konseri vardı, The Whitehall Orchestra eşlik edecek, Çaykovski eserleri sunulacaktı. Şeriatçı *Vakit* gazetesi, bu konseri "mukaddes avluda şarap küstahlığı" manşetiyle duyurdu. "Kuran-ı Kerim okunan yerde şarap içecekler" denildi. Bu tahrikten vazife çıkaran 100 kadar kişi, Topkapı Sarayı'nı basmaya kalktı, tekbirler getirerek konser afişlerini yırttılar, topluca namaz kıldılar, konsere gelenleri tehdit ettiler, polis zoruyla dağıtıldılar. Dünyanın her ülkesinde ayakta alkışlanan İdil Biret'in kendi memleketinde gördüğü muamele, maalesef buydu. Klasik müzikle aramız hep açıktı ama, AKP döneminde iyiden iyiye "angaranın bağları, galdıramıyom golları" seviyesine indirildik. Fazıl Say gibi, varlığıyla onur duyduğumuz sanatçılara "dini değerleri aşağıladığı" iddiasıyla hapis cezaları verilirken... "Ne ilahiyat okudum, ne üniversite, ne mastır, ne başka bir şey, cahil bir adamım, bildiğimi konuşuyorum, zaten bizim camiada kim eğitimli ki, kim diplomalı ki?" diyen Nihat Doğan gibileri "kanaat önderi" yapıldı.

Sabriye

Kurmay albay Murat Özenalp
Kurmay albay Berk Erden
Kurmay albay Tarık Akça
Albay Abdülkerim Kırca
Albay Mehmet Haşimoğlu
Yarbay Ali Tatar
Kâşif Kozinoğlu şehit oldular.

Yarbay Mustafa Dönmez tutukluyken, oğlunu kaybetti.

Korgeneral Engin Alan tutukluyken, annesini, damadını, kayınvalidesini kaybetti. Koramiral Deniz Cora tutukluyken, babasını ve ağabeyini kaybetti. Tümamiral Engin Baykal tutukluyken, annesini ve babasını kaybetti.

Orgeneral Hasan Iğsız'ın annesi... Korgeneral İsmail Hakkı Pekin'in annesi... Korgeneral Mustafa Korkut Özarslan'ın annesi... Koramiral Kadir Sağdıç'ın annesi... Koramiral Lütfi Sancar'ın annesi... Tuğgeneral Kasım Erdem'in annesi... Tuğgeneral Levent Ersöz'ün annesi... Tuğgeneral Mustafa Kemal Tutkun'un annesi... Kurmay albay Dursun Çiçek'in annesi... Kurmay albay İlkay Nerat'ın babası... Kurmay albay Tayfun Duman'ın annesi... Kurmay albay Nihat Altınbulak'ın babası... Kurmay albay Engin Kılıç'ın babası... Kurmay albay Hüseyin Çınar'ın babası... Albay Hulusi Gülbahar'ın annesi... Albay Ahmet Dikmen'in babası... Albay Fuat Selvi'nin babası... Kurmay yarbay Hüseyin Topuz'un annesi... Binbaşı Kemalettin Yakar'ın babası... Binbaşı Hüseyin Polatsoy'un annesi... Tabip binbaşı Zeki Mesten'in babası... Yüzbaşı Mehmet Zekeriya Öztürk'ün annesi... Orgeneral Hurşit Tolon'un kayınvalidesi... Orgeneral Bilgin Balanlı'nın kayınpederi... Tuğgeneral İzzet Ocak'ın kayınpederi... Tuğgeneral Mehmet Faruk Alpaydın'ın kayınpederi... Tuğamiral İsmail Taylan'ın kayınvalidesi... Tuğamiral Hüseyin Hoşgit'in kayınpederi... Kurmay albay Cem Okyay'ın kayınpederi... Kurmay albay Sırrı Yılmaz'ın kayınvalidesi... Yüzbaşı Levent Güldoğuş'un kayınvalidesi... Kahraman oğullarına ve gurur duydukları damatlarına atılan asrın iftirası yüzünden, kahırdan gittiler.

Hapiste kanser olanlar var.
Çocuğu, eşi kanser olan var.
Bebeğini düşüren hamileler var.

(Kuddusi Okkır, Profesör Türkân Saylan, İlhan Selçuk, Profesör Uçkun Geray, Erhan Göksel bugünleri göremeden rahmetli oldular. Profesör Fatih Hilmioğlu tutukluyken, oğlunu kaybetti. Doğan Yurdakul, eşini kaybetti. Hatice Senay Sarıgöz, eşini kaybetti. Erkan Önsel, ağabeyini kaybetti. Profesör Mehmet Haberal'ın annesi ve babası, dünyanın onur duyduğu evlatlarına hasret gitti.)

Tayyip Erdoğan şimdi çıkmış "pardon" diyor...
Bülent Arınç da çıkıp "öpiim de geçsin" desin bari!

Sabriye Okkır

Kuddusi Okkır, Haziran 2007'de "Ergenekon terör örgütünün kasası" olduğu iddiasıyla tutuklandı. Yandaş medyada "zengin işadamı" diye tanıtılıyordu. Halbuki, mütevazı bir reklam şirketinin ortağıydı. Tekirdağ F Tipi Cezaevi'ne tıkıldı. Akciğer kanserine yakalandı, tedavi imkânı verilmedi. Bir sene sonra... Kanser hastası adamı, psikolojisi bozulmuş diye, Bakırköy Ruh ve Sinir Hastalıkları Hastanesi'ne sevkettiler, böbrek yetmezliği teşhisi koydular! Bir ay sonra... Canlı cenaze gibiydi. Trakya Üniversitesi Hastanesi'ne kaldırdılar, lütfettiler, kanser teşhisi koydular. "Delilleri karartma ihtimali var" diye, serbest bırakmadılar. İki ay sonra... Bitkisel hayattaydı. Lütfettiler, ölüm döşeğindeyken tahliye ettiler. Beş gün sonra vefat etti. Ergenekon kumpasının ilk kurbanıydı. Son nefesini verdiğinde "sanık" durumundaydı, henüz iddianame yazılmadığı için "hangi gerekçeyle, hangi delillerle suçlandığını" bilmiyordu. "Ergenekon'un kasası" denilen Kuddusi Okkır'ın beş kuruşu yoktu. Cenaze aracının parasını bile, haberi takip eden gazeteciler ödedi. Eşi Sabriye Okkır'a tarifsiz bir acı ve 19 bin lira vergi borcu bıraktı. Sabriye Okkır, yaşadıklarını kaleme aldı, *Cinayeti Gördük* ismiyle kitap yazdı. Eşinin ölümünden sorumlu olanların cezalandırılması için Danıştay'a ve Anayasa Mahkemesi'ne başvurdu, 2015 itibariyle netice çıkmamıştı.

Alev

Akp'nin üç dönem kuralını destekliyorum.
Meclise yeni simalar lazım.

Mesela bana sorarsınız, "göt kılıyım" diyen Şafak Sezer mutlaka milletvekili olmalı... Berkin'in annesinin yuhalatılmasını "insani" bulan Yavuz Bingöl... Özgecan'ı öldürüp yaktıklarında "mini eteği giyip, soyunup, laik sistemin ahlaksızlaştırdığı sapıklar tarafından tacize uğrayınca bas bas bağırmayacaksın" diyen Nihat Doğan... Ak Saray'ı gezdikten sonra "abartıldığı kadar yok, benim evim daha şaşaalı" diyen Hülya Avşar... "Türkiye Cumhuriyeti'nin kurulmasında bir yanlışlık var, adımızın Osmanlı olarak devam etmesini çok isterdim" diyen Sinan Çetin... "CHP zihniyetine tepki göstermek için Hıristiyan oldum" diyen Tuğçe Kazaz, milletvekili olmalı.

Bizzat ablası tarafından "onu gördüğümde televizyonu kapatıyorum, keşke simit satıp onurlu yaşasaydı" denilen Abdülkadir Selvi... "Afedersin çok daha çirkin, Ermeni diyenler bile oldu" demesine rağmen "Tayyip Erdoğan'ı çok seviyorum, babama benziyor" diyen Etyen Mahçupyan... "Atatürk bile onun attığı cesur adımları atamazdı, Tayyip Erdoğan benim atam'dır" diyen jöleli... "Ak Saray'ı eleştirenler kıskançlıktan konuşuyor, yabancı oyuncularımız Ak Saray'ı görünce Türkiye vatandaşı olmaya karar verdi" diyen Abdürrahim Albayrak... Tayyip Erdoğan'ın elinden ödül alırken "Türkiye rönesansı yaşıyor, bugün George Orwell olsa, sizi ayakta alkışlardı, o yetmez, Daniel Defoe da kalkar, o da alkışlardı" diyen Alev Alatlı, milletvekili olmalı.

Papa ziyarete geldiğinde "Doğu Roma'nın patronu, Batı Roma'nın patronunu ağırlıyor" diyerek, Tayyip Erdoğan'ı "Bizans imparatoru" ilan eden TİKA başkanı... Gezi olayları sırasında Tayyip Erdoğan'ı ziyaret edip "sanırım bize nazar değdi, dua okuyalım, inşallah bu nazar üzerimizden gitsin" diyen Polat Alemdar... "Yaptığınız eylemi si..eyim, vatan hainleri, orada polis olmayı çok isterdim, Allah belanızı versin eylemci çapulcular" diyen güreşçi... Bugüne kadar hiç görülmemiş sazan türlerini tespit ederek "Recepi" ve "Eminea" isimlerini veren Recep Tayyip Erdoğan Üniversitesi'nin bilimadamları... Padişahımız efendimiz zat-ı şahane Abdülhamid'e fahri doktora veren Karabük üniversitesi rektörü, milletvekili olmalı.

Bilal olmalı.

"Dedemin nasihatıdır, orospuyla memurun bahşişini önceden vereceksin" diyen hayırsever Rıza Sarraf... Ayakkabı kutusundaki paralarla imam hatip yaptıracağını söyleyen Halkbank genel müdürü... Milletin orasına koyacağını söyleyen müteahhit... "Tapeleri dinlemek, inanmak haramdır" diyen ilahiyatçı... "Allah'ın bütün vasıflarını toplamış lider" filan denilirken, kendisine 1 milyon liralık Mercedes makam otomobili alınan diyanet işleri başkanı Mehmet Görmez, milletvekili olmalı.

Deri pantolonlu sarhoş çıplaklar tarafından üstüne işenen başörtülü bacım... "Hamile kadınların sokakta dolaşması terbiyesizliktir" diyen tasavvuf düşünürü... "Kadın itaat etmeli, çokeşlilik yasal olsun, kocama bekâr arkadaşımı tavsiye ettim, üstüme imam nikâhıyla alabilirsin dedim" diyen muhafazakâr aile danışmanı Sibel Üresin, milletvekili olmalı.

"Noel Baba evlere neden bacadan giriyor, dürüst biri olsaydı kapıdan girerdi" diyen müftü... Vatandaşa "gavat" diyen vali... Gençlere hitaben "ulan pezevenkler, kaltaklar, köpekler, kitapsızlar" diyen akil adam... Madenciyi yerlerde tekmeleyen danışman... "Bir bilge adaaam, bir yiğit adaaam" diye Kiziroğlu Ahmet bey şarkısını söyleyen Ayna grubu, milletvekili olmalı.

Üç dönem'e takılan 60-70 milletvekilimiz var ama... O üç dönem'i bize her dönem'de hatırlatan yüzlerce şöhretimiz var, müsterih olmalı!

Alev Alatlı

Alev Alatlı, ODTÜ'den mezun olmuş, yüksek lisansını ve doktorasını ABD'de yapmıştı, Türkiye'de felsefeyi en iyi bilen insanlardan biri olarak tanınıyordu. Tayyip Erdoğan'ın elinden, edebiyat dalında, Cumhurbaşkanlığı Kültür ve Sanat Büyük Ödülü'nü aldı. Bu törende yaptığı konuşmada, Tayyip Erdoğan'a övgüler yağdırdı, "bugün George Orwell olsa, sizi ayakta alkışlardı, Daniel Defoe de kalkar, o da alkışlardı, Aleksandr Soljenitsin yaşasaydı, zat-ı âlinizi ayakta alkışlardı, sizin sahici dostlarınız, sanatçılar ve edebiyatçılar arasındadır" dedi. Bu sözleri duyanlar, kulaklarına inanamıyordu. Yetmedi... Televizyona çıktı, Tayyip Erdoğan'ın "devrimci bir ruha sahip" olduğunu, bu nedenle bu övgüleri hak ettiğini söyledi. Yetmedi... "Türkiye rönesansı yaşıyor" dedi. Yetmedi... "Yüzde 52 oy alıyor diye, Tayyip Erdoğan gibi bir liderin gözünü oymaya kalkışmak, aşağılık bir iş" dedi. Yetmedi... Tayyip Erdoğan'a sonuna kadar destek verdiğini, Tayyip Erdoğan'ın Türkiye için "en iyi şans" olduğunu söyledi. AKP döneminde hayal kırıklığına uğradığımız çok olmuştu ama... Bunların başında gelenlerden biri, Alev Alatlı'ydı.

⋙⋘

Dilek

Dünyayı değiştirmek için...
Bazen "bir kişi" yeter.

Hakkâri Devlet Hastanesi'nde görevli psikiyatri uzmanı Doktor Dilek Yeşilbaş, Hakkâri'de ev ev gezdi, polise taş atan çocukları tek tek belirledi... Ve, onlardan "futbol kulübü" kurdu!

Baran Yetenek Avcıları Derneği ve Anadolu Spor Akademisi'nin işbirliğiyle gerçekleştirilen bir proje bu... Nisan ayında seçmeler yapılacak ve bu futbol kulübüne dahil edilen birbirinden yetenekli çocuklarımızdan "takım" kurulacak.

1999 doğumlu çocuklarımızdan oluşturulan bu takım, İstanbul'a getirilecek, Futbol Federasyonu'nun Riva'daki Milli Takım Tesisleri'nde kampa girecek. Milli futbolcularımız, bu kampa gelecek, çocuklara idman yaptıracak, özel maçlar yapacak.

Takımımız, Almanya'ya uçacak, mayıs ayında, dünyanın en önemli futbol ülkelerinin takımlarıyla birlikte "11 yaş grubu ELBTAL Cup"a katılacak.

Dünyayı değiştirmek için...
Bazen "bir kişi" yeter.

Her şey aklıma gelirdi de... En sıkıntılı bölgemizde futbol adına en önemli adımın bir "kadın" tarafından atılacağı aklıma gelmezdi doğrusu.

⋙⋘

Dilek Yeşilbaş

Dilek Yeşilbaş, Samsunluydu, öğretmen bir annenin kızıydı, mecburi hizmet kapsamında Hakkâri'ye gitti, mecburiyetten çalışmadı, gönüllü görev yaptı, Hakkâri'nin meleği oldu. "Taş atan çocuklar" denilen çocuklarımız... Türkiye'yi başarıyla temsil ettiler, Hollanda, Polonya, Danimarka ve Çekoslovakya'yı yendiler, ev sahibi Almanya'yla final oynadılar, penaltılarla ikinci oldular. 37 gol attılar, sadece 3 gol yediler, Ümit Acer isimli çocuğumuz 16 golle, turnuvanın gol kralı oldu. En değerlisi... 70 ülkenin katıldığı turnuvanın fair play ödülü'nü kazandılar. İki çocuğumuza Fenerbahçe'den, dört çocuğumuza İstanbul Büyükşehir Belediyespor'dan teklif geldi.

Dimitrina

Zımba gibi delikanlı.
Sofya'da o sırada.
Görev icabı.
Henüz yeni taşınmış, pek arkadaşı yok.
Bulgaria pastanesine tek başına oturuyor, etrafı tanımaya çalışıyor, akşamları operaya filan gidiyordu.
Şehir Kulübü'ne davet edildi.
İşte orada tanıştılar.
Adı, Dimitrina'ydı.
Kısaca, Miti diyorlardı.
Çok güzeldi. İsviçre'de müzik eğitimi görmüştü, üç lisan biliyordu. Sosyetenin en gözde bekârıydı. E fonda da "Mavi Tuna" valsi çalıyordu. Bizimki hiç tereddüt etmedi, salonu ortadan kılıçla ikiye böler gibi yürüdü, yanına gitti, "bu dansı bana lütfeder misiniz" dedi.
Şimşekler çakan kıskanç bakışlar eşliğinde, piste çıktılar.
Herkes mırıl mırıl onlar hakkında konuşuyor, onlar ise hiç konuşmuyor, birbirlerine gülümseyen gözlerle bakarak, dans ediyorlardı.
İlk görüşte aşk derler ya, öyle olmuştu.
Ertesi gün... Bizzat Miti'nin annesi tarafından, evlerine, çaya davet edildi. Bu davet, gençlerin görüşmesine resmi izin manasına geliyordu. Buluşmaya başladılar. Borisova parkında

dolaşıyorlar, buz pateni yapıyorlar, tiyatroya gidiyorlardı.
Önce dedikodular başladı, sonra tatsızlıklar... Çünkü, Miti'nin babası Bulgar Çarı'nın has adamlarındandı, savaş kahramanı generaldi, savunma bakanlığı da yapmıştı. Böyle bir adamın kızıyla, bir Türk subayı, olacak iş değildi.
Bizimkinin ise, umurunda bile değildi.
Askeri Kulüp'te tertiplenen baloda denk getirdi, inadına, Çar'ın önünde dans etti Miti'yle...
Ele güne meydan okudu.
Hemen ardından da, evlenelim dedi.
Miti düşünmedi bile, evet dedi.
Gel gör ki, iki gönül bir olmuştu ama, general seyran olmamıştı. Mahalle baskısı dayanılacak gibi değildi. Aldı bizimkini karşısına, "bu evlilik mümkün değil, bundan sonra kızımla görüşmezseniz iyi olur" dedi. Dünya, bizimkinin başına yıkıldı. Haftası geçmeden, Miti'yi apar topar bir başkasıyla, bir mühendisle nişanladılar. Bizimki nişanı duydu, daha fena yıkıldı. Zaten görev süresi de bitmişti, o öfkeyle topladı bavulları, İstanbul'a döndü.
Halbuki, nişan mişan yoktu.
Miti bir başkasıyla evlenmeyi reddetmiş, parmağına zorla takılan yüzüğü fırlatıp atmıştı.
Maalesef, bizimkinin bundan haberi yoktu.

Ömrü boyunca yaptığı... Tek hataydı.

Kızı alıp, gitmeliydi. Yapamadı.

Miti'den sonra hayatına 19 kadın daha girdi. Nafile. Asla mutlu olamadı. Asla. Unutamadı. Hatta, seneler sonra, Ankara'da Bulgar Kooperatif Tiyatrosu'nun oyuncularıyla sohbet ederken, "gençliğimi bıraktım Sofya'da" dedi... "Bir kız sevdim ama, bana vermediler..."

Kırık bir kalple yaşadı.
Yalnız bir kalple rahmetli oldu.

Miti desen... 18 yaşındaydı, 30 yaşına kadar bekledi. Ha bugün bir mektup gelir, ha yarın kendisi çıkagelir, bekledi, evlenmedi. Maalesef gelmedi. Ailesinin artık yeter baskısıyla, bir avukatla evlenmeyi kabul etti. Saygılı ama, sevgisiz bir evlilikti. İki kızı oldu. Kalbindeki boşluğu evlatlarıyla doldurmaya gayret etti. Taa ki, 1966'nın 7 Ağustos gecesine kadar... Ağır hastaydı, zor konuşuyordu, başında bekleyen kızkardeşi Olga'ya mırıldandı. "Biliyor musun" dedi, "rüyamda onu gördüm, galiba nihayet Mustafa Kemal'e kavuşuyorum..."

Kapattı gözlerini.
Nihayet kavuşmuşlardı.

Ve bugün, Sevgililer Günü.
Memlekette her şey kötü gidebilir. Tarihin en karanlık, en umutsuz günleri yaşanıyor olabilir. Acı çekeriz, mücadele ederiz, direniriz, gün gelir illa ki düzelir.

Ama o kızı kaybedersen... Senin için hayatın boyunca hiçbir şey asla düzelmez. Git, tut elinden.

Dimitrina Kovacheva

Dimitrina 73 yaşında vefat etti. Bulgaristan'da belgesel oldu, kitap oldu. Kızı Anna'nın anlattığına göre, Türkiye'ye hiç gitmedi. 1925 senesinde Bulgar Çarı'na bombalı suikast düzenlendi. Miti yaralandı. 1918'de kapatılan Sofya elçiliğimiz hâlâ açılmamıştı. Mustafa Kemal, eski arkadaşlıklarını devreye soktu, Miti'nin sağlık durumunu sordu soruşturdu, hafif yaralı olduğunu, iyileştiğini öğrendi. Bu telaşlı merak, Mustafa Kemal'in Miti'yi asla unutmadığının, yüreğinin köşesinde, aklının ucunda sakladığının kanıtıydı.

Buse

Hisar, Kuruçeşme, sahil boylu mu?
Arnavutköylü mü, Ortaköylü mü?
Kız sen İstanbul'un neresindensin...
Emirgân, Bebek, Aşiyanlı mı?
Sarıyer, Tarabya, İstinyeli mi?
Yeşilyurt, Florya, Bakırköylü mü?
Kız sen İstanbul'un neresindensin...
Erenköy, Kadıköy, Üsküdar'dan mı?
Esentepe, Yıldız, Beşiktaş'tan mı?

Buseciğim...
Sen İstanbul'un neresindensin?

Halkalı'da oturuyordu Buse...
Yarımburgaz Mahallesi'ndeki Bosphorus City'nin önündeki tarlalardan Kimsesizler Mezarlığı'na çıkmıştı ki, lağımı geç Altınşehir'dir, bomba patladı.

(Altınşehir'in adı hem altın, hem şehir ama, bildiğin mezra... Sokakta bulunan sahipsiz cesetleri gömerler Kimsesizler Mezarlığı'na... Yapayalnız binlerce insan vardır, Türkiye'nin en kalabalık şehri İstanbul'da... Mezarlık manzaralı Bosphorus ise, 1 milyon dolara.)

Görüldüğü gibi, Buseciğimin ikametgâh durumu uymuyor o şarkıya... Güya İstanbul'da yaşıyordu ama, yoktu o satırlarda... Çünkü, şarkılarımızdaki romantizm yok artık İstanbul'da.

Milyonerle zilyonerin kıç kıça, azınlığın İsviçre gibi, çoğunluğun Afganistan gibi yaşadığı, insanların gülümsemediği, birbirine selam vermediği, komşusunu tanımadığı, örgütlerin cirit attığı, yuvalandığı, kim kime dum duma, vahşi bir şehir burası... Rant yağmasıyla, oy avcılığıyla servet kazanırken, insanlığını kaybeden; ülkenin öbür ucu yanarken, şehit tabutları yağarken, ee-eh bana ne diye, eğlenceye doludizgin devam eden... Gazi Mahallesi'nde, Okmeydanı'nda Ümraniye'de atılan molotofları, sanki başka ülkedeymiş gibi televizyondan seyreden... İlelebet böyle yaşamaya devam edebileceğini zanneden, yabancılaşmış bir şehir.

Buseciğim, milattır...

Türkiye'nin en zengin şehrinde, uzman çavuş babasının maaşı yetmediği için dershaneye gidemeyen, ücretsiz Mehmetçik Dershanesi'ne gitmeye çalışırken hayatını kaybeden Buseciğim.

Umursamazlığın kaçınılmaz sonucu olarak, çok uzakta zannedilen terör artık buradadır.
Ve, bir tatlı huzur çok uzaktır artık İstanbul'a.

➤➤➤◄◄◄

Buse Sarıyağ

Personel servisine yapılan saldırıda, altı şehit vermiştik, beşi asker, biri Buse'ydi. 17 yaşındaydı. Türk bayrağına sarılı tabutuna, duvak konuldu. Mustafa Kemal hayranıydı. Facebook'ta "ayağının tozu olsam o gurur bana yeter atam" başlığıyla sayfa açmıştı. Bombalı saldırıyla alakalı olarak iki kişi tutuklandı. Mahkeme beş sene sürdü. Sanıklar, uzun tutukluluk süreleri gözönüne alınarak, sadece beş sene yatırıldı, serbest bırakıldı. Busemiz ve şehitlerimiz, öldükleriyle kaldı.

Pınar

Biz İzmirliler için hayatın özetidir balkon... Evimiz isterse 800 metrekare olsun, daralırız, balkonda otururuz. Kiralarken, alırken filan, ölçeriz mutlaka, masa sığıyor mu? Balkonda yeriz, balkonda içeriz, komşudan komşuya balkondan sohbet ederiz.

Herkes oturma odasında otururken balkonunu kilitler, hırsız girmesin diye... Biz İzmirliler yatak odasının penceresini kilitleriz, ki, balkonda otururken hırsız girmesin.

Babam balkona klima taktırmaya kalktı.
Vantilatöre zor ikna ettik.

Danıştay mesela, geçenlerde, balkonunu camla çevirip, oda haline getiren bir İzmirli için "yıkım kararı" verdi. Evi aslında yayla gibi, 4 oda, 1 salon ama, kışı var bu işin, illa balkonda oturacak!

Yargıtay desen, balkonda mangal yapılmasını yasakladı İzmir'de, hukuki tartışma çıktı, İzmirli hâkim ve savcılar itiraz etti, Avrupa İnsan Hakları Mahkemesi'ne götürürsek, şaşmayın.

Havalar güzelleşti, cam çerçeve açıldı ya, gidip bakın, yüzlerce kolu bacağı alçılı çocuk görürsünüz İzmir'de... İkinci katta oturan veletler, zahmet edip kapıdan çıkmaya üşenir çünkü... Kendimden biliyorum, dünyanın en çok balkondan düşen çocuğu oradadır, inanın.

Nane kuruturuz. Salça yaparız. Balkonda ders çalışırız

biz. Balkonda kahvaltı ederiz. Onbinlerce İzmirli bu yazıyı balkonda okuyacak, adım gibi eminim... Balkonda güleriz. Balkonda ağlarız.

Ve, balkonda ölürüz.

Bakın... Osmaniye'de askeri lojmana roket fırlattı teröristler, balkonda oturan bir teğmenin eşi başından isabet aldı. Toplantıdaydık o sırada, "İzmirlidir" dedim... İzmirli çıktı Pınar.

Çocukken, Yağhaneler'de komşuymuşlar Cumhur'la, balkondan balkona tanışmışlar. 8 yıldır çıkıyorlarmış. İki aile de Buca'ya taşınmış, balkondan balkona arkadaşlıkları devam etmiş... Pınar Bolu'ya gitmiş, öğretmen olmuş, atanamamış. Cumhur harp okulundan mezun olunca, evlenmişler sadece 47 gün önce... Buca'daki komşuları balkonlardan alkışlamış gelin arabasını.

Pınar'ın babası SSK emeklisi, iki evlat okutmuş, borç dağ gibi, düğün müğün derken, iyice bunalmış, evinin balkonuna asmış kendini, sadece 40 gün önce.

Kahpe roketin balkonda bulduğu Pınar, tabutuyla değil, babasının mevlidine gelecekmiş meğer bugün.

Balkonlara bayrak asıldı, komşuları ağlayarak balkonlardan el salladı Pınar'a dün... Ocağımıza ateş düştü, evlerimizin içi her zamankinden dayanılmaz, balkonlarımızda hüzün var bugün.

Aslında, sadece terörle izah edemeyiz bu durumu... Arka odalara girdiğinde, zorlu geçim mücadelesi, ekonomik kriz, haciz, çaresizlik, intihar, yıllarca okuyup iş sahibi olamayan, atanamayan, alacağı üç kuruşla ailesine yardımcı olamayan evlatlar, kurbanlar... Ve, İzmir'in refah içinde yüzdüğünü zannedip, dağlara savrulan, intikam için teröristleşen, canavarlaşan ruhlar.

Türkiye'nin balkonudur İzmir.
Hayatın özetidir.

⟫⟪

Pınar Akdağ

Pınar 22 yaşındaydı. Tabutu Türk bayrağına sarıldı, askeri törenle uğurlandı, kayıtlara "sivil şehit" olarak işlendi. Genelkurmay Başkanlığı, belki de tarihinde ilk defa "duygusal" bir resmi açıklama yaptı. "Pınar Akdağ evliliğinin baharında, eşi ile birlikte, jandarma karakolunun sahip olduğu zor şartlarda, eşine destek olmak için oradaydı. Biliyordu ki, eşi, kendisinin varlığıyla görevini daha şevkle yapacaktı. Çünkü askerlik, eşi gibi kendisinin de yaşam tarzıydı. Eşiyle birlikte olması, bütün zorlukların ikinci planda kalması anlamına geliyordu" denildi. Genelkurmay Başkanı İlker Başbuğ, Pınar'ın cenaze törenine, eşi Sevil Başbuğ'la birlikte katıldı.

⟫⟪

Gizem

Spor yazısı değildir bu... Eli ayağı tutan âcizler ülkesinde, bir "masal prensesi"nin öyküsüdür.

Laureus Dünya Spor Akademisi var. Merkezi İngiltere'de... Mercedes filan gibi dünyanın en büyük markaları tarafından sponsor olarak destekleniyor. "Laureus" antik dönemlerde defne yapraklarından yapılan ve kralların, kraliçelerin başına takılan "taç" anlamına geliyor. Bu Akademi, her sene dünyanın en iyi sporcularına "taç" takıyor. "Spor Oskarı" kabul ediliyor.

Laureus'un Başkanı, Amerikalı efsane atlet Edwin Moses... Dünyaca ünlü spor yazarlarından oluşan seçici kurulu var, adayları belirliyor. Bir de jürisi var, kazananları seçiyor. Jüride, Beckenbauer, Boris Becker, Sergei Bubka, Bobby Charlton, Nadia Comaneci, Emerson Fittibaldi, Michael Jordan, Kip Keino, Martina Navratilova, Mark Spitz, Katarina Witt, Pele var. Kazananlara dünyanın en prestijli ödülü, "Laureus Heykeli" veriliyor.

Laureus Akademisi'nin bu seneki "dünyada yılın erkek sporcusu" adayları şunlar: Roger Federer, dünyanın bir numarası, İsviçreli tenisçi... Kenenisa Bekele, dünya ve olimpiyat şampiyonu Etiyopyalı atlet... Usain Bolt, anlatmaya gerek yok... Lionel Messi, Arjantinli futbol cambazı... Alberto Contador, İspanya'nın gururu bisikletçi... Valentino Rossi, İtalya'nın dünya şampiyonu motosikletçisi.

"Dünyada yılın kadın sporcusu" adayları şunlar: Sanya Richards ve Shelly-Ann Fraser, Jamaikalı rüzgârın kızları... Lindsey Vonn, Alp disiplininde dünya şampiyonu Amerikalı kayakçı... Federica Pellegrini, olimpiyat şampiyonu İtalyan yüzücü... Serena Williams, dünyanın bir numarası, Amerikalı tenisçi.

"Dünyada yılın takımı" adayları şunlar: Son NBA şampiyonu, Los Angeles Lakers... Barcelona, malum... Dünya şampiyonu, Almanya bayan milli futbol takımı... Brawn Formula 1 takımı... Beyzbol denince akla ilk gelen, New York Yankees... Güney Afrika rugby milli takımı.

Asıl anlatmak istediğim... Laureus Akademisi'nin "dünyada yılın engelli sporcusu adayları" şunlar: Justin Eveson, Avustralya tekerlekli sandalye basketbol milli takımının forveti... Shingo Kunieda, tekerlekli sandalyede dünyanın bir numarası olan, Japon tenisçi... Michael Teuber, iki ayağı da protez olan, dünya şampiyonu Alman bisikletçi... Tekerlekli sandalye maratonda olimpiyat şampiyonu olarak Avustralya'yı onurlandıran Kurt Fearnley... Natalie Du Toit, bir bacağı olmayan, Güney Afrikalı dünya şampiyonu yüzücü.

Ve... Gizem Girişmen!

Okçulukta, 2008 Pekin Engelliler Olimpiyatı'nda, tarihimizin ilk altın madalyasını kazanmayı başaran Türk kızı... Efsanelerle birlikte "dünyada yılın sporcusu" adayı.

Sağlıklı bir insan olarak dünyaya gelmişti. 11 yaşındayken korkunç bir trafik kazasının kurbanı oldu. Omuriliği parçalandı. Ameliyat üstüne ameliyat... Ölümden dönmeyi başardı ama, tekerlekli sandalyeye mahkûm oldu. O uğursuz kazadan üç sene sonra, babasını kaybetti. Küsmedi hayata... Aksine, eskisinden fazla sarıldı. Ankara Tevfik Fikret Lisesi'ni ve Bilkent Üniversitesi İşletme Bölümü'nü "şeref öğrencisi" olarak bitirdi. İngilizce, Fransızca, İspanyolca, İtalyanca öğrendi. Onu hayata bağlayan unsurlardan biri, spordu, 2004'te başladığı okçulukta... "Yaparım" dedi, en üst seviyede yaptı. Yukarıda da belirttiğim gibi, 2008 Pekin Engelliler Olimpiyatı'nda tarihimizin ilk altın madalyasını boynuna taktı, İstiklal Marşımızı dinletti. "Bu madalyayı, beni bir yerlerden seyrettiğine inandığım babama armağan ediyorum" dedi. "Umut" Apartmanı'nın sakini... İdmanlarını Umut Apartmanı'nın kapalı garajında yapıyor. Bir annesi var ki... Madalya yetmez.

Dünyanın en prestijli spor ödülüne, dünyanın en ünlü sporcularıyla birlikte aday... Kazananlar, Abu Dabi'de düzenlenecek görkemli törende açıklanacak. Geçen seneki ödülleri, Rusya'nın karakuşak judocu lideri Vladimir Putin vermişti. Bir önceki sene, İspanya'nın yelkenci Kralı Juan Carlos.

Bir masal prensesi o.
Masaldakilerden güzel.

Hani sık sık "bu olan bitenler karşısında kendimizi çaresiz hissediyoruz, tek başımıza ne yapabiliriz?" filan diyorsunuz ya... Benim yaptığımı yapın.

Bulun Gizem'in fotoğrafını, çerçeveletip masanıza koyun.
İmkânsızı yaparız.
Mucize sadece biraz zaman alır.

Gizem, 2008 olimpiyat altınından sonra, 2009'da dünya şampiyonu oldu. Uluslararası Paralimpik Komite Sporcu Konseyi Üyesi oldu. Türkiye Milli Paralimpik Komitesi Yönetim Kurulu Üyesi ve Sporcu Konseyi Başkanı oldu. Bana hediye ettiği ok, meslek hayatımın en değerli ödüllerinden biri.

Gizem Girişmen

Nazlıcan

"İlk sevgili"dir kızlar için babaları.
Hayatlarındaki ilk erkek.
Günü gelince "beni bir başka erkekle aldatabilirsin" diyebilen "tek erkek" aynı zamanda.

15 yaşındaymış Nazlıcan, babası Tuncay Özkan içeri tıkıldığında... 4 ay sonra 18'ine basıyor. "Aralıksız her gün

mektup yazıyorum babama, o da bana her gün cevap yazıyor" diyor.

721'inci mektup, bugün.

"Her yemek yediğimde, denizi her gördüğümde, yüzüme her rüzgâr çarptığında... Öyle zor ki, seni orada bırakıp özgürlüğe dönmek" diyor, "gücüme gidiyor..."
Görüş var her çarşamba.
Saymış tek tek, 105 defa.
Kalın bi cam arada...
Sadece üç beş dakika.

Sınavla girilen gözde bi lisede okuyormuş aslında, sanırsın arkadaşlarıyla sinemaya gitmek için kırıyor okulu, rahatsız olmuşlar, "her çarşamba gitmek zorunda mısın, dersler mi önemli, cezaevi mi?" demişler, bunu diyen dangalaklara hayatlarının dersini vermiş, aşkını, babasını tercih etmiş, bırakmış okulu... Resim okuyor şu anda, "insan müsveddeleri" çiziyor!

Gazetecinin kızı Nazlıcan.
Orgeneral'in kızı Pınar.
Albay'ın kızı İrem.
Yarbay'ın kızı Gökçen.
Astsubayın kızı Aybüke.
Rektörün, sendikacının...
Başsavcı'nın kızı Sıla.

7 yaşındaydı, şimdi 9 oldu... "Ben kalemini satmamış bir Atatürkçü'nün kızıyım" diye ilan vermişti Yağmur, babalar gününde okusun diye Mustafa.

Ve geçenlerde, "bir kişiyi tutukladığınızda, bir aileyi tutuklamış oluyorsunuz aslında" diyordu babası... "Siz hiç sevdiklerinize koşarken cama çarptınız mı?" diye soruyordu.

"Ben ayda üç kez çarpıyorum... Görüş günü cama koşuyorsunuz, elinizi sevdiğinizin kollarına uzatır gibi ahizeye uzatıyorsunuz. Kızım her şeyi sağlıklı algılıyor, beklediğimden sağduyulu hareket ediyor. Oğlum henüz iki yaşında, camın kıyısında pencere kolu arıyor, bulamayınca sinirleniyordu.

Artık, böyle olduğunu kabul etti. Haziran görüşmelerinden birinde, bütün sevimliliği üzerindeydi, sesimi dinlerken bir buket gibi tuttu ahizeyi... Burun direği sızlamasının çok tarifi yapılabilir, biri de bu olsun, sesimi öpmeye çalışıyordu..."

Nazlıcan Özkan

Nazlıcan, babası hapse atıldığında 14 yaşındaydı, babası çıktığında 20 yaşına gelmişti. Çocukluğunu yaşayamadı. Bu küçücük kızın tek başına nasıl mücadele ettiğine, babasının sesini duyurabilmek için nasıl çırpındığına, tanığım. "Nazlıcan" adıyla kitap yapılsa, azdır. Ve, babası için savaşan bu kız çocuğuna, Avusturya Lisesi'nden tasdikname verildi. Mustafa Balbay'ın kızı Yağmur da, benzer tatsızlıklar yüzünden Tevfik Fikret Lisesi'nden ayrılmak zorunda kaldı. Neticede, Nazlıcan ve Yağmur, başka eğitim kurumlarına geçerek, başarıyla mezun oldular. Köklü eğitim kurumlarımız Avusturya Lisesi ve Tevfik Fikret Lisesi ise, yöneticilik makamında oturan anlayışsız tipler yüzünden, bu zor dönemde sınıfta kaldı.

Kibariye

Başbakanımız bi açılım daha patlattı.
"Kırmızıyı severler, birbirini överler" dedi.

"Birbirini överler" lafını duyan Kiboş, dayanamadı, "çuk yakışıklı adamsın, üstüne tanımam anacım" dedi.

Ahırkapı Orkestrası'nın solisti altta kalır mı... "Üüüle bi başbakanımız var ki, hem dondurma hem kaymak" dedi.

Faytoncular Derneği başkanının "veresin tokiciklerimizi, alasın oycuklarımızı" şeklindeki konuşmasının ardından... Nikâhsız yaşayan Roman vatandaşlarımıza "çalayım komparsitacıkları, atasın göbecikleri" eşliğinde evlilik cüzdanı dağıtıldı.

Kırkpınar başcazgırı Pele Mehmet'in okuduğu maniden sonra sahneye çıkan Balık Ayhan, "demokratik" bir şarkıyla noktayı koydu: Sen adamın "kral"ısın, kasım kasım Kasım "paşa"lısın!

İzmir Tenekeli Mahalle'de "Allah belacıımı versin, Obama'ya elli basarsın, çuk severiz seni" diye omuzlara alınan Darbukatör Baryam, muhalif olduğu için davet edilmedi... Rafet El Roman'ı çağıracaklardı ama, asıl adının Rafet Yaşdut olduğu ortaya çıkınca, son anda vazgeçildi... Şakşuka Tarık ile gırnatacı Hüsnü'nün ilk bakanlar kurulu toplantısına katılacağı söyleniyor... Ciguli'nin de Milli Güvenlik Kurulu'nda generallere hitaben konuşma yapması bekleniyor, "kudurdun mu, delirdin mi, şaşırdın mı, yapma bana numaraaaa..."

İşsizlik patlamış...
"Abe dale dasdaleeee!"

Sözde soykırımı tanıyan tanıyana...
"Epsi susak ağazlı...
Veresin notacıkları
çekesin elçicikleri."

Komutanlar içeri tıkıldı...
"Epten geçeyim, alengirlidir beyavv."

AB işi ne olacak?
"Abe atasın bi beşlik...
Bakayım falcaazına."

Demem o ki:
Seçmen dediğin...
"İlle de Roman olsun
İster çamurdan olsun!"

Olsun da...
Bu gidişin sonu nereye varacak derseniz?
Onu da izah ediyor Kiboş:

Kimbilirr buuu gidişinnn dönüşüü olacaaak mııı...
Kimbiliiir, kimbiliiir, kimbiliiir, kimbiiiliiirr...

Bahriye Tokmak
(Kibariye)

Roman açılımı yaptılar, size şahane lüks konutlar vereceğiz dediler, Sulukule'deki evlerini yok pahasına ellerinden aldılar, yıktılar, kentsel dönüşüm ayağıyla lüks villalar, otel, alışveriş merkezi diktiler, gariban Romanları İstanbul'dan kilometrelerce uzakta dandik toki konutlarına taşıdılar, üstüne 15 sene taksitle borçlandırdılar. Romanlar "abe bizi kandırmışlar be" dediğinde, iş işten çoktan geçmişti. Kısacası... Kibariyeli Balık Ayhanlı açılımla, Romanların hem arazilerini aldılar, hem paralarını aldılar, hem oylarını aldılar, hem de eskisinden daha gariban şekilde kapının önüne koydular.

Reyyan

Bilal evlendi.
Nikâhı, İstanbul Büyükşehir Belediye Başkanı Ali Müfit Gürtuna kıydı. Seneler sonra bu yazıyı okuyup, niye Kadir abi kıymadı derseniz... Kadir Topbaş o sırada anca Beyoğlu Belediye Başkanı'ydı. Gerçi, nikâh başvurusu Beyoğlu Belediyesi'ne yapılmıştı ama, nikâhı kıymaya rütbesi yetmemişti.

Gelin henüz 17 yaşındaydı.
Reşit değildi.
Anne-babası, evlenme izni verilmesi için dava açtı.
Sulh hukuk mahkemesi sakınca olmadığına karar verdi.

Felsefi bi düğün oldu.
Çünkü, düğünün yapıldığı Lütfi Kırdar Kongre ve Sergi Sarayı'nda, aynı gün Dünya Felsefe Kongresi vardı. Sabah saatlerinde aynı salonda Dünya Felsefe Kongresi'ne katılan ve açılış konuşmasını yapan Cumhurbaşkanı Sezer, akşamki düğüne katılmadı. Ana muhalefet partisi CHP'nin lideri katılmadı. Genelkurmay Başkanı katılmadı. Necmettin Erbakan davet bile edilmedi. Miting gibiydi, dokuz bin kişi vardı.

Bilal'in nikâh şahidi, İtalya Başbakanı Silvio Berlusconi'ydi. Öbür şahitler, Arnavutluk Başbakanı Fatos Nano, Bülent Arınç, Abdullah Gül ve AKP milletvekili Nevzat Yalçıntaş'tı. Silvio salona girerken, jest yapıldı, Klasik Türk Müziği yayını kesildi,

Pavarotti'den arya çalındı. Silvio "Meraviglioso" dedi, harika yani... Geline evlilik cüzdanını Silvio verdi, elini öptü. Damada saat, geline kolye, Başbakan'a kristal vazo, Emine hanım'a bilezik hediye ettiğini açıkladı.

Kapıda protesto eylemi vardı.
"Çıkarsa tezkere, Bilal gitsin askere" sloganı atıldı.
Biber gazı sıkıldı.
4 bin polis görevliydi.

Salonda sadece TRT ve Anadolu Ajansı'nın çekim yapmasına izin verildi. Öbürlerine servis edildi. Medya takip merkezinin 19 televizyon kanalındaki ölçümlerine göre, düğün için toplam 27 saat 56 dakika yayın yapıldı.

Salon 7 bin dolara kiralanmıştı.
Davetlilere gümüş kutucuklar hediye edildi.
İçinde çikolatacıklar vardı.

Guinness Rekorlar Kitabı, el sıkma rekoru kırılacağı beklentisiyle ekip gönderdi. Tayyip Erdoğan'ın tokalaştığı kişileri tek tek saydı. 4 bin 815'te bitti. Hayal kırıklığına uğrandı. Davetli sayısında Türkiye rekoru kırılmıştı, ancak, tokalaşmada dünya rekoru kırılamamıştı. Dünya tokalaşma rekoru, ABD New Mexico Valisi'ne aitti, 8 saatte 13 bin 392 kişinin elini sıkmıştı.

İngiliz *Times* gazetesi "Türbanlı Diana" başlığını attı.

Gelinin annesi "kızımı başbakanın oğluna değil, Harvardlı'ya verdim" dedi. Genç çift, balayını Beylerbeyi'ndeki Bosphorus Palace'ta geçirdi. Boğaz'a sıfır otel, ünlü moda dergisi *Vogue* tarafından "dünyanın en romantik oteli" seçilmişti.

KESK genel başkanı "memura zam olarak, başbakanın oğlunun damatlık elbisesi kadar para istiyoruz, hepsi o" dedi.

Milli Görüş'ün yayın organı *Milli Gazete*'nin "kılçık" köşesinde şu dörtlük yazıyordu: "Necmettin Bilal oğul, eminim sana kalsa şahidim hocam derdin, bir ömür berhudar ol, Müslüman nikâhında Katolik şahit diye üzülme, sen masumsun, mesut ve bahtiyar ol..."

Başbakan Tayyip Erdoğan, çiçek gönderilmemesini, çiçek göndermeye niyeti olanların Çocuk Esirgeme Kurumu'na bağışta bulunmasını istedi. Salon çiçekten doldu taştı! Kamyon kamyon götürüldü. Gazeteciler, düğünden sonra Çocuk Esirgeme Kurumu'na sordu. Bağış yapanların sayısı, sıfırdı!

Tayyip Erdoğan ve eşi Eminanım, düğün yorgunluğunu, çocuklarının eğitim sponsoru Remzi Gür'ün Ekinlik Adası'ndaki villasında attı. ATA uçağıyla Balıkesir'e geldiler. Erdek limanında Remzi Gür'ün Safran isimli yatıyla karşılandılar. Atasay Kuyumculuk'un sahibi Cihan Kamer de yattaydı. Cihan Kamer, başbakanın servetinin şahidiydi. "Tayyip Erdoğan'ın oğullarının sünnetinde gelen 30 kilo altını paraya çeviren kişi" olarak tanınıyordu. "Düğünde gelen altınları da bozduracak mısınız?" diye soruldu. Cevap verilmedi.

Reyyan Erdoğan

Bilal'in Türgev'i üniversite kurdu, İbn-i Haldun Üniversitesi... Türgev'in yönetim kurulunda "kızımı Harvardlı'ya verdim" diyen Bilal'in kayınvalidesi Reyhan Uzuner de vardı. E zaten, ha Harvard üniversitesi, ha İbn-i Haldun üniversitesi, arada pek fark yoktu!

Azra

Esra...
Seri katilin ilk kurbanı.
25 yaşında, bankacıydı.
Baba ocağı Adıyaman'da, ailesi, komşuları, mesai arkadaşları tarafından toprağa verildi.

Ayşe Selen...
Seri katilin ikinci kurbanı.
22 yaşında, öğrenciydi.
Baba ocağı Kütahya'da, ailesi, komşuları tarafından toprağa verildi. Mimarlık okuduğu İzmir Ekonomi Üniversitesi'nde

binlerce arkadaşının katıldığı törenle uğurlandı.

Azra...
Seri katilin üçüncü kurbanı.
30 yaşında, travestiydi.

Onu kimse yazmadı.

Çok ahlaklıyızdır çünkü...

Oğlan çocuklarına tecavüz etmeyi, kız bebeleri koynumuza almayı, ırzına geçerken öldürmeyi, "kendi aramızda hallettik" diyerek üstünü örtmeyi, "bu tür rezaletler haber yapılmasın" diye basın yasağı getirmeyi iyi biliriz... Travestileri konuşmayı ayıp sayarız!

İzmirliydi Azra.
Asıl adı, Mustafa.

Israrla "Azra" diye yazıyorum, çünkü, bugün duruşması vardı... Azra olarak yaşadığı hayatını tescillemek, kimliğini değiştirmek için hâkim karşısına çıkacaktı. Kimseye zararı olmayan, ayrımcılığa karşı mücadele etmek için kurulan "Siyah Pembe Üçgen Derneği"nin ilk üyesiydi.

Siyah Pembe Üçgen Derneği ve Feminist-İz Derneği'nin Alsancak'taki sessiz oturma eylemiyle uğurlandı. Kadınıyla erkeğiyle eşcinseliyle, benim güzel İzmirlilerim katıldı. Sonra? Ege Üniversitesi morgundan dayısı aldı Azra'yı... Çünkü, hepimiz gibi, insan evladıydı Azra, ailesi vardı. Cenaze namazı, ikindiden sonra, Buca Çamlık Camii'nde kılındı. Dayısı, ablası, arkadaşları oradaydı. Buca Kaynaklar Mezarlığı'na defnedildi.

Allah rahmet eylesin Azra.
Hakkını helal et.
İzmir sana borçlu.

Niye derseniz?
Azra sayesinde yakalandı o seri katil.
Onu öldürdükten sonra, onun çantasıyla kaçarken kameraya enselendi, onun telefonunu satarken iz bıraktı.
Azra olmasaydı, katil buhardı.

Bitirmeden... Sadece Azra'nın kimlik değiştirme duruşması yoktu bugün İzmir'de... Bir duruşma daha var.

Azra'nın üyesi olduğu Siyah Pembe Üçgen Derneği'nin kapatılma duruşması!

Rezaletler yazılmasın diye zırt pırt basın yasağı getiren sayın devletimiz, ayrımcılığa karşı mücadele eden Siyah Pembe Üçgen Derneği'ni kapatmaya çalışıyor.

Mahkemeyi etkilemek suçsa, razıyım. Gerekirse travestilerle aynı koğuşta yatarım. Lütfen, kapatmayın bu derneği... Kimse sahip çıkmıyor, bari birbirlerine sahip çıksınlar. Alt tarafı "eşit birey" olabilmek için seslerini duyurmaya çalışıyorlar. Kapatmayın. Lütfen.

Azra Has

İzmir valiliği "genel ahlaka ve aile yapısına aykırı" olduğu gerekçesiyle kapatılmasını talep etmişti. Mahkeme reddetti. Siyah Pembe Üçgen Derneği kapatılmadı. Kaos GL, Bursa Gökkuşağı, Pembe Hayat ve Lambdaİstanbul'un ardından, Türkiye'nin beşinci LGBT derneğiydi. Siyah Pembe Üçgen'den yapılan açıklamada, "özgürlük adına verilen bu olumlu kararı, Azra'nın hatırasına adıyoruz" denildi.

Rüya

Maltepe Askeri Cezaevi'ne gittim.
Değerli arkadaşlarıma...

16'şar sene yediler, ne kadar yatacaklarını bilmiyorlar. Suç tarihi denilen 2003'ün infaz kanununa göre hesaplanırsa, 6 sene 4 ay yatacaklar, hayır efendim, bugünkü infaz kanununa göre hesaplanırsa, 12 sene yatacaklar.

Ne zaman belli olacak bu mesele?
Onu da bilmiyorlar.

TSK'dan atılacaklar. Kararnameyi Cumhurbaşkanı, Başbakan,

Milli Savunma Bakanı imzalayacak. Yani? Atatürkçü subaylar, senelerdir şeriatçı subay-astsubayların atılmasına şerh koyan Abdullah Gül ve Tayyip Erdoğan tarafından atılacaklar. Peki ne zaman olacak bu iş? Onu da bilmiyorlar.

Artık muvazzaf olmadıkları için, askeri cezaevinde kalamayacaklar, nakledilecekler. İyi de hangisine? L tipi mi, F tipi mi, Silivri mi mesela, koğuşlu mu, yoksa hücreli mi? Bilmiyorlar. Ne zaman belli olacak? Bilmiyorlar. Hiç olmazsa, ailelerinin yaşadığı şehirlerde olabilecekler mi? Bilmiyorlar.

Belirsizlik üstüne belirsizlik.
Manevi işkence yapılıyor.

Eşleri, adeta kiralık ev bakar gibi, internetten cezaevi bakıyor. Hangisinin koğuşları kaç kişilik, hangisinin havalandırması nasıl, saz kursu var mı, ahşap boyama filan... Bakıyorlar ama, cezaevini seçme şansları olacak mı? Bilmiyorlar.

İyi günde, kötü günde derler ya, kelimenin tam manasıyla öyle kadınlar onlar... Herkese nasip olmaz. "Siz ne yapacaksınız?" diyorum. "Biz iyiyiz, sorun yok" diyorlar. Halbuki, çıkarılma muamelesine maruz kalmamak için lojmanları boşalttıklarını biliyorum. Çoğunun çalışmadığı için maaş geliri olmadığını biliyorum. Evin direği içerde... Artık hem ana, hem baba onlar... Hâlâ "biz iyiyiz, sorun yok" diyorlar. Sıfır şikâyet... Eşlerinin yanındayken, yüzlerindeki gülümsemeyi eksik etmiyorlar.

Yarın, Ender'in evlilik yıldönümü mesela... 19 senedir evliler, 3'üncü senedir hapiste kutluyorlar.

Bu arada başka kutlamalar da var tabii... 16 sene yedikleri gün, tam o gün, Tuzla'da Deniz Harp Okulu'ndaki subay eşleri çay partisi düzenlemiş. Görenler anlatıyor, pek neşelilermiş... Ne güzel di mi? Malum, bi silah arkadaşlığı vardır, bi de kurabiye arkadaşlığı!

Şarap soslu mantarlı risotto arkadaşlığı ise, askıya alınmış vaziyette... Benim arkadaşlarımdan birinin eşi, Hava Kuvvetleri Komutanı'nın eşini aramış telefonla, hiç olmazsa biraz manevi destek verin diye... Kuvvet komutanının eşi, "üzüntümüzden dışarıda yemeğe çıkamıyoruz" demiş iyi mi!

Vah vah. İçim parçalandı hakikaten.

"Yaptığınızı beğendiniz mi" diye çıkıştım arkadaşlarıma... "Siz içerde afiyetle 16 sene yiyorsunuz, kadıncağız sizin yüzünüzden dışarıda yemek yiyemiyor."

Neyse... Yavuz'un oğlu Ege, dün 4 yaşına girdi. Günlerdir "yaş günümde açık görüş var mı anne?" diye soruyordu. El kadar bebeler, cezaevi kavramıyla büyüyorlar. Belki merak ediyorsunuzdur, açık görüş yoktu maalesef... Benim canım Egeciğim, yaş gününde en çok istediği hediyeyi, babacığını göremedi.

Sadece çocukların değil, babaların doğum günleri de geçiyor demir parmaklıklar arkasında... İsmet'in doğum günüydü geçenlerde... Kızı Ece, mektup verdi hediye... "Lacivert üniformanla beni okuldan almaya geldiğini görünce nasıl gururlanırdım, bilemezdim o üniformayla verdiğin onurlu mücadelenin bizi bugünlere getireceğini" diye başlıyor... "İyiyim ama, eksiğim baba... Hep büyüsün istediğim yaşımın, küçülmesini istiyorum. Sensiz büyümek istemiyorum."

Derya'nın kızı Rüya ise, şiirler yazıp gönderiyor babasına... Bir tanesinin adı, "Karar"... O günü anlatıyor.

Kemirilmiş dudaklarda, belli belirsiz gülümsemeler / karar bekliyor tutulmuş nefesler / ve, volta atıyor titreyen ayaklar / baksana! / sis değil bu baba / umut çökmüş Maltepe'ye / ne şiir yazılır ama bugüne / gülen yüzler doluşur mısralara / kahkaha atar her kıta / özgürce / ve, demir kapının bu tarafından sana salladığım el / ilk defa ellerinle buluşur işte tam bu şiirde / veda ettin mi sen hücrene? / kavuşmanın şiiri çünkü bu / topla eşyalarını hadi / geldi haber duydun mu? / tahliye mi? / bu ambulans niye geldi şimdi? / niye yere düştü şu kadın öyle? / sustursanıza ağlayan çocukları / duyamıyorum / tahliye mi?

Sonra bir şiir daha yazmış Rüya...
"Sonra"sını anlatıyor.

Dedi ki, ilk günü atlattın mı iyidir / değildir / ilk günden sonra yok olur hal hatır sormalar, tavsiyeler, iyi dilekler, dualar / ilk günden sonra unuturlar / sahte kalabalığın sonudur ilk gün / yalnızlığınsa başlangıcı.

Değerli okurlar... Sahte kalabalık olmayalım.

Adres: Maltepe Askeri Cezaevi, Maltepe, İstanbul... Alıcı yerine "Balyoz mağduru kurmay albaylar" yazabilirsiniz.

Lütfen, küçücük bir kâğıda adınızı, adresinizi yazın, gönderin. Size mektup yazmak istiyorlar. Sizin oraya gidebilmeniz mümkün değil, onlar size gelecek. İzmir'den Trabzon'a, Antalya'dan Van'a, Edirne'den Gaziantep'e, her neredeyseniz, oraya... Türkiye'nin pırıl pırıl evlatları, hem kendi başlarına geleni, hem de memleketimizin başına geleni anlatmak istiyorlar.

Üniversite öğrencileri, özellikle hukuk fakültesi öğrencileri, öğretmenler, doktor, eczacı, manav, bakkal, işçi, mühendis, ev kadını, terzi, taksici, yerel gazeteci arkadaşlar, her meslek, her yaş... Gerçekleri öğrenmek istiyorsanız, lütfen adınızı adresinizi gönderin, size tek tek mektup yazacaklar. Anlatacaklar.

Sahte delillerle asrın iftirasına uğradılar...
Sahte kalabalık olmayalım.

≫≫≪≪

Rüya Günergin

Sahte kalabalık olmadık. Dünyanın en büyük ailesi olduğumuzu kanıtladık. Türk basın tarihinin gelmiş geçmiş en büyük mektup kampanyası oldu. Türkiye'nin ve dünyanın her köşesinden, 1 milyon 300 bin mektup geldi. New York'tan Ardahan'a, Sydney'den Edirne'ye, Berlin'den Erzurum'a, Moskova'dan İzmir'e, Cape Town'dan Ankara'ya, Rio'dan İstanbul'a, sağanak gibi yağdı.

Bu mektuplardan yapılan seçmeler *Er Mektubu Görülmüştür* adıyla kitap oldu. Kırmızı Kedi Yayınevi'nden yayımlandı. Geliri, Çağdaş Yaşamı Destekleme Derneği'ne bağışlandı. Maltepe'deki arkadaşlarım İsmet Çınkı, Ender Kahya, Cem Okyay, Yavuz Uras ve Erdinç Altıner tarafından derlenen kitap için, Türk basın tarihinin en geniş katılımlı imza günü yapıldı. İlker Başbuğ, Uğur Dündar, Müjdat Gezen, Levent Kırca, Profesör Aysel Çelikel, Profesör Metin Feyzioğlu, Nasuh Mahruki, Sinan Meydan, Tarık Akan, Rutkay Aziz,

Ayşenur Arslan, Ruhat Mengi, Atilla Sertel, Ümit Zileli, Soner Yalçın, Nedim Şener, Yazgülü Aldoğan ve ben katıldık. Rüya... Harvard'ı kazandı.

⁂

Sayfı

Ethem Sarısülük'ü öldüren polis, güya tanınmamak için, mahkemeye peruk takarak geliyordu. İtiş kakış yaşandı, peruk düştü. "Bana saldırdı, peruğumu çekti" diye şikâyetçi oldu. Ethem'in annesini "sanık" sandalyesine oturttular!

Ethem'in katiline 7 sene istenirken...
Ethem'in annesine 10 sene isteniyor.

Tetik çekene 7 sene.
Peruk çekene 10 sene.

Melih Gökçek'e yumurta atan iki kadına dava açıldı.
10'ar sene isteniyor.

Mermi sıkana 7 sene.
Yumurta atana 10 sene.

Tayyip Erdoğan'ı üç kuruşa mahkûm ettiren avukatı, müebbete mahkûm ettiler. Tayyip Erdoğan'ı üç kuruşa mahkûm eden "hâkim"i "sanık" yaptılar.

Deniz Feneri'nin savcılarını sanık yaptılar.
Sanıklarını tanık yaptılar.

Hrant'ın katiline 20 sene hapis istenirken, cinayetteki ihmalleri yazan Nedim Şener'e 28 sene hapis istendi. "Azmettirici" tanık oldu. "Katil" bile tanık oldu. Az daha gayret ederlerse, Hrant'ı öldürdüğü için rahmetli Hrant'ı sanık yapabilirler!

"Terörist" tanık oldu.
Gizli tanık "savcı" oldu.

17/25 Aralık'ın polisleri "sanık" oldu.
Rıza Sarraf "tanık" oldu.
Paraların üstüne faiz ödendi.

Tübitak başkan yardımcısını böcek işinde "tanık" yaptılar, söylediklerini beğenmediler, "sanık" yaptılar.

Dolayısıyla... Ali İsmail'i katleden polise lütfedip 4 sene hapis verilmesi hakikaten sürpriz oldu. Normalde, Ali İsmail'in annesinin veya hiç olmazsa abisinin tutuklanması gerekirdi!

⇒⇒⇒⇐⇐⇐

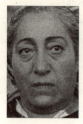

Sayfı Sarısülük

Bir taraftan "analar ağlamasın" diyerek, PKK'yla masaya oturuyorlar, öbür taraftan evladı polis tarafından öldürülmüş "ana"yı sanık sandalyesine oturtuyorlardı. İsminde "adalet" bulunan AKP'nin adaleti buydu. Sayfı Sarısülük, öldürülmeyen (!) diğer üç oğlu İkrar, Cem ve Mustafa'yla birlikte yargılandı, neyse ki beraat ettiler.

⇒⇒⇒⇐⇐⇐

Nihal

Sene 1984.
Ağustos'un 15'i.
Saat 21.30 suları.
Gün geceye, kavurucu sıcak ayaza dönüyor.
Trok trok trok!
Tok vuruşlar yırtıyor karanlığı.
Kalleş kaleş sesi duyuluyor.
Eruh basılıyor.

Bölücü örgütün ilk saldırısıdır bu.
Milat.

Kim yaptı desek?
Herkes PKK der.
Tamam da, o saldırıyı kim yönetti desek?
Pek bilen çıkmaz.

Soruyu şöyle soralım o halde:
Mahsum Korkmaz kim?
Bildiniz değil mi... Bilirsiniz.
Üzerinde "Mahsum Korkmaz Akademisi" yazan terör

yuvasının fotoğrafı o kadar çok yer almıştır ki basınımızda, hemen herkes bilir.

15 Ağustos 1984'te PKK'nın yaptığı ilk silahlı saldırının elebaşıdır o... Örgüt tarafından "onore" edilmiş, Türk Basını tarafından da maalesef "reklamı" yapılmıştır defalarca... Bu nedenle bilirsiniz.

Peki, Süleyman Aydın kim diye sorsak?
Kaç kişi cevap verebilir?

Mahsum Korkmaz'ın yaptığı ilk PKK baskınında şehit düşen evladımızın ismidir. Var mı onun adına bir akademi?

Sen örgüt celladının zırt pırt reklamının yapılmasına izin veriyor, kendi şehidinin unutulup gitmesine göz yumuyorsan eğer... Ne hakla bağırıyorsun ki "şehitler ölmez" diye.

Ve dün izliyorum, Gümüşhane'den gelen görüntüleri...
Gencecik Nihal öğretmen, sadece 1.5 ay önce evlendiği dünya yakışıklısı teğmen eşi Tuna'nın ay yıldızlı cenazesini kucaklamaya çalışıyor.

Damatlıkla göndermiş, kefenle geri almış.

Sol kolunda yara bandı var.
Belli ki, sakinleştirici verilmiş talihsiz geline.
Ama ne çare.
Bir yumrukluyor tabutu sesini duyar belki diye, bir sürüyor ellerini, saçını okşar gibi... Ve hep aynı kelimeyi haykırıyor tekrar tekrar: "Koçum... Koçum... Koçum..."

Gitti Nihal'in koçu.
Ömrü boyunca unutmayacak.

Peki ya biz?
"Unutmamalı, sevgiyle anmalı" cümlesi, sadece Tarkan'ı hatırlatıyorsa bir millete. Elden ne gelir ki...

⟫⟪

Nihal Kara

Genelkurmay'da şehitlerimizin, gazilerimizin istatistiği tutulur. Bazen muhalefet partileri "şehit sayısı kaç oldu?" filan diye soru önergesi verir, savunma bakanları da genelkurmaydan rakamları alarak, cevap verir. Peki, kaç Nihalimiz vardır? Kaç çiçeği burnunda gelinimiz dul kalmıştır? Kaç evladımız öksüz kalmıştır? Kaç anne, kaç baba, aslan gibi oğlunu toprağa verdiği için kahrından vefat etmiştir? Kaç nişanlı, henüz gelinlik giyemeden, nişanlısının tabutuna sarılmıştır? Kaç aile bu trajediyle başbaşa kalmıştır? Türkiye'de bu soruların cevabını bilen kurum yoktur. Şehit cenazesinde siyasilerimiz tarafından timsah gözyaşları dökülür, musalla başında üzgün pozları verilir, ertesi gün unutulur, hepsi odur. Olan Nihallere olur.

≫≪

Melek

Angela Merkel...
Almanya'da başbakan adayı oldu.

Hıristiyan Demokrat Birlik Partisi'nin genel başkanı.
Türkiye'nin AB üyeliğine "solak" bakıyor.
Dolayısıyla, sadece bizim için değil, çocuklarımızın, torunlarımızın geleceği için bile "çok çok önemli" biri.

"Tabut kapağı" gibi uzun bir yazı olacağı için, lafı fazla esnetmeden başlayalım... Kimdir Angela Merkel?

Tam adı:
Angela Dorathea Merkel.
Dorathea'yı kullanmıyor.
Angela "melek" demek ama, şeytani zekâya sahip.
Bizim başbakanla yaşıt.
1954 doğumlu.

"İmam" tarafından yönetilen Türkiye "papazı buldu" desek, yanlış olmaz. Babası, Protestan papazı.

Annesi İngilizce öğretmeni. Hamburg'ta otururlarken Angela doğuyor. Henüz 4 aylıkken, Berlin'e 50 kilometre uzaklıktaki Templin kasabasına taşınıyorlar. O tarihte "duvar" yok. Sene

1961, şak, "duvar" örülüyor. 7 yaşındaki Angela ve ailesi, Doğu'da mahsur kalıyor. Matematik, fen ve lisan derslerindeki müthiş başarısı üzerine, Leipzig Üniversitesi'ne kabul ediliyor. Fizik diploması alıyor.

O zamanlar Sovyet gümbür gümbür, herkes takip ediliyor, papazın kızı mecburen "kızıl"laşıyor, Komünist Gençler Derneği'ne yazılıyor. Doğu Berlin Üniversitesi'ne geçiyor, kuantum fiziğinde doktor oluyor.

20 yaşında siyasete bulaşıyor, 26 yaşındayken, Doğu Almanya'da De Maiziere Hükümeti'nin sözcüsü oluyor. Duvar yıkılır yıkılmaz da, tası tarağı topluyor, Berlin'in öbür yakasına atlıyor, Hıristiyan Demokrat Birlik Partisi'ne üye oluyor, "kara dev" lakaplı Kohl'den "ağabeylik" görüyor. Tırnaklarıyla kazıya kazıya, erkek egemen partide erkeklerin en üstüne çıkıyor, Almanya'nın ilk kadın başbakan adayı oluyor.

Şimdi gelelim... "Kadın" Angela'ya.

23 yaşında, Doğu Berlin Üniversitesi'ndeyken, "hoca-asistan aşkı"yla, fizik profesörü Ulrich Merkel ile evleniyor. Çocukları olmuyor. Duvar yıkılmadan, yuva yıkılıyor, 28 yaşındayken boşanıyor.

"Doğu olmadı, bi de Batı'yı deneyelim" diyor, Batı'ya geçtikten sonra, 44 yaşındayken, gene profesör ama, bu sefer kimya profesörü Joachim Sauer ile evleniyor. İlk evlilik "fizik"sel sorunlara takılıyor, ikinci evlilikte vücut "kimya"ları tutuyor, hâlâ evliler... Ancak "biyoloji" gene denk gelmiyor, çocukları yok.

Taa 28 sene evvel boşanmasına rağmen, ilk eşinin soyadını kullanıyor. Laf aramızda "eski eşini unutamadı" filan gibi dedikodular var. Günahı boynuna... "Merkel soyadıyla tanındığım için değiştirmedim" diyor.

Bir diğer sebep de şu...
Yeni eşinin soyadı, Sauer.
"Ekşi" anlamına geliyor.
Kadın zaten asık suratlı, bir de soyadı "ekşi" olursa?

Kocası janjanlı adam, papyon falan takıyor. Angela ise, battal... Üniforma gibi, hep aynı kıyafetleri giyiyor, altında pantolon, üstünde ceketimsi bi şey, sadece renkleri değişiyor.

Langır lungur yürüyor. Mizahçılar en çok bu tarafına vuruyor, "köylü" muamelesi görüyor. Vur dediler, öldürdü, geçen sene göğsü açık şifon bir gece kıyafetiyle baloya katıldı, memeler kadraja sığmadı.

Umurunda bile değil... Diyet yapmıyor. Spor yapmıyor. Kompleksi yok. "Kadını sadece dış güzelliği çekici kılmaz... Çekici olmasaydım, evde kalırdım. Halbuki ben iki kez evlendim" diyor.

Magazin basını, en çok saçına takıyor. Ya kendisi kesiyor, ya da sıradan kuaförlerle idare ediyor.

İngilizce ve Rusça biliyor.
Makine gibi, sabah 6'dan gece 24'e kadar çalışıyor.
Sessiz, sakin bir insan... Ama konuşmaya başladığında, büyülüyor, "yere bakan yürek yakan" cinsinden.

Dans etmeyi sevmiyor. Klasik müzik seviyor. Her sonbaharda Bayreuther festivalini asla kaçırmıyor. Lüks sevmiyor. Şaibenin ş'si yok. Özel hayatında modası geçmiş bir Opel'e biniyor. Partiden aldığı maaş dışında geliri yok.

Şehir sevmiyor. Berlin'in dış semtinde mütevazı bir evde oturuyor. Bahçesinde çiçeklerini çapalarken dinlendiğini söylüyor. Bizimkiler gibi bahçıvan çalıştırmıyor. Hobisi, eşine yemek yapmak... Alman klasiği "patates çorbası"yla parmakları yedirtir deniyor.

Hayali yok mu?
Var.
Trans-Sibirya demiryoluyla Moskova'dan Vladivostok'a uzanan tren seyahati yapmak istiyor, "çocukluğumdan beri düşlerim, bir gün mutlaka" diyor.

Gelelim zurnanın zırt dediği yere...
Türkleri seviyor mu?

Türkleri seviyor ama, Almanya'ya gelmeyenini!

Bizi hangi çerçevede sevdiğini anlatmak için, daima örnek aldığı Helmut Kohl'ü örnek gösteriyor: "Kohl de Türk göçünü sevmiyordu ama, gelini Türk" diyor.

Özetle, Türklerin Avrupa Birliği'ne girmesini istemeyen bir Alman o... Çünkü Almanya'da şu anda 6 milyon işsiz var. Tüketim frenlendi. Alman halkı kriz korkusundan para harcamıyor. Sağlık ve eğitim sistemleri çuvallamaya başladı. 70 milyonluk Türkiye'nin "ya Allah" diyerek Almanya'ya dalması, geceleri rüyalarına giriyor.

Açık açık... "Sizi Avrupa Birliği'ne almayacağız, dün de almayacaktık, bugün de almayacağız, yarın da almayacağız, siyasetçilerinizin sizi kandırmasına izin vermeyin" diyor.

Öfkeleniyoruz ama...
Dost acı söyler misali davranıyor.

AB'ye girdik palavrasını yemememiz için...
Uyanmamız için "doğru"ları söylüyor.

Merkel, Almanya'nın ilk kadın başbakanı oldu. Bu kitabın piyasaya çıktığı 2015 itibariyle, 10 senedir Almanya'yı yönetiyordu. Türkleri sevmeye, Türkiye'yi AB'ye almamaya devam ediyordu.

Angela Merkel

Claudia

Yeşiller Partisi Başkanı Claudia Roth, Almanya'daki Türklerin oyunu almak için, Türk mahallesine gitti, "döner" kesti. Güzel de... Bu iş dönerle olsaydı, Bursalı İskender iktidar olurdu Türkiye'de.

Belli ki, Alman siyasetçiler bizimkilere özeniyor.
Ama daha çok fırın ekmek yemeleri lazım.
Çünkü "döner" yetmez, "yanar döner" olacaksın.

Mesela, daha fazla oy almak için fındığa çok para

vereceksin. Tütünü rekor fiyatlarla alıp, devletin depolarını ağzına kadar dolduracaksın, sonra o depoları boşaltmak için, yakacaksın. Bir taraftan fabrika temeli atacaksın kalkınma için, bir taraftan fabrikaları satacaksın, kalkınma için... Parası olanı "bedelli" yapacaksın, parası olmayanın şehit cenazesinde "bedelini ödeteceğiz" nutukları patlatacaksın.

Traktör borcunu ödeyemeyen çiftçiyi hapse atacaksın, sonra IMF'den tokatladığın paraları o çiftçiye dağıtacaksın, ardından IMF'ye borcunu ödemek için o çiftçinin tarlasına haciz koyacaksın.
Seçimden önce kapağı vereceksin, oyu alırsan tencereyi vereceksin. Ne veriyorlarsa bir fazlasını vereceksin. Baktın muhafazakârlar tencere veriyor, sen liberalsin... Düdüklüsünü göstereceksin.

Gecekonduya elektrik, su bağlayacaksın, sonra gecekonduyu yıkacaksın, sonra af çıkarıp, yeniden elektrik, su bağlayacaksın.

Hacıları kurayla, öğrencileri yazı turayla seçeceksin. İşçiyi işten çıkaracaksın, babası işsiz kalan çocuklara bagajdan çikolata çıkaracaksın.

Boruyu bağlamadan alacaksın doğalgazı, kışın köklediğin fiyatları yazın indirerek vereceksin aragazı...

Son cümleden de anlaşıldığı gibi "edebiyatla" ilgileneceksin... Ya şiir yazacaksın taka maka diye, ya da şiir okuyacaksın minareli kubbeli.

Olmazsa, hikâye anlatacaksın Adriyatik'ten Çin Seddi'ne... Onu da kıvıramazsan, tekerleme patlatacaksın, dün dündür bugün bugündür, Türkiye sandığınız gibi değil böyyüktür.

Özetle, Türk siyasilerine özeniyorsan eğer...
Almanya olmaktan vazgeçeceksin.

Claudia Roth

Tayyip Erdoğan, başbakan olur olmaz, 2003 senesinde Almanya'ya gitmiş, resmi temasları sırasında tarih vermiş, "en geç sekiz senede AB'ye üye oluruz" demişti. Claudia Roth da "Türkiye AB'ye girince evleneceğim" demişti. Kadıncağız bizim yüzümüzden evde kaldı!

Zülbiye

Dışarda okuldan kaçma havası var.
Bahar duygularımızı gıdıklıyor.
Sadece tabiat değil, yaşama sevinci de çiçek açar böyle günlerde... Puslu, karamsar kış ayları geride kaldığı için midir nedir, bütün sıkıntılar unutulur, oh be dünya varmış der insan, hayat ne güzel kardeşim.

Zülbiye hanım da böyle düşünüyordu.
62 yaşındaydı. İki çocuk annesiydi. Torunu Emre'nin elinden tutmuş, çarşıya çıkmıştı. Çarşı aslında bahane... Bir başka severdi Zülbiye hanım Emre'yi... Hani "yeri başka" derler ya, öyle. Çok istediği spor ayakkabıyı alacaktı ona... Çünkü torunun bıyıkları terlemeye başlamıştı. Kızlara hava atmasının hem yaşı, hem mevsimi gelmişti.

Sibel ile Sinem ise, kız kardeşler. İkisi de su damlası. Biri 23, öbürü 19'undaydı. Sibel nişanlıydı. Gelecek ay evlenecekti. Sinem, açık öğretimde okuyordu. Sınavı vardı önceki gün... Ablacığı onu yalnız bırakmamıştı. Kapıda beklemiş, dua etmişti, zihin açıklığı için... İyi geçen sınavdan sonra kol kola girmişler, bir yandan yürüyor, bir yandan bıcır bıcır laflıyor, kaynatıyorlardı. İşte ne bileyim, düğün nasıl olacak, duvak uzun mu olsun kısa mı, hangi bulaşık makinesi alınsa acaba falan... Ağabeylerinin de kulaklarını çınlatıyorlardı tabii... O şimdi asker... Afyon'da acemi birliğinde... Zaten düğün tarihi de onun için gelecek aya alınmıştı. Yemin edecek, dağıtım izninde düğüne gelecekti.

Diyeceksiniz ki, e-ee?
E'si şu...
Sizin gibi, benim gibi, hayalleri olan, geleceğe dair mutluluk

planları yapan, içlerinde mevsimsel mutluluk tomurcukları açan bu sıradan insanlar, evlerine dönemedi önceki akşam... Öldürüldüler.

Demokratik gösteri haklarını (!) kullanan kansızlar, belediye otobüsünü ateşe verdi İstanbul'un göbeğinde... Sonra da yokuştan aşağı ittirdi. Zülbiye hanım, Sibel ve Sinem, o yokuşun sonundaydı.

Zülbiye hanımı arka lastiğin altından çıkardılar. Alışveriş torbası hâlâ elindeydi ama, eli vücudunda değildi. Kopmuştu. Nasıl sarıldıysa o el o torbaya, bırakmamıştı.

Aslında haklıydı. Kapkaççılardan "illallah" demişti o da, hepimiz gibi... Kaparlar maparlar, neme lazım.

Emrecik kenarda ağlıyordu.
Devlet baba işe yaramamış, Allah baba korumuştu.
Gözünün önünde babaannesinin cesedi, aklında ömür boyu cevaplarını bulamayacağı sorular... Hastaneye götürüldü.

Sonra itfaiye geldi.
Söndürdüler otobüsü.
O da ne?
Altında iki ceset daha var. Tanımak imkânsız... Kömür olmuşlar. Sağa sola savrulan çantalardan birinden Sinem'in sınav başvuru kâğıdı çıktı da, öyle öğrendiler ailesinden öbür kömürün kim olduğunu...

Peki bu katliam nerede yaşandı?
Kötü bir şaka gibi...
"Gazi" Caddesi'nde.

Ama bu insanlarımız ne şehitti, ne gazi...
Olsa olsa niyaziydi.

Neden niyazi derseniz?
Son olarak bunu da yazalım, bitirelim.

Kızlar toprağa verildi dün... Ne bir belediye başkanı geldi başsağlığına, ne bir milletvekili, ne bir bakan, ne başbakan, ne de AB temsilcisi... Kimse üstüne alınmamıştı.

Bir tek kim geldi biliyor musunuz?
İETT müdürü.
Otobüs öldürdü onları çünkü!

>>><<<

Zülbiye Karasu

Zülbiye hanımla Sibel ve Sinem'i öldürenler, dört sene sonra yakalandı. Sekiz kişiydiler, PKK'nın gençlik yapılanmasına mensuptular. Onlar oldukları ne malum derseniz... İçlerinden biri kadındı, olayda üç kadın can verdiği için vicdan azabı çekiyordu, her şeyi itiraf etmişti. Otobüsü molotof kokteyliyle yakmışlardı. Molotoflu eylemler yüzünden son 10 senede 20'den fazla insanımız can verdi. Kaplumbağa hızındaki hukuk sistemimiz tarafından, anca 2011 senesinde "silah" kategorisine alınabildi.

>>><<<

Barbie

Nedir Barbie?
Kız çocuklarımızın en sevdiği oyuncak.
Masum bir bebek.

Ama biz onu orospu yapmayı başardık maalesef!

Çünkü, polisimiz fuhuş operasyonu gerçekleştirdi.
Kod adı, Barbie'ydi.

Polisimiz operasyonlarına ilgi çekici isimler vermeyi seviyor. Kasırga, Bufalo, Süpürge, Matador, Balina, Paraşüt falan... Ama Barbie derken, insan biraz düşünür be arkadaş.

Madem popüler olmak istiyorsun, bari "geyşa" de.

Bir haftadır aynı terane.
Barbie aşağı, Barbie yukarı.
Henüz gazete okuma yaşında olmayan kız çocuklarımız kulak kabartıyor televizyon haberlerine ister istemez. En sevdikleri oyuncağın adı geçiyor habire.

Bir elindeki bebeğe bakıyor, bir ekranda yüzünü kapatarak

kaçışan kızlara bakıyor... Dönüp, soruyor tabii babasına:
"Polis amcalar benim Barbie'mi de alacak mı?"

Sonra çıkıp diyor ki İstanbul emniyet müdürü:
"Biz namusluları teşhir etmeyiz."

Kimse itiraz etmiyor nasıl olsa...
Barbie namussuz mudur?

Şeytan diyor, koy bir Barbie fotoğrafını birinci sayfaya.
Gözüne de bant at...
Bak bir daha yapıyor mu şıllık!

Barbie

Barbie, göğüsleri bulunan ilk oyuncak bebektir. Bazı modellerinde sol kolunu geriye büktüğünüz zaman, göğüsleri büyür. Amerikalı yaratıcısı Ruth Handler, çocukluktan ergenliğe geçişi sembolize etsin diye bu şekilde tasarlamıştır. Kadın vücuduna dair bu masumane fikrin, koskoca dünyada sadece bizim memlekette fuhuşu çağrıştırması, sanırım, sosyologların incelemesi gereken bir konudur!

Fatma

İkinci Dünya Savaşı yılları...
Gamalı haç, veba gibi sarıyor Avrupa'yı.
Rus topraklarına dalıyor...
Bugünkü Ukrayna'ya geliyor Alman tankları.

Ve, yakaladıkları 300 genç kızı, çırılçıplak soyarak, tıkıyorlar vagonlara... Nereye? Polonya'ya... Ölüm kamplarına.

Kızlardan biri, Pavlina.
15 yaşında.
Babacığını henüz dört yaşındayken kaybetmiş. Bolşevikler, ailesini Urallar'dan sürerken, yolda can vermiş. Kalp hastası anacığıyla yaşam mücadelesi verirken, koparıp alıyor Naziler... Geliyorlar Polonya'ya... Kulaktan kulağa hep aynı cümle dolaşıyor, "gaz verip, öldürecekler."

Titriyor korkudan insancıklar.
Ama o da ne?
Tekrar trene bindiriyorlar. Avusturya'ya götürüyorlar. Bugün Türkiye'de pek beğenilen bir Alman markasının fabrikasında çalıştırıyorlar. 20 saat iş, dört saat uyku, kuru ekmek.

Üç sene böyle geçiyor.
Savaş bitiyor.
Tam "kurtulduk" derken, anlaşılıyor ki, çile bitmemiş.
Amerikalılar esir kızları Almanlardan kurtarıyor, Ruslara teslim ediyor. Rus gaddar... Yine kamp, yine tel örgü... Pavlina kaçıyor.

Dere tepe, gece gündüz gidiyor.
Bir başka kampa ulaşıyor.
Amerikalıların.
Oraya sığınıyor.

Amerikalılar yine trene bindiriyor. İtalya'ya Roma'ya getiriyor. Bu kampta, Naziler tarafından esir alınan Kafkas Türkleri var.

Orada, Süleyman'la tanışıyor.

Dağıstanlı güreşçi.
Âşık oluyor.
Olunmayacak gibi değil.
Şeyh Şamil soyundan gelen Süleyman kapı gibi.

Süleyman diyor ki Pavlina'ya...
"Müslüman olup, benimle evlenir misin?"

Hemen kabul ediyor Pavlina.
Nasıl etmesin...
Öl dese ölecek, o kadar seviyor.
Fatma adını alıyor.

Türkiye'ye taşınıyorlar. Tuzla'ya.
Süleyman, yani Süleyman Baştimur güreşe devam ediyor, Akdeniz Olimpiyatları başta olmak üzere, Türkiye'ye çok sayıda altın madalya kazandırıyor.

Üç evlatları oluyor.
Biri, Nimet.

Şimdi Nimet'i burada bırakalım, Bosna'ya uzanalım.

Bir asır önce, Bosna'da imamlık yapan Mehmet bey, Anadolu'ya göç ediyor, Adapazarı'na... Oğlu var, Mahmut... Gönlünü Zehra'ya kaptırıyor. Evleniyorlar. Evlatları oluyor. Abdullah.

Gel zaman git zaman... Güreşçi Süleyman'ın kızı Nimet'le imam Mehmet'in torunu Abdullah tanışıyor, ilk görüşte aşk denir ya, öyle oluyor. Evleniyorlar. Yalova'da. İki kız, bir erkek evlatları oluyor.

Erkek olanı, maşallah, 63 santim doğuyor.

Karamürsel'de ABD'nin donanma üssü var o zamanlar... O üsteki Amerikalı doktora götürüyorlar, kontrol için... Doktor diyor ki, "bu çocuk Amerikan standartlarının bile üstünde büyüme gösterecek, aman iyi besleyin."

Zaten nasıl beslemeyeceksin...
Adam doymuyor.
Günde dört litre süt içiyor!

O bebek, bugün 2 metre 11 santim boyunda.
113 kilo.

O bebek, Mehmet Okur.

NBA'de şampiyon olmayı başaran "ilk ve tek Türk" olmakla yetinmedi... All Star denilen ve çok az insana nasip olan "dünyanın en iyi takımı"na seçilmeyi başaran "ilk ve tek Türk" oldu.

Bir ucu Bosna'da, bir ucu Kafkaslar'da... Rus sürgününü, Nazi işgalini, ölüm kamplarını yaşayan, direnen, hayattan-aşktan ve Türkiye'den ümidini kesmeyen bir ailenin, dünyanın zirvesine bayrağını dikmiş evladı o.

Gurur duy Fatma...
Ne mutlu ki Mehmet'e, senin gibi bir anneannesi var.

Fatma Baştimur

Her başarılı erkeğin arkasında bir kadın vardır, her başarılı sporcunun arkasında da "genetik miras" vardır. Fatma'yla torunu Mehmet, bunun kanıtlarından biridir. Dünya, bilimsel bulgularla sporcu yetiştirirken, Türkiye hâlâ tesadüfi yeteneklerle yetiniyor. Bu tesadüflerle bile Mehmet Okurlara sahip oluyorsak, bir de bilimden faydalansak, kimbilir neler olurdu diye düşünmeden edemiyor insan.

Şehriban

Şehriban.
37 yaşında.
Evli, beş çocuk anası.
Müşfik bir kocası, evlatlarının üzerine bina ettiği huzurlu bir yuvası vardı.

Geçen sene, ağustos.
Altı maganda, aralarındaki husumet nedeniyle taşlı-sopalı kavga ederken, eller bellere atıldı, tabancalar patladı. Adres sormayan kurşunlardan biri, tesadüfen oradan geçmekte olan ve hadiseyle hiç alakası olmayan Şehriban'ın beline saplandı. Felç etti. Ama öyle böyle değil... Parmağını bile kıpırdatamıyor. Çakıldı yatağa.

Yakalandı vuran.
Yargılandı.
Ve, sadece yedi ay sonra bırakıldı.

Bir ömre karşılık, yedi ay.

İsyan etti Şehriban'ın kocası.
Gitti adliyenin önüne...
"Adalet istiyorum" diye bağırdı.
"Adalet bulmak için dağa mı çıkalım" diye haykırdı.

E ayıp tabii.
Suç hatta.

Gözaltına alındı hemen.

Terörle Mücadele Şubesi tarafından.

Bana sorarsanız, sadece kocasını değil, Şehriban'ı da içeri tıkmak lazım... Hem kurşuna belini uzatarak, yatağında müebbete mahkûm etti kendini, hem de devletimizi zor durumda bıraktı.

Şehriban maalesef kurtarılamadı, bu vaziyette bir sene dayanabildi, vefat etti. Eşinden sonra, çocukları Hasan ve Kemal de gözaltına alındı, "yargı organlarını aşağılamak ve polise direnmek" suçlarından, haklarında iki sene hapis istemiyle dava açıldı. Maganda yedi ayda yırttı... Şehriban'ın oğullarını tam yedi sene mahkeme mahkeme süründürdüler.

Şehriban
Yaradılmış

Elizabeth

Kayseri eşrafından tornacı hacı Ahmet Hamdi efendinin oğlu Abdullah, dün akşam, Windsor hanedanının vârisi, Kral 6'ncı George'un kızı, Birleşik Krallık Hükümdarı, İngiltere Kraliçesi 2'nci Elizabeth Alexandra Mary ile birlikteydi.

Rize Güneysulu taka kaptanı Ahmet reisin Kasımpaşalı oğlu Tayyip ise, Yunan Kralı 1'inci George'un torunu, veliaht Galler Prensi'nin babası, Greenwich Baronu ve Edinburgh Dükü, Prens Philip Mountbatten ile sohbet etti.

Atatürk işte budur.

Devrimlerine savaş açılan Mustafa Kemal, takunyalıların öve öve bitiremediği saltanatı kovmasaydı... Abdullah ile Tayyip, ofis olarak kullandıkları Dolmabahçe Sarayı'nda bahçıvan bile olamazdı! Çünkü, bahçıvanlık makamı bile babadan oğula geçiyordu.

Homongoloslar bugün hâlâ "smokin caiz mi, değil mi" diye tartışırken, Mustafa Kemal, Batı standartlarını aşan bir vizyonla,

Anadolu insanının önünü açmış, tornacı çocuklarına, taka reisi çocuklarına "fırsat eşitliği" sağlamıştı.

Eminönü esnafı imam Ahmet Bey'in kızı "first leydi" Hayrünnisa Gül, balkabağının faytona dönüştüğü "peri masalı"nı andıran gecede, Kraliçe'yle göz göze geldiğinde neler hissetti, bilmem... Ama 105 parçalık yenilmez armadayla Çanakkale'yi geçemeyen İngiltere'nin Queen Elizabeth'i, dün, hayranlığını özetleyen şu kelimeleri yazdı Anafartalar Kahramanı'nın özel defterine... "Mustafa Kemal'e saygılarımı sunmak benim için büyük onurdur."

2'nci Elizabeth

Kraliçe Elizabeth, Çankaya'daki yemeğe, yeşil yapraklı kırmızı üzüm motifli beyaz bir elbise, beyaz eldivenler, gümüş renkli çanta, aynı renk ayakkabılar ve saçında tacıyla katıldı. Hayrünnisanım'da ise, pembe elbise, pembe ayakkabılar, pembe çanta ve pembe türban vardı. Sayın basınımız, first leydimizin müthiş şık olduğunu, first leydimizin ışıltısı yanında Kraliçe'nin sönük kaldığını yazdı!

Semra

Halı. Koltuk. Avize.
Sehpa. Vazo. Biblo.
Tablo. Gümüş. Porselen.

Semra Sezer'e "hediye edilen" ve Semra Sezer'in evine götürmektense, Çankaya Köşkü'ne bıraktığı eşyalar... 1.243 parça.

Halı. Koltuk. Avize.
Sehpa. Vazo. Biblo.
Tablo. Gümüş. Porselen.

Bunlar da, Hayrünnisa Gül'e "hediye edilmeyen" ama, Hayrünnisa Gül'ün Dolmabahçe Sarayı'ndan istediği eşyalar... 35 parça.

Aslına bakarsanız...
Kaşıkçı Elması'nı istemediğine şükredin.

Çünkü prensip olarak, Topkapı Sarayı'ndaki Kaşıkçı Elması ile Dolmabahçe Sarayı'ndaki ibrik arasında bir fark yok. İkisi de müze eseri olduğuna göre, ikisi de satılamaz, dolayısıyla ikisinin de fiyatı yok, farkı yok.

Bakın "fark" dedim, aklıma geldi.

46 trilyon lira nedir?
Ahmet Necdet Sezer'in 7 yıllık görev süresi boyunca harcamak yerine, tasarruf edip, Maliye Bakanlığı'na iade ettiği para.

30 trilyon lira nedir?
Abdullah Gül'ün, henüz 1 yılını bile doldurmadan, Çankaya Köşkü'nde tadilat için Maliye Bakanlığı'ndan aldığı para.

※

Semra Sezer

Semra Kürümoğlu Sezer, Ankara'da doğdu, Ahmet Necdet Sezer'le Ankara Üniversitesi Hukuk Fakültesi'nde tanıştı, 1964'te evlendiler, hukuk fakültesini bıraktı, Ankara Atatürk İlköğretmen Okulu'nu bitirdi, 2000 yılında emekli olana kadar ilkokul öğretmenliği yaptı. 1996'da Hacettepe Üniversitesi Eğitim Fakültesi'nde lisans öğrenimini tamamladı. Üç çocukları oldu, Zeynep, Ebru, Levent... Daima mütevazıydı, daima topluma örnek oldu. Milletin kesesinden kuruş harcamadı, Çankaya Köşkü'nde first leydi olarak yaşarken, mutfak masraflarını bile devlete ödetmedi, kendisinin ve eşinin maaşından ödedi. Daima sade ve zarifti, kıyafetlerini Olgunlaşma Enstitüsü'nde diktiriyor, parasını kendisi ödüyordu. Makam aracı kullanmadı, kırmızı ışıkta durdu, hastanede muayene kuyruğuna girdi, market alışverişlerini kendisi yaptı, poşetlerini korumalara taşıtmadı. Tiyatro, bale, opera, klasik müzik konserleri haricinde medyada görünmedi. Eğitime dair konferansları, kampanyaları himaye etti.

※

Nuray

"Humeyni'yi seviyorum. Atatürk'ü sevmiyorum. Maraş'ta Fransız askerleri Nene Hatun'un başörtüsüne uzandı. Sütçü İmam ilk ateşi açtı, böylelikle Kurtuluş Savaşı başladı. O dönemin sosyolojik yapısını incelerseniz, cephedeki insanlar hep Müslüman... Atatürk olmasaydı, İngilizler olsaydı, haklarım daha geniş olacaktı."

Bir televizyon programına katılan Nuray Bezirgan isimli türban eylemcisi, bunları söyledi.

Nene Hatun, Maraşlı değil.
Erzurumlu.

Savaştığı düşman, Fransız değil.
Rus.

Rus başörtüsüne saldırmadı.
Aziziye Tabyası'na saldırdı.

Milli mücadelenin mangal yürekli evladıdır ama, milli mücadelenin ilk kurşununu Sütçü İmam sıkmadı. Hasan Tahsin sıktı. Maraş'ta değil, İzmir'de. Takvime bak... Hasan Tahsin'in tetiğe basmasıyla, Sütçü İmam'ın tetiğe basması arasında 6 ay var.

Sütçü İmam, Fransız vurmadı.
Ermeni vurdu.

Maraş'ta düşmana ilk müdahaleyi yapan da, aslında Sütçü İmam değil. Çakmakçı Sait. Silahı yoktu. Yumruğuyla saldırdı. Şehit oldu.

Maraş'ı önce kim işgal etti?
Arkadaşın İngilteresi!

Kim sesini çıkarmadı?
Arkadaşın padişah efendisi!

Kim kurtardı?
Arkadaşa daha geniş haklar tanıyacak olan İngilizlerin gemisiyle kaçan padişah efendinin idam etmek için arattığı Atatürk!

O dönemin sosyolojik yapısını incelerseniz, cephedeki insanların hep Müslüman olmadığını da görürsünüz. Bizzat Ordinaryüs Profesör Mazhar Osman'ın ağlayarak okuduğu "şehit listesi"ne göre, bu toprakları İngilizler işgal etmesin diye savaşan, can veren İstanbullu hekimler arasında, 140 Türk, 32 Ermeni, 25 Rum, 18 Yahudi var.

Ve, dikkatinizi çekerim, hepsine birden "şehit" demişler... Çünkü şehitlik kavramı, "o dönemin sosyolojik yapısı"na göre, dinle alakalı değil, yurtseverlikle alakalı.

Uzatmayayım.
Tehlike ne İran'dır, ne İngiltere'dir.
Kara cehalettir.

Nuray Bezirgan

Nuray Canan Bezirgan, İstanbul Üniversitesi Sağlık Hizmetleri Meslek Yüksek Okulu Tıbbi Dokümantasyon Bölümü öğrencisiyken, sınavlara türbanla girmek istemiş, polis zoruyla çıkarılmış, altı ay hapis cezası almıştı. Cezası ertelenince, Kanada'ya iltica etmiş, Kanada vatandaşı olmuştu. Humeyni'yi çok seviyordu ama, İran'a değil, Kanada'ya gitmişti. Yedi sene orada yaşamış, 2005'te Türkiye'ye dönmüştü.

Suna

Yıldız kaydı...
Dilek tut hemen.
Aman kimseye söyleme ha!
Dileğin olmaz sonra.

Yıldız mıldız kaymaz halbuki.
Göktaşı o.
Atmosfere girerken, yanar.
Yalandan iz bırakır ardında...
Gecenin geçici karanlığında.
Bilmiyordun belki...

O yüzden tutmaz dileklerin!

Çünkü, yıldız dediğin...
Yeryüzünde kayar aslında.
Sahici izler bırakarak...
Yüreğimizde, hafızamızda.

Bak, Orhan Günşiray gitti mesela.
Göz açıp kapayana kadar...
Suna Pekuysal da.

Sen tırışkadan dizileri seyredip, yıldız sandığın, yanmasıyla sönmesi bir olan göktaşlarına dilek tutarken, farkında değilsin, uzay gibi boşluklar oluşuyor hayatımızda.

Ayhan Işık, Sadri Alışık, Vahi Öz, Necdet Tosun, Cevat Kurtuluş, Danyal Topatan, Erol Taş, Önder Somer, Belgin Doruk, Kadir Savun, Hulusi Kentmen, Aliye Rona, Nubar Terziyan, Adile Naşit, Sami Hazinses, Neriman Köksal, Mürüvvet Sim, Bilal İnci, hangi birini sayayım ki? Gitti mi, gelmiyor yerine yenisi.

Siyah-beyazdılar ama...
Rengârenktiler esasında.

Onun için Ediz Hun'u, Filiz Akın'ı her gördüğümde dilek tutarım ben, Türkân Şoray'ı, Cüneyt Arkın'ı her gördüğümde... Göksel Arsoy'u, Ekrem Bora'yı, Fatma Girik'i, İzzet Günay'ı gördüğümde, gözlerimi kaparım, mırıldanırım... Allah onlara uzuuun, sağlıklı ömür versin; bizi göktaşlarıyla baş başa bırakmasınlar diye.

Asıl adı, Suna Belener'di. 14 yaşında sahneye çıkmış, 60 sene sahnede kalmıştı. 250'den fazla tiyatroda, 100'den fazla sinema filminde rol almıştı. Kendi payıma... Suna Pekuysal'ı seyrettikten sonra, Oscar ödüllerinde neden "en iyi yardımcı oyuncu" diye bir kategori olduğunu daha iyi anlamıştım. İkinci rollerin muhteşem kadınıydı.

Suna Pekuysal

Michelle

Neymiş efendim, Obama kazanmış, böylece Martin Luther King'in hayali gerçek olmuş filan.

Bırakın bu feodal kafaları...

Will Smith o.
Beyonce. Shaquille O'Neal. Halle Barry.
Soyadı üstünde... Denzel Washington o.

Kiminin Joe Louis'i, kiminin Muhammed Ali'si...
Yaşlının Ray Charles'ı, gencin Usher'ı o.

Sidney Poitier, taaa 1963'te Oscar aldığında, Obama henüz iki yaşındaydı, iki... Hadi diyelim ki, Tony Braxton'dan, Jennifer Hudson'dan, Ashanti'den haberin yok... 50 Cent'i bozuk para mı zannediyorsun sen?

Serena'nın ablası Venus Williams'ı gördükten sonra, mitolojideki aşk tanrıçası Venüs'ü hâlâ sarışın mı zannediyorsun yoksa?

Bakın Williams dedim, aklıma geldi, 300 milyon nüfuslu Amerika'nın en güzel kızı seçilen Vanessa Williams'ı da mı görmedin hâlâ?

Tyra Banks? Niye ekrana yapışıyor o 300 milyon nüfuslu Amerika, Oprah ekrana çıktığında?

Dans etmedin mi Michael Jackson'la? Rüyalara dalmadın mı, Gloria Gaynor'la, Aretha Franklin'le, Diana Ross'la? Savurup götürmedi mi duygularını, Whitney Houston, Mariah Carey, Lionel Richie? Biz Louis Armstrong'la evrenin dışına seyahat ederken, "caz yapma lan" dediğin için, Neil Armstrong'la anca aya kadar gidebildiğinin farkında değil misin?

Boşverelim Kerim Abdülcabbar'ı, Magic Johnson'ı, Michael Jordan'ı... Babanın oğlu mudur ki, Kobe Bryant, LeBron James, Kevin Garnett, Allen Iverson, oğlun onların formasını giyiyor?

Spike Lee, Ice Cube, Forrest Whitaker, bi derece... Cosby Ailesi'ni tanımayan var mı ailende?

Colin Powell, Condoleezza Rice?
Getir götür işlerine mi bakıyordu oralarda?

Obama dediğin adam, belediyede fen işleri müdürü değildi, Illinois senatörüydü. Harvard mezunu. Kendisi gibi eşi Michelle de Harvard mezunu. Mandinga mı zannettin sen onu emmioğlu?

Git sor bakayım Harvard'ı kendi seçtiğin Meclis'e, kaç tane "ha?" cevabı alıyorsun.

Uzun lafın kısası... Tom Amca'nın Kulübesi'nde kalmış bir kafa, Beyaz Saray'ı kavrayabilir mi?

Michelle Obama

Michelle LaVaughn Robinson Obama, ilköğrenimini üstün zekâlılar okulunda tamamladı. Princeton Üniversitesi'nden ve Harvard Üniversitesi'nden mezun oldu. Beyaz Saray'a taşınmadan önce, ABD'nin en çok kazanan avukatlarındandı. Moda ikonu kabul ediliyor, ABD'nin en iyi giyinen kadınları listesinde yeralıyor. Kendisini "zenci" ilan eden Tayyip Erdoğan zihniyetine göre, "ezilen siyah"lardan biri Michelle Obama!

Okşan

1 Ocak 2009.
Tayyip Erdoğan'ın canlı yayında "biz gelmeden önce Ankara'da kuşlar bile hava kirliliğinden ölüp patır patır yerlere düşüyordu" dediği anda... Şırrak, son dakika gelişmesi duyurulmuştu: Ankara'da yılbaşı gecesini birlikte geçiren yedi üniversiteli, doğalgaz zehirlenmesinden can vermiş halde bulundu.

"Canlı" yayın.
Yedi "cenaze"ydi.

Bi de kedi.
Havadaki kuşlar kurtulmuştu ama...
Çocuklarla beraber bir de kedi ölmüştü.

Bilkent öğrencisiydiler.
Özgür, Elif, Can, Büşra, Tarık, Ceren, Oğuzhan.

Kedi, Özgür'ündü.
Adı, Nohut'tu.

Aileleri dava açtı.
Doğalgaz ölümlerinde Türkiye'de açılan ilk davaydı.

İntikam için açmadılar. Çocuklar geri gelmeyecek. Sorumlular bulunsun, örnek olsun, bir daha kimsenin canı yanmasın diye açtılar. Elbette, başta belediye başkanı herkesin kahrolduğundan emindiler. Kimse hapse girsin istemiyorlardı. Para da istemiyorlardı. Sadece "şu şu kurumlar kusurludur, bu tür kurumlar insan hayatına karşı sorumludur" tespiti yapılsın istiyorlardı. Hepsi buydu.

1'inci bilirkişi raporu geldi.
Başkent Doğalgaz kusurlu.
2'nci bilirkişi raporu istendi.
Başkent Doğalgaz kusursuz.
Savcı değişti.
3'üncü bilirkişi raporu istendi.
Başkent Doğalgaz kusurlu.
Hâkim dedi ki, böyle saçmalık olmaz, bilirkişi raporunu İTÜ'den isteyin, profesörler heyeti versin.
4'üncü bilirkişi raporu geldi.
Profesörler heyeti dedi ki: Başkent Doğalgaz kusurlu.
Hâkim emekli oldu iyi mi!
5'inci bilirkişi raporu istendi.
Başkent Doğalgaz kusursuz.
Yaz kızım... "Başkent Doğalgaz'ın kusurlu olmadığına, evin kiracısı olan, hayatını kaybeden Özgür'ün annesi Okşan Attila'nın kusurlu olduğuna, anne'ye 2 sene 6 ay hapis verilmesine, cezanın paraya çevrilmesine" karar verildi!

Değerli Ankaralılar...
Yargıtay'a intikal eden, bu çocuklara, bu ailelere, bu davaya sahip çıkın. Bu dava, sizin davanız. Şu anda yaşıyorsanız, bu çocukların davası sayesinde yaşıyorsunuz. Nasıl yani derseniz... Bu talihsiz çocukların vefat ettiği, 31 Aralık

2008, yılbaşı gecesine kadar, doğalgaza 390 kurban vermiştik. Çocuklarla beraber 397 olmuştu. O tarihten bu yana, Ankara'da bir tane bile ölümlü zehirlenme yaşanmadı.

O yılbaşı gecesi, o apartmandan zehirlenme ihbarı yapılmasına rağmen, üst kat komşularının hastaneye kaldırılmasına rağmen, çocukların bulunduğu daireye bakılmamıştı. O geceden itibaren... İhbar olduğunda, gerekirse kapıyı kırıp içeride kimse olup olmadığına bakılıyor.

Eskiden bir dikkat ediliyorsa, şimdi bin dikkat ediliyor. Çünkü, dikkat etmesi gerekenler, kontrol etmesi gerekenler, bu işin baş sorumlusudur. Çocukların ailelerinin istediği de, sadece budur. Adalet, bu davada "sorumlu"nun adını adaletli şekilde koyarsa, milat olur. Sorumlular, sorumluluk bilinciyle davranır, sadece Ankara değil, tüm Türkiye ölümden kurtulur.

Aksi halde, bilesiniz ki...
Nohut kadar değerimiz yoktur.

Okşan Atilla

Belediyecilerin ihmalini görmezden gelen mahkeme, evladını kaybeden anneye hapis cezası vermiş, 18 bin 200 lira para cezasına çevirmişti. Yargıtay bu kararı bozdu, anne beraat etti. Altı senedir acı çeken aileler, bu kitabın piyasaya çıktığı 2015 itibariyle hukuk mücadelesine devam ediyordu. Sorumluların cezalandırılması için anayasa mahkemesine bireysel başvuruda bulunacak, oradan da netice alamazlarsa, Avrupa İnsan Hakları Mahkemesi'ne gideceklerdi.

İzmir

Yarın, sevgililer günü.
Hediyenizi bugünden vereyim.
Bebeğimiz oldu.

Denizi kız, kızı deniz, sokakları hem kız hem deniz kokan İzmir'imin, fili doğdu... Kız.

Ne öyle bebeğimiz fil'an deyip geçmeyin... Türkiye Cumhuriyeti'nin Türkiye Cumhuriyeti sınırları içinde dünyaya gelen, özbeöz Türkiye Cumhuriyeti vatandaşı, "ilk" bebiş fili o.

"İlk" dünya güzelimiz Keriman Halis gibi yani... Mustafa Kemal, kendisine kraliçe manasına gelen Ece soyadını vermişti ya hani, "ilk" tüp bebeğimiz Ece gibi... Seçme ve seçilme hakkını kullanan "ilk" kadınımız Benal Nevzat, "ilk" kadın bakanımız Profesör Türkân Akyol, "ilk" kadın savaş pilotumuz Sabiha Gökçen bi nevi... "İlk" kadın tiyatro sanatçımız Afife Jale, Anayasa Mahkemesi'nin "ilk" kadın başkanı Tülay Tuğcu, TÜSİAD'ın "ilk" kadın başkanı Arzuhan Doğan Yalçındağ, "ilk" kadın voleybolcumuz Suphiye Fırat, "ilk" kadın otomobil yarışçımız Samiye Morkaya gibi... Türkiye Cumhuriyeti'nin "ilk" kızlarından o.

(Malum, biz gâvur İzmirlilerin işi gücü seks (!) olduğu için, bu işi de "ilk" biz başardık haliyle.)

Bahadır'dı ilk vatandaş filimiz... Mehmet Aurelio gibi devşirmeydi. Hindistan'dan "Pak Bahadur" adıyla gelmişti Fuar'a, hediye olarak... Tombiş, koca kafalı, yüreği daha kocaman, ailesinden koparıldığı için gözlerinde keder bulutları gezinen, sohbet ederken için için hıçkıran, uslu, terbiyeli, duygusal delikanlı... Fil değildi bizim için... "Bahadır" dedik ona.

Ancak, bugün bile her İzmirlinin yüreğini cızz ettiren affedilmez bi hata yaptık, 50 sene yalnız bıraktık onu... Sonra jetonumuz düştü. Gene Hindistan'a rica ettik, Hintçe "prenses" manasına gelen, güzeller güzeli Begüm'ü gönderdiler. Gönderdiler ama, Begüm henüz 2 yaşında, Bahadır andropozlu birader! Begümcük gelin olacak yaşta değil, bari "can"yoldaşı olsun dedik, "Begümcan" koyduk adını... Ve, hakikaten canyoldaşlığı yaptı son nefesine kadar.

2007'de kaybettik Bahadır'ı... Ormanda toprağa basması gereken ayakları, ömrü boyunca betona bastığı için iltihaplanmıştı. Taşımıyordu 59 yaşındaki 5 tonluk vücudunu. Katlanılmaz ağrıları vardı. Ameliyat şarttı. Narkoz verdiler. Son bi damla gözyaşı süzüldü gözlerinden, kapandı, bir daha açılmadı. Sözde yuva diye yapılan, paslı çivilerle, üç metrelik çukurla çevrili cezaevindeki tutsak hayatı son bulmuştu. Bitmişti işkence.

Özgür şimdi Bahadır... Alabildiğine uzanan Asya enginliğinde gönlünce koştuğunu, bebekken koparıldığı anasına babasına kavuştuğunu, hasretle sarıldığını, kahkahalarını, "döndüm, geri geldim" diye haykırdığını, ruhunun ilk kez rüzgâr aldığını hissedebiliyorum.

Oofff, of.

Dedim ya, jetonumuz düşmüştü artık... Bahadır'a yaptığımızı Begümcan'a yapmadık. Aradık, taradık, damadımızı İsrail'de bulduk. Adı, Winner'dı. Üstelik, bu sefer denk getirmiştik, 11 yaşına gelen Begümcan'ın yaşıtıydı. İlk görüşte aşk derler ya, öyle oldu.

(Bir başka jetonumuzu anlatayım bu arada... Bahadır'ın daracık alanda çektiği işkence, İzmir'e ders oldu. Fuar'daki Türkiye Cumhuriyeti'nin "ilk" hayvanat bahçesini, Sasalı'ya taşıdık. Gururla yazıyorum, 425 bin metrekare... Begümcan, Winner ve bebişin yaşadığı alan, 15 bin metrekare... Zürafa, zebra, suaygırının dolaştığı Afrika savanı, 18 bin metrekare... Yüzlerce tür dostumuz barınıyor; aslan, kaplan, puma, 10 bin metrekarede... Balıklar, timsahlar, kaplumbağalar için tropik yağmur ormanı yaptık. Maymun, 7 bin metrekare. Tilki, ayı, kurtların yaşadığı alanda, doğal kayalıklar, su akıntıları var. Geyikler 8 bin metrekarede geziyor, papağanlar ferah ferah 600 metrekarede şakıyor. Uzatmayayım, 9 bin metrekarelik gölü var. 250 bin bitki türü var. Benim canım arkadaşım Bahadır'ın mezarı ve anıtı da orada.)

Nerde kalmıştık, hah, ilk görüşte aşk derler ya, öyle oldu... Gerdeği atlayayım, bebiş doğdu.

Türkiye Cumhuriyeti'nin Türkiye Cumhuriyeti sınırları içinde dünyaya gelen "ilk" fili o... Üstelik, yalnız değil... Tarihimiz boyunca ana-babasıyla birlikte yaşayan, ilk bebiş filimiz o.

610 günlük gebeliğin ardından, İzmir Doğal Yaşam Parkı'nın danışmanı Profesör Nilüfer Aytuğ ve ekibi tarafından dünyaya

getirildi. Nur topu gibi, 110 kilo. Begümcan, 20-25 defa emziriyor, her gün 8-10 kilo süt içiyor. Bir ay sonra, her gün 45 kilo meyve-sebze yemeye başlayacak. Şimdilik barınakta... Bir hafta sonra, ana-babası gibi hemşerilerinin önüne çıkacak. İki bakıcıları var. Biri, Bahadır'ın emekli olan emektar bakıcısı Bahattin Öztanman'ın oğlu, Serkan... Öbürü, Akın Akar... Aile büyüdü, bugün yarın üçüncü bakıcı alınacak. Bakıcılar özel eğitimli; yıkıyor, paklıyor, yediriyor, içiriyor, her sabah manikür-pedikür yapıyor. 24 saat veterinerleri var. Kralımız, kraliçemiz, prensesimiz onlar çünkü.

"E adı ne?" derseniz...
Hepimizin bebeği o.
Adını siz koyacaksınız.

İzmir Büyükşehir Belediye Başkanı Aziz Kocaoğlu, referandum yaptırıyor. İnternetten belediyenin sitesine girip, oradaki ankete oy verebilirsiniz.

Benim de bir oyum var.
Buradan kullanıyorum.
"Denizi kız, kızı deniz, sokakları hem kız hem deniz kokar" demiş büyük şairimiz Cahit Külebi... Victor Hugo desen, kendi memleketine bakmış "Sefiller"i yazmış, İzmir'ime bakmış "prenses" demiş... Prenses'tir gerçekten. Kültepe Höyüğü'ndeki çivi yazılı tabletlerde geçer adı, Hitit Prensesi'dir Smyrna... Özbeöz Anadolu'dur.

Annesinin adı prenses.
Doğduğu şehir prenses.
Prensesidir o Türkiye'nin.
"İzmir" olsun adı.

İzmir

Benim canım İzmirlilerim sağolsun, önerim kabul gördü, "İzmir" oyu yağdı, bebiş filimizin adı, İzmir oldu. Üç sene sonra, 2014'te, kardeşi doğdu. O bebişimiz de kız'dı. Yine referandum yapıldı, "Deniz" adı çıktı. Fil ailemizin birey sayısı dörde yükseldi. İzmir'den sonra Deniz'in dünyaya gelmesi, İzmir Doğal Yaşam Parkı'nın gerçekten "doğal ortam"a sahip olduğunun kanıtı... Çünkü, klasik hayvanat bahçelerindeki tutsak hayvanlar asla üremezken, İzmir Doğal Yaşam Parkı'ndaki hayvanların tamamı, doğal yollarla çoğalıyor.

Selma

Aileden sorumlu bakanımız, Mardin'in Bilge Köyü'nde yaşanan ve 44 kişinin ölümüyle sonuçlanan "törerizm"in tekrarlanmaması için, olaya "bilimsel" yaklaşmak gerektiğini söylemiş.

Ben bi bilimsel yaklaşayım...

TÜBİTAK Bilgi Teknolojileri ve Elektronik Araştırma Enstitüsü, İngiltere'deki Surrey Üniversitesi'nin Satellite Technology Enstitüsü'yle işbirliği yaparak, ODTÜ'deki TÜBİTAK Uzay Teknolojileri Araştırma Enstitüsü'nde, tamamen Türk mühendislerin tasarımıyla, Rasat isimli uydumuzun üretimine başladı. Tayfsal, pankromatik ve radyometrik çözünürlükle, stereoskopik görme yeteneği olan, pushbroom optik görüntüleyiciye sahip uydumuz, 700 kilometre yükseklikte, uzayda, dünyanın yörüngesine oturarak, güneşe eşzamanlı dairesel yol izleyip, üç boyutlu simülasyonlar yapacak. 1 bölü 25 bin ölçekli haritaların oluşturulması için görüntü toplayacak olan uydumuza, system yönetici olarak monte edilen, spacewire veriyolu kullanabilen uçuş bilgisayarının adı ne?

Bilge!

Hem vallahi, hem billahi.

Yani, 10 bin yıldır Mardin'de duran Bilge köyünü görebilmek için ne yapıyormuşuz? Tayfsal, pankromatik filan. Spacewire aynı zamanda. 700 kilometre uzaydan.

Fikir kabızları zorlanır ama, Türkiye'de köşe yazmak için o kadar ıkınmaya gerek yoktur. Çünkü, gelişmiş ülkelerin "hayat" adını verdiği kavram, bizim ülkemizde Aziz Nesin öykülerinden ibarettir. Ve, sizin mizah dergisi sandığınız, *Leman*'ın *Penguen*'in anlatmaya çalıştığı, aslında budur.

Bazen de... Kaderin kozmik cilvesidir.

Koltuğa oturduğu gün, tarihin en büyük aile faciasının yaşandığı ülkemin, aileden sorumlu bakanı, taaa 17 yıl evvel, kendi çocuğuna ne isim koymuş biliyor musunuz?

Bilge!

Selma Aliye Kavaf, Denizli'nin ilk kadın milletvekili, ilk kadın bakanıydı. Kadın ve aileden sorumlu bakan olarak, kadın haklarına dair en ufak bir iz bile bırakamadı. Ancak... Bilge köyü faciası nedeniyle, dünya kadın katliamları tarihine geçmeyi başardı!

Selma Aliye Kavaf

Hadise

Türkiye'yi Eurovision şarkı yarışmasında temsil edecek olan Hadise'nin kıyafeti hadise oldu.

"Dansöz gibi" diyen var.
"Çok açık" bulan var.
"Modern değil" diyen var.
"Harem işi" diyen var.

Ortak görüş şu:
Türk kadınını yansıtmıyor.

E sorarım...
Türk kadınını yansıtan hangisi?

Türban mı, açık saç mı?
Şalvar mı, jean mi?
Çarşaf mı, tişört mü?
Yoksa gri pardösü mü?
Hangisidir kadınımızı yansıtan?

Fransa Cumhurbaşkanı'nın eşi mesela, İtalyan... Kılığıyla kıyafetiyle hem İtalyan kadınını yansıtıyor, hem Fransız kadınını.

Peki ya, bizim first leydi'miz...
Türk kadınının ortak paydasıdır diyebilir miyiz?

Taktığı türban çoğunluksa...
Giydiği yüksek topuk da çoğunluk mudur?

Güzellik yarışmalarına katılan kızlarımız, podyuma mayoyla çıkar. Yarışmada böyle temsil ediliriz ama... Türk kızlarının hepsi mayoyla mı girer denize?

Din ise mevzu...
Angela Merkel'in babası papaz.
Rahibe kıyafetiyle mi geziyor?

Türk kadınını yansıtan...
"Budur" diyebileceğimiz kıyafet yoktur.

Kore'den Portekiz'e, Yunanistan'dan Finlandiya'ya, Azerbaycan'dan Kıbrıs'a, tüm dünyada, kendi kadınını yansıtan kıyafet tarzına sahip olmayan tek ülke, Türkiye'dir.

Çünkü... İran-Arabistan gibi despotik ülkeler haricinde, kadına "şekil" olarak bakıp, kadınların şeklini şemalini kaçıran, bizden başka ülke yoktur.

Eğitimli, 3 lisan biliyor.
Özgüvenli, sahne performansı harika.
Konuşuluyor mu?
Konuşulmuyor.

Nesi konuşuluyor?
Kıyafeti.

Hadise Açıkgöz

Hadise'den sonra Eurovision'a asla kadın sanatçı gönderilmedi. 2013'ten itibaren de, Eurovision şarkı yarışmasından komple çekildik. Neden çekildik? Tatmin edici bir cevap verilemedi. Aslında... Takiye yapıp, Eurovision'da "laik görünümlü" olan Akp, türbanlı mahalle baskısından kurtulmak için başka çare bulamamıştı, yarışmaya hiç katılmazsan, hiç tartışma olmazdı, cevap buydu.

G.

Klavye ağır geliyor bugün bana.
Yazasım mı yok, tuşlar mı bi ton yoksa.

G.A. diyoruz ona, kısaca.
Gözüne bant atıyoruz.
Ki, koruyoruz onu güya.
Henüz 15 yaşında.

Anası babası var aslında.
Bakmamışlar.
Geçinemiyoruz filan...
Çocuk Esirgeme'ye bırakmışlar.
Al demişler, sana yuva.

E madem yuva, uçmak istemiş o da.
Kanat çırpmış, pırrrr...
Dolaşmış Adana'nın loş sokaklarında tek başına.
Sonra bakmış bir pencere, aralık...
Orası yuvaysa, burası da yuva.

Sonra?

"Yakalandı" diye yazıyor gazeteler...
Yakalanmak için önce kaçmak lazım değil mi arkadaş?
Halbuki, bahçede ağaç altında otururken buldular onu,
kucağında bir bez bebek, uslu uslu.

Beğenmiş, bir teyp almış o evden.
Bir saç kurutma makinesi.
Bir de bez bebek...

Kırmızı elbiseli.
Papuçları gibi.
Kocaman kara gözler.
Kıvır kıvır sarı saçlar.
İki yandan örgülü.

Dedim ya, henüz 15 yaşında...
Dalmış oynamaya.

Ve tabii, düşünüyor insan... Kaç paraysa zekâtını verip, kurtulabilir miyiz günahlarımızdan? Yoksulluk denilen kavramı maddiyattan ibaret sanıp, fitrelerle hafifletebilir miyiz yüreğimizdeki ağırlığı? Ya da ne bileyim... Hayatı sadece para olarak gördükten sonra, bir ay oruç yerine, iki ay açlık grevi yapsak, artı faydası olur mu sevaplarımıza? Sevgi, şefkat denilen hadiseden, hiç yazmıyor mu 365 günlük kâr hanemizde?

Bakın bugün pazar, tatil, hava pırıl pırıl.
Çocuk Esirgeme hemen şurada.

Çıkaralım gözümüzdeki bantları...
Görmenin zamanıdır.

İşte o bez bebek

15 yaşındaki talihsiz kız çocuğu için hırsızlığa teşebbüs suçundan iddianame hazırlandı, sekiz sene hapsi istendi. Olay gece yaşandığı için, cezasının üçte bir oranında artırılması bile talep edildi. İki sene yargılandı, neyse ki, hapse girmesini gerektirmeyecek bir cezayla kurtuldu.

Cansu

80'li yıllar... Gazeteciliğe yeni başlamışım. *Yeni Asır'*dayım. O zamanlar şimdiki gibi tecrübeli muhabirleri kırpıp kırpıp yazar yapmıyorlar, muhabirler oturaklı, en genci 35-40, baba haberlere onlar gidiyor, benim gibi çömezlerin manşet olabilmesi için ağzıyla kuş tutması gerekiyor. Haber müdürleri de şimdiki gibi değil, "bende bugün haber yok" de, iyi gününe denk geldiysen yüzüne tükürür, ters gününe denk geldiysen, tükürüğe bile şükür... Öyle bağırırlardı ki, sanırsın Tarzan'dır. Huzurlu bi çalışma ortamı yani!

Gene öyle bir gün... Haber icat etmezsem, oyacaklar. Belki bir fikir uçuşur diye, açtım gazeteleri... "Şampiyon İzmir'den" yazıyor. Anadolu lisesi sınav şampiyonu. İzmir'den çıkmış.

Can havliyle hafızamı yokladım, hatırlıyorum sanki bu başlığı... Gittim arşive, geçen seneye baktım, işte orada, "şampiyon İzmir'den" yazıyor. Bir önceki seneye baktım, bu sefer iki şampiyon var, biri İzmir'den, biri Aydın'dan çıkmış. Bir önceki sene? Denizli'den, ikinci Muğla'dan... ÖSS'leri kurcalamaya başladım. Hep tanıdık; Ege'den.

E merak ettim... Niye?
Nedir Ege'yi öne çıkaran?

O öğretmenle konuş, bu öğretmene danış, Milli Eğitim'e sor filan, karşıma hep aynı öyküler çıktı. Cevabı bulmuştum, manşeti de... Türkiye'nin çeşitli şehirlerinde görev yapan çileli öğretmenlerimiz, hiç olmazsa emeklilik dönemlerinde biraz rahat yüzü görebilmek için, ömürleri boyunca biriktirdikleri üç-beş kuruşla, geçinmesi makul, iklimi güzel, İzmir'den Aydın'dan Denizli'den ev alıyor, meslek hayatlarının son dönemine yakın, bir yolunu bulup, tayinlerini bu şehirlere çıkartıyorlardı. Yani, "çıraklık-kalfalık" dönemlerini Anadolu'da geçirip, pişip, "usta"lık dönemlerini Ege'de taçlandırıyorlardı. Dolayısıyla, Ege çocukları, o zorlu yıllar içinde sinirlerini aldırmış, tecrübeli, babacan, sabırlı, şefkatli, "bir-iki yıl sonra mesleği bırakacağım, bu minikleri özleyeceğim, bırakmadan yapabileceğimin en iyisini yapayım" diye düşünen öğretmen kadrosu tarafından yetiştiriliyordu.

Netice?
Şampiyon.

Yukarıda anlattığım avantaj nedeniyle şampiyonlar Ege'den çıkıyordu. Ama, öğretmenlerin illa ki hepsi emekliliğine yakın tası tarağı toplayıp Ege'ye gelmediği için, Artvin'in kafası çalışan çocuğu da Anadolu lisesine girebiliyordu, Mersin'deki Diyarbakır'daki de... Senin okumaya niyetin varsa, tecrübeli öğretmen de vardı.

Ve, hepsi devlet okullarının öğretmenleriydi. Özel öğretmen filan aramazdık, servis mervis yoktu, yürüye yürüye mahallendeki okula git, öğretmenin kralı orda... Zaten "özel okul" diye bir kavram yoktu, hatta alay konusuydu. Özel okul denilen, *Hababam Sınıfı*'nda olduğu gibi, baba parasıyla diploma satın almaya çalışan haytaların gittiği okulumsu yerlerdi. Bende acayip para var, bastırıyorum, özel okula gidiyorum diye gurur duymazlar, aksine söylemeye utanırlardı.

80'ler öyleydi, 90'lar öyleydi.

2009'un manşetlerine bakıyorum...
"Özel okul"lular şampiyon!
Üstelik, hepsi dershaneden.

Devlet olmuş Hababam Sınıfı.

"Fakir fukara garip gureba" diye oy toplayanların yaptığı eğitim reformu işte bu... Dişinden tırnağından artırıp, boğazından kesip, evladını mecburen özel okulda okutmaya gayret eden ana-babalar... Ve, boğazından kesse bile yetmediği için özel okula gönderemediği evladının yüzüne bakmaya utanan ana-babalar.

Özel okula kapağı attığı için, daha iyi maaş, fiziki şartlar, nispeten mutlu öğretmenler... Devlette kaldığı için, gazete bile satın alamaz hale getirilen, hayata küsen öğretmenler...

Bir tarafta İngilizce, Fransızca, Almanca öğrenen çocuklar, bir tarafta dersler boş geçtiği için Türkçeyi bile öğrenemeyen çocuklar.

Bana göre, manşet olmalıydı, satır aralarında kalmış... Diyor ki, alnından öpmek istediğim şampiyon kızımız Cansu, "özel okulda okudum, liselere giriş sınavında Türkiye birincisi oldum, birinci olmak güzel ama, bu eğitim sisteminde ne kadar gurur verici bilemiyorum... Bence haber olması gereken, biz değiliz, fırsat eşitsizliği nedeniyle başarısız olan arkadaşlarımız... Onların ön plana çıkarılması lazım."

Cansu, ilkokulu TED Koleji'nde okudu, ortaokulda ise, Özel Bilfen Çamlıca'nın öğrencisiydi, elektronik mühendisi bir anne ve elektrik teknisyeni bir babanın kızıydı. İstanbul Erkek Lisesi'ni tercih etti.

Cansu Güngör

Nazlıcan

"25'lik erkek gibiyim, eskisinden yüzde 100 daha iyiyim, bu bana Allah'ın ikramıdır, bu memlekette benim gibi 5 erkek ya vardır, ya yoktur, 60'ımdan sonra sekse taktım, ben kadın olsam, beni seçerdim."
(Bırak kadınları, benim bile canım çekti be!)

Yaşıtı gençle flört ederken canından olan talihsiz genç kız için, cinayet sanki normalmiş gibi, "ya davulcuya, ya zurnacıya" diyen bir başbakan yönetiyorsa bu ülkeyi... Reşit olmamış çocukla evlenen 71 yaşındaki adam için, "kadın" Aile Bakanı gıkını çıkarmıyorsa... 14 yaşındaki kızı taciz eden 76 yaşındaki adam için, "kadın" milli eğitim bakanı tek kelime etmiyorsa... Ana-baba denilen tiplerin izniyle; alan razı, veren razıysa... İşin "ahlaki" boyutunu tartışmak manasızdır.

Sorulmayan soru şudur: "Matkap ağa, genç kızlardan harem kurup, kimseye çaktırmadan, kafasına göre takılmak varken, neden evlendi? Bu işi, nikâh kıymadan gizli gizli yapsaydı, ki yapabilirdi, kimsenin haberi olur muydu? Normalde, işine gelmiyorsa, saati sorsan cevap vermez... Peki neden, gazete gazete, televizyon televizyon gezip, ballandıra ballandıra anlatıyor?"

Çünkü...
Bu coğrafyanın, bu toprakların hastalığı var onda.
Gösteriş hastalığı.

Göstermek istiyor.

O nedenle, İngiltere'nin en pahalı şatosunu almıştı matkap ağa... O nedenle, rakibi 44 metrelik yat aldıysa, 45 metrelik yat alır, aynı zihniyetteki bizim işadamları... O nedenle, plajlarda 10 bin dolarlık taşlı mayolar giyer bizim ikoncanlar... O nedenle, parayı bulur bulmaz, gizleyeceğine, 4 çarpı 4 ciplere doluştu bizim türbanlı ikoncanlar... O nedenle, mütevazı yazlıklarda kalırken, göstere göstere, yedi yıldızlı Rixos'larda kalmaya başlarlar... O nedenle, kıçında don yokken, borç harç bulup, teyze kızının düğününde bilezik takma yarışına girer bizim insanımız.

Bu zihniyet için, kadın maldır.
Parası var, aldı, gösteriyor.

25 senedir bu memlekette gazetecilik yapan biri olarak, şunu rahatlıkla söyleyebilirim... Sizin mideniz bulanıyor ama, nüfusun en az yarısı takdir etmiştir matkap ağayı, "helal olsun" demiştir.

"18'lik kız bulduysam, neden evlenmeyeyim, ben salak mıyım?" diyor matkap ağa.

"Hukuki olan, ama, ahlaki olmayan" işlerden uzak duran insanlara "salak" gözüyle bakanların ikoncanıdır matkap ağa.

Nazlıcan Tağızade

Nazlıcan'ın babasının Antalya'da halı mağazası vardı, iflas etmişti, babalarından ayrılıp, annesiyle birlikte Sarıkamış'a gelmişlerdi, Kars'ta Halis Toprak'ın otelinde garson olarak çalışıyordu. Otelin genel müdürü, patronla tanıştırdı. Kuşadası'nda evlendiler. Dokuz ay sonra boşandılar. Nazlıcan "bakire" raporu aldı, 10 milyon lira tazminat, ayda 10 bin lira da nafaka istedi. Mahkeme, tazminatı reddetti, sadece 5 bin 800 lira nafaka bağladı. Nazlıcan, Bulgaristan'a gitti, Plovdiv Üniversitesi Hukuk Fakültesi'ne yazıldı, okul taksitlerini ödeyemediği için kaydı silindi, burs verecek hayırsever arıyordu!

Dila

Avluda musalla.
Bir minik tabut.
Üstünde güllü yemeni.
İçinde Dila.
Yarın bayram güya.

Vali gelmedi.
Büyükşehir belediye başkanı yok.
İSKİ'ciler yok.
Milletvekilleri yok.
Trilyonları haldır haldır cebe indiren müteahhitler de gelmedi...

Olabilir, belki insan içine çıkacak yüzleri yok, AKOM'dan seyretmişlerdir, mobeseden filan... Ama tek tek taradım, çiçek de yok. Telefonla aramamışlar. Başsağlığı bile yok.

Ayakta zor duruyor anne...
Düşerse diye, ambulansı bile aile tutmuş iyi mi.

Ne iş yapar mesela insan hakları dernekleri? Bir yaşındaki körpenin insan yerine konması için illa bölücü mü olması gerekiyor? Nerede kulağı küpeli, saçı atkuyruklu medyatik çevreci örgüt üyeleri? Kutup ayıları kadar değeri yok mu, çevre felaketi kurbanı evlatlarımızın? Bu bitkin babayı omuzlayacak, senin davanı biz üstleneceğiz diyecek barolar nerede?

İmam desen, duruma o kadar hâkimdi ki, "depremde" hayatını kaybeden vatandaşlarımıza rahmet okuyarak başladı söze... "Sen Mars'tan mı geldin hoca?" diyemedik tabii, "amin" dedik usulca... Sonra da "hakkınızı helal edin" dedi. "Helal olsun" dedik, hiç utanmadan... Ne hakkımız olabilir ki o günahsız yavruda? Hep birlikte öldürdüğümüz için bize borçlu mu üstüne Dila? Kader ağlarını ördüğü için mi, balıkçı ağına takıldı taa Bursa'da?

Ve dua ettim uğurlarken, "orada olmak isterdim" diye mesaj gönderen siz okurlarım adına.

Dereleri ıslah edelim mutlaka da...
Allah önce kimleri ıslah etmeli acaba.

⟫⟫⟫⟪⟪⟪

Dila Manav

İstanbul'a alt tarafı yağmur yağdı, çarpık yapılaşma nedeniyle Silivri'de sel oldu, 1.5 yaşındaki Dila taşkın suya kapıldı, Marmara denizinde kayboldu, 10 gün bulunamadı, 10 gün sonra taa Bursa Karacabey sahilinde balıkçılar tarafından cansız bedeni bulundu, maalesef tanınmayacak haldeydi, bileğindeki altın künyeden teşhis edilebildi. Dila'nın ailesi, İSKİ ve Silivri belediyesi hakkında dava açtı. Mahkeme, 40 bin lira manevi, 10 bin lira da maddi tazminat ödenmesine karar verdi. Hepsi bu. Hiçbir sorumlu, sorumlu bulunmadı! Dila'nın hayatına 50 bin lira ödediler, bitti gitti.

Zehra

Seneler evvel "şok" diye bi televizyon programı vardı. "Playboy yıldızı Anna Nicole Smith haftada bir gün sırf zevk için Edirne genelevinde ücretsiz hizmet veriyor" diye haber yaptılar. Kapıda kuyruk oldu iyi mi... Edirne valisi ertesi sabah Anadolu Ajansı aracılığıyla resmi açıklama yaptı, "burada öyle bir hanım çalışmamaktadır" dedi.

Halbuki... Mizah programıydı. Özel televizyon furyasıyla başlayan abuk sabuk sansasyonel habercilikle alay ediyorlardı. Başında ve sonunda bangır bangır "bu bir şaka programıdır, olaylar kesinlikle gerçek değildir, lütfen inanmayın" diye anons yapıyorlardı.

"Çevireceğiniz numaradan önce Alexander Graham Bell'in doğum tarihini tuşlarsanız, telefonla bedavaya görüşebilirsiniz" diye haber yaptılar. O zamanlar Telekom yoktu, PTT'nin santralı kilitlendi. Kimisi "sadece yılı mı tuşlayacağız, gün ve ay'ı da tuşlayacak mıyız?" diye soruyordu, kimisi de "denedim olmadı, benim telefon galiba arızalı" diye şikâyette bulunuyordu. PTT resmi açıklama yapmak zorunda kaldı, "böyle bir uygulamamız yoktur."

Adnan Menderes'in başbakanlığı döneminde çok gizli bir projeyle uzaya gönderilen, ancak, ödenek yetersizliği nedeniyle maalesef geri getirilemeyen Türk astronotun oğlunu canlı yayına çıkardılar! Sayın ahalimiz iki göz iki çeşme ağlamaktan helak oldu. Talihsiz yavrucağa maddi yardım toplamak için kampanya başlatmaya kalkışanlar oldu.

"Aynaya saç spreyi sıkın, televizyonu aynadan seyredin, bu şekilde şifreli kanalın şifresi kırılıyor" haberi yaptılar. "Ekranda çiçek gösterdiğimizde, 10 santim yaklaşın, çiçek kokusu duyacaksınız" haberi yaptılar. "Klozetten çıkıp, popo ısıran yaratık" haberi yaptılar, korkudan günlerce lazımlık kullananlar oldu. "Limuzinle dolaşan sahtekâr dilenci" haberi yaptılar, sokaklarda dilenciler yumruklandı.

Helikopterle UFO kovaladılar.

İguana çorbası tarifi verdiler.

Kırık bir radyo parçasını mucize cihaz diye gösterdiler, "sigara paketlerindeki parlak ambalaj kâğıtlarında gümüş var, İtalya'da icat edilen bu cihazla ayrıştırabilirsiniz" deyip, tüplü müplü deney yaptılar. Uyanık girişimcinin biri, malı mülkü sattı, belediyenin çöp ihalesini aldı, adı geçen İtalyan firmasını aradı, böyle bir İtalyan firması olmadığını öğrenince de, tabancayla programın setini bastı.

169 hafta yayınlandı. Çok zor oldu ama, 169 hafta sonra nihayet yalan olduğu anlaşıldı, izlenme oranı düştü, yayından kaldırıldı.

"Erkek şahısların üstü çıplaktı. Kafalarında siyah bantlar vardı. Kenara, duvar dibine çekildim. Tişörtünde Che Guevara resmi bulunan bayan şahıs, ani şekilde başörtümü tutarak yukarıya doğru kaldırdı, Tayyip'in o…sunu buldum beyler, gelin s…in diye bağırmaya başladı. Kızımın bebek arabasını tuttuğum için kaçamadım. Erkek bir şahıs sol yanağıma tokat attı, sırtüstü yere düştüm. Kalabalık grup etrafımı sardı, tükürmeye, tekmelemeye başladılar. Beni tekmelerken, şerefsizin evladı, o… çocuğu, eşarplı kaltak, devrim yapacağız kökünüzü kazıyacağız, hayvan kaltak, Tayyip'i de seni de si..p yollayacağız şeklinde yüksek sesle hakaret ettiler. Şişman yapılı, etli geniş burunlu biri bebek arabasını sallıyordu, arabanın içindeki kızım aşağı yukarı zıplıyordu. Üç dört kişi benim üzerime idrarlarını yaptılar. Bir kadın, başörtüsüne işeyin, başörtüsüne işeyin diye bağırıyordu. Etrafımdaki şahıslar bana tekme atmaya devam ediyordu. Tam bu esnada bir şahıs, başıma doğru erkeklik organıyla sürtünmeye başladı. Başka bir şahıs, benim arkama geçerek cinsel bölgesiyle sürtünüyordu. Vücudumun değişik yerlerinden cinsel saldırıda bulunanlar vardı. Emekleyerek kaçmaya çalıştım, başaramadım, bir ara kafamı kaldırdığımda baş kısmımdan sürtünmek suretiyle cinsel saldırıda bulunan şahısın uzun yüzlü, kemikli ve çıkık burunlu olduğunu gördüm. İnönü stadında araba yakıyoruz diye bağırma sesi duydum. Etrafımdaki şahıslar dağıldılar. İnönü stadyumuna doğru yürümeye başladılar. Yerden kalktım, bebek arabasının yanına gittim, altı aylık kızım ağlıyordu, sol ayak diz altında sıyrık vardı, kanamıştı, sol kolunda morluk vardı. Bana cinsel saldırıda bulunan şahısların arkasından baktığımda, iki şahsın ellerinde bira şişesi olduğunu, bira şişelerini karşılıklı tokuşturduktan sonra içtiklerini, kahkahalar atarak güldüklerini gördüm. Üç dört dakika sonra eşim geldi. Ağlıyordum. Eşim ne olduğunu sordu. Üzüntümden, eşimin bana saldıran şahıslara karşılık vereceğini bildiğimden dolayı kendisine bir şey söylemedim. Evimize geldik. Temizlenme hissiyle duşa girdim. Bacaklarımda almış olduğum darbelerden dolayı morluklar vardı. Üç dört gün dışarı çıkamadım. Yaşadığım korku neticesinde bebeğimi emziremedim, sütüm kesildi" diye ifade verildi.

Sekiz ay sonra mobese kayıtları ortaya çıktı.
Başından sonuna, yalandı.

Kabataş yalanı... Henüz 88 hafta önce vizyona girdi. Yerel seçimde kullanıldı, cumhurbaşkanlığı seçiminde kullanıldı, haziran seçiminde gene kullanılıyor, şimdilik anca 104 hafta ediyor. Düpedüz yalan olduğunun idrak edilmesi teee 2019 senesindeki seçime kadar dayanmasa bile, en az bir referandum daha kaldırır.

Zehra Develioğlu

Zehra Develioğlu, İstanbul Bahçelievler Belediyesi'nin AKP'li başkanı Osman Develioğlu'nun geliniydi. Tayyip Erdoğan sekiz ay boyunca "bir yakınımın gelinini yerlerde sürüklediler, başörtülü bacıma saldırdılar, görüntüler elimizde" dedi. Sekiz ay sonra... Kabataş tramvay durağının 1 Haziran 2013'e ait güvenlik kamerası kayıtları, Kanal D'de yayınlandı. Görüntülerde Zehra Develioğlu vardı ama, saldırı maldırı yoktu. Zehra Develioğlu durağa geliyor, bekliyor, bir süre sonra eşi geliyor, ikisi birlikte gayet normal şekilde yürüyüp gidiyorlardı. Hepsi buydu. Kabataş bölgesindeki 73 ayrı kamera kayıtları incelenmiş, 2 bin 560 saatlik görüntü izlenmişti. Olağandışı herhangi bir durum söz konusu değildi. Ayrıca... Baz istasyonlarından tarama yapılmış, o zaman diliminde orada bulunan herkesin cep numaraları tespit edilmiş, hepsinin tek tek ifadeleri alınmıştı, olağandışı bi olaya şahit oldum diyen yoktu. O zaman diliminde orada bulunan herkes, Zehra Develioğlu'yla yüzleştirildi, ifadelerinde ayrıntılı eşkaller veren Zehra Develioğlu hiç kimseyi teşhis edemedi. Saldırı iddiası, a'dan z'ye yalandı. Bu korkunç yalanın ortaya çıkması, gazeteci kılığındaki pek çok tipin foyasını da meydana çıkarmıştı. Çünkü, yalan ortaya çıkmadan önce, milleti "doğru" olduğuna inandırmak için, alenen şahitlik etmişlerdi. Mesela... Hürriyet yazarı İsmet Berkan, twitter'da "maalesef gerçek, mobese görüntüleri dahil, pekçok şey var" diye yazmıştı. Bir takipçisinin "siz izlediniz mi?" sorusuna da "evet" yanıtını vermişti. Habertürk yazarı Nihal Bengisu Karaca, twitter'da "Gezicilerin başörtülü anneye saldırı görüntüleri var, izledim" diye yazmıştı. Habertürk televizyonunda program yapan Balçiçek İlter "morlukları gördüm, ille de meraklıysanız raporu var zaten" demişti. Medyanın hali işte buydu. a'dan z'ye yalana, a'dan z'ye şahitlik etmişlerdi. Ve bu tipler, bu kitabın yazıldığı 2015 itibariyle hâlâ utanmadan gazetecilik yapmaya devam ediyorlardı.

Beraber yürüdük biz bu kadınlarla...
2002/2015

HAYRÜNNİSA: 3 Kasım 2002, sandıklar açıldı, ampul çıktı, Abdullah Gül başbakan oldu, başbakanın eşi Hayrünnisanım, eşinin yöneteceği devletle mahkemelikti, üniversiteye türbanla giremediği için, Türkiye'yi Avrupa İnsan Hakları Mahkemesi'ne şikâyet etmişti.

*

MÜNEVVER: Bülent Arınç TBMM başkanı oldu, cumhurbaşkanını yurtdışı gezisine uğurlamaya eşi Münevver hanımla birlikte geldi, böylece, türbanı ilk kez devlet protokolüne soktu.

*

AZRA: Kadınların saçının teline bile tahammül edemeyen türbancılar iktidara geldi, kaderin cilvesi, Türk kızı Azra Akın dünya güzeli oldu.

*

ASENA: Dansöz Asena, İbo Şov'a giderken silahlı saldırıya uğradı, bacağından vuruldu, memleketin en önemli haberi oldu.

*

EMİNE: Tayyip Erdoğan ailece Davos'a gitti, Eminanım "kar yağışı kristal bir rüya gibi, çok romantik" dedi.

*

SEMRA: Cumhurbaşkanı Ahmet Necdet Sezer, bileği kırılan eşi Semra hanımı Hacettepe'nin acil servisine getirdi, sıradan vatandaşlarla röntgen kuyruğuna girdi, gidişte-dönüşte kırmızı ışıkta durdu.

*

CHARLIZE: Oscar ödüllü yıldız Charlize Theron, "Türkiye'de en çok Budapeşte'yi beğendim" dedi. Bizim basın alay etti, "Güzel ama cahil, Amerikalı yıldız İstanbul'u Budapeşte sanıyor" başlıkları atıldı. Halbuki kadın, Güney Afrikalı! Sülalesinde bile Amerikalı yok, Annesi Alman, babası Fransız.

ADRIANA: Zeki Triko'nun İstanbul Atatürk Havalimanı dış hatlar terminalinde Adriana Karembeu'lu bikini reklam panosu vardı, hacı adaylarının aptestini bozuyor diye, perdeyle kapatıldı.
*
FATMA: Özgür Gençarslan diye biri, üzerimde bomba var diyerek, THY'nin İstanbul-Ankara uçağını 196 yolcusuyla kaçırdı, çek Berlin'e dedi, yakıtı biten uçak Atina'ya indi. Tayyip Erdoğan, cep telefonuyla korsanı aradı, korsan teslim oldu. Meğer, eşi Fatma evini terk edip, Almanya'ya ailesinin yanına gitmişti, bu hıyar da eşinin yanına gitmek için en pratik yolun uçak kaçırmak olduğunu düşünmüştü!
*
BRIGITTE: Maliye bakanı Unakıtan'ın eşi Ahsen hanım, türban yerine, saçını eşarpla bağlıyordu, "gençliğimde çok havalıydım, Vakko'dan şapkalar alırdım, beni Brigitte Bardot'ya benzetirlerdi" diyordu.
*
ÜMMÜGÜLSÜM: Antalya Öğretmenevi'nde ilk defa harem-selamlık düğün yapıldı, kadınlar alt katta, erkekler üst katta oturdu, müzik yoktu, gelin Ümmügülsüm'ün nikâh şahidi AKP'li içişleri bakanıydı.
*
DIANA: Tayyip Erdoğan'ın küçük oğlu Bilal evlendi, gelin Reyyan henüz 17 yaşındaydı, reşit değildi, anne-babası evlenme izni verilmesi için dava açtı, sulh hukuk mahkemesi sakınca olmadığına karar verdi, İngiliz *Times* gazetesi "Türbanlı Diana" başlığını attı.
*
CHING: Kenan Evren'in manevi kızı Ching Wang evlendi. Evren 1982'de Çin'e gitmiş, kendisine rehberlik yapan 11 yaşındaki Ching'i Türkiye'ye getirmiş, Boğaziçi Üniversitesi'nde okutmuştu. Türk vatandaşlığına geçip, Türk vatandaşıyla evlenen Ching'in Harbiye Orduevi'ndeki düğün tarihini manevi babası seçmişti: 12 Eylül'dü!
*
YASEMİN: Kürtçe isim yasağı kaldırıldı. İlk iş, Kürtçe erotik film, kaset olarak piyasaya sürüldü. Filmin ismi, *Xaşhiki Kaliki*'ydi, dedenin fantezileri'ydi. Yaşlı bir adamın cinsel maceraları anlatılıyordu. Başrolde, seks filmlerinin popüler yıldızı Yasemin Ünlü vardı.

DENİZ: Bayhan, Popstar'ın finalistiydi. Cinayetten hapis yattığı ortaya çıktı. Rekor oy aldı. Jüri üyesi Deniz Seki isyan etti. "Cinayetten sabıkalı biri nasıl olur da ayakta alkışlanır" dedi. Seyirci yuhladı. Deniz Seki sinirlendi, salonu terk etti. Ertesi gün... Deniz Seki'nin dedesinin cinayetten hapis yattığı ortaya çıktı! 1954'te alacak verecek davası yüzünden bacanağını öldürmüştü. Deniz Seki'ye bu ne perhiz bu ne lahana turşusu diye sordular. "Haberim yoktu, duyunca annemi aradım, meğer benden gizlemişler" dedi. O zamanlar, Deniz Seki'nin kokainden içeri gireceğini kimse tahmin edemezdi.

*

PERİHAN: Beşar Esad, eşiyle Ankara'ya geldi. Dışişleri bakanımız türbanlı eşini getirmedi. Karşılama protokolünde devlet bakanı Kürşad Tüzmen'in türbansız eşi Perihan hanım vardı. Türban henüz kamusal alanda dayatılmıyor, şimdilik nabza göre şerbet veriliyordu.

*

CANAN: CHP milletvekili Canan Arıtman, "Meclis koridorlarında kara çarşaflılar dolaşıyor" dedi. Meclis başkanı Arınç, "sizin de bikiniyle dolaşmanızda mahzur yok ama, bikini giyme yaşınız geçmiş" dedi.

*

LEYLA: 10 senedir hapiste bulunan Leyla Zana, AB'ye uyum çerçevesinde tahliye edildi. Çıkar çıkmaz, AB büyükelçileriyle buluştu, yemek yediler. Adres idealdi, Washington Restoran'dı.

*

EMİNE: Tayyip Erdoğan Özbekistan'a gitti, Şah-ı Zinde Türbesi'ni gezdi. Mihmandar, türbenin merdivenlerini gösterip "buraya günah merdivenleri denir, çıkarken basamakları sayın, inerken saydığınızla aynı çıkarsa, günahsız kabul edilirsiniz" dedi. Çıkıp indiler. Tayyip Erdoğan "sayıyı tutturdum, 36" dedi. Eminanım düzeltti, "37" dedi!

*

ESRA: Tayyip Erdoğan'ın büyük kızı Esra evlendi. Pakistan devlet başkanı, Ürdün kralı, Yunanistan başbakanı ve Romanya başbakanı nikâh şahidiydi. Yedi bin davetli katıldı.

EVREN: Cumhurbaşkanı Sezer'in oğlu Levent, kendisi gibi
bankacı Evren'le Çankaya Köşkü'nde evlendi. Fırsat bu fırsat,
beş bin kişi çağırayım da, nasıl olsa cumhurbaşkanıyım,
yalakalık olsun diye mücevherler taksınlar demedi. Takı töreni
yapılmadı. Hediye vermek isteyenlere "sizin gelmeniz hediye"
denildi. Nikah şahitliklerini gelinle damadın arkadaşları yaptı.
Gelin, Ankara Olgunlaşma Enstitüsü'nde dikilen gelinliği
giydi. Konukların çoğu taksiyle veya servis minibüsüyle geldi.
Köşk'te görevli şoförler, eşleriyle birlikte davetliydi, konuklar
arasındaydı. Düğün yemeği Köşk'ün aşçılarına yaptırılmadı,
dışarıdan sipariş edildi, Köşk'ün bütçesinden ödenmedi,
aile bütçesinden ödendi. Cumhurbaşkanı, o gecenin elektrik
parasını bile kendi cebinden ödedi. Gazeteciler içeri alınmadı,
gazeteciler intikam aldı, düğün haberi birinci sayfalara
konulmadı.
*

NURCAN: Haltercimiz Nurcan Taylan, Atina'da altın
madalya aldı, olimpiyat şampiyonu ilk Türk kadın sporcu
oldu. Sevincimizin kursağımızda kalması, iki saniye sürdü...
Halter milli takımındaki öbür kızlar, antrenörün kendilerini
dövdüğünü, taciz ettiğini öne sürdü. Nurcan Taylan ise
"antrenörü suçlayanlar lezbiyen, İncinur pavyonda çalışıyor,
Aylin, Sibel ve Şule bana bıçakla saldırdı, Nurcihan sakal tıraşı
oluyor, onlar kültürsüz, ben eğitimliyim, fiziğim güzel, beni
kıskanıyorlar" dedi! Antrenör tutuklandı.
*

FATMA: Sahipsiz kızlara sahip çıktığı için 1994'te sivil toplum
kuruluşları tarafından "yılın annesi" seçilen Fatma Derin'in
randevuevi işlettiği ortaya çıktı! Yılın annesi'ni öz kızı ihbar etti.
*

SÜMEYRA: Ardahan'a atanan kadın vaiz Sümeyra Sav,
kadınlara vaaz verdi, "çocuklarınıza cenneti anlatırken,
cennette gazoz nehirleri olduğunu, çikolata ağaçları olduğunu
söyleyin" dedi.
*

TEVFİK: "Arap bacı" tiplemesiyle unutulmazlar arasına giren
Tevfik Gelenbe vefat etti. Kadın rolünü en iyi canlandıran
erkeklerdendi.

SEMİHA: İlk kadın opera sanatçımız, Avrupa'da sahne alan ilk kadın opera sanatçımız Semiha Berksoy, 94 yaşında rahmetli oldu.

*

TUĞÇE: Manken Tuğçe Kazaz, Hıristiyan oldu, Yunan oyuncu Yorgos Seitaridis'le Atina'da kilisede evlendi. Sonra boşandı, gene din değiştirdi, gene Müslüman oldu. Tesettür defilelerine çıktı, umreye gideceğini açıkladı. AKP şakşakçısı oldu. CHP yüzünden Hıristiyan olduğunu söyledi! Namaz kılmaya başladığını, namaz kılarak boyun ağrılarından kurtulduğunu izah etti. Ak Saray'a kabul edildi, Tayyip Erdoğan tarafından ağırlandı. Boşandığı eşi Yorgos, uyuşturucu kuryeliği yaparken Kos adasında suçüstü yakalandı, hapse atıldı.

*

BİRSEN: Orhan Pamuk, İsviçre dergisine konuştu, "Türkiye'de 30 bin Kürt, 1 milyon Ermeni öldürüldü" dedi. Peki neden, onca ülke varken bu lafı gidip İsviçre'de söyledi? Çünkü... İsviçre'de "soykırım var" demek serbestti, "soykırım yok" demek yasaktı. Orhan Pamuk'un söylediklerine karşı savunma yapılması, kanunen suçtu. Gel gör ki... Bize "soykırımcı" diyen İsviçre'nin Ankara Büyükelçisi Walter Gyger eniştemizdi, soykırımcı dediği milletten, Birsen hanımla evliydi.

*

PERİ: Melih Gökçek'in "böyle sanatın içine tükürürüm" diyerek kaldırttığı heykel, mahkeme kararıyla yerine dikildi. "Periler Ülkesinde" isimli heykeli, Mehmet Aksoy yapmıştı. Perilerini kurtaran Mehmet Aksoy, ucube'sini kurtaramayacaktı!

*

CLARE: Yabancılara öylesine miktarda mülk satılıyordu ki, İngiliz emlakçı Clare Walker, Aydın Didim'de vergi rekortmeni oldu.

*

GÜLSEREN: Eurovision'a Gülseren'in "rimi rimi ley" şarkısıyla katıldık, anca 13'üncü olduk. Rimi rimi ley, bu ne biçim şey'di... Yunanistan kazandı, Türkiye Yunanistan'a 12 tam puan verdi, Yunanistan Türkiye'ye günahını bile vermedi, sıfır verdi.

KEZBAN: Hukuk profesörü Hüseyin Hatemi'nin avukat eşi Kezban Hatemi, AKP iktidara gelmeden önce tanınmıyordu, AKP iktidara gelince, aniden televizyonların en gözde yorumcusu oldu. Ve, Emine Erdoğan'ın başındakinin türban değil, başörtüsü olduğunu söyledi. Kezban hanımın yakında "akil" olacağından kimsenin haberi yoktu!

*

NESLİHAN: Kezban Hatemi'nin Emine Erdoğan yorumu, modacılara soruldu. Dilek Hanif "türban olarak algılıyorum" derken, Fevziye Çamer "tesettürdür" dedi. Cengiz Abazoğlu "türban değil" derken, Neslihan Yargıcı "tabii ki türban, başörtüsü değil, sarık desek, o da değil" dedi. Vural Gökçaylı "türban da değil, başörtüsü de değil" diye yuvarlarken, maalesef, Cemil İpekçi'ye fikrini sormadılar.

*

NAZLI: AKP'ye toz kondurmayan gazetecilerden Nazlı Ilıcak, Mehmet Barlas'ın sunduğu "beyin fırtınası" programına, Fransız usulü türban takarak çıktı. Programın öbür konuğu Reha Muhtar "sizin gibi göğüs dekolteli türbanlıyı pek göremiyoruz" dedi. AKP goygoycusu Mehmet Barlas ise, Nazlı Ilıcak'ın taktığı türbanı Brigitte Bardot'nun da taktığını söyledi. AKP usulü Brigitte Bardot, pek yakında AKP tarafından "Fethullahçı" ilan edilip, yandaş medyadan kovulacaktı.

*

KÜLOT: Kuran kurslarında promosyon dönemi başladı. Çocuklara bilgisayar, bisiklet, cep telefonu filan veriliyordu, teşvik ödülleri cami avlularında sergileniyordu, duyuru pankartları minarelere asılıyordu. Mersin Mezitli'de bi imam, Kuran kursuna katılan 14 yaşındaki kız çocuğu F'ye "en başarılı öğrencim sensin" diyerek, iç çamaşırı hediye etti. Evli ve bir çocuk babası imam, tacizden tutuklandı.

*

PLAYBOY: Şikâyet yağdı, RTÜK devreye girdi, Exotica, Playboy gibi kanallar Digitürk'ün yayın listesinden çıkarıldı. Sayın ahalimiz, şifreli yayınlanan erotik kanallara para ödeyip abone oluyor, geceyarılarına kadar bekliyor, geceyarısı saat 1'de başlayan programları seyrediyor, sonra da "bunlar ahlakımızı bozuyor" diye RTÜK'e şikâyet ediyordu!

PREZERVATİF: Alman Condomi firması, Türkiye pazarına girmeden önce kamuoyu araştırması yaptırdı. Türk erkeklerinin büyük boy prezervatif kullandığını belirledi. Piyasaya girince şoka girdi. Çünkü... Anketlerde 20 santim diyen erkeklerimiz, 15 santimlik standart boyu alıyordu. Büyük boy'lar elde kaldı. Türkiye'deki kamuoyu araştırma anketlerinin ne kadar gerçekçi (!) olduğunun, farklı bi kanıtıydı.

*

ZEYNEP: AKP Adana milletvekili Zeynep Tekin Börü'nün derdi çok büyüktü. Meclis kuaförünün güzel topuz yapamadığını belirterek, meclis genel sekreterliğine başvurdu. Sosyal hizmetler müdürlüğü devreye sokuldu. Meclis kuaförleri kursa gönderildi.

*

ARTEMİS: Berlin'in en lüks genelevini bir Türk vatandaşı açtı. "Artemis" isimli genelev için altı milyon euro harcamıştı. "Bizimki farklı bir konsept, bayanlar var, fuhuş var ama, ticari işletme, ben pezevenk değilim" diyordu. Aman yanlış anlaşılmasındı yani... Bu kerhanede her şey vardı, bi tek ne yoktu biliyor musunuz? Alkol yoktu. Benzetmek gibi olmasın ama, Türkiye'yi andırıyordu. Her haltı yiyebiliyordun, içki yasaktı!

*

ANGELA: Tayyip Erdoğan, Almanya başbakanı Angela Merkel'e İstanbul'da iftar verdi. Salona Mozart marşıyla girdiler, ezanla oruç açtılar, tasavvuf müziğiyle yemek yediler, AB marşıyla gittiler.

*

MURIEL: Irak'ta intihar saldırısı yapıldı, beş polis öldü, canlı bomba El Kaide militanıydı. Kadın'dı. Belçikalıydı. Dünya tarihinin, Hıristiyanlıktan Müslümanlığa geçen ilk kadın canlı bombasıydı. 38 yaşındaki Muriel Degauque, bir Türk'le evlenip, din değiştirmişti, Meryem adını almıştı. Sonra boşanmış, Faslı biriyle evlenmişti.

PERRAN: Hayat Bilgisi, en çok izlenen televizyon dizilerinden biriydi. Başroldeki Perran Kutman, kendisine "hocam" diye hitap edenleri uyarıyor, "hocam değil, öğretmenim diyeceksin, hoca camide" diyordu. Dizideki bu replik, Milli Eğitim Bakanı Hüseyin Çelik'i kızdırdı. "Hoca camide denmesi doğru bir mesaj değil" dedi. Perran Kutman'ın yanlış mesaj verdiği, bakan'ın haklı olduğu, pek yakında görülecekti. Çünkü... AKP iktidarında, öğretmenlerin ataması yapılmayacak, camideki hocalar okullarda ders verecekti!

*

NECMİYE: Danimarka gazetelerinde Hazreti Muhammed karikatürleri yayınlandı. Dünyada yangın çıktı, batılı ülkelerin elçilikleri saldırıya uğruyordu ki... Trabzon Santa Maria Kilisesi'nin İtalyan Katolik rahibi Andrea Santoro, dua ederken sırtından iki kurşunla vurularak öldürüldü. Katil henüz 16 yaşında, lise öğrencisiydi. Elinde Glock marka tabanca vardı. Biri imam nikâhlı, iki eşli bir babanın oğluydu. Annesi Necmiye Akdin, AKP Trabzon kadın kolları yönetim kurulu üyesiydi. Oğlu 18 sene hapis cezası alınca, "helal olsun evladıma, Allah için yatıyor" dedi.

*

SUMRU: Danıştay başkanlığına Sumru Çörtoğlu seçildi. 1994-98 arasında görev yapan Füruzan İkincioğulları'ndan sonra ikinci kadın başkandı.

*

AYTAÇ: Türbanlı öğretmen Aytaç Kılınç Çaman, anaokuluna "müdür" olarak atanmıştı, ancak, hemen görevden alınmış, bir başka okula "öğretmen" olarak gönderilmişti. Türbanlı öğretmen mahkemeye başvurmuş, müdürlük görevine iadesini istemişti. Dava döndü dolaştı, Danıştay 2'nci Dairesi'ne geldi. "Okulda türban takmadığını söyleyen öğretmenin, kimliğinde türbanlı fotoğraf olduğu, okula gidip gelirken türban taktığı, dolayısıyla, kamu görevlisinin türbanla yöneticilik yapamayacağına, müdür olamayacağına" hükmedildi. Dinci basın bu kararı çarpıttı, "sokakta bile başörtüsü takmamızı yasakladılar" diye duyurdu. *Vakit* gazetesi "işte o üyeler" manşeti attı. Kararda imzası olan Danıştay üyelerinin fotoğraflarını yayınladı, açık hedef haline getirdi. Tayyip Erdoğan çıktı, "Danıştay efendi, bu iş senin işin değil, Diyanet'in işi" dedi. Danıştay basıldı... Alparslan Aslan isimli saldırgan, Danıştay 2'nci Dairesi'nin toplantı halindeki üyelerine 11 el kurşun sıktı. Başkan Yücel Özbilgin hayatını kaybetti. Mustafa Birden, Ayla Günenç, Ayfer Özdemir ve tetkik hâkimi Ahmet Çobanoğlu yaralandı. *Vakit* gazetesinin "işte o üyeler" manşetiyle açık hedef haline getirdiği heyetin, tamamı vurulmuştu. Saldırgan avukattı, "türbanlı öğretmen kararının cezasını verdim" dedi.

*

ÜMMÜ: Tayyip Erdoğan "halimiz ne olacak, iki senedir anamız ağlıyor" diyen Mersinli çiftçiye "artistlik yapma lan, ananı da al git" diye bağırdı. Çiftçinin annesi, Ümmü Öncel'di, 71 yaşındaydı.

*

A. K. : Genelev kadını A.K., malulen emekli olmak için SSK'ya başvurdu. 76 yaşındaydı. Okmeydanı hastanesi sağlık kurulu "iş görür" raporu verdi iyi mi... Kadıncağız, çalışma bakanına rica mektubu yazdı. "Sevgili oğlum, Menderes zamanından beri çalışıyorum, yaşlılığıma hürmeten bana yardım et" dedi.

*

ŞENGÜL VE HANDAN: Mekke'de otel çöktü. 76 kişiyle birlikte, diyanet işlerinin Türk hastanesi'nde görev yapan iki hemşiremiz, Şengül Uzuner ve Handan Kurtuluş da hayatını kaybetti. Suudi Arabistan cenazeleri Türkiye'ye göndermedi. Hac nedeniyle sınır kapıları kapatıldığı için, aileleri de gidemedi. Mekke'de defnedildiler. Vahabilik gereği, mezar taşları bile olmadı. Ankara Beypazarı Devlet Hastanesi'nin personeliydiler. Gıyabi cenaze namazları Beypazarı'nda kılındı. 35 yaşındaydılar. İkişer çocuk annesiydiler.

*

İKBAL: TRT'de dinci kadrolaşma ayyuka çıktı. Gün Başlıyor programının sunucusu İkbal Gürpınar, yönetimin baskılarına dayanamayarak istifa ettiğini açıkladı. "Konuklarımın kıyafetlerini dekolte bulup, müdahale ediyorlardı, kahkaha atmama bile karışıyorlardı" dedi. Hadisenin matrak tarafı... Bu arkadaş, pek yakında tesettüre girecek, dinci tabir edilen kanallarda program yapacak, hatta "Allahuekber yihhuuu" sloganıyla meşhur olacaktı!

HATİCE: Gazeteleri açtık, parmak arası terlikli bi adam, kucağında genç bi kadınla manşetlerdeydi. İstanbul büyükşehir belediyesine bağlı Belbim'in genel müdürü Adnan Şahin'di. Evliydi, eşi türbanlıydı. Kucağındaki kadının saçı başı açıktı. Adnan bey basın toplantısı düzenledi, "yazlığım Alanya'da Dim çayının yakınında, Hatice hanımı Dim çayında karşı kıyıya geçirirken kucağıma aldım, yoksa herhangi bir gönül ilişkimiz yok" dedi. Muhteşem izahattı!

*

SEDA: Kanal D'deki programına türban takarak çıkan Seda Sayan, Tekbir Giyim'in mankenlerine tesettür defilesi yaptırdı.

*

HÜLYA: Kendi adını taşıyan dergisinin kapak fotoğrafı için poz veren Hülya Avşar, türbana benzeyen bandana taktı. "Türbana sıcak bakıyorum, çok özeniyorum, türban takabilirim" dedi.

*

DUYGU: 1987'de kaleme aldığı *Kadının Adı Yok* romanıyla adeta çığır açan gazeteci-yazar Duygu Asena, 60 yaşında vefat etti.

*

GÜZİN: 50 senedir aşk, yalnızlık, cinsellik, töre gibi konularda milyonlarca insanın derdine ortak olan, köşesinden çare üreten, Türkiye'nin "Güzin Abla"sı, Güzin Sayar rahmetli oldu.

*

RAKEL: Gazeteci Hrant Dink katledildi. Uğur Mumcu'dan beri memleketin gördüğü en kalabalık cenaze töreniydi. Eşi Rakel'in "sevgiliye mektup" diye başladığı veda konuşması televizyonlardan naklen yayınlandı. "Sevdiklerinden ayrıldın, çocuklarından, torunlarından ayrıldın, burada seni uğurlayanlardan ayrıldın, kucağımdan ayrıldın, ülkenden ayrılmadın."

*

ARZUHAN: Aydın Doğan'ın en büyük kızı Arzuhan Doğan Yalçındağ, TÜSİAD'ın ilk kadın başkanı oldu.

*

ANDREE: Abdullah Gül cumhurbaşkanı seçilirken, Bekir Coşkun *Hürriyet*'teki köşesinde "o benim cumhurbaşkanım olmayacak" diye yazdı. Tayyip Erdoğan öfkelendi, "bunu diyenler vatandaşlıktan çıkmalı, çeksin gitsin" dedi. En güzel cevabı, Bekir Coşkun'un eşi Andree verdi. "Ben Fransız asıllı

Türk vatandaşıyım. Bir Türk'e âşık oldum, onunla evliyim. Bu topraklarda doğdum, annem babam bu topraklarda öldü, bu topraklara gömüldü, ben de bu topraklarda öleceğim, bu topraklara gömüleceğim. Fransa Ankara Büyükelçisi'nin bize teklif ettiği Fransa pasaportunu reddettik, çifte vatandaşlığı bile kabul etmedik. Başbakan'ın sözleri gururumu rencide etti, içimi acıttı. Cevabım şudur... Hayır sayın başbakan, bir yere gitmiyoruz, buradayız!"
*

KÜBRA: Abdullah Gül cumhurbaşkanı seçildi, bismillah ilk icraat, kızı Kübra'yı evlendirdi. Düğün, İstanbul gösteri ve kongre merkezinde yapıldı, üç bin davetli katıldı, altı bin polis nöbet tuttu. Şarkıcı Kıraç özel beste yaptı, nikâh sırasında o çalındı. Tavandan ışık şelalesi döküldü. Takılar desen... Derishow'un hazırladığı torbalarla toplandı.
*

GÖNÜL: Haşim Kılıç, Anayasa Mahkemesi başkanı oldu. Tarihte ilk'ti. Çünkü, hukukçu değil, iktisatçıydı. Eşi Gönül hanım, türbanlıydı.
*

AYSEL VE FATMA: PKK Dağlıca'yı bastı, 12 askerimizi şehit etti, sekiz askerimizi kaçırdı. İki hafta sonra, iyiniyet adı altında, Kuzey Irak topraklarında, DTP milletvekilleri Aysel Tuğluk ve Fatma Kurtulan'a teslim ettiler. Masa kurmuşlar, üstüne PKK bayrağı sermişler, yanına esir askerlerimizi dizmişler, teslim tutanağı imzalayarak, törenle bırakmışlardı. DTP'lilerin tutanakla aldığı askerlerimiz, Erbil'de Amerikan askerlerine devredildi, memlekete Amerikalılar getirdi.
*

TAKAYASU: Yimpaş'ın patronu Dursun Uyar'a sermaye piyasası kanununa aykırı davranmaktan iki sene hapis cezası verildi. Tam cezaevine gireceği gün, hastaneye yattı, "takayasu" olduğu açıklandı. 1908'de Japon doktor Takayasu tarafından keşfedilen hastalık türüydü, bayılma, ateş filan yapıyordu. Küçük bi pürüz vardı... Kadınlarda görülüyordu!
*

BENAZİR: İlk Müslüman kadın başbakan Benazir Butto'yu havaya uçurdular.

BÜLENT: Kuzey Irak'a sınırötesi harekât yapıldı, bu harekat Popstar Alaturka yarışmasında masaya yatırıldı! Bülent Ersoy lafı şehitlere getirdi, "vatan bölünmez, bilmem ne olmaz falan ama, analar doğursun, toprağa versin, bu mudur yani? Başkalarının masabaşı savaşı için evladımı harcayamam" dedi. Halkı askerlikten soğutma suçundan soruşturma açıldı. DTP'li Ahmet Türk "Bülent Ersoy kadar cesur olamadılar" deyince, AKP milletvekili Hüsrev Kutlu "o kadar cesur olsaydık, biz de bir yanımızı kestirirdik" cevabını verdi. "Oğlum olsa askere göndermezdim" diyen Bülent Ersoy'un, askerliğini 1976'da bahriyeli olarak Gölcük'te yaptığı ortaya çıktı, fotoğrafları yayınlandı, asker arkadaşları bulundu, askerlik hatıraları anlattırıldı. Bu hayati mevzuyu bile magazinleştirmeyi başarmıştık.

*

BEYZA: Tayyip Erdoğan'ın danışmanı Cüneyd Zapsu, saç baş tartışmalarına kıç'ından baktı, "türbanını çıkar demek, sokaktaki bir kadına donunu çıkar demekten farksızdır" dedi. Bu lafı eden Cüneyd Zapsu, bir başka "başörtüsü" haberiyle manşetlere çıktı. Eşi Beyza Zapsu, kendisi gibi "başı açık" bir grup kadınla birlikte, İstanbul Çamlıca'daki Subaşı Camii'nde "kadınlı-erkekli" yan yana saf tutup, Cuma namazı kıldı. Fotoğrafları gazetelerde yayınlandı. "Sosyete tarikatı" denilen bir gruba mensup oldukları iddia edildi.

*

SÜMER: Doktor Sümer Güllap vefat etti. Hani, Tayyip Erdoğan makam arabasında bayılmış, telaşla Güven Hastanesi'nin acil servisine getirilmiş, şoför kontak anahtarını içerde unuttuğu için kapılar kilitlenmiş, balyozla çıkarılmıştı ya... İşte o acil serviste Tayyip Erdoğan'a ilk müdahaleyi yapan, doğru teşhisi koyan doktordu. Henüz 42 yaşındaydı. Herhangi bir sağlık sorunu yoktu. Vefat ettiği gün bile çalışmıştı. Aniden komaya girdi, solunum cihazına bağlandı, kurtarılamadı. Güven Hastanesi başhekimi "çok şaşırdık" dedi. Sayın medyamız tarafından hiç önemsenmedi. Anca arka sayfalarda küçücük haber olabildi. Türkiye'de neredeyse tüm ölümler "şüpheli" bulunurken, 20 sene sonra kabirler açılıp suikast izleri aranırken, maalesef, bu genç kadının sürpriz ölümü üzerine hiç kafa yorulmadı.

SAKİNE: AKP'ye kapatma davası açan Yargıtay Cumhuriyet Başsavcısı Abdurrahman Yalçınkaya, yandaş medya tarafından "başörtüsü düşmanı" ilan edildi. Halbuki, başsavcının annesi Sakine hanım başörtülüydü. Hatta, sekreteri bile türbanlıydı. Sabih Kanadoğlu döneminde Yargıtay Cumhuriyet Başsavcılığı'na alınan sekreter, özel hayatında türbanını takıyor, mesaisine başlarken saçını açıyordu.
*

B. Ç. : *Vakit* gazetesinin 76 yaşındaki yazarı Hüseyin Üzmez, 14 yaşındaki kız çocuğu B.Ç.'ye cinsel tacizde bulunmaktan, tutuklandı. Çocuk, uzmanlar nezaretinde ifade verdi, bütün rezilliği anlattı. Buna rağmen, yandaş medya Hüseyin Üzmez'i savunuyordu. "Ergenekoncuların Hüseyin Üzmez'e hap içirdiğini, o hap yüzünden ne yaptığını bilemez hale geldiğini" öne süren bile vardı!
*

LEYLA: La diva Turca, dünyaca ünlü sopranomuz Leyla Gencer vefat etti. Vasiyeti üzerine, bedeni yakıldı, külleri Boğaz'a serpildi.
*

ZÜLFİYE: Memleketi keneler sardı, Kırım Kongo Kanamalı Ateşi'nden ölen öleneydi. Karabük'te 75 yaşındaki Zülfiye Tunç vefat etti. Cenaze namazını kıldıran imam "bunlar hep fuhuş arttığı için oluyor, cezalandırılıyoruz" dedi. Seks kölesini biliyorduk ama... Seks kenesi'ni ilk defa duyuyorduk!
*

HATİCE, FADİMANA, TESLİME, RUKİYE, ŞERİFE: Konya'nın Balcılar beldesinde kaçak Kuran kursunun yurdunda gaz kaçağından patlama oldu. Bina çöktü. Hatice, Fadimana, Fadime, Teslime, Şerife, Leyla, Ümmünur, Elif, Sema, Rukiye, Semra... 17'si kız çocuğu, 1'i kadın hoca, 18 insanımız can verdi. Ne milli eğitim'in izni vardı, ne diyanet'in izni vardı, ne deprem raporu, ne de itfaiye raporu vardı. Takdiri ilahi deyip geçtiler... 18 cenaze, sıfır şikâyet vardı. Hatta, çocukların aileleri "şehit oldular, sakın Kuran kursumuz hakkında kötü bir şey yazmayın" diye gazetecileri tembihliyordu.

NURSELİ'YLE SİSİ: Tiyatro sanatçısı Nurseli İdiz'le "travestiler kraliçesi Sisi" lakaplı Seyhan Soylu, Ergenekon'dan gözaltına alındı.
*
SARAH: İngiltere Kraliçesi'nin eski gelini, York Düşesi Sarah Ferguson, kurucusu olduğu İngiliz Çocuk Esirgeme Vakfı adına Türkiye'ye geldi, Ankara Saray Rehabilitasyon Merkezi'nde gizli kamerayla çekim yaptı. Zihinsel engelli kimsesiz çocuklarımıza nasıl kötü davranıldığını görüntüledi, İngiltere'de ITN televizyonunda yayınladı. İçler acısıydı. Çocuklar ellerinden karyolalara bağlanıyor, itilip kakılıyor, kafes benzeri yerlere tıkılıyordu. AKP hükümeti, çocuklara yapılan işkenceyi önleyeceğine, diplomatik kriz çıkardı. York Düşesi, Türk düşmanı ilan edildi. Mahkemeye verildi, 22 sene hapsi istendi. Netice? Affa sokuldu, gıyabında açılan dava düşürüldü.
*
AYSEL: Firuze, Ünzile, Yalnızca Sitem, Ne Kavgam Bitti Ne Sevdam, Yanarım, Abone, Sarışınım, Gençlik Başımda Duman, Ben Her Bahar Âşık Olurum, Sen Ağlama, Haydi Gel Benimle Ol gibi, unutulmaz şarkıların çılgın söz yazarı Aysel Gürel vefat etti.
*
SEMA: Tayyip Erdoğan'ın küçük oğlu Bilal'le, büyük gelini Sema'nın Atatürk Havalimanı'nda ortak kuyumcu açtıkları ortaya çıktı.
*
AHSEN: Maliye Bakanı Kemal Unakıtan, ABD'de kalp ameliyatı oldu, yurda döndü. Eşi Ahsen hanım, ameliyat yeri için Allah'a dua ettiğini belirterek, "rabbime sordum, içime Cleveland doğdu" dedi.
*
DURU: Abdullah Gül'ün 15 yaşındaki oğlunun sigortalı yapıldığı konuşulurken… Kemal Kılıçdaroğlu'nun 10 aylık torunu Duru'nun sigortalı yapıldığı ortaya çıktı!

MÜNEVVER: İstanbul Etiler'de çöp konteynerine atılmış bavuldan, vücut çıktı. Gitar çantasından, kafa çıktı. 17 yaşındaki lise öğrencisi Münevver Karabulut'tu. 17 yaşındaki arkadaşı Cem Garipoğlu tarafından, Bahçeşehir'de villada öldürülmüş, testereyle parçalanmıştı. Cem kaçtı. 197 gün sonra teslim oldu. Cem'in Münevver'i öldürmesiyle teslim olması arasında geçen 197 günde, sırf İstanbul'da 38'i kadın, 249 cinayet daha işlenmişti. Cem, 24 sene hapis cezasına çarptırıldı. İndirimlerle beraber 2024 senesinde, 32 yaşındayken serbest kalacaktı. Beş senedir hapisteydi, 1849 gündür koğuşta tek başına kalıyordu. İntihar etti. Karacaahmet mezarlığında toprağa verildi. "Kitap poşetini kafasına geçirip, çamaşır ipini boynuna üç tur doladığı, iki defa düğümleyip, sıktığı" açıklandı. Cezaevinin kamera kayıtlarına göre, tek başına kaldığı koğuşa hiç kimse girip çıkmamıştı. Ama... Cem'in intihar etmediğini, intihar süsüyle kaçırıldığını düşünenlerin sayısı hayli fazlaydı. Yurtdışına götürüldüğü öne sürülüyordu. Münevver'in ailesi savcılığa başvurdu. İnceleme başlatıldı. Cem'in annesi ve babası Adli Tıp'a doku, tükürük, kan örneği verdi, DNA analizi yapıldı. Cem'in vücudundan alınan örneklerle eşleştirildi. Uyumlu çıktı. Adli Tıp'a göre, intihar edip toprağa verilen, Cem'di. Neden böylesine hunharca bir cinayet işlediğini polis çözememişti, mahkeme çözememişti, sırlarıyla gitti.
*

TÜRKÂN, TİJEN, GÜLSEREN: Çağdaş Yaşamı Destekleme Derneği Başkanı Profesör Türkân Saylan'ın Ergenekon'dan evi basıldı. *Milliyet* gazetesi adına "Baba Beni Okula Gönder" kampanyasını yürüten Tijen Mergen, emniyete götürüldü, sorgulandı. Hakkında yakalama kararı çıkartılan Çağdaş Eğitim Vakfı Başkanı Gülseren Yaşer, ABD'de kanser tedavisi görüyordu, kendisine telefonla ulaşan gazetecilere, "başıma gelenler cemaat yüzünden, dokuz senedir onlarla mücadele ediyoruz, o nedenle gözaltına aldırmaya çalışıyorlar" dedi.
*

BİHTER: Aşk-ı Memnu dizisinde Behlül, yengesi Bihter'i dudağından öptü, izlenme rekoru kırıldı, o an açık olan 100 televizyonun 70'inde Aşk-ı Memnu vardı.

SEVGİ: Mardin'in Bilge köyü'nde düğün sırasında katliam yaşandı. Gelin-damat aileleri birbirlerine el bombalarıyla, uzun namlulu silahlarla saldırdı. Gelin Sevgi Çelebi'yle, damat Habip Arı dahil, 44 kişi hayatını kaybetti. 70 çocuk öksüz ve yetim kaldı. Dava dört sene sürdü, neticede "namus meselesi" çıktı. "Törerizm"di.

*

NAZLICAN: 71 yaşındaki işadamı Halis Toprak, 17 yaşındaki Nazlıcan Tağızade'yle evlendi. Halis Toprak'ın kızları savcılığa başvurdu, 17 yaşındaki "üvey anne"lerinin Çocuk Esirgeme Kurumu tarafından koruma altına alınmasını, evliliğin iptal edilmesini talep etti. Halis Toprak pişkin pişkin ekranlara çıkıyor, "Nazlıcan'dan önce 50 tane kız getirdiler, onları beğenmedim, 25'lik erkek gibiyim, bu bana Allah'ın ikramıdır, bu ülkede benim gibi beş erkek ya vardır ya yoktur, 60'ımdan sonra sekse daha fazla kafayı taktım, ben kadın olsam beni seçerdim" diyordu. Dokuz ay sonra boşandılar.

*

SAİME: Köksal Toptan'ın eşi Saime hanımın saçı açıktı. Toplum türbana yavaş yavaş alıştırıldığı için, Köksal Toptan TBMM başkanı yapılmıştı. Son kullanma tarihi doldu, Köksal Toptan kenara alındı, Mehmet Ali Şahin TBMM Başkanı seçildi. Böylece... Cumhurbaşkanı, Başbakan, TBMM Başkanı, ilk kez, üç makamın eşi de türbanlıydı.

*

SANİYE: Mehmet Ali Şahin'in TBMM Başkanı seçildiği gün... Mehmet Ali Şahin'in eşi Saniye hanımın böbrek naklini yaparak hayatını kurtarmış olan Profesör Mehmet Haberal, müebbet hapisle yargılanmaya başlandı.

*

AYŞE: *Hürriyet* gazetesi hidayete erdi. Ayşe Arman türban taktı, sokaklarda dolaştı, haşemayla denize girdi, gözlemlerini yazdı. Ertuğrul Özkök'le Ahmet Hakan umre'ye gittiler, Kâbe'yi tavaf ettiler, hicret yolunu katettiler, "Peygamber'in izinde" başlığıyla dizi yaptılar. Nafileydi... Aydın Doğan'a dört milyar liralık yeni vergi cezası kesildi.

*

AYHAN: Başbakan Menderes'le aşk yaşayan, Yassıada duruşmalarına konu olan opera sanatçımız Ayhan Aydan, 85 yaşında vefat etti.

SELMA: Hrant Dink'in katili Ogün Samast, cezaevinde Selma Şahin'le evlendi. Nikâhı, Kandıra cezaevinin bulunduğu Akçakese köyü'nün muhtarı kıydı. Nikâh şahitliklerini, infaz koruma memurları yaptı.
*

NÜKHET, DEMET, GÜLSE, IŞIN, SAFİYE, MELTEM: Tayyip Erdoğan, sanatçı sıfatı taşıyan tipleri Dolmabahçe'deki ofisinde topladı, açılım'a destek istedi. Katılanlar arasında, Sertab Erener, Hülya Avşar, Demet Akalın, Nükhet Duru, Emel Sayın, Safiye Soyman, Bülent Ersoy, Muazzez Ersoy, Demet Akbağ, Gülse Birsel, Işın Karaca, Seda Sayan, Meltem Cumbul filan vardı.
*

BERNA: Tayyip Erdoğan, Roman açılımı yaptı, Roman vatandaşları Abdi İpekçi Spor Salonu'nda topladı, "kırmızıyı severler, birbirlerini överler" dedi. Birbirlerini överler lafını duyan Kibariye dayanamadı, "çuk yakışıklı adamsın, üstüne tanımam anacım" dedi. O sırada… Ankara Üniversitesi antropoloji bölümü öğrencisi Berna Yılmaz, salonun kapısında "parasız eğitim istiyoruz" pankartı açtı. Sürüklene sürüklene karakola götürüldü, tutuklandı. Hem okuduğu üniversiteden attılar, hem de 601 gün hapis yatırdılar, 601 gün!
*

SILA: Erzincan Cumhuriyet Başsavcısı İlhan Cihaner'in evi, polis tarafından basıldı. Altı yaşındaki kızı Sıla'ya ait olan *Kırmızı Başlıklı Kız, Cinderella, Garfield, Temel Reis, Buggs Bunny, Alaattin'in Sihirli Lambası* gibi çizgi filmlere el konuldu. İddianamede deliller arasında gösterildi. Kırmızı Başlıklı Kız, Ergenekoncuydu, haberi yoktu!
*

SUNAHANIM: Ergenekon, boşanma davalarında bile "delil" oluyordu. Emekli tümamiral İlker Güven, eşi Sunahanım Güven'e boşanma davası açtı. Sunahanım Güven, "kocam bir bavul gizli askeri belgeyi sattı, evdeki çantalarda beş milyon doları vardı" dedi. Adamcağızı "işte Ergenekon'un köstebeği" diye manşet yaptılar. Halbuki, donanmada "iki" İlker Güven vardı. Biri tuğamiraldi, biri tümamiraldi. Ergenekon'dan evi basılan emekli tuğamiral, öbür İlker Güven'di. "Askeri belge" lafının üstüne atlayıp, İlker Güven'leri karıştırmışlardı. Üstelik "evinde beş milyon doları var" denilen tümamiral İlker Güven, kirada oturuyordu, evi yoktu, borçları nedeniyle otomobilini bile satmıştı. Boşanma duruşmasından çıkarken gazetecilere dert yandı, "Ergenekon moda olduğu için, hanımefendinin aklına bu gelmiş herhalde" dedi.

*

NESRİN: Manevi suikast işlendi, Deniz Baykal'ın kasedi çıktı. İnternette yayınlanıyordu. Gizli kamera görüntüleriydi. Yatak odasında kaydedilmişti. Baykal'ı giyinirken gösteriyordu. Bir de giyinen kadın vardı. CHP Ankara Milletvekili Nesrin Baytok'a ait olduğu öne sürülüyordu. Deniz Baykal ve söz konusu kadın, hiçbir karede yanyana değildi. Ancak, sanki bu görüntülerin devamı varmış da, şimdilik bu kadarı gösteriliyormuş gibi bir hava estirildi. Demokrasi tarihimizin kırılma noktalarından biriydi. CHP, bu komployla "dizayn" edildi, "Yeni CHP" haline getirildi.

*

BUSE: İstanbul Halkalı'daki askeri lojmanlardan çıkan servis aracına bombalı saldırı düzenlendi. Beş askerle birlikte, dersaneye giden 17 yaşındaki asker kızı Buse hayatını kaybetti.

*

KUMA: Rize'nin AKP'li belediye başkanı Halil Bakırcı, Kürt sorununa çözüm olarak "Güneydoğu'dan ikinci eş alınmasını" önerdi!

*

AYŞE: Eşi tarafından senelerdir öldüresiye dövülen üç çocuk annesi Ayşe Paşalı, boşandı. Kurtulamadı. Ölümle tehdit edilince, savcılığa suç duyurusunda bulundu, kimsenin umurunda olmadı, koruma talep etti, reddedildi. Neticede, boşandığı kocası tarafından sokak ortasında delik deşik edilerek öldürüldü. Emniyet Kriminal Dairesi, kadıncağızın göğsünden girip, sırtından çıkan 26 santimlik bıçağa "öldürücü silah değil" raporu verdi!

*

İREM: Türk Standartları Enstitüsü Başkanı ve Konya Sanayi Odası Başkanı Tahir Büyükhelvacıgil, oğlunu evlendirdi. Serhat'la İrem'in düğününe 37 bin kişi katıldı. Yanlış okumadınız... 37 bin kişi katıldı. Düğün, 26 bin metrekare kapalı alanı olan Konya Tüyap Fuarı'nda yapıldı. İkram için 43 büyükbaş hayvan kesildi, iki ton pirinç kullanıldı. Sadece Türk standartları açısından değil, dünya standartlarında bile rekordu.

*

AJDA: AKP'yi yıkama yağlama kervanına Ajda Pekkan da katıldı, konserine gelen AB bakanı Egemen Bağış'a övgüler yağdırdı, "muhteşem vizyonunuzla ülkemizin önünü açıyorsunuz, iyi ki varsınız, sizin için canımızı vermeye hazırız, Allah sizi başımızdan eksik etmesin" dedi.

*

EKATERİNA, DİLEK, NATAŞA: Senelerdir Türkiye'de yaşayan ve Express Yatırım'da çalışan Ekaterina Klopicheva, İstanbul Yeniköy'de çiçekçinin önüne otomobilini parkederken, "başka yere parket, otomobilimi çıkaramıyorum" diyen Çevre Hastanesi'nin sahibi Dilek Aşçıoğlu'yla tartıştı. Mahkemelik oldular. Ekaterina Klopicheva "bana Nataşa diye bağırdı, Nataşa'yı ne manada kullandığını herkes biliyor, her Rus kadını Nataşa değildir" diyerek, 50 bin liralık manevi tazminat davası açtı. Mahkeme, Ekaterina Klopicheva'yı haklı buldu, Dilek Aşçıoğlu'nun iki bin lira tazminat ödemesine hükmetti. Temyiz edildi, defalarca Yargıtay'la yerel mahkeme arasında gitti geldi, sekiz sene sürdü, neticede zamanaşımı süresi doldu, dava düştü.

*

TANSEL: Yetmez ama evet referandumu'nda, adaletimize dair çarpıcı bir örnek yaşandı. Tayyip Erdoğan "hayır diyen darbecidir" dedi, mahkemeye verildi, suçsuz bulundu. Atatürkçü Düşünce Derneği Başkanı Tansel Çölaşan "evet diyen gaflet içindedir" dedi, mahkemeye verildi, suçlu bulundu. Adalet dediğin, işte böyle olurdu!

SEZEN: AKP politikalarını destekleyen Sezen Aksu, 12 Eylül 2010'da yapılan yetmez ama evet referandumu'nda demokrasi adına evet diyeceğini açıkladı. Arşivler biraz kurcalanınca, ortaya çıktı ki... Şimdilerde demokrasiden bahseden Sezen Aksu, 12 Eylül 1980'de, Kenan Evren'in darbesi hakkında "Türk silahlı kuvvetleri yerinde bir karar aldı, halkımıza hayırlı ve uğurlu olmasını diliyorum" demişti!

*

AYŞE: AKP'ye hep mesafeli duran, daima Atatürk'e atıfta bulunan, kadın hakları konusunda çağdaş adımlar atan Diyanet işleri başkanı Profesör Ali Bardakoğlu, görevden alındı. Yerine Mehmet Görmez getirildi. Diyanet işleri başkanı değişir değişmez, bismillah ilk iş, Türkiye Diyanet Vakfı Kadın Merkezi Başkanı Ayşe Sucu görevden alındı. Ayşe Sucu, imam hatip mezunuydu, diyanetin ilk eğitim uzmanıydı, türban takmıyordu, saçı görünecek şekilde Benazir Butto tarzı örtünüyordu.

*

İKLİM: Odatv'de muhabirlik yapan İklim Bayraktar, Ergenekon kapsamında gözaltına alındı, savcılıktan serbest bırakıldı. "Deniz Baykal'ın tacizine uğradığı" iddia ediliyordu. Savcılık sorgusunda "Kemal Kılıçdaroğlu'na gittiğini, kayıt cihazı verirseniz Baykal'ın tacizini ispatlarım dediğini" anlatmıştı. Deniz Baykal, "karalama kampanyasının parçası" dedi, İklim Bayraktar'a dava açtı, kazandı.

*

SEBAHAT: Nevruz'da Silopi'de olaylar çıktı, BDP milletvekili Sebahat Tuncel, Şırnak güvenlik şube müdürüne tokat attı. Açılım denilen sürecin başlangıç toplantısı nerede yapılmıştı? Polis Akademisi'nde... Kime tokat attılar? Polise... Sebahat'ta mıydı kabahat?

*

GÜLDEREN: 2011 seçiminde, AKP ilk defa "türbanlı" aday gösterdi. Ama... Antalya'da 13'üncü sıradan gösterdi. İmkânsızdı. Antalya zaten 14 vekil çıkarıyordu. Din öğretmeni Gülderen Gültekin'in seçilebilmesi için AKP'nin hepsini alması gerekiyordu. Peki amaç neydi? Ufak ufak, alıştıra alıştıra, toplumu hazırlamaktı.

BELALTI: MHP kasetleri piyasaya çıktı. Genel başkan yardımcılarının kadınlarla çekilmiş gizli kamera görüntüleri internete düşüyor, mecburen adaylıktan çekiliyorlardı. CHP dizayn edilmiş, sıra MHP'ye gelmişti, yüzde 10 barajının altında kalması için belaltı vuruluyordu.

*

NİGÂR: Almanya'daki Eurovision'a Yüksek Sadakat grubunun "live it up" şarkısıyla katıldık, yarı finalde elendik. Azerbaycan kazandı. Ermenistan'a şirin görünmek için Türkiye'de Azerbaycan bayrakları yasaklanırken... Eurovision'u kazanan Azeri şarkıcı Nigâr, sahnede kendi bayrağıyla beraber, bizim bayrağımızı salladı. Ekran başında seyrederken, sevincimizle, utancımız birbirine karıştı.

*

ÜMİT: İnternete filtre sistemi getirildi. AKP'nin "ayıp" bulduğu sitelere girilemeyecekti. TÜSİAD Başkanı Ümit Boyner, yasakların endişe yarattığını söyledi. Bülent Arınç çıktı, "Boyner gibi düşünenler iktidara gelirse, porno sitelerini serbest bırakabilirler" dedi.

*

AJDA, SERTAB, MUAZZEZ: Hakkâri'de konvoya saldırıldı, 10 şehit vardı. Cenaze törenlerinin yapıldığı gün... Tayyip Erdoğan uçağa atladı, Ajda Pekkan'ı, Muazzez Ersoy'u, Sertab Erener'i yanına aldı, Somali'ye gitti. Evlatlarımız toprağa verilirken, Ajda'yla Sertab, Mogadişu havalimanında yerel sanatçılarla "moral dansı" yaptı!

*

AFET: Oslo rezaletinin ses kayıtları internete düştü. Tayyip Erdoğan'ın "bölücülerle masaya oturduğumuzu iddia edenler şerefsizdir" dediği tarihlerde... MİT'le PKK'nın resmen masaya oturduğu ortaya çıktı. Pazarlık görüşmelerine, MİT'te "efsane" kabul edilen, kadın müsteşar yardımcısı Afet Güneş de katılmıştı.

TENZİLE: Tayyip Erdoğan'ın annesi vefat etti. Kısıklı'daki villasının bahçesinde taziyeleri kabul etti. İş dünyası kuyruk oldu. Televizyonlardaki eğlence programları yayından kaldırıldı. Adeta yas ilan edildi. Gazetelere sayfa sayfa başsağlığı ilanları verildi. Tenzile Erdoğan'ın tabutuna, Suudi Kralı'nın gönderdiği ipek örtü örtüldü. Karacaahmet'te toprağa verildi. Bilahare, Tayyip Erdoğan'ın 1988'de vefat edip Kasımpaşa Kulaksız Mezarlığı'na defnedilen babası Ahmet Erdoğan'ın naaşı çıkarıldı, annesinin kabrinin yanına taşındı. Van Erciş'teki depremde ağır hasar gören "Atatürk" ilkokulu yeniden inşa edildi, "Atatürk" levhası kaldırıldı, "Tenzile Ana" ilkokulu yapıldı! Bu okul, Kemal Kılıçdaroğlu'nun da eğitim gördüğü okuldu.
*
DEFNE: Ekranların cıvıl cıvıl sunucusu Defne Joy Foster, Ahmet Altan'ın oğlu Kerem Altan'ın evinde öldü. Henüz 36 yaşındaydı.
*
JÜLİDE: Türkiye'nin ilk kadın haber spikeri Jülide Gülizar, vefat etti. Kızlık soyadı Göksan'dı. Eşinin soyadı Ergüven'di. Peki "Gülizar" neydi? Gençliğinde şiir yazıyordu, büyük şair olmayı düşlüyordu, evlenince soyadı değişeceği için, şiirlerinin altına hiç değişmeyecek takma bir isim yazmayı düşündü, "Jülide Gülizar" yazdı. Öyle kaldı.
*
NUR: Yandaş kanal atv'nin dizisi Uçurum'da, fahişe karakterine, CHP milletvekili Profesör Nur Serter'in adı-soyadı verildi.
*
BEYDA: AKP milletvekili Hakan Şükür'ün eşi Beyda, türban taktı. 13 senedir evliydiler, saçı açıktı, hacca gitti, tesettüre girdi.
*
VECİDE DEFNE: Odatv davasından tutuklanan gazeteci Nedim Şener, serbest bırakıldı. Silivri'de 375 gün yatırmışlardı. Eşiyle birlikte televizyona çıktı. Nedim çok şey anlattı ama, eşinin anlattığı bambaşkaydı. "Arama cihazından geçerken üzerindeki düğme öttü diye, kızımız Vecide Defne'nin eteğini çıkarttılar, kızım babasına kavuşmak için beline kazak sardı" dedi. Nedim'in kızı dokuz yaşındaydı. Nedim ağlıyor, Türkiye yerin dibine giriyordu.

YEŞİM: Balyoz davası avukatlarından Hüseyin Ersöz, duruşma salonunda mahkeme başkanından söz istedi, CNNTürk muhabiri Yeşim Kam'a evlenme teklif etti. Gözyaşlarını tutamayan muhabir, "tek taşımı alırsa, sertifikası da olursa, evet diyorum" dedi. Sanıklar alkışladı. Balyoz davasını haber yapmamak için özel çaba harcayan sayın basınımız... Hadise "magazin" olunca, üstüne atladı, ana haber bültenlerinde geniş yer verdi, birinci sayfalara manşet yaptı.
*

KÜRTAJ, SEZARYEN: Kuzey Irak'tan giriş yapan kaçakçılar, terörist zannedildi. Şırnak Uludere yakınlarında, F16'larla bombalandı. Aralarında çocukların da bulunduğu 34 kişi hayatını kaybetti. Tayyip Erdoğan mevzuyu değiştirmeye çalıştı. "Yatıyorsunuz kalkıyorsunuz Uludere diyorsunuz, her kürtaj cinayettir, her kürtaj Uludere'dir, sezaryene karşı bir başbakanım, cinayet olarak görüyorum" dedi!
*

LEYLA: *Hürriyet* gazetesine sürpriz açıklama yapan Leyla Zana... "Asker çözer, yargı çözerle olmaz. Bu işi Tayyip Erdoğan çözer. Başbakan'da bu cesaret var. Hepimizin yapması gereken, Başbakan'ın yanında olduğumuzu hissettirmemiz, onu teşvik etmemizdir" dedi.
*

KÂMURAN: Genelkurmay başkanı Necdet bey'le eşi Kâmuran hanım, Çankaya Köşkü içindeki genelkurmay başkanlığı konutunda, Tayyip Erdoğan'la Eminanım'a iftar verdi. Cumhuriyet tarihinde ilk'ti.
*

ESMA: Şemdinli'de karakol basıldı, sekiz şehit verdik. Türkiye şehitlerini toprağa verirken... Dışişleri bakanı Ahmet Davutoğlu, başbakan'ın eşi Eminanım ve kızı Sümeyye'yle birlikte, Myanmar'a gitti. Arakan Müslümanlarına bir kargo uçağı yardım götürdüler. Arakanlılara sarıldılar, ağladılar. Eminanım, dönüş yolculuğunda kadın gazetecilerle dertleşti, "Suriye olayı beni çok yıktı, Esma Esad'a kalbimi açmıştım, benim için büyük hayal kırıklığıdır" dedi.

HÜRREM: Tayyip Erdoğan, kafayı "Muhteşem Yüzyıl" dizisine taktı, "kınıyorum" dedi. Kınıyorum lafından sonra diziye bi haller oldu. Hürrem Sultan aniden türban taktı, haremdeki göğüs dekolteleri, hamam sahneleri kayboldu, diziye hemen o hafta "ramazan" geldi, şehzadeler, cariyeler filan, komple oruç tutmaya başladılar.
*
GÜLTAN: Açılım'ın "cici" olduğu dönemde, Bülent Arınç televizyona çıktı, "BDP'li bir kadın milletvekiline çok kızıyordum, çok beddua ediyordum, sonra onunla ilgili hatırayı dinledim, artık kızmıyorum, henüz 17 yaşında genç kızken Diyarbakır cezaevinde öylesine ahlaksızca işkenceye maruz kalmış ki, ben de aklıma gelse dağa çıkardım" dedi. O bahsettiği milletvekili, BDP eşbaşkanı Gültan Kışanak'tı. 12 Eylül'de Diyarbakır cezaevinin müdürü tarafından köpek kulübesine tıkılmış, altı ay orada tutulmuş, hergün falakaya yatırılmıştı. İşkenceci cezaevi müdürü, binbaşıydı. O binbaşı, 1988'de İstanbul'da belediye otobüsünde kafasına sıkılarak öldürüldü.
*
KERİMAN: İlk Dünya Güzelimiz Keriman Halis Ece, 99 yaşında aramızdan ayrıldı. Sadece 19 gün sonra "asır"lık çınar olacaktı.
*
AYTEN: Bir Başkadır Benim Memleketim'le hafızalara kazınan Ayten Alpman vefat etti. "Memleketim" şarkısı, adeta milli marş gibi ezberlendi. Halbuki... 14'üncü yüzyılda bestelenmiş İbrani ezgisiydi.
*
AYLA: Abdullah Öcalan'la resmi görüşmeler başladı. İmralı'ya giden ilk heyette, BDP Batman milletvekili Ayla Akat Ata vardı.
*
ZERRİN: Danıştay Başkanlığı'na Zerrin Güngör seçildi. Anayasa Mahkemesi Başkanı Haşim Kılıç gibi, hukukçu değil, iktisatçıydı.
*
SAKİNE, FİDAN, LEYLA: Sakine Cansız, Fidan Doğan ve Leyla Söylemez, Paris'te, Kürdistan Enformasyon Merkezi'nde susturuculu tabancayla öldürüldü. 55 yaşındaki Sakine Cansız, PKK'nın kurucuları arasında yeralan tek kadındı, örgütün stratejistiydi.

DİLEK: THY'nin modacı Dilek Hanif'e sipariş ettiği üniforma modelleri internete düştü. Hosteslerimiz fesli'ydi!
*

EN AZ ÜÇ ÇOCUK: Tayyip Erdoğan, Dünya Kadınlar Günü'nde konuştu. "En az üç çocuk yapın" dedi. Üçe razıydık... Çünkü, başbakan olmadan önce 2002'de, "aile planlaması ihanet-i vataniyedir, Allah ne verdiyse çoğalın" diyordu. Şimdi hiç olmazsa "en az üç"e inmişti.
*

EN AZ ÜÇ İNEK: Dünyanın en güzel meralarına sahip olan Türkiye, tee Uruguay'dan inek ithal etmeye başladı. Türkiye'nin nüfusu 72 milyon, inek sayısı 10 milyondu. Uruguay'ın nüfusu 3 milyon, inek sayısı 13 milyondu... Üç çocuk değil, üç inek yapmaktı maharet!
*

ŞULE: Türban yüzünden baskına uğrayan, kurşuna dizilen, hukuk şehidi veren Danıştay, türban konusunda sürpriz bir adım attı. "Avukatlık mesleğinin kamu görevi değil, serbest meslek olduğunu" açıklayıp, "türbanlı avukatların duruşmalara türbanıyla katılabileceği" yönünde karar verdi. İlk defa... Türbanlı avukat Şule Dağlı Gökkılıç, İstanbul Kadıköy Adliyesi'nde duruşmaya girdi.
*

LALE, DENİZ, BERİL, NİHAL, SİBEL, HİLAL, FADİME: Hükümet "akil insanlar" icat etti. Aslında, PKK projesiydi. İlk defa Abdullah Öcalan tarafından dile getirilmişti, böyle bir heyet kurulmasını istemiş, aday isimler önermişti. AKP'nin 63 kişilik akil insanlar heyetinde, Arzuhan Doğan Yalçındağ, Hülya Koçyiğit, Lale Mansur, Deniz Ülke Arıboğan, Kezban Hatemi, Beril Dedeoğlu, Nihal Bengisu Karaca, Sibel Eraslan, Zübeyde Teker, Hilal Kaplan, Fadime Özkan, Fatma Benli filan vardı.

DİLEK: 23 yaşındaki üniversite öğrencisi Dilek Özçelik, Edirne'de namaz kılmak için camiye giren Şehircilik Bakanı Erdoğan Bayraktar'ın yanına geldi, kanser hastası olduğunu, kanser ilaçlarını bulamadıklarını söyledi. Bakan cebinden para çıkardı, kızın hırkasının cebine sokuşturdu, sakın düşürme diye tembih etti. Halbuki, Dilek sadaka istemiyordu. Kapıda bekledi, namazdan çıkınca bakan'ın yanına tekrar gitti. "Ben dilenci değilim, görüyorum ki çaresizliği hayatta hiç tatmamışsınız, eliniz cüzdanınıza değil vicdanınıza gitsin" diyerek parayı iade etti, ağlaya ağlaya uzaklaştı.
*
FATMA: CHP milletvekili Kamer Genç, Aile Bakanı Fatma Şahin'e hitaben, "Atatürk bu cumhuriyeti kurmasaydı, hangi tarikat mensubu kitlenin bilmem kaçıncı hanımı durumuna düşerdiniz" dedi. AKP milletvekili Zeyid Aslan, Kamer Genç'in üstüne yürüdü, "orospu çocuğu, ananı s...rim" diye bağırdı.
*
PINAR: Reyhanlı patladı, 53 insanımız can verdi, normalde yas ilan edilmesi gerekirken, televizyonların yayın akışları bile değiştirilmedi, şen şakrak, tam gaz devam etti. Tayyip Erdoğan'ın annesi vefat ettiğinde eğlence programlarını iptal edenler, şimdi hiç istifini bozmamıştı. Hatta, AKP milletvekili Burhan Kuzu'nun oğlunun düğünü bile ertelenmedi. Burhan Kuzu'nun oğlu Süleyman'la gelini Pınar'ın düğününe, AKP'li vekillerin yanısıra, TBMM Başkanı Cemil Çiçek, AB Bakanı Egemen Bağış, Anayasa Mahkemesi Başkanı Haşim Kılıç bile katıldı. Facia günü düğünü ertelemeyen AKP... Matemimiz var diye, taaa dokuz gün sonraki 19 Mayıs konserlerini iptal etti!
*
İNTİZAR, GÜLBEN, BEDİA, BURCU: Şarkıcılar, İntizar, Gülben Ergen, Bedia Akartürk ve Burcu Güneş, hep birlikte umreye gittiler. Medyum Memiş de ekipteydi. Nerden biliyoruz derseniz... Magazin basını tam kadro oradaydı, sosyetemizden sonra sanat dünyamız da hidayete ermişti, poz vermeden kutsal topraklara gidilmiyordu.
*
EBRU: 17 Aralık'tan tutuklanan Rıza Sarraf'ın eşi Ebru Gündeş, O Ses Türkiye şarkı yarışmasında jüri üyesiydi. Acun'un sunduğu programa devam edip etmeyeceği merak ediliyordu.

Devam etti. Jüri koltuğuna oturdu, "karanlıktan geçiyoruz, çocuğumun incinmesini istemiyorum" dedi, gözyaşlarına boğuldu. İzlenme rekoru kırıldı.

*

AYŞENUR, MERVE: Ayşenur İslam, aile bakanı oldu. Doktor eşi, İsrail tarafından basılan Mavi Marmara'daydı, plastik mermi yemişti. 1999'da Refah Partisi'nden milletvekili seçilen, türbanlı olduğu için yemin etmeden meclisten çıkarılan, Amerikan vatandaşı olduğunu bildirmediği için, vatandaşlıktan atılan Merve Kavakçı, Ayşenur İslam'ın eltisiydi.

*

NURCAN, SEVDE, GÜLAY, GÖNÜL: 1 Kasım 2013, Türk siyasetinde tarihi gündü. AKP'li dört kadın milletvekili, TBMM'ye türban takarak geldi. Denizli milletvekili Nurcan Dalbudak, Kahramanmaraş milletvekili Sevde Kaçar, Konya milletvekili Gülay Samancı ve Mardin milletvekili Gönül Şahkulubey'di. Neden o güne kadar türbanla gelmemişlerdi de, o gün türbanla gelmişlerdi? Bir ay önce, Ekim 2013'te, demokratikleşme paketi ayağıyla, kamu kurumlarında çalışanların kılık kıyafet yönetmeliği değiştirilmiş, türban serbest bırakılmıştı. Kamu kurumlarında serbestse, TBMM'de rahat rahat serbestti. CHP hiç itiraz etmedi, sessiz kalarak onay verdi.

*

FEYZA: Türbanlı spiker Feyza Çiğdem Tahmaz, TRT'de haberleri sunmaya başladı. Devlet televizyonu TRT'nin tarihinde ilk'ti. Türbanlı spiker, Hilal TV'den transfer edilmişti. 2005 senesinde yayın hayatına başlayan Hilal TV, dinci yayın yapan bir kanaldı.

*

NURHAN: Tayyip Erdoğan'ın Akhisar'da mitingi vardı, emekli Nurhan Gül balkona çıktı, ayakkabı kutusu salladı, şırrak, evini polis bastı, gözaltına alındı, karakola götürüldü. Bu hadise, ayakkabı kutusu eylemlerinde patlama yarattı. Öylesine talep vardı ki, ayakkabı kutusu sıkıntısı başgösterdi. Milli maç öncesinde bayrak satar gibi, çarşıda-pazarda ayakkabı kutusu satılmaya başlandı, balkonuna, penceresine, vitrinine, otomobilinin arka camına ayakkabı kutusu yerleştirenler vardı. Neticede... İki ay sonra, Nurhan Gül'ün ayakkabı kutusu sallaması, soruşturmayı yürüten savcı tarafından "ifade özgürlüğü" olarak değerlendirildi, dava açılmasına gerek görülmedi.

GAMZE: Tayyip Erdoğan, kafayı öğrenci yurtlarına takmıştı. "Kızlarla erkeklerin devlet yurtlarında karışık kalmasına müsaade etmeyeceğiz" diyordu. Birincisi, devlet yurtlarında zaten kızlı-erkekli kalınmıyordu. İkincisi, üniversite çağına gelmiş, 18 yaşını geçmiş gençlerin, nerede, kiminle kalacağına kimse karışamazdı. Bu hukuki gerçekle yola çıkan, biri kız biri erkek, İzmirli iki üniversite öğrencisi, Gamze Selçuk'la Ali Haydar Temel, başbakanı madara etmek için, savcılığa gidip kendilerini ihbar ettiler, "kızlı-erkekli aynı evde kalıyoruz" diyerek, kendileri hakkında suç duyurusunda bulundular. Savcı inceledi. Anayasa'ya ve TCK'ya göre suç teşkil etmediğini belirterek, "dava açılmasına gerek yok" kararı verdi. Türkiye'yi tir tir titreten Tayyip Erdoğan, İzmir için eğlence vesilesiydi.
*

AHU: Cem Yılmaz boşandı. Ayrıldığı eşi Ahu Yağtu nerede oturacak, oğlu Kemal'i hangi günlerde görebilecek, kayınvalide ne dedi, baldız ne düşünüyor... En ince ayrıntılarına kadar birinci sayfalarda yeralıyordu. Sayın ahalimiz, 17/25 Aralık'ı, bakan çocuklarını boşvermiş, Cem Yılmaz'ın çocuğunu merak ediyordu.
*

HAYRÜNNİSA: Memleket allak bullakken, Hayrünnisa Gül, *Hürriyet* gazetesine röportaj verdi, Çankaya Köşkü'nde neler yaptıklarını anlattı. "Yürüyüş yapmayı, yüzmeyi çok seviyoruz. Bizi hem bedenen hem ruhen zinde tutuyor. Eşimin yediklerinin doğal olmasına özen gösteriyorum. Çankaya Köşkü mutfaklarımız, gıda güvenliği belgesi almaya hak kazandı. Hem Çankaya'da hem Tarabya'da seramız var, hobi bahçemiz var, en büyük zevkim, bahçeyle uğraşmak, bizi dinlendiriyor, ekinezya yetiştiriyoruz, kümesimiz var, taze yumurta alabiliyoruz. Allah bizlere sağlık sıhhat versin diye dua ediyoruz."
*

SONGÜL, KÜBRA ECE: Rıza Sarraf'ın, ekonomi bakanımız Zafer Çağlayan'ı, TC-RZA tescilli özel uçağına bindirerek umreye götürdüğü ortaya çıktı. Bakanımızın eşi Songül hanım, oğlu Çağan, gelini Kübra Ece, ailece gitmişlerdi. Hayırsever Rıza'yla eşi Ebru Gündeş de, Çağlayan ailesinin bu mübarek seyahatine eşlik etmişti.

GÖNÜL: AKP milletvekili Gönül Şahkulubey, TBMM Dilekçe Komisyonu Başkanı seçildi. Böylece... "İlk türbanlı komisyon başkanı" olarak Meclis tarihine geçti.

*

SENA: CHP milletvekili Kamer Genç'e, "senin a..ına koyarım, orospu çocuğu, senin ananı si...rim" diye bağıran AKP milletvekili Zeyid Aslan, bir başka tartışmada, CHP milletvekili Muharrem İnce'ye "senin ananı si...rim, kı..nı si..yim" diye bağırdı. CHP milletvekili Sena Kaleli, Türkiye'nin ilk otobüs firması Kamil Koç'un eski patronuydu, "otogarda 33 sene çalıştım, böylesine küfürleri otogarda bile duymadım" dedi.

*

BÜLENT: Mevlid kandiline denk gelen akşam, Bülent Ersoy, Show TV'deki programına türban takarak çıktı. Tepeden tırnağa kara çarşaf giymişti, ilahiler okudu, semazenler döndürdü.

*

AZRA ESMA, SANE NUR: Maliye bakanı Mehmet Şimşek'in ikiz bebekleri oldu. Azra Esma ve Sane Nur isimlerini koydu. Kabinenin toplam çocuk sayısı, 74'e yükseldi. Milli eğitim bakanı Nabi Avcı ile şehircilik bakanı İdris Güllüce'nin beşer çocuğu vardı, rekor onlardaydı.

*

HALET: Hitit lisanının çözülmesine büyük katkı sağlayan, Karatepe-Arslantaş Höyüğü'nde Türkiye'nin ilk açıkhava müzesini kuran, arkelojide dünyanın sayılı isimlerinden Profesör Halet Çambel, aramızdan ayrıldı. 1936 Berlin'de, Suat Fetgeri Aşeni'yle birlikte, Türkiye'yi olimpiyatlarda temsil eden ilk kadın sporcumuzdu. Eskrimciydi.

*

LEYLA, HALİME: CHP'nin Bursa büyükşehir belediye başkan adayı Necati Şahin'di. Her aday kendi fotoğrafıyla kampanya yürütürken, Necati Şahin, eşiyle birlikte çekilmiş fotoğrafını kullanıyordu. Çünkü, eşi Leyla hanım türbanlıydı. CHP maalesef, adaya değil, türbana oy istiyordu. Peki CHP'nin türbanlı adayı yok muydu? Vardı. Elazığ Kovancılar'da, türbanlı Halime Karakoç'u aday gösterdiler. Netice? Cumhuriyet Halk Partisi, Bursa'da, AKP'nin anca yarısı kadar oy alabildi. Kovancılar'da ise, sadece yüzde bir oy alabildi, yüzde bir!

EMİNE: 17/25 Aralık'ın ahlaki-dini boyutu tartışılıyor, AKP yandaşları "kılıf" bulmaya çalışıyordu. Tayyip Erdoğan'la oğlu Bilal'e ait olduğu iddia edilen ses kaydı internete düşmüştü... Kara çarşaflı yazar Emine Şenlikoğlu, şu yorumu yaptı: "Bugün biri sordu, kaset doğru olsa ne derdin? Dedim ki, dindarlar zekâtını yoksullara ulaştırmak için başbakana vermiş olabilirler."
*

SUSANNE: 2007 senesinde, Malatya'daki Zirve Yayınevi'nde katliam yapılmıştı, biri Alman üç kişi, Hıristiyan oldukları ve İncil bastıkları gerekçesiyle, boğazları kesilerek, hunharca öldürülmüştü. Katiller, alt tarafı yedi sene sonra salıverildi. Katledilen Alman vatandaşı Tilman Geske'nin eşi Susanne, çok sevdiği Türkiye'den ayrılmamıştı, iki çocuğuyla beraber Malatya'da yaşamaya devam ediyordu. Ancak... Kocasının gırtlağını kesenler Malatya sokaklarına geri dönünce, Susanne bavulunu topladı, Türkiye'den ayrıldı.
*

TAHSİYE, HALİME: İngiliz haber ajansı Reuters, 8 Mart Dünya Kadınlar Günü vesilesiyle, dünyanın çeşitli ülkelerinden "anne-kız" örneklerini haberleştirdi. Türkiye'den anne-kız olarak, Mardin'in Zeytinpınar köyünden Tahsiye Özyılmaz'la kızı Halime'yi seçmişlerdi. Tahsiye "öğretmen olmak isterdim, 17 yaşımda evlendirildim" derken... 14 yaşındaki Halime "okul uzakta olduğu için eğitimimi yarıda bırakmak zorunda kaldım, 17 yaşıma gelince annem gibi evlendirileceğimi düşünüyorum" diyordu.
*

ESMA: Berkin'in toprağa verildiği saatlerde... Tayyip Erdoğan, Mardin mitingindeydi. "30 Mart akşamı alınacak sonuç, Kahire'de şehit edilen 18 yaşındaki Esma kızımızın ruhunu şad edecektir" dedi... 14 yaşındaki evladımız polisler tarafından öldürülürken, Tayyip Erdoğan Mısır askerleri tarafından öldürülen Mısırlılara ağlıyordu.
*

GÜLSÜM: Tayyip Erdoğan, Gaziantep mitinginde kürsüye çıktı, Berkin'in annesi Gülsüm Elvan'ı yuhalattı. "Çok enteresan, annesi beni suçluyor, evladımın katili başbakandır diyor, evladının mezarına karanfil ve demir bilyeler atışını pek anlamadım, neyin mesajını veriyorsun" dedi. Meydanı dolduranlar yuuuuhhh diye bağırdı.

RABİA: Tayyip Erdoğan her gittiği yerde Rabia işareti yapıyordu, parmaklarıyla "dört" gösteriyordu. Neydi bu işaretin manası? Mısır'daki Müslüman Kardeşler örgütünün sembolüydü. Askeri darbeyle devrilen dinci cumhurbaşkanı Mursi'nin taraftarları, Rabiatü'l Adeviyye Meydanı'nda toplanıyordu. Rabia, bin 200 sene önce Basra'da yaşamış kadın sufiydi, hayatını dine adamıştı. Ailesinin dördüncü çocuğuydu ve Rabia kelimesi, Arapçada dördüncü manasına geliyordu. Mursi'ye karşı olanlar ise, Tahrir Meydanı'nda toplanıyor, iki parmaklarıyla zafer işareti yapıyorlardı. Tayyip Erdoğan, hem Müslüman Kardeşler taraftarıydı, hem de Mısır'daki askeri darbeye karşı çıkıyorum ayağıyla, demokrat pozu veriyordu.

*

İZMİR'İN DENİZİ KIZ, KIZI DENİZ, SOKAKLARI HEM KIZ HEM DENİZ KOKAR: Tayyip Erdoğan, İzmir mitingi için Gündoğdu meydanına giderken, seçim otobüsünü zınk diye durdurdu, korumalarına bir balkonu işaret etti, korumalar koşturdu, o balkondaki kadını "kol işareti" yaptığı iddiasıyla gözaltına aldı. AKP konvoyu biraz ilerledi, gene zınk diye durdu, Tayyip Erdoğan bu defa bir kafede oturan kadını işaret etti, korumalar koştu, kafede oturan kadını "kol işareti" yaptığı iddiasıyla gözaltına aldı. 2002'den beri hep aynı manzaraydı. İzmir, Tayyip Erdoğan'ı asla sevmedi. Kol işareti yapanları tek tek toplamaya devam etseydi, mitinge yetişebilmesi mümkün değildi!

*

NİLÜFER: Osmanlı padişahı Abdülmecid'in İsviçre'de yaşayan torununun torunu Nilüfer sultan, İstanbul asliye hukuk mahkemesinde dava açtı, "Osmanoğlu" soyadını kullanabilmesi için izin istedi. İslam İşbirliği Teşkilatı eski genel sekreteri Ekmeleddin İhsanoğlu'nu da, şahit gösterdi. Ekmeleddin İhsanoğlu, "evet şahidim, Nilüfer sultan, padişah Abdülmecid'in torununun torunudur, şehzade Burhanettin Cem'in kızıdır" dedi. Neticede, Nilüfer sultan, Nilüfer Osmanoğlu oldu. Bu haber, mart 2014'te gazetelerimizde yayınlandığında, herkes Nilüfer sultanın kim olduğuyla ilgilenmişti ama... Aslında bu haberde ilgilenmemiz gereken başka biri vardı. Osmanlı'nın şahidi, pek yakında Cumhuriyet'e talip olacaktı!

NURTEN: AKP'li mali müşavir Nurten Ertuğrul, Bingöl'de birinci sıradan belediye meclis üyeliğine seçildi. Ancak... AKP'li Bingöl Belediye Başkanı Yücel Barakazi kestirdi attı, "başkan vekilliği ve yardımcılığı için kadınlara görev vermeyeceğiz" dedi. Kadınsan, ikinci sınıf insandın, koltuk moltuk yoktu, sene 2014, zihniyet buydu.
*

RİBAUND: 23 Avrupa takımının katıldığı FIBA Kadınlar Avrupa Ligi'nin finalini, iki Türk takımı, Galatasaray ve Fenerbahçe oynadı. Türk kadın basketbolu adına tarihi gündü. Kadını ikinci sınıf gören zihniyet tırmandıkça, inadına, kadınlarımızın başarısı tırmanıyordu.
*

JALE: Diyarbakır Dicle Üniversitesi Rektörü Profesör Ayşegül Jale Saraç, türban taktı. Türkiye tarihinin ilk türbanlı rektörü oldu. Profesör Saraç, 2007 seçimlerinde AKP'den milletvekili adayı olmuş, seçilememiş, seçilemeyince rektör adayı olmuştu. Dicle Üniversitesi, TÜBİTAK tarafından hazırlanan girişimcilik ve yenilikçilik listesinin ilk 50'sinde bile yoktu ama, türbanla manşet olmuştu!
*

ŞULE: Balyoz davasının avukatlarından Şule Nazlıoğlu Erol, cüppesini giydi, tek başına, Anayasa Mahkemesi önünde "adalet nöbeti"ne başladı. Dünya hukuk tarihinde ilk'ti.
*

YAZGÜLÜ: AKP'nin "taşeron-köle düzeni" politikalarının sonucu olarak, Soma'da 301 insanımız can verdi. *Posta* gazetesi yazarı Yazgülü Aldoğan, twitter adresinde "günümüz aydın olamıyor maalesef, isyan edilmesin diye şehit lafı icat ettiler, onlar ne şehit ne gazi, kar yoluna gitti niyazi" diye yazdı. İşçilerimizi para için kurban ettiklerini, şehit diyerek işin içinden sıyrılmaya çalıştıklarını anlatıyordu. Yandaş medya koro halinde saldırıya geçti. Yazgülü'nün şehitlere hakaret ettiğini öne sürdüler. Halbuki... Yazgülü şehit kızıydı. Babası yüzbaşı Kaya Aldoğan, Kore'de şehit düşmüştü. Yazgülü, Kuşadası doğumludur... Kuşadası'nda şehit Kaya Aldoğan'ın heykeli var, adını taşıyan lise var, adını taşıyan meydan var... Bu şehidin kızına, şehitlere hakaret etti diyorlardı. Yandaş medya, işte bu kadar utanmazdı.

KÜBRA: AKP hükümeti, Soma matemi nedeniyle 19 Mayıs törenlerini iptal etti. Gel gör ki... Kendileri "düğün"e gitmeye devam ediyordu. Soma'da cenazeler toprağa verilirken, AKP milletvekili Muhyettin Aksak'ın kızı Kübra'nın düğünü vardı. Çevre bakanı İdris Güllüce, sosyal medya adresinde düğünden fotoğraflar yayınlayıp, "kadim dostumuz Muhyettin beyin kızının nikâh merasiminde mutluluklarını paylaştık" diye yazdı. Memleket yastayken, mutluluk paylaşıyorlardı. Düğün fotoğraflarında, başbakan yardımcısı Bülent Arınç, TBMM başkanı Cemil Çiçek, AKP grup başkanvekili Mustafa Elitaş, AKP genel başkan yardımcısı Salih Kapusuz görülüyordu. Nikâhı, Ankara büyükşehir belediye başkanı Melih Gökçek kıydı.

*

BUSE: Soma faciasından üç gün sonra, Milli takım direktörü Fatih Terim'in kızı Buse'nin düğünü vardı. Her şey hazırdı. Her şey iptal edildi. Düğün ertelendi. Aileler tarafından yapılan açıklamada, "yaşanan acıyı yüreğimizde, beynimizde, en derin şekilde hissediyoruz, ülke olarak büyük acıyı paylaşmamız gereken süreçte, evlatlarımızın düğününü yapmayı içimize sindiremiyoruz" denildi.

*

HELİN: PKK'yla IŞİD kapıştı, Suriye topraklarından cenazeler gelmeye başladı. Diyarbakır Çermik BDP ilçe başkanı Haşim Demirkol'un 23 yaşındaki kızı Helin, Kobani'de öldürüldü.

*

NEVİN: Tayyip Erdoğan'a devlet el koydu. Yanlış okumadınız... Tayyip Erdoğan'a devlet el koydu. Ankaralı inşaat işçisi Dilaver Türkmen, resmi nikâhlı eşinden boşanmamıştı ama, 10 senedir Nevin Subaş'la imam nikâhlı olarak yaşıyordu. Beş çocukları vardı. Bakacak halleri yoktu. Çocuklar yoksulluktan, bakımsızlıktan hasta oluyordu. Komşuların şikâyeti üzerine sosyal hizmet uzmanları devreye girdi, çocukları anne-babanın elinden aldı, yetiştirme yurduna yerleştirdi. En küçük çocuk, iki yaşındaydı, adı Tayyip Erdoğan'dı. Çünkü babası, Tayyip Erdoğan'a hayrandı, çocuğuna onun adını koymuştu. Böylece... "En az üç" diyen Tayyip Erdoğan'ın ülkesinde, perişan haldeki Tayyip Erdoğan'a devlet el koymak zorunda kalmıştı.

ASUMAN: Türkiye, Konya'daki cinayete odaklandı. Profesör, doçenti öldürdü. Hadise, Selçuk Üniversitesi'nde yaşandı. Kimya profesörü, fakültenin sekreteri Asuman'a âşık olmuştu, aynı sekretere âşık olan çevre bilimleri doçentinin gırtlağını kesmişti. Sekreter evliydi. Doçent, evli sekreterle evlenme hayali kurup, eşinden boşanmıştı. Profesörün eşi ise, kimya fakültesinin dekanıydı. Böylesine alengirli ilişki yumağı, Hollywood filmlerinde bile görülmüş şey değildi.
*
HILLARY: ABD eski dışişleri bakanı Hillary Clinton'ın hatıralarını yazdığı *Zor Seçimler* isimli kitabı piyasaya çıktı. Tayyip Erdoğan yönetimindeki Türkiye hakkında "istikameti belirsiz ülke, akıbeti konusunda kafalarda soru işaretleri var" diyordu.
*
BADEM MODASI: Paris'te moda fuarı başladı, onur konuğu Türkiye'ydi. Türkiye'nin tanıtım standında, yarı çıplak halde sedirlere uzanarak nargile tüttüren sakallı erkekler, fesli garsonlar, cariyeler ve dansözler vardı. Güya, Osmanlı konseptiydi. Utanç vericiydi. Tanıtım standımıza bi deve götürmedikleri kalmıştı.
*
HANDE, ZERRİN, ECE: Tayyip Erdoğan "cumhurbaşkanlığı vizyon belgesi"ni açıkladı. Haliç Kongre Merkezi'ndeki toplantıya Hülya Koçyiğit, Bülent Ersoy, Hande Yener, Nükhet Duru, Zerrin Özer, Ece Erken filan katıldı. Bunlar kuyruğa girdi, Tayyip Erdoğan bunlara kitap imzaladı. *Küresel Barış Vizyonu* kitabını hediye etti. Sırıtarak fotoğraf çektirdiler.
*
EMİNE, FÜSUN, BAŞAK: First leydi adaylarımız... Emine Erdoğan, dört çocuk annesiydi, siyasi hayatı boyunca her yere eşiyle birlikte gitmişti, miting kürsülerine bile çıkmıştı. Füsun İhsanoğlu, eczacıydı, üç çocuk annesiydi, sırf saçı açık diye siyasal islamcı Ekmeleddin beyin modern yüzünü yansıttığı söyleniyordu. Başak Demirtaş, eşi cumhurbaşkanı adayı oluncaya kadar neredeyse fotoğrafı bile yoktu, ön plana çıkmayı sevmiyordu, öğretmendi, iki çocuk annesiydi.
*

ESRA: İsrail, Gazze'ye saldırdı. Tayyip Erdoğan'ın büyük kızı Esra Albayrak, İsrail'in İstanbul Konsolosluğu önündeki protesto gösterisine katıldı. "İsrail'in tez zamanda ayağını denk almasını ümit ediyorum inşallah" dedi. "Katil İsrail" pankartları taşınıyordu.

*

YILDIZ: Şarkıcı Yıldız Tilbe'nin İsrail aleyhine attığı ırkçı tweetler, dünya çapında sansasyon yarattı. "Allah Hitler'den razı olsun, bunlara az bile yapmış, ne kadar haklıymış adamcağız, bu Yahudilerin sonunu gene Müslümanlar getirecek Allah'ın izniyle" diyordu.

*

İFFET: Başbakan yardımcısı Bülent Arınç, kahkaha atan kadınları "iffetsiz" ilan etti. Bursa'da konuştu, "hayâ meselesi önemlidir, kadın iffetli olacak, mahrem-namahrem bilecek, herkesin içinde kahkaha atmayacak, hareketlerinde cazibedar olmayacak" dedi.

*

HAREM-SELAM: Turizm başkentimiz Antalya'da, sadece kadınların girebileceği, harem-selamlık plaj açıldı. AKP'li büyükşehir belediye başkanı Menderes Türel'in marifetiydi.

*

AYSEL: Demokratik Toplum Kongresi eşbaşkanı Aysel Tuğluk, PKK'nın en güçlü dönemini yaşadığını belirterek, "isterse savaş seçeneğine yönelebilir ve sonuç alabilir" dedi.

*

HAYRÜNNİSA: Abdullah Gül'le Tayyip Erdoğan arasında senelerdir devam eden gerilim, nihayet açığa çıktı. Hayrünnisanım, cumhurbaşkanlığına veda resepsiyonunda gazetecilere patladı. "Abdullah bey kibarlığından söylemiyor, kendisine çok yanlışlar, çok saygısızlıklar yapıldı, bu süreçte yaşadıklarımızı 28 Şubat döneminde bile yaşamadık" deyiverdi. Sonra da, Tayyip Erdoğan'ın bir numaralı gazetecilerinden *Yeni Şafak* yazarı Abdülkadir Selvi'ye döndü, "sizinle tokalaşmak bile istemiyorum, çok kırgınım" dedi. Peki, Hayrünnisanım niye bu kadar öfkeliydi? Çünkü... Yandaş medyada son altı aydır Abdullah Gül aleyhine müthiş bir kampanya yürütülüyordu. Abdullah Gül'ün beş sene daha cumhurbaşkanı olma hakkı vardı, yeniden aday olmasın isteniyordu. Kurucusu olduğu AKP'ye genel başkan olma hakkı vardı, buraya da

aday olmasın isteniyordu. Tayyip Erdoğan'ın önüne çıkmasın, siyaset sahnesinden çekilsin isteniyordu. Bu nedenle, yıpratma kampanyası başlatılmıştı. "AKP'de söz hakkı olmadığı, Tayyip Erdoğan olmasa Abdullah Gül diye birinin olmayacağı, oturduğu tüm makamları Tayyip Erdoğan'a borçlu olduğu" yazılıyordu. Abdullah Gül susuyordu ama, eşi dayanamamıştı.
*

HÜLYA: Tayyip Erdoğan, Türkiye İşkadınları Derneği'ni Ak Saray'da kabul etti. Heyette yeralan Hülya Avşar, bin küsur odalı Ak Saray'ın "abartıldığı kadar ihtişamlı olmadığını" belirterek, "neredeyse benim evim daha şaşaalı" dedi!
*

TEZCAN: Atatürk'ün mirası Çankaya Köşkü'nü tarihten silip, Ak Saray'ı devletin simgesi haline getirmeye çalıştılar. Bir Cumhuriyet kadını, adeta tek başına mücadele etti, kaçak saray olduğunu kanıtladı, harcanan servetten, görgüsüzlük abidesi mobilyalarına kadar, Ak Saray'ın ipliğini pazara çıkardı, Tayyip Erdoğan'ın burnundan getirdi. Mimarlar Odası Ankara Şube Başkanı Tezcan Karakuş Candan'dı.
*

ZEYNEP: Milli eğitim bakanlığı, liselere yerleştirme sonuçlarını açıkladı. Böylece, TEOG denilen saçmalığın ne olduğu ortaya çıktı. Tercihte bulunmayan çocukları "zorla" imam hatipe kaydetmişlerdi. "Alo Fatih" tapeleriyle gündeme gelen *Habertürk* gazetesi yazarı Fatih Altaylı'nın kızı Zeynep'i de zorla imam hatipe yazmışlardı. Fatih Altaylı, iktidara geldiğinde Tayyip Erdoğan'ı yere göğe sığdıramıyordu, hatta, Nobel Barış Ödülü'ne bile aday gösteriyordu. Bu tür şakşakçılığın bedelini, şimdi çocuklarımız ödüyordu.
*

SARE, SEFURE, MEYMUNE, HACER BİKE, VESİLE: Ahmet Davutoğlu başbakan oldu. Eşi Sare hanım, Konyalıydı, kadın doğum uzmanı doktordu. Henüz ilkokuldayken, kardeşinin doğumu sırasında annesini kaybetmişti, o nedenle bu mesleğe yönelmişti. İstanbul Üniversitesi Tıp Fakültesi'nde okurken evlenmişlerdi, öğrenciyken anne olmuştu. Sefure, Meymune, Hacer Bike ve Mehmet isimli, dört çocukları vardı. Muayenehanesi, İstanbul Bahçelievler'deydi. Kürtaja, sezaryene kesinlikle karşıydı. Tayyip Erdoğan'ın büyük kızı

Esra'nın doğumunu yaptırmıştı. Tayyip Erdoğan'ın kızkardeşi Vesile İlgen'in yakın arkadaşıydı. Hayat Sağlık Sosyal Hizmet Vakfı'nın, Kadın Sağlıkçılar Dayanışma Derneği'nin, Meridyen Derneği'nin, Dünya Yetimler Eğitim Vakfı'nın, Yeryüzü Doktorları'nın kurucu üyesiydi.

*

BIYIKLI KADIN: "Kefere Kemal" diyen siyasal islamcı Mehmet Bekâroğlu, Kemal Kılıçdaroğlu tarafından CHP'ye monte edildi. Atatürkçü delegeler, aday listesinde Bekâroğlu'nun isminin üstünü çizecek, parti meclisine sokmayacaktı. Kılıçdaroğlu bunu biliyordu. Tarihte görülmemiş bir taktik uyguladı. Bekâroğlu'nu "kadın kontenjanı"ndan parti meclisine soktu!

*

AYSHA: Türbanlıların kadın dergisi *Aysha*, Tayyip Erdoğan'ın eşi Eminanım'ı "First Lady" başlığıyla kapak konusu yaptı. Derginin ismi Arapça vurgulu, kapak konusu İngilizceydi! Eminanım'ın modacısı Tanju Babacan'la da röportaj yapılmıştı. Kırmızı sakallı eşcinsel modacı, "Müslüman kadın, ayetin vitrinidir" diyordu. "Hanımefendiyle çalışıyoruz, giyim insanların şahsına özeldir, meşrebinizin ve lezzetinizin uyması önemlidir" diyordu.

*

BEBELERE TÜRBAN: Milli eğitim bakanlığı'nın kılık kıyafet yönetmeliğinde değişiklik yapıldı. "Başı açık" ibaresi kaldırıldı. "Başı açık" ibaresi kaldırılınca ne olmuş oldu? İlkokul öğrencilerinin "türban" takması serbest bırakılmış oldu. Hatta, isteyen anaokuluna bile türbanla gidebilecekti. Artık yasal engel yoktu.

*

UVEYŞ: Kürt Dili Araştırma Geliştirme Derneği, Demokratik Toplum Kongresi ve Eğitim-Sen'in öncülüğünde, Kürtçe eğitim veren sözde ilkokullar açıldı. Diyarbakır, Hakkâri ve Şırnak'ta bazı binalar "okul" haline getirildi, açılış törenleri yapıldı, ilkokul çocuklarına Kürtçe eğitim verilmeye başlandı. Hakkâri Yüksekova'da açılan okula, Abdullah Öcalan'ın annesinin ismi verildi. "Dıbıstana Seretayi Ya Dayıka Uveyş" tabelası asıldı. Yani "Uveyş Ana İlkokulu"ydu.

FADİME: Gezi Parkı direnişi sırasında Ümraniye'de bir otomobilin çarpması sonucu ölen 20 yaşındaki Mehmet Ayvalıtaş'ın, annesi Fadime Ayvalıtaş vefat etti. Oğlunun peşinden eşini kaybeden Ali Ayvalıtaş, "Fadime'nin hiçbir hastalığı yoktu, Mehmet'ten sonra travma yaşadık, doktora götürdüğümde kalp kapakçıklarının şiştiğini söylediler" dedi. Anne Fadime, oğlu Mehmet'in yanına defnedildi.
*
NİLÜFER, SATI: Balyoz kumpası nedeniyle canına kıyan Yarbay Ali Tatar, ölümünün beşinci yıldönümünde mezarı başında anıldı. Ali'nin eşi Nilüfer, "en baştan beri söyledik, hukuksuzluk yapılıyor dedik, kumpaslar kuruluyor dedik, bugün feryat edenler, o gün feryadımızı duymadılar, iş kendilerine gelince farkına vardılar, intikam peşinde değiliz ama, adalet istiyoruz, Ali'nin canına kıyanlar hesap versin" dedi. Anne Satı Tatar ise, kısaca "yazıklar olsun" demekle yetindi.
*
NESLİHAN, NEBİYE: Kürtaj karşıtı açıklamaları nedeniyle Ankara Büyükşehir Belediye Başkanı Melih Gökçek'e yumurta atan Neslihan Uyanık'la Nebiye Merttürk'e, 10 sene hapis cezası istendi.
*
SÜMEYYE: Tayyip Erdoğan'ın küçük kızı Sümeyye, AKP'nin genel başkan danışmanıydı. Bu sıfatıyla başbakanlığın resmi toplantılarına katılıyor, resmi gezilerine gidiyordu. Babası cumhurbaşkanı olunca, Ahmet Davutoğlu'nun danışmanlığını yapmadı, istifa etti.
*
LEMAN: Kurban bayramı geldi, şarkıcı Leman Sam twitter'dan mesaj attı, "benim için IŞİD'le, bıçağını masum bir hayvanın boğazına dayayan, aynı duygudadır" dedi. Eskişehirli bir avukat, "dini değerleri aşağıladığı" iddiasıyla suç duyurusunda bulundu. Bülent Arınç mevzuya dahil oldu, "zavallı, iffeti yozlaşmış, edepten yoksun" dedi.

SERENA, JUDY: İran devlet televizyonu Press TV'nin muhabiri Serena Shim, Suruç'taki trafik kazasında hayatını kaybetti. Lübnan asıllı Amerikan vatandaşıydı, Kobani olaylarını takip etmek üzere Türkiye'ye gelmişti. Sadece 24 saat önceki canlı yayınında "Milli İstihbarat Teşkilatı'nın kendisini casuslukla suçladığını, tutuklanmaktan korktuğunu" söylemişti. Peki neden bu şekilde suçlanmıştı? Çünkü… "Türkiye'den Suriye'ye giden yardım konvoylarıyla, aslında militanların taşındığını, bu iddiasını kanıtlayan görüntüler olduğunu" açıklamıştı. Bunu açıkladıktan sadece 24 saat sonra, içinde bulunduğu otomobile beton mikseri çarptı. Kendisi gibi kadın olan kameramanı Judy Irish yaralı kurtuldu, Serena Shim öldü. Beton mikserinin şoförü "kusursuz" bulundu, serbest bırakıldı.

*

İLKNUR, AYŞE: Meclis yolsuzluk komisyonu, 17/25 Aralık için oylama yaptı. 9 AKP'li üye, 4 CHP'li üye, 1 MHP'li üye vardı. 9'a 5 oyla "bakanlar yüce divana gitmesin" kararı çıktı. AKP'li 9 milletvekilinin 9'u da "suç falan yok" demişti. AKP Aksaray milletvekili İlknur İnceöz ve AKP Konya milletvekili Ayşe Türkmenoğlu, bu kararlarıyla hem siyaset tarihine, hem de kadın tarihine geçtiler!

*

SELİNA, HERMİNE: Avukat Selina Doğan, CHP İstanbul milletvekili seçildi. 1960'ta kurucu meclis'te görev yapan Hermine Kalustyan'ı saymazsak, TBMM'ye seçilen ilk Ermeni kökenli kadındı. Babası Yervant Özuzun, 1980 sonrasında DSP'de, 1993'ten sonra CHP'de yer almış, Bakırköy belediyesinde başkan yardımcılığı yapmıştı.

*

LÜTFİYE, ZEHRA, RADİYE, RÜVEYDE, HAMİDE, HÜDA, SEHER: 2015 seçiminde TBMM'ye 21 türbanlı milletvekili girdi, 19'u AKP'den 2'si HDP'dendi. Lütfiye Selva Çam, Sena Nur Çelik, Sema Kırcı, Emine Yavuz Gözgeç, Ayşe Keşir, Zehra Taşkesenlioğlu, Canan Candemir Çelik, Ravza Kavakçı Kan, Fatma Benli, Özlem Zengin, Nursel Reyhanlıoğlu, Sevde Bayazıt Kaçar, Radiye Sezer Katırcıoğlu, Hüsnüye Erdoğan, Leyla Şahin Usta, Rüveyde Gülseren Işık, Hamide Sürücü, Ayşe Doğan, Ayşe Sula Köseoğlu, AKP'den... Hüda Kaya ve Seher Akçınar Bayar, HDP'den milletvekili seçildi.

MERVE, RAVZA: Merve Kavakçı 1999'da Refah Partisi'nden milletvekili seçilmiş, türbanlı olduğu için yemin etmeden meclisten çıkarılmış, Amerikan vatandaşı olduğunu bildirmediği için, vatandaşlıktan atılmıştı. Kızkardeşi Ravza Kavakçı Kan, 2015'te AKP'den milletvekili seçildi. Ve, yemin törenine, 1999'da ablasının başında bulunan türban'la geldi, ablasının türbanı'yla yemin etti.
*
FELEKNAS: Ezidi kökenli Feleknas Uca, HDP'den milletvekili seçildi. Almanya'da doğmuş, Almanya'da büyümüştü, Almanya'da yaşıyordu. Kürtçe, Almanca, İngilizce biliyordu, Türkçe bilmiyordu. Meclis'te Kürtçe yemin etmek istedi. HDP yönetimi, daha ilk günden kriz çıkmasın diye izin vermedi. Neticede, telaffuzda zorlandı ama, yemin metnini Türkçe okudu.
*
FİGEN: HDP eşbaşkanı Figen Yüksekdağ, Suruç'ta konuştu, "biz sırtımızı YPG'ye YPJ'ye PYD'ye yaslıyoruz, bunu söylemekte hiçbir sakınca görmüyoruz" dedi.
*
BURCU: HDP milletvekili Burcu Çelik Özkan, köy korucularına seslendi, "o keleşi size çevirmesini çok iyi biliyoruz, bu memleketten defolup gideceksiniz" dedi.
*
PERVİN: HDP grup başkanvekili Pervin Buldan, "PKK terör örgütü değildir" dedi.
*
AYŞEN: Haziran 2015 seçiminden tek başına iktidar çıkmadı, koalisyon çıkmadı, başbakan Ahmet Davutoğlu "seçim hükümeti" kurdu. İstanbul Ticaret Üniversitesi öğretim üyesi Profesör Ayşen Gürcan, Aile ve Sosyal Politikalar Bakanı yapıldı. Türkiye Cumhuriyeti'nin ilk türbanlı bakanı oldu.

Aysel

Hayatımın ilk spor ayakkabısını, handball spezial'i halıcıdan almıştım. Evet, halıcıdan… İthalat yasaktı, piyasada satılmıyordu, Yunan adasından getiriyordu halıcı, kaçak olarak!

Spor yapalım derken kaçakçılığa alet oluyorduk ama, çaresizdik. Yerli ayakkabılarla parkeye çıktığımızda, takunyayla buz pistine çıkmış gibi oluyorduk. Değil fake atmak, reverse yapmak filan, ayakta durabilmenin bile mümkünatı yoktu. Çok yüklendin mi, cart diye yırtılıyordu. Bu yüzden, mecburen, yabancı spor ayakkabı arıyorduk.

Sık sık, sırtında çuvalla bi amca gelirdi o halıcıya, Kilis'ten… "Noel Baba" derdik ona… Açardı çuvalı, marka marka saatler, el kremleri, çaylar, Marlboro popüler değildi o zamanlar, Kent veya Pall Mall, ince uzun Saratoga çıkardı.

Tane hesabı yapmazdı.
Perakendeyi sevmez, toptan çalışırdı.
"Bu çuval komple şu kadar" derdi.
Parayı alır, çuvalı bırakır, giderdi.

Bazen de, çuvalı bırakır, çuvalları alırdı. Çünkü bizim halıcı, bazen parayla değil, Mekap ayakkabıyla yapardı ödemeyi…

Peki niye?
"Yok oralarda, isteyeni çok" derdi Noel Baba.

Kaçakçılık trafiği enteresandı yani… Memleketin batısı yabancı ülkelerden spor ayakkabı peşinde koşarken, memleketin güneydoğusu memleketin içinden yerli ayakkabı peşindeydi.

Sonradan anlaşıldı tabii… Kalın tabanıyla parke salonlarda pek kullanışlı olmayan, ama, Renault Toros gibi dağ bayır şakır şakır gidebilen Mekap, teröristin resmi ayakkabısı olmuştu.

Bölücü mölücü ama…
Yerli malı yurdun malı diyordu yani PKK!

E haliyle, başına gelmeyen kalmadı Mekap'ın… Sağlam ve başarılı iş çıkardığı için, başına iş çıkarmıştı. Turgut Özal çıkıp "ayaklarında Mekap'la dağda gezen bi avuç genç" diye tarif edince PKK'lıları... Olan Mekap'a oldu, mimlendi. Bölgede satışı yasaklandı. Satanlar tutuklandı. Giyenler gözaltına alındı. Adeta kartvizit haline gelmişti. Mekap giyene "aha bu terörist" deniyordu. Bizim Noel Baba bile Mekap götürmüyordu artık... "Çok tehlikeli" diyordu!

Böylece, ithalatın yasak olduğu dönemde, estetik olarak biraz değiştirilip, pazarını genişletip, Türkiye'nin Adidas'ı olmaya aday bir marka, PKK'nın yüzünden güdük kaldı. Büyüyemedi.

Onca eziyete, yaratılan olumsuz imaja rağmen, direndi, tutunmaya çalıştı. İthalatın serbest bırakılmasıyla birlikte markalar çeşitlendi, üstüne yapışan terörist damgası yavaş yavaş unutulmaya yüz tutmuştu. Taa ki geçen seneye kadar... Habur'da yaşanan rezaletten sonra, Başbakan Erdoğan çıkıp, "ayaklarında Mekap var, elbiseleri tek tip" deyince, buyrun buradan yakın... Ayvayı yiyen gene Mekap oldu!

Gel zaman, git zaman... Aysel Tuğluk, önce alışveriş yaptı, sonra İmralı'ya ziyarete gitti. Ne vardı elinde? Nike torbası!

Eh be ablacım...
Kurulduğunuzdan beri bi defa doğru iş yaptınız, yerli malı kullandınız, onun da felaketine sebep oldunuz. Madem lideriniz Amerikan malı Nike ürünleri giyiyor, ne istediniz garibim Mekap'tan Allah aşkına?

≫≫≪≪

Aysel Tuğluk

Aysel Tuğluk, liboş basın tarafından Selahattin Demirtaş'tan önce parlatılan isimdi. "Ilımlı görüşlere" sahip olduğu yazılırdı. Halbuki... Güneydoğu'ya "Kürdistan" diyor, Türkiye Cumhuriyeti'nin oradaki varlığına "sömürge" benzetmesi yapıyordu. Bu tür ılımlı (!) görüşleri, sayın basınımızda yayınlanmıyor, halkın dikkatinden kaçırılıyordu. Ilımlı (!) Aysel Tuğluk, en son, askere taş atarken fotoğraflanmıştı.

≫≫≪≪

Googoosh

Guguş...
İstanbul'da şakıdı dün.

İran'ın kızı o.
İran'a girmesi yasak.

Molla iktidarı, bırak şarkı söylemesini, şarkılarını bile yasaklayınca ayrılmıştı vatanından, özgürce kanat çırpabilmek için uçtu, gurbete kondu. Aslına bakarsanız, babası da Sovyet iktidarının baskıları nedeniyle Azerbaycan'dan ayrılıp, İran'a göçmüştü. Benzer kaderi, kızı da yaşadı. O nedenle, "Ayrılık"ı ağlaya ağlaya söyler hep, Türkçe... Yüreğin yırtılır.

"Sanatçı" sıfatı altında binlerce insan var İran'da...
İyi de neden, dünyada bi tek Guguş tanınıyor?

Çünkü, bu cesur kadın, şarkıcı değil, sanatçı... Sadece modern yaşamın temsilcisi değil, umudun sembolü aslında... İran özgürlüğüne kavuşursa, bunu Guguş'larına borçlu olacak.

Çünkü, iktidar yandaşı sanatçı olmaz. İster transatlantik ol, ister filika, iskeleden halatları koparıp attığın an başlar, sanat... Özüne, mantığına, ruhuna aykırıdır, bağımlı olmak.

Peki, seçmen değil midir sanatçı?
Herhangi bir partiye sempatisi olamaz mı?

Elbette olur. Hepsinin var. Gidelim İran'dan taa öbür tarafa, mesela Hollywood'a... Bush iktidardaydı; George Clooney, Scarlett Johansson, Ben Affleck, Brooke Shields, Sean Pean, Edward Norton, Jennifer Aniston, Ben Stiller, Will Smith gibi sanatçılar, açık açık direndi, sokaklara çıktılar Obama'ya oy istediler. Seçim oldu, Obama kazandı. Ama... Kazandığı günden sonra, ilaç için bir gün olsun, bu sanatçıları Obama'nın yanında gören var mı? Obama iktidar olduktan sonra, biri çıkıp da, icraatlarının ne kadar şahane olduğunu söylüyor mu?

Örneği yoktur.

İktidara karşı durmak başka şeydir.
İktidara "iliştirilmek" başka şeydir.

Darısı bizim yalaka "şarkıcı"ların başına!

Faike Ateşin

Googoosh sahne adı, asıl adı Faike Ateşin... 65 yaşında ve halkının özgürlüğü için direnmeye devam ediyor. Bir bu evrensel sanatçıya bakıyoruz, bir bizim "sanatçık"lara bakıyoruz, utanıyoruz.

Leyla

Basketbol milli takımımız, rüyalarımızı gerçekleştirdi, Amerikan rüya takımıyla birlikte, dünya şampiyonasında finale çıktı.

12 dev adam.
13'üncü Tanjeviç.

Peki ya, 14'üncü dev?

Tek tek hepsini yazmak isterdim, yerimiz dar... Kaptan'ı yazayım, Hidayet Türkoğlu'nu... Gariban bi ailenin çocuğuyken, NBA'e gitmeyi başaran, dolar milyoneri olan, şımarmayan, aksine, ismi büyüdükçe ego'su küçülen, takım arkadaşlarına "kardeşim" diye hitap eden, savaşçı ruhuna rağmen gerek kalmadıkça başrole çıkmayan, geri planda duran, arkadaşlarını yücelten, iyi yürekli, çok iyi aile babası... Zeki, çevik, ahlaklı; onur duyuyoruz onunla.

Kim keşfetti Hidayet'i?
Kim yetiştirdi?
Kimdir borçlu olduğumuz insan?
Kimdir 14'üncü dev?

Kemal ile Leyla...

Başlayalım anlatmaya...

Özel Çavuşoğlu Koleji vardı İstanbul'da, efsaneydi, ekonomik kriz nedeniyle battı, kapandı, trajedisi bununla bitmedi, sahibi taa Nijerya'da trafik kazasında hayatını kaybetti. Kolej'in en önemli özelliği, spordu. Yetenekli çocukları toplayıp, ABD'de olduğu gibi eğitim bursu veriyor, bedava okutuyordu. Kemal Çalışkan, bu Kolej'in basketbol antrenörüydü.

İstanbul'un tüm ilkokullarını taramış, 10-11 yaşındaki birbirinden pırıltılı 12 çocuğu seçmiş, aileleriyle konuşmuş, ikna etmiş, Kolej'e yazdırmıştı Kemal... Biri Hidayet'ti. Hatta biri de Kerem Tunçeri'ydi.

Şu anda 2 metre 8 santim ve 100 kiloluk bir dev olan Hidayet, o zamanlar 1.78 ve cılızdı. Ham mermeri şaheser heykele dönüştürür gibi işledi Hidayet'i Kemal... NBA koçlarını bile hayrete düşüren, 2 metrenin üstündeki boyuna rağmen oyunkurucu gibi top sürme becerisini Kemal'den öğrendi Hidayet... Aklını kullanmayı, pozisyon almayı, doğru zamanda doğru yerde durmayı, liderliği, Kemal Koç'tan öğrendi; stilini o şekillendirdi.

Tabii diğer çocukların da... Türkiye'de rakip tanımadılar, iki defa dünya finali oynadılar, Liselerarası Dünya Şampiyonu oldular. Ardından, Hidayet henüz 16 yaşındayken, komple takım halinde Efes Pilsen'e geçtiler, Avrupa'ya damga vurdular; Hidayet yıktı duvarları NBA'e gitti.

Adana doğumlu Kemal Çalışkan... Annesi, İncirlik'te görevli Amerikalıydı, babası Türk... Ama babası, bir başkasıyla evliydi. Yani, evlilik dışı çocuktu. Annesinin görev süresi bitti, ABD'ye dönerken, babası vermedi onu... Üstelik, evlilik dışı çocuk olduğu için, babasının ailesi de istemiyordu Kemal'i... Yatılı okula verdiler. İlkokuldayken, annesi vefat etti, anneannesiyle dedesi geldi, "lütfen verin bize" diye yalvardılar, kadere bak, gene vermedi babası... Alakasız bi aileye evlatlık verdi iyi mi! Kemal'i evlatlık alan aile, tam cennetlikti, çok iyi büyüttüler, çok iyi davrandılar, nüfuslarına aldılar, öğretmen yaptılar.

Dramı bundan ibaret değildi Kemal'in...
İçinde bir "kadın" yaşıyordu.

"Eşcinsel değildim" diyor, "kadındım, öyle hissediyordum, erkek gibiymiş gibi yapmak istemiyordum, ahdım vardı, erkek olarak ölmeyeceğim."

Çocukluğundan beri hissettiği kimliğine, 22 yaşında kavuştu.

Ameliyat oldu, kadın oldu.

Leyla adını aldı.
Leyla Çalışkan oldu.

Tabii burası Türkiye... Cinsel tercihi nedeniyle zulme uğradı, işinden atıldı, horlandı, dışlandı, aylarca işsiz, parasız, ekmeksiz kaldı; namusundan ödün vermedi.

Ama, burası da Türkiye... Neticede hak yerini buldu, dangozların alkol malkol diye yasaklamaya çalıştığı Efes Pilsen, kapılarını açtı, çağırdı, gel işinin başına geç... Altyapıyı teslim etti.

Öbür gizli kahramanlar darılmasın, Türkiye'nin en önemli altyapı antrenörü, Türkiye'nin en öngörülü yetenek avcısıdır Leyla... Ve, bugün aktif şekilde Hidayet'ler yetiştiriyor hâlâ.

"O olmasaydı, bu mevkiye gelemezdim" diyor Hidayet... "Başarımı ona borçluyum, başta ben, milli takımın pek çok sporcusunun üzerinde inanılmaz emeği vardır."
Tanımıyorsunuz Leyla'yı, normal... Şöhret merakı yok çünkü... Televizyonlardan gelen teklifleri kabul etmiyor, dizi teklifleri var, reddediyor. Huzurlu, mütevazı bir yaşam sürüyor.

Sadece işini yapıyor.
Memlekete hizmet ediyor.

14'üncü dev o.

Sen istemesen de, Türkiye kiminle gurur duyacağını bilsin istedim Leyla... Diş geçiremedikleri kadınları yaratık, konsomatris diye aşağılayarak, erkek olduklarını zanneden tipler okusun istedim.

Leyla Çalışkan

Hiç tartışmasız, Türkiye'nin gelmiş geçmiş en başarılı basketbol hocalarından biridir. Talihsizliği, Türkiye'de doğup büyümüş olmasıdır. Yetenekleri keşfedip, yıldız sporcular yetiştirmesine rağmen, cinsel kimliği nedeniyle "yok" sayılmıştır. Leyla Çalışkan, mesela Amerikalı olsaydı, eminim bugün onu tüm dünya tanıyor olurdu, onu "yok" sayan yalaka basınımız da "baştacı" ediyor olurdu.

Selda

Daniel... Hani şu, Muğla'daki trafik kazasında ölen karı-koca turistin talihsiz oğlu... Hemşiremiz Selda Köse tarafından emzirilen ve İzlanda Fahri Konsolosu tarafından akrabalarına teslim edilen bebecik.

Hiç merak ettiniz mi, niye fahri konsolos? Haritadaki yerini bilmediğimiz Afrika ülkelerinin bile Türkiye'de elçiliği falan varken, İzlanda'nınki niye elçi değil de, fahri?

Sene taaa 1627...
Korsanları kovalıyorum ayaklarıyla Danimarka kıyılarını talan eden Murat Reis, bakalım yukarda başka ne var diye, kutuplara yelken açmıştı ki, şak, karşısında yemyeşil bi ada... Altından girdi, üstünden çıktı, 26 gün boyunca hal hatır (!) sordu, ayrılırken de 400 civarında esir aldı, erkekleri köle olarak sattı, sarışın kızları ganimet aldı, hareme mareme hediye etti.

İzlanda bizimle tanışmıştı!

O kadar sevdiler ki bizi, orada sadece 26 gün kalmamıza ve aradan 383 sene geçmesine rağmen "Tyrkjaranid" diye bi kavram var hâlâ İzlanda'da... "İnsan çalan Türk" diye tercüme edebiliriz kabaca... Ve, bu travmatik hadiseden hemen sonra, kalbimizi kıran özel bi kanun çıkardılar. İzlanda topraklarında Türk öldürmek suç olmaktan çıkarıldı!

Neyse ki, üç asır boyunca Türk kıstıramadılar, bu kanundan faydalanan İzlandalı olmadı. Baktılar ki, öldürmek için Türk denk getiremiyorlar, 1970'lerde filan kaldırdılar kanunu.

Vay sen misin kaldıran, pasaportu kapan soluğu İzlanda'da aldı kardeşim... Selamünaleyküm.

Adamlar kanunu kaldırdığına bin pişman olmuştu ama, iş işten geçmişti. Halbuki, bizimle görüşmemek için diplomatik temas bile kurmamışlardı, elçilik bile açmamışlardı. N'oluyor demeye kalmadan, İzlanda'nın her tarafı dönerci doldu. Onlar diplomatik temas kurmamıştı ama, biz yakın teması derhal kurmuştuk. Derhal evlenmeye, kız alıp, erkek vermeye başladık!

Suratımızı görmek istemeyen İzlanda ile "dünür" olmuştuk. Çocuklar doğdu. Başta iyiydi. Kaçınılmaz tabii, korkulan oldu. Türk babalardan biri, kızlarını Türkiye'ye getirdi, türban giydirdi, anneleriyle görüşmelerini yasakladı, sonra da İzlandalı eşini boşadı.

İzlanda mahkemesi, çocukların velayetini anneye vermişti aslında. Hikâye... Türkiye ile İzlanda arasında imzalanmış herhangi bir sözleşme olmadığı için, Türk hukuku, İzlanda hukukunu tanımadı. "Yürrü, anca gidersin" dedi. Anne uçağa binip geliyor, polis nezaretinde kapıya dayanıyor, baba alt tarafı 50 lira ceza ödeyip, çocukları göstermiyordu.

İzlanda ayağa kalktı. Kampanyalar yapıldı, şarkılar bestelendi. Anne, Türkiye'de dava açmak için, insan hakları avukatı Hasip Kaplan'ı tuttu. O zamanlar milletvekili değildi, açılım da henüz yapılmamıştı, dolayısıyla birbirimize ırkçı-bölücü diye hakaret etmiyorduk. Dinci medya Hasip Kaplan'ın "Hıristiyan" olduğunu iddia etti, anne de "kahpe" ilan edildi!

Takunyalı siyasetçiler devreye girdi, kolayca tatlıya bağlanabilecek mevzu, dallanıp budaklandı, "din kavgası"na dönüştürüldü. Avrupa İnsan Hakları Mahkemesi'ne gitti. Türkiye mahkûm oldu. Gene hikâye... Anne, evlatlarını göremedi. Gel zaman git zaman, çocuklar 18'ini geçti. Dava düştü. Siyasetçiler elini çekti. Siyasetçiler defolup gidince, aile baş başa kaldı, tatlıya bağlandı. Anne, çocuklarıyla görüşüyor şu anda, torunları oldu.

300 küsur sene sonra yaşanan bu yeni travma, İzlanda'yı, hiç olmazsa olan bitenden haberleri olsun diye, diplomatik temas kurmaya mecbur bıraktı. Elçi göndermediler, elçi kabul etmediler. İstanbul, Ankara ve İzmir'de fahri konsolosluk kurdular. İzmir'de minik Daniel'ı akrabalarına teslim eden Esat Kardıçalı, o yüzden fahri konsolos.

İzmir'in en köklü, en saygın ailelerinden biridir Kardıçalılar... Esat bey'in, İzlanda'yla hiç alakası yok aslında, tek kuruş ticari ilişkisi yok, tanıdığı yok, hatta, fahri konsolos olana dek, İzlanda'yı görmemiş bile, ayak basmamış... 17 sene Kanada'da yaşadığı halde, yüzlerce kez uçakla İzlanda'nın üstünden geçtiği halde, bir kez olsun inip bakmamış.

Gelip bulmuşlar onu... O da, medeni bir ülkenin konsolosluğunu onurla kabul etmiş. Neden kendisinin tercih edildiğini bilmiyor. Bana sorarsanız, hayatı boyunca İzlanda'ya gitmediği, hiç alakası olmadığı için tercih etmişlerdir... Gidenlerin ne yaptığı belli çünkü!

Fahri konsolosluklar açılınca, genelde Ege kıyılarına, İzlandalı turistler gelmeye başladı. E kaçınılmaz olarak, trafik kazaları, onları da öldürmeye başladık.

Bebiş Daniel böyle bir öykünün kurbanı... Hemşiremiz tarafından emzirildi. Türk lafını duyunca suratının rengi kaçan İzlanda milletiyle, bu sefer de "sütkardeş" olduk yani!

Şimdiiii...
İzlanda basınının, dünya çapındaki bu habere, hiç ilgi göstermemesini anlayabiliriz. Alman olsa, İngiliz olsa, yüzlerce gazeteci televizyoncu gelirdi, İzlanda'dan kimse gelmedi. Çünkü, sütkardeş mütkardeş istemiyor adamlar, mümkünse hatırlamak bile istemiyorlar bizi.

Peki, bu tür konuların üstüne atlayıp, özel uçak filan gönderen, kendine mal eden hükümetimiz, Daniel meselesine niye girmedi hiç? Yandaş medya, niye görmezden geliyor?

Galiba, iki sebebi var.

Birincisi; Daniel'ı emziren hemşiremiz, Selda Köse, özel hayatında başörtülü aslında... Kamusal alanda başını açıyor. Eylem koymaya kalkmıyor. Hatta, Star Haber'de canlı yayına davet ettik, evinden yapacaktık yayını, başörtüsüyle çıkacaktı, sonra vazgeçti, hastaneden çıkayım dedi, hay hay dedik, yayına bi çıktı ki, başı açık... İşini yapıyor çünkü o hemşiremiz, işiyle özel hayatını birbirine karıştırmıyor. Hazır gündeme gelmişken, fırsat bu fırsat deyip, türban şovu yapmak istemiyor. Bahsetmedi bile... İzlanda tarafından baş tacı edildi, şimdiden yılın annesi seçildi ama, şov yapmadığı için burada kuru bi teşekkür bile yok henüz.

İkincisi; hani şu İzlandalı anne davasını anlatmıştım ya, Hasip

Kaplan'ın avukat olduğu... Anneyle evlatları görüştürmeyen babanın avukatı kimdi biliyor musunuz? Tayyip Erdoğan'ın da avukatlığını yapan Hayati Yazıcı.... "Analar ağlamasın" hükümetinin, başbakan yardımcısı!

※※※

Selda Köse

Muğla-Denizli yolunun Yaylasöğüt mevkiinde bir minibüsle, bir otomobil çarpışmış, otomobilde sıkışan İzlandalı çift hayatını kaybetmiş, yedi aylık Daniel burnu bile kanamadan kurtulmuştu. Muğla Devlet Hastanesi'ne götürüldü. Çocuk cerrahi servisi hemşiresi Selda Köse'nin 10 aylık oğlu vardı. Daniel'i günlerce emzirdi. Neticede, dayısına teslim edildi. Dayısının beş çocuğu vardı, Daniel altıncı oldu. Selda hemşireyle, Daniel'in ailesi internet üzerinden görüşüyorlar, birbirlerine hediye paketleri, fotoğraflar gönderiyorlar. Daniel 16 yaşına kadar, dayısını baba, yengesini anne bilecek, 16 yaşına gelince gerçeği anlatacaklar. Ve eminim, o gün tekrar Türkiye'ye gelecek ve sütannesiyle tanışacak.

※※※

Trüban

Okurlar sipariş veriyor:
"Türban meselesini yaz."

Yazayım.

Bir İgnliiz üvinersitesinde ypalın arşaitramya gröe, klemileirn hrflareinin hnagi srıdaa yzaldıklarıı ömneli dğeliimş asılnda... Öenmli oaln, briinci ve sonncuu herflarin yrenide olamsımyış... Çnküü, kleimleri hraf hraf dğeil, btüün oalark oykuormuşsz... Ardakai hraflrein sırsaı kıraşık da osla düüzgn ouknuyormuş.

İinglç di mi?
Bıakn nısal da düüzgn oukdnuuz.

Hem oukdnuuz.
Hem anladınz.

Trüban bduur.

Tartışlan mselee ne oulrsa olusn, bşınaa ve sounna "trüban" koyğduunda, aarda ypılaan yaınlşları görmeszin... Yaınlşları düüzgn gbii oukmyaa, düüzgn gbii anlmaaya bşlarsaın.

Üvinersite srouları çlaımnış, Amreikan şrketii Trküiye'de rşvüet dğaıtmış, domateisn tneasi iki lria oulmş, maedncleriin cseetlernii beş aıydr çıkaramoyrlarmııış, her dröt gnçteen brii işşiz gzeiyrmouş, pkklya pzarlaık yaplıyrmouş, meemlket bölüüynrmouş, Amreikaıllar bzie fzüe döşyormuuş, deinz feenri ne oulmş, yargyıı taammen bdaem byklııı ypmışlaar flian...

Hiç öenmi klmaaz.

Tartışlan mseleenin bşınaa ve sounna "trüban" koyğduunda, aarda ypılaan yaınlşları görmezsin, sbaah klkaarsın trüban konşuuursn, aşkam yaatrsın trüban konşuuursn.

Kaafn alalk blulak oulr ama...
Akılnda bi tek trüban klaır!

Saadce kfaayı örtmez çnküü.
Her srounu öertr trüban.

Bilmiyorum anlatabildim mi.

>>><<<

Bu yzaı, meeslk hyaatımın en çok ouknan, en çok paaylaşıln yzaılarından brii oldu. Ama biilmyourm, aanlatbildik mi!

>>><<<

Trüban

Leyla

İngiltere Kraliçesi Elizabeth, 37 sene sonra Türkiye'ye geldi. TBMM'de yemin ederken bile smokin giymeyen cumhurbaşkanımız Abdullah Gül, smokin giydi, papyon taktı. Kraliçe de, madem sen papyon taktın, ben de sana takayım dedi, cumhurbaşkanımıza "şövalye nişanı" taktı. Suudi Kralı'ndan sonra, bir madalya da İngiltere Kraliçesi'nden kaptık yani... Etti iki madalya.

Cumhurbaşkanımız hatırasını anlattı... "Majesteleri, size ilk defa 1971 senesinde Çemberlitaş'ta yol kenarından el sallamıştım, öğrenciydim o zamanlar, konvoyunuzun geçmesini beklemiştim, size el sallamıştım, siz de karşılık vermiştiniz, yakınlarıma gidip kraliçeyi gördüğümü söylemiştim" dedi. Kraliçe "hımmm, çok enteresan" dedi!

Sayın basınımız, first leydimiz Hayrünnisa hanım'ın çok şık olduğunu, first leydimizin ışıltısı yanında Kraliçe'nin sönük kaldığını yazdı. İngiliz basınındaki arkadaşlara bizim basında yazılanları tercüme ettik, adamlar gülmekten haber yazamadı.

Kraliçe, Bursa'ya gitti, Yeni Cami'de Kuran dinledi. İskender döner yedirmeye kalktılar, istemedi, zeytinyağlı enginar yedi.

İngiliz uçak gemisi HMS Illustrious geldi, işgal günlerinde olduğu gibi, İstanbul Boğazı'na demirledi. İngiltere Kraliçesi, elçilik binası yerine, bu geminin güvertesinde davet verdi. Cumhurbaşkanımız ve devlet protokolümüz, tıpış tıpış, İngiliz zırhlısının güvertesindeki davete gitti.

La diva Turca... Dünyaca ünlü soprano Leyla Gencer vefat etti, vasiyeti üzerine yakılan bedeninin külleri Dolmabahçe Sarayı'nın önünden boğaza serpildi. Yandaş medya "küllerinizle suyumuzu kirletmeyin" diye yazdı. Çünkü, Leyla Gencer'in annesi Polonyalı katolikti. Hıristiyan kızı, Müslüman suyumuzu kirletiyordu.

"Dindar cumhurbaşkanı"nın Boğaz'a demirleyen İngiliz zırhlısına gitmesinden gurur duyarlarken... Türkiye'nin onuru Leyla Gencer'in küllerinin Boğaz'a serpilmesinden rahatsız oluyorlardı.

E, kraliçe haklı...
Ben de olsam, ben de madalya takarım bu zihniyete.

Leyla Gencer

1928'de İstanbul Polonezköy'de dünyaya gelmişti. Babası Türk, annesi Alexandra Angela Minakovska'ydı. Annesi evlenince Müslüman olmuş, Atiye adını almıştı. La Diva Turca, yüzyılın en önemli sopranolarından biri kabul ediliyordu. Türkiye Cumhuriyeti tarafından "devlet sanatçısı" unvanıyla onurlandırılmıştı. Darphane Genel Müdürlüğü tarafından "1000 Yılın Türkleri Özel Koleksiyonu" hazırlanmış, Leyla Gencer adına da gümüş hatıra para basılmıştı. 1000 Yılın Türkleri'nden Leyla Gencer, İngiliz hayranı dincilere göre "suyumuzu kirletiyor"du!

≫≪

Evin

2007, ekim ayı... Kuzey Irak'tan sızan teröristler Şırnak'ta pusu kurdu, 13 şehit verdik. Biri, Şanlıurfalı onbaşı Kasım Aksoy'du. Ekmeğini koza'dan çıkarıyor, pamuk toplama işinde ırgatlık yapıyordu. Davul-zurnayla gitti, ağıtla döndü. Cenaze töreni, Türk halkının zihnine mıh gibi çakıldı. Çünkü, iki kızı vardı. İki yaşındaki Zeliha, çorabı yırtıktı, öbürü üç yaşındaki Güneş, ayakkabısı bile yoktu, parmakları morarmış, yalınayaktı. Şehitleri adeta kanıksayan Türkiye, bu yavruların fotoğrafıyla, Türkiye'nin utancıyla sarsıldı.

Kuzey Irak'a girmek için tezkere çıkaralım mı çıkarmayalım mı, en iyisi ABD'ye soralım filan diye savsaklanırken... Kuzey Irak'tan girip Dağlıca'yı bastılar, 12 şehit daha verdik. Tezkere çıkarıldı.

Barzani resmen tehdit etti, "sınırı geçerseniz, savaş anlamına gelir, karşılık veririz" dedi. Başbakanımız esti gürledi, "Barzani haddini aştı, muhatabımız değil, terör örgütüne yataklık yapıyor" dedi. Basınımız ayağa kalktı... *Hürriyet* gazetesi, Barzani'yle Talabani'nin fotoğrafını koyup "Ortadoğu'nun dansözleri" manşetini attı. Öbür gazetelerimiz "Barzani kin kustu, Barzani kudurdu, küstah Barzani, Barzani kaşınıyor, günah bizden gitti, kukla Barzani" başlıkları attı. Hatta "Borazani" diyen bile oldu.

Kuzey Irak'a girdik. Avrupa Birliği'nden Birleşmiş Milletler'e kadar hepsi itiraz etti, hatta Avustralya bile Türkiye'yi kınadı. Harekâtın adı Güneş'ti... Şehit Kasım'ın yalınayak kızı'nın adı verilmişti.

27 şehit daha verdik Irak'ta... Biri, Binbaşı Zafer Kılıç'tı. Siirt Tugay Komutanlığı'nın subayıydı. Bordo bereliydi. Judoda, kayakta madalyaları vardı. 18 Mart'ta Çanakkale Şehitleri Günü'nde dünyaya gelmişti, Ankara Cebeci Şehitliği'nde toprağa verildi.

Kuzey Irak öksüzü Güneş'in adı, terörle mücadele tarihine geçerken... Kuzey Irak şehidi Zafer Kılıç'ın adı da, Siirt'te yaşatıldı. Galatasaray ikinci başkanı, işadamı Adnan Öztürk tarafından yaptırılan ve milli eğitim bakanlığı'na bağışlanan, Türkiye'nin ilk spor lisesine, Şehit Zafer Kılıç adı verildi. Şehit Zafer Kılıç Spor Lisesi, yatılı... Bölgede yaşayan, spora yetenekli çocuklar seçiliyor, eğitiliyor. Okulun, tuvaletlerine kadar temizliği, her sabah, binbaşı Zafer Kılıç'ın Siirt Komando Tugayı tarafından yapılıyor. Çocukların tatlıları, pasta-baklava, her öğlen, her akşam, tugaydan geliyor.

Bu okulun öğrencileri, voleyboldan basketbola, hentboldan judoya, aklınıza gelen her spor dalında madalya topluyor.

Biri, Evin Demirhan.

Hangi branşta milli formayı giyip, Türkiye tarihinde ilk kez Avrupa Şampiyonu ve Dünya Üçüncüsü oldu biliyor musunuz? Güreş'te!

Evet... Şehit Zafer Kılıç Spor Lisesi öğrencisi, dokuz çocuklu bir ailenin kızı, 17 yaşındaki Evin... Kadınların yok sayıldığı ülkemin ata sporunda, eşi benzeri görülmemiş bir başarıya imza attı.

Üstelik... Evin'in başarısı, İnan Temelkuran ve Kristen Stevens tarafından *Siirt'in Sırrı* adıyla belgesel haline getirildi. Adana Altın Koza Film Festivali'nde Jüri Özel Ödülü aldı. İzleyenleri öylesine etkiledi ki, sırf onun için bi ödül daha yaratıldı ve Evin'e Jüri Özendirme Ödülü verildi.

Böylece... Ekmeğini koza'dan çıkaran onbaşı Kasım'ın, yalınayak kızı Güneş'in, binbaşı Zafer'in Türkiye'yi var etme çabası... Dönüp dolaşıp, bi başka koza'da, Evin'de çiçek açtı.

Ve, kanla sulanan bu topraklarda, sadece bir evladı yeşertebilmek bile... İşte bu kadar cana, bu kadar acıya, bu kadar seneye mal olurken... "Türkiye seninle gurur duyuyor" tezahüratı yapıldı Barzani'ye, akp kongresinde!

Evin, 2015 itibariyle, Siirt Beden Eğitimi Spor Yüksekokulu'nda okuyor, 2016 Rio Olimpiyatları'na hazırlanıyordu. *Siirt'in Sırrı* ise, Adana Altın Koza'dan sonra, Antalya Altın Portakal'da ulusal en iyi belgesel film ödülünü kazandı.

Evin Demirhan

Muazzez

Siyah Türk.
Beyaz Türk.
Pek moda bu aralar.

Tayyip Erdoğan kendini "zenci" ilan ediyor.
Rakiplerini "beyaz" olmakla suçluyor.

Beyaz Türk'ten kasıt, eğitimli, zengin, burnu büyük kokoşlar... Siyah Türkler'in ise, yer sofrasında bulgur kaşıklayan, ezilmiş garibanlar olduğu varsayılıyor.

Dolayısıyla, fakir fukaranın gözüne şirin görünmek için "siyahi maske"ler takılıyor, parmağına kuru soğan büyüklüğünde pırlanta takanlar "çakma siyah" pozlarına bürünüyor.

Halbuki, bu ülkenin orijinal siyah'ları var...
Ve hepsi, Türkiye'nin modern, aydınlık yüzü.

Esmeray mesela... Avni Dilligil, Muammer Karaca, Haldun Dormen, Nedim Saban tiyatrolarında oynadı, sinema filmlerinde, televizyon dizilerinde rol aldı, bugün bile hâlâ ezbere bildiğimiz şarkıları söyledi. Tarikat-cemaat işlerinde hiç görmedim ben rahmetliyi.

Sait Sökmen, Devlet Opera ve Balesi'nin başbaleti, ilk Türk koreografı, Devlet Tiyatroları Çağdaş Dans Grubu kurucusu, bale öğretmeni, yönetmen... Hani yer sofrası?

Sibel Sürel, İstanbul Devlet Opera ve Balesi'nin başbalerini... Kuzgun Acar, heykeltıraş, çağdaş Türk heykelinin tartışmasız öncülerinden... Tuğçe Güder, best model of the world.

Sadri Usuoğlu, Beşiktaş'ın efsane kalecisi, Robert Kolej mezunu, futbolun yanı sıra basketbol oynadı, 1936'da Yunanistan'la yaptığımız ilk basketbol milli maçında ilk 5'teydi, 1936 Berlin Olimpiyatları'na katıldı, Beşiktaş'ın ve A milli futbol takımımızın teknik direktörü oldu. Beşiktaş'a armasında ay-yıldız, yani Türk bayrağı taşıma onurunu, o kazandırdı.

İstersen albino ol...
Ben ak'ım demekle ak olunmuyor.
Asıl bu saydığım isimler memleketin yüz ak'ı.

Melis Sökmen, jazz, soul, blues... Mustafa Olpak, Tariş direnişine katıldı, sağcılar tarafından kurşunlandı, vuruldu, 12 Eylül'de içeri tıkıldı, aktivist, yazar... Yasemin Esmergül, sinema ve ses sanatçısı... Tuncay Vural, Türkiye dans kralı, gym eğitmeni... Defne Joy Foster, vj.

Hadi Türkmen, Fenerbahçe'de yöneticilik, Futbol Federasyonu'nda asbaşkanlık yaptı, bugün Türkiye'de ampute futbol oynanıyorsa, onun sayesinde... Mustafa Yıldız, iki defa Kırkpınar başpehlivanı oldu... Ömer Besim Koşalay —sporcuyum diyenler sporcu görsün— İstanbul güreş şampiyonu oldu, futbola geçti, Galatasaray'da sol açık oynadı, atletizme geçti, bismillah, 1500 metre Türkiye rekorunu kırdı, sonra, 6 ayrı mesafede 29 Türkiye rekoru kırdı, 1924 Paris Olimpiyatı'nda ve 1928 Amsterdam Olimpiyatı'nda milli formayla koştu, gazeteciliğe geçti, 1936 Berlin Olimpiyatı'nı *Cumhuriyet* gazetesi muhabiri olarak takip etti, Galatasaray'da yöneticilik yaptı, 1924'te Türkiye'ye eşofman getiren ilk Türk olduğu için, bugün hâlâ, onun adına Kırmızı Eşofman Kros Yarışmaları düzenleniyor.

Çakma siyah... İyi oku!

Dursune Şirin, Türk filmlerinin unutulmaz Bacı Kalfa'sı... Oğlu, İbrahim Şirin, Türk Sanat Müziği sanatçısı, tiyatrocu... Arzu Bekiz, dansçı... Ali Tınaz, hemşehrim, BBG Ali olarak tanıdınız onu, animatör, fitness eğitmeni... Mansur Ark, müzisyen... Ahmet Turgutlu, sinema afişlerine soyadıyla değil, lakabıyla yazılan, bakkal, polis, kötü adam, manav gibi üçüncü rollerle devleşen, Yeşilçam'a adını kazıyan Ahmet Kostarika... Neşe Sayles, BKM Mutfak Ekibi'nde yeralan genç yeteneklerden... İhsan Küçüktepe, nostaljik Türk filmlerinin bir başka unutulmazı, namı diğer, Çitlenbik İhsan.

Yedi enstrüman çalan, Atatürk Kültür Merkezi Opera Müdürlüğü yapan Cenk Sökmen... Dalaman'ı Dalaman yapan adam, Musa Siva, iki dönem CHP, bir dönem SHP, üç defa belediye başkanı oldu, son seçimde gene CHP'nin adayıydı.

Vahap Özaltay, İzmir'in gururu... İşgal başlayınca Anadolu'ya geçti, Mustafa Kemal'in yanında milli mücadeleye katıldı, Galip Hoca lakabıyla Ege dağlarında efeleri örgütleyen Celal Bayar'ın yanında Yunan'a karşı vuruştu, memleket kurtuldu, atletizme başladı, 1932 Balkan Oyunları'nda 4 çarpı 400 bayrakta milli formayı taşıdı, Altay'da futbol oynadı, soyadı kanunu çıkınca Altay sevgisinden Özaltay soyadını aldı, milli takıma İzmir'den seçilen ilk futbolcu oldu, Fransa'ya Racing'e transfer edildi, öyle şık kafa golleri vardı ki, Fransızlar ona "le tete de Turc", yani "Türk kafası" lakabını taktı, ordu milli futbol takımımızın teknik direktörü oldu, dünya şampiyonu yaptı. Alsancak'ta Vahap Özaltay Meydanı var ya... İşte o.

200 bin civarında orijinal siyahımız var; mühendis, doktor, eczacı, hepsini buraya sığdırabilmem imkânsız, tadımlık verdim...

Şuralardan gelmişler, şu tarihte gelmişler filan, merak bile etmezler, özbeöz, ne mutlu Türküm diyene'dir onlar, hatta, köylerde ikamet edenleri, Yörük Türkçesi konuşur... Çağdaş yaşamın kaleleri, İzmir, Muğla, Edirne, Mersin civarında ağırlıklı yaşarlar. İzmir'de dernekleri var. Hıdrellez, Nevruz gibi, baharı müjdeleyen günü kutlarlar, Dana Bayramı, komşularını da alıp, piknik yaparlar. Geçenlerde belgesel için röportaj vermişler, şöyle diyordu bi tanesi: "Bir Afro-Türk için İzmir'de yaşamak, rahat, kolay, mutlu ve onurludur, İstanbul'a gittiğimizde bizi kaçak göçmen zannedebiliyorlar!"

Onlarla büyüdüm ben.

Benim canım kırtikozum, yani anneannemle komşuydular, Çimentepe'de... Giritlilerle birlikte otururlar, kız alıp verirlerdi, etle tırnak olmamız ondan... En yakın çocukluk arkadaşlarımdan biri, Mavro Mustafa... Eşrefpaşa, Beştepeler, Kako, Kadifekale, altını üstüne getirirdik. Bizimkiler Rumca "siyah" anlamına gelen "Mavro" diye severdi onu... Onun ailesi de, özellikle yaz bitimi Çeşme'den döndükten sonra Kenyalıya benzediğim için, Giritçe-Türkçe karışımı, "arapaçimu" diye okşarlardı başımı.

Beni büyüten de siyah.

Anasız-babasızdı Muazzez teyzem, İstanbul Çocuk Esirgeme'de büyümüş, okutulmuş, hemşire olmuş, evlenmemiş, Zeynep Kâmil'de çalışmış, emekli olduktan sonra İzmir'e göçmüş, Alsancak'ta zengin ailelerin bebelerine dadılık yapıyordu. Annemin arkadaşıydı. Evde doğdum, ele gelinceye kadar, çocuğa nasıl bakılır, yemesi içmesi nasıl disipline edilir, aşı filan, hepsini öğretmiş anneme... Sonra, hemşireliği döneminde bulduğu akrabalarının yanına, İstanbul'a göçtü, rahmetli oldu. Bütün bebeklik fotoğraflarımda kucağındayım.

Offf of.

Biraderim Mavro Mustafa, herkes okudu ama, bu mektup sana... Kısmetse oradayım yılbaşında, mesela saat 10'da, buluşalım Kordon'da, n'olacak bu takunyalılarla memleketin hali diye laflarız, iki tek atınca... Çipuraları hazırla.

Giritli anneannem Nazlı, yanağında şark çıbanı olan Mardin doğumlu annem Nadide ve ailemizi ailesi olarak benimseyen kimsesiz İstanbullu Muazzez teyzem... Çocukluğum, çocukluğumuzdaki filmler gibi siyah-beyaz'dı ama, aslında rengârenkti.

Muazzez, Nadide, Nazlı

Bettina

Almanya cumhurbaşkanı, Türkiye'ye geldi.

Dindar bi ailenin çocuğuydu.
"Hıristiyan" adını koydular ona.
Babası zampara çıktı.
Henüz bebekken, anasını boşadı.
Annesi başkasıyla evlendi.
Üvey baba şerefsiz evladıydı.
16 yaşındayken, annesi öldü.
Üvey babası sokağa attı.
Öz babası da yanına almadı.

Büyüdü, hukuk okudu.
Okul arkadaşıyla evlendi.
Kızları oldu.
Örnek babaydı.
Siyasete atıldı.
Aşağı Saksonya başbakanı oldu.

Başbakanken, Afrika'ya resmi ziyarete gitti, oradayken, kendisinden 15 yaş küçük Bettina'yla tanıştı. Üniversitede gazetecilik okumuştu ama, gazetecilik yapmıyor, bir lastik şirketinin basın danışmanlığını yapıyordu Bettina... O vesileyle katılmıştı Afrika gezisine.

Bi safari...
Bettina hamile kaldı!

Koyu dindar, "Hırıstiyan" adını taşıyan, üstelik "Hıristiyan" Demokrat Parti'nin mensubu olan "muhafazakâr" başbakan, evliyken, evlilik dışı ilişkiye girmişti yani... Babasının yaptığını yaptı, kızının anası 18 yıllık eşini şak diye boşadı, hamile bıraktığı Bettina'yla evlendi.

Buyrun buradan yakın...
Evli Başbakan'dan hamile kalıp, Başbakan'ın yuvasını yıkan fingirdek Bettina'nın bi tane de oğlu olduğu ortaya çıktı iyi mi!

Hiç evlenmemişti halbuki... 18'ine gelince ailesinden ayrılmış, ayrı eve çıkmış, evlilik dışı çocuk doğurmuş, sonra, oğlunun babasından ayrılmıştı. Hareketli kızdı. Gece hayatını seviyordu. Arkadaşları, sarı saçları ve 1.80'lik boyuyla Brigitte Nielsen'e benzetiyordu.

Başbakan eşi olunca, röportaj verdi, "hayatımı yönlendirmek için kimseyi bekleyemem, kimseye danışmam, kimseye bağımlı olmam" dedi... "Bende böyle şekerim, yerseniz" demek istedi.

Hep bakımlı. Ojesiz gezmiyor. Marka tutkunu. Ayakkabı hastası... Arkadaşlarına ayakkabı hediye etmesiyle tanınıyor. Gamsız... Kameraların önünde dudak dudağa öpüşmekten çekinmiyor. Kahkahaları meşhur. Klasik müzikten daralıyor, Madonna, Elton John konserlerini kaçırmıyor, U2 hayranı... Eskiden, gece kulüplerinde dans gösterilerine bile katılmış.

İki dövmesi var.
Biri sağ kolunda, anahtar deliği etrafında alevler figürü.
Öbürünün yeri bilinmiyor!
Kimi sırtında diyor, kimi kalçasında.
Çatalda olduğunu iddia edenler var.

Uzatmayayım, eşi cumhurbaşkanı seçilince, Almanya'nın gelmiş geçmiş en genç ve ilk dövmeli first leydi'si oldu bu çılgın kız...

Doğurdu, bir oğlu daha oldu.

Ufak tefek mırın kırın edenler var ama, Alman halkı onunla gurur duyuyor. "Cumhurbaşkanı ot gibi adamdı, hayatına renk kattı" diyorlar. Sarkozy'nin eşi Carla Bruni'yle, Obama'nın eşi Michelle'le kıyaslıyorlar Bettina'yı... Hatta, *Die Zeit* gazetesi "askerlerimizin dolaplarına resmini asmak isteyeceği bir first leydimiz var" yorumunu bile yaptı. Seviyorlar onu.

Çünkü...
Yok efendim, evlilik dışı ilişkisi olmuş, vay efendim, first leydinin kolunda dövmesi varmış da, uluorta öpüşüyormuş filan, orasıyla ilgilenmiyorlar. "Özel hayatıdır, kimseyi alakadar etmez" diyorlar.

Zaten, Almanya'nın muhafazakâr başbakanı Angela Merkel'in de soyadı Merkel değil aslında... İlk eşinin soyadı ama, orasıyla da kimse ilgilenmiyor. "Bizi ırgalamaz" diyorlar.

Gelin görün ki...
Aynı Almanya cumhurbaşkanı, aynı Bettina yüzünden büyük bi skandala karıştı. Az daha siyasi hayatı bitecekti!

Nasıl?

Henüz başbakanken, Bettina'yla birlikte, Florida'ya Noel tatiline gitti. Kendi cebinden ödeyerek, özel havayolu şirketi Air Berlin'den bilet almıştı. Tesadüf bu ya, tatile gitmeden önce, bir kokteylde Air Berlin'in yönetim kurulu başkanıyla karşılaştı Bettina... "Air Berlin'in hizmetini beğeniyoruz, hatta tatilimize sizin uçağınızla gidiyoruz" dedi. Sohbet sırasında, ekonomi sınıfı bilet aldıkları ortaya çıktı. Air Berlin'in yönetim kurulu başkanı jest yaptı, daha rahat uçsunlar diye, ekonomi sınıfı biletleri, business'a çevirdi. Uçtular.

Bi döndüler kardeşim...
Gazetelerde manşet!

Almanya ayağa kalkmıştı. Kanun gereği, siyasetçinin 10 euro'dan fazla hediye alması yasaktı. Bu ne rezaleti. Resmen rüşvetti. Hannover savcısı şırrak diye soruşturma açtı.

Bizim Christian, ebelek gübelek yapmadı, şerefsiz basın demedi, savcıyı da ideolojik davranmakla suçlamadı, çıktı, Alman halkından özür diledi, "hata yaptım, haberim bile yoktu ama, uçakta karşılaştığım emrivakiye itiraz etmeliydim, suçluyum, özür dilerim" dedi. Çıkardı cebinden, takır takır, bilet farkını ödedi.

Özetle.

Alman halkı, kimin kimi becerdiğiyle ilgilenmiyor.
Alman halkını becermeye kalkan var mı, onunla ilgileniyor.

※※※

Bettina Wulff

Christian Wulff uçak biletinin farkını ödeyerek kurtulamadı. 720 euroluk otel masrafını bir işadamına ödettiği, bunun karşılığında o işadamına çıkar sağladığı iddia edildi. Şak... "Bana duyulan güven zedelendi" dedi, istifa etti. Almanya tarihinde istifa eden ilk cumhurbaşkanıydı. Alt tarafı 720 euroluk iddia için,

229

yargılandı. Suçlu bulunursa, üç sene hapis cezası alacaktı. Neticede, iddialara kanıt bulunamadı, aklandı. Bu dava sırasında boşandılar. 2015 itibariyle yeniden evlenme kararı aldıkları açıklandı. Christian Wulff'tan sonra Almanya cumhurbaşkanlığına, Joachim Gauck seçildi. Yukarda yazdıklarımızın adeta sağlamasıydı... Adam bildiğin Protestan papazı, Alman siyasetinde "ahlak sembolü" kabul ediliyor. Evli ama, nikâhlı eşinden ayrı yaşıyor, kendisinden 20 yaş küçük sevgilisi var, sevgilisi oğluyla yaşıt, yurtdışı gezilerine bile sevgilisiyle gidiyor, Türkiye'ye yaptığı resmi ziyarete de sevgilisiyle geldi. Özel hayatı hiç kimseyi alakadar etmiyor, milleti soyuyor mu, ona bakılıyor.

※

Semanur

HSYK seçimleri yapıldı.
Seyrediyorum televizyonda, genç bir savcı, oy vermek için sırasını bekliyor, kucağında 5-6 yaşındaki kızı, meğer eşi de hâkimmiş, haliyle o da oy kullanmaya gelmiş, hâkim anne oy kabininden çıkacak, savcı baba oy kabinine girecek, "çocuğu bırakacak kimsemiz olmadığı için beraberimizde getirdik" diyorlar.

Beyşehir.
Hacıakif Mahallesi.
Kapıda ambulans.
Üç katlı apartmanın giriş dairesinden battaniyeye sarılı cansız bir beden çıkarıyor polisler, suratları allak bullak... Savcı nezaret ediyor, neler görmüş o güne kadar ama, bu başka, duygusal olarak darmadağın... Battaniyenin içinde bir kız çocuğu var çünkü.

Tavana asmış kendini.

Bakıyorlar sağa sola.
Öğrenci kimliği...
Henüz 14 yaşında.

Bekliyorlar biraz, ne gelen var eve, ne giden... "Annesinin arkadaşıyım" diye telefon eden bir kadının ihbarıyla geldikleri adreste, cenazenin sahibini arıyorlar. İhbar eden kadını buluyorlar. "Annesi nerede?" diye soruyorlar. 10 gün önceki fuhuş operasyonunda içeri tıkıldığı ortaya çıkıyor.

Ya babası?

Anneyi tanıyan kadın, babayı tanımıyor, "ana-kız yaşıyorlardı" diyor. Komşulara soruyorlar. Bilen yok. Zaten 15 gün önce taşınmışlar, tüm bildikleri bu... Ev kiralık. Ev sahibi bulunuyor. "Kadınla adam geldi, evliyiz dediler, adam eczacı kalfasıymış, parada anlaştık, verdim" diyor. Eczacı kalfası denilen adamı soruşturuyorlar... Kocası değil. Eczacı da değil. O da içerde. Aynı operasyondan.

Son çare muhtar... Muhtara gidiliyor. Evet, 15 gün önce taşınmışlar ama, ana-kız kayıtlı, adam yok, Aksaray'dan gelmişler Beyşehir'e, Aksaray'daki eski adresi veriyor muhtar... Aksaray'a soruluyor. Dram büyüyor. Babası, dört sene önce birini öldürmüş, cezaevinde yatıyor.

Üstelik, baba öz baba değil... Canına kıyan kızın, gayrimeşru ilişkinin meyvesi olduğu, annesinin bu adamla evlendiği, adamın da kızı nüfusuna geçirdiği ortaya çıkıyor.

Okula soruluyor. Öğretmenlerin başından aşağı kaynar sular dökülüyor. Çünkü, ne ananın içeri tıkıldığından haberleri var, ne babadan, ne de kızcağızın kendini astığından... Yeni öğrenci, derslerinde başarılı, yürüyerek gelip gidiyor, tüm bildikleri ev adresi.

Ana içerde.
Babalık içerde.
Ana yıllar önce ailesinden reddedilmiş, akraba yok.
Akraba varsa da, nerede olduklarını bilen yok.

Kız tek başına... Morgda.

Beyşehir Belediyesi yıkatıyor talihsiz körpenin bedenini, götürüp, Merkez Çarşı Camii'nin musalla taşına koyuyor. Öğle namazından çıkan cemaat kılıyor hiç tanımadıkları hemşehrilerinin namazını, âdetten ya, haklarını helal ediyorlar. Alıyorlar omuzlara tabutu, cenaze arabasına yüklüyorlar, onlar da götürüp şehir mezarlığına defnediyor.

Böylece, kim olduğu bilinmeden, o güne kadar hiç merak edilmeden, oradan oraya savrulan... Kalabalıklar içinde tek başına yaşadığı 14 senelik ömründe, sanırım ilk kez "adresi" oluyor.

155 ada.
27 numara.

Koca koca yazarlar demokrasi, hak-hukuk filan gibi koca koca laflar döşenirken yazmak istedim, başka seçeneği kalmayan, tavana asılı küçük kızı.

Bırakacak kimsesi olmadığı için kendi çocuğunu kucaklayıp "adalet oylaması"na getiren ana-babalar okusun diye yazmak istedim... Karar verirken, başkalarının çocuklarını da kucaklasınlar diye.

Yoksa, senden olan senden olmayan'ların listesini manşetlere assan n'olur asmasan n'olur.

>>><<<

Semanur Durmaz

Devlet denilen mekanizma, aslında en çok, Semanur gibi kalabalık içinde yapayalnız ve çaresiz kalan evlatlarımız için lazım... Ama maalesef, her Semanur olayında bir kez daha görüyoruz ki, devlet denilen mekanizma, dekordan ibaret.

>>><<<

Aysel

Her sene 21 Kasım'da görkemli törenlerle kutlanan Mardin'in düşman işgalinden kurtuluş günü, palavra çıktı iyi mi...

İşgale mişgale uğramamış.

Girdim arşive...
Geçen seneki vaziyet şöyle:
Atatürk anıtına çelenk, saygı duruşu, İstiklal Marşı, Mardin valisinin garnizon komutanı'nı kabulü, belediye başkanı'nın garnizon komutanı'na şükran ziyareti, bilahare, hükümet konağı önünde resmi geçit, günün anlam ve önemini belirten konuşmalar, şehrimizin aziz şehitlerini rahmetle anıyoruz

filan, çocuklara şiir okutmuşlar, kurtuluş günü şerefine yapılan üç bin metre koşusunda dereceye girenlere kupa takdimi, bando, folklor gösterileri... Cumhurbaşkanı Gül ve Başbakan Erdoğan, kurtuluş günü vesilesiyle Mardin valisine kutlama telgrafı çekmiş... Akşam resepsiyon verilmiş, fotoğrafı var, Mardin Valisi, garnizon komutanı, belediye başkanı yan yana durmuşlar, göğsünde madalyaları olan gazilerin elini sıkıyorlar.

Aslına bakarsanız, ordinaryüs tarihçi olmaya gerek yok, Mardin'in kurtuluş günü denilen tarih 1919... Kaba hesap, madalyalı gazilerin 110 yaşında olması lazım... Adamlar en fazla 60.

Kimse uyanmamış.

Peki, kim uyanmış?
Aysel Fedai.

Kozmik şakacının işine bakın ki, işgal kahramanı "Şanlıurfa"da doğmuş, işgal kahramanı "Gaziantep" Üniversitesi'nden mezun olmuş, uzmanlığı Atatürk İlkeleri ve Devrim Tarihi, şu anda Mardin Artuklu Üniversitesi'nde görev yapıyor.

Mardin'e geldiğinde görmüş ki, ha bire düşman işgalinden kurtuluş törenleri yapılıyor. E biliyor ki, işgal mişgal yok. E nasıl oluyor? O da bunu merak ediyor. Araştırıyor. Görüyor ki, Mardin'in cumhuriyet tarihiyle ilgili ne kitap var, ne inceleme... Bu mevzuyu, doktorası için tez konusu yapıyor. Ankara'ya gidiyor, Türkiye Cumhuriyeti Arşivi'ne giriyor, Genelkurmay Arşivi'ne başvuruyor, işgal mişgal olmadığını bilimsel olarak belgeleriyle kanıtlıyor.

Destansı direniş örgütlenmesi var, hatta soba borularını eğip büküp kaleye koymuşlar, ki, Fransızlar top namlusu sansın diye... Erkeğiyle kadınıyla seferber olmuş Mardin... Ama üç saniye bile işgal yok.

Söylese, bi acayip.
Söylemese, olmayacak.
Gitmiş Mardin belediyesi'ne...
Gerçeği anlatmış.

Burasını çok önemsiyorum... Türkiye'de bu tür durumlar

olduğunda, yalan denir, iftira denir, yetkililerimiz her şeyi bilir çünkü, gerçeği söyleyene küfredilir, hele bi de kadınsa, aşağılanır.

Mardin'de tam tersi oldu.
Dinlediler, incelediler belgeleri, doğru...
Destansı direniş var ama, işgal yok.
Kurtuluş gününü, onur gününe çevirdiler.

Koca koca cumhurbaşkanları, başbakanlar, valiler, komutanlar filan, hikâye... Koca koca profesörler elini bile sürmemiş bugüne kadar... Pırıl pırıl, gencecik bir kız başardı bu işi.

Şimdi gelelim, zurnanın zırt dediği yere...

Aradım Aysel Fedai'yi...
"Kim başlatmış bu kurtuluş günü komedisini?"

Kimin, ne zaman başlattığı henüz belirsiz... "Cumhuriyet Döneminde Mardin" başlıklı tezini kitap yapacak olan Aysel Fedai, araştırıyor. Onu da bulacak.

Takipteyim... Söz konusu kişi bulunduğu gün, altına "Mardin kahramanı" yazıp, Nasreddin Hoca türbesine büstünün dikilmesini teklif edeceğim!

⋙⋘

Aysel Fedai

Neden "onur günü" denildi? Aysel Fedai anlattı:
"Birinci Dünya Savaşı sırasında eli silah tutan erkeklerin hemen hepsi askerdeydi. Mardin'i kadınlar, ihtiyarlar ve askerlik çağına gelmemiş çocuklar savundu. Onur duyulacak bir direnişti. İşte bu nedenle 'onur' sıfatı kullanıldı."

⋙⋘

Fitnat

Fitnat hanım.
92 yaşında.
Şişli'de yaşıyor.
Bi sabah, zırrrr...

Aralıyor kapıyı.
Kravatlı üç kişi.
- Buyrun evladım.
- Tencereciyiz, lazım mı teyzecim?
İçeri alıyor.

(Malum, bizim kadınlarımıza tencere dedin mi, akan sular durur. Bi tencere, bi borcam kardeşim... Saysan, her evde, yatak odalarındaki dolaplara istiflenmiş halde, en az 20 tane borcam vardır. Hem devamlı borcam alırlar, hem de dümenden birbirlerine hediye ederler. Ev aldın, borcam, evlendin, borcam, doğurdun, borcam... Dümenden diyorum, çünkü, hediye borcamın paketini bile açmazlar, hediye verileceği zaman, hediye borcamı götürürler. Ben kendi payıma, ambalajı açılmamış 1960 yılına ait borcam bile gördüm. Tahminim, ilk icat edilen borcam... Kimbilir ne nişanlar, ne düğünler gördü, hâlâ dolaşıyor tedavülde! Tencere ise, daha hassas hadisedir... Her Türk erkeği hayatı boyunca ortalama iki otomobil tutarında tencere parası ödemiştir. Annem mesela, sünnetimden kalma tencereleri kullanır, yenilerine kıyamaz, kanepelerin altında biriktirir. Oralara da sığmıyor artık, kolileri bantlayıp, balkona yığıyor iyi mi... Babam bi ara tencere masrafı yüzünden anamı boşamaya kalktı, kadın hâkime denk geldi maalesef, gelinleri de anamın lehine şahitlik yaptı, bırak boşanmayı, pederi hapisten zor kurtardık. İyi niyetini göstermek ve barışmak için üç tencere, dört borcam daha almak zorunda kaldı. Son dönemde kek kalıbına sardılar ama, o mevzuya girmeyeyim gari.)

Sihirli kelime "tencere"yi duydu ya, açıyor kapıyı Fitnat hanım, buyur ediyor. Üçlü set. Birinin parasını ödüyorsun, iki tanesi avantaya geliyor. Bir koyup, üç alıyorsun yani... 92 yaşında, sanırsın çeyiz düzüyor, teklife bayılıyor, alayım diyor, tiko para ödeyecek, çantasını çıkarıyor. Teyzecim diyorlar, sistemimiz gereği nakit ödeme alamıyoruz... Ya nasıl olacak yavrum? Koluna girip, notere götürüyorlar, yolda anlatıyorlar, ödeme için vekâlet vermesi gerekiyormuş... Tencerenin büyüsüne kapılan Fitnat hanım, vekâletle tencere mi olurmuş demiyor. Sevinçle gidiyor. Tam imza atılacak. Noter memuru kıllık yapıyor, sağlık raporunu getirdiniz mi diye soruyor. Buyrun buradan yakın...

Hadi bakalım, çıkıyorlar noterden, doooğru doktora... Muayene, sırtını dinliyorlar, gözüne bakıyorlar filan, 92 yaşındaki Fitnat hanım'ın akli durumunun vekâletle tencere almaya müsait olduğunu gösteren raporu kapıyorlar. Tekrar noter, basıyorlar imzayı, elini öpüp, veriyorlar tencereleri eline, vınn.

Fitnat hanım'ın evinde tencere gani tabii, yenilerini paketini bile açmadan, usturuplu bi yere kaldırıyor. Bir ay sonra, zırrr... Bu defa telefon... Buyur evladım? Teyzecim evini ne zaman boşaltacaksın diye soruyor telefonun ucundaki adam... Ne evi, ne boşaltması yavrum? Teyzecim evini biz aldık, boşalt da boya badana yapıp yerleşelim artık diyor!
İki göz iki çeşme yeğenlerini arayınca, avukat mavukat, vaziyet anlaşılıyor. Hiç evlenmeyen, çoluğu çocuğu olmayan, sadece uzak akrabaları bulunan Fitnat hanım'ın elinden, tencere ayaklarıyla, evlerinin satış vekâletinin alındığı ortaya çıkıyor. Şişli'deki evi 360 bin liraya, Silivri'deki yazlığı 180 bin liraya, Çanakkale'deki kooperatif evini 60 bin liraya sattıkları belirleniyor.

Tencereciler buhar.

Üstelik... Evleri satın alanlar, Fitnat hanım çıkmamakta direndiği için, yasal haklarını kullanıp, elektriğini suyunu kestiler. Tencere sevdasına kendi evinde işgalci durumuna düşen Fitnat hanım, doğalgaz da kesildiği için, yemek bile pişiremiyor şu anda tencerelerinde.

Demem o ki... Bireysel öykü gibi görünmekle beraber, Fitnat hanım'ın durumu, tıpkı Türkiye'ye benziyor.

Kapı kapı dolaştılar.
Al tencereyi, ver vekâleti...
Gerisini hallederiz dediler.
Ne liman bıraktılar...
Ne telefon. Ne banka.

Bi tencereye gitti koskoca memleket...
Hadi şimdi onca sene daha uğraş didin de, al bakayım, alabiliyor musun aile yadigârlarını geriye.

Fitnat Ertem

Fitnat hanım emekli "öğretmen"di. Üç tencere kapayım derken, üç ev kaptırdı. Maalesef, onun başına gelenler de Türkiye'ye "ders" olmadı. Üç kuruşluk menfaatlere tamah etmekten vazgeçmediğimiz için, hem bireysel olarak, hem ülkece, dolandırılmaya devam ediliyoruz!

Gülşen

Gülşen hanım, Ankara'da devlet bankasında şube müdürü... Hafta içi Ankara'da, hafta sonu İstanbul'da... Çünkü, tutuklanıp Silivri'ye tıkılan Albay Dursun Çiçek'in eşi o... 16 aydır iki şehir arasında mekik dokuyor. Manevi olarak zaten darmadağın, maddi olarak da yıkılıyor. Genel müdürlüğe dilekçe yazıyor, eş durumundan tayinini istiyor, ki, hiç olmazsa eşinin hapis yattığı şehirde olsun. Devlet bankası anlayış gösteriyor, hay hay diyor, Gülşen Hanım'ı İstanbul'a 1.428 kilometre uzağa, Ardahan'ın Hanak ilçesine tayin ediyor! Otobüsle 22 saat... Cuma akşamı iş çıkışı bin, cumartesi akşamı İstanbul'dasın, hiç inmeden geri bin, pazar akşamı Ardahan'dasın, ki, sabah mesai var... Ya Ardahan'a git, ya da bankadan defol git deniyor.

"Adalet" bu.

Bir başka devlet bankası, Denizli valisine dilekçeyle başvuruyor, "emrinize tahsis edilen milletin parasını bize yatırın, biz de size avanta Mercedes verelim, biner gezerseniz" diyor.

(Devlet bankaları, valilere dilekçe yazıp, "kasanıza konulan milletin parasını bizim kasaya koyun, biz de sizin altınıza promosyon adı altında Mercedes koyalım" diyorlar. Normalde "madem böyle bir imkân var, bilgisayar verin okullara dağıtalım, burs verin gariban okutalım" cevabı verilmesi gerekirken... "S350 olsun" deniyor.)

(Böylece, devletin bankası, milletin parasıyla, devletin valisine avanta Mercedes hediye ediyor, sonra dönüyor, o Mercedes'in parasını çıkarmak için, zart masrafı zurt masrafı diye, millete geçiriyor. Kıçında don olmayan ahali, valinin Mercedes'ini iki defa satın almış oluyor.)

Neyse... Devlet bankası, Denizli valisine "milletin parasını bize yatır, biz de sana avanta Mercedes verelim" diyor. Valinin Mercedes'i var aslında... Olsun. Milletin parası, devletin bankasına transfer oluyor, gıcır gıcır S350 kapıya geliyor.

Gel zaman git zaman, İzmir gümrüğünde kaçakçılık operasyonu başlatılıyor, yurtdışından kullanılmış ikinci el Mercedes'ler getirildiği, kilometresinin, orasının burasının makyajlandığı, sıfırmış gibi kakalandığı tespit ediliyor. Bunlardan biri de, Denizli valisinin bindiği Mercedes iyi mi!

Böylece, devletin bankasının, milletin parası karşılığında, devletin valisine, avanta yoluyla, kaçak Mercedes verdiği ortaya çıkıyor. Valinin Mercedes'ine el konuyor.

Bitmiyor... Devletin valisi sinirleniyor, devletin bankasına dilekçe yazıyor, "milletin parasını size yatırdım, bana verdiğiniz Mercedes ayıplı mal çıktı, derhal yenisini gönderin" diyor!

Devletin bankası yeni bir S350 alacak şimdi, devletin valisine verecek... Ve, milletin parasıyla üç kez satın alınan Mercedes olarak tarihe geçecek. 1 trilyon 350 milyarcığa gelmiş olacak.

"Kalkınma" da bu.

Milletin hayrına çalışan devlet bankalarımızı tebrik ediyorum.

Dursun Çiçek'in eşine ise, hiç itiraz etmeden Ardahan'a gitmesini tavsiye ediyorum. Çünkü, mırın kırın ederse, "kaçak Mercedes ithalatını Dursun Çiçek'in eşi yaptı" bile diyebilirler.

>>><<<

Gülşen Çiçek

"Eş durumu"ndan yapılan görülmemiş haksızlık medyada afişe edilince... Ziraat Bankası geri adım atmak zorunda kaldı. 30 senelik bankacı Gülşen Çiçek, İstanbul'a tayin edildi. Denizli'de ise değişen bir şey olmadı. Vakıflar Bankası, kaçak Mercedes yerine, vali beye vukuatsız bir Mercedes gönderdi.

>>><<<

Nurcan

Beşiktaş voleybol takımının genç oyuncularından Nurcan İbrahimoğlu'nu, şort giyiyor diye belediye otobüsünde dövdüler.

"Bu konuyu yaz" deniyor...
Yazayım.

Atletizmde...
84 bin erkek sporcumuz var.
44 bin kadın sporcumuz var.
Anca yarısı kadar.

Basketbolda...
129 bin erkek.
31 bin kadın.
4'te 1'den az.

Judo 3'e 1.
Halter 7'ye 1.
Boks 10'a 1.
Güreş 30'a 1.

Yüzme desen... 42 bin erkek. 26 bin kadın.

Hentbol 2'ye 1.
Okçu, kayakçı, binici 3'e 1.
Masa tenisi, golf 4'e 1.
Eskrim, kano, kürek 5'e 1.
Yelken, sutopu 6'ya 1.
Atıcılık 8'e 1.
Bisiklet 10'a 1.

Peki ya voleybol?
İşte, zurnanın zırt dediği yer burasıdır... Gençlik ve Spor Genel Müdürlüğü'nün lisans verilerine göre, "68 bin erkek" voleybolcuya karşılık, "78 bin kadın" voleybolcumuz var!

Yani?
Toplumda erkeklerle eşit sayıda bulunmalarına rağmen... Siyasetten iş dünyasına, sanattan bilime, eğitimden spora kadar, kadınlarımızın "kadın-erkek eşitliği"ni ve dolayısıyla

"fırsat eşitliği"ni yakaladığı tek alan, voleyboldur.

Kadın voleybolcularımızın, uluslararası platformda çok başarılı olmasının... Hatta, erkeklerden daha önce ve daha başarılı olmasının... Gelişmiş ülkelerden her konuda nal toplayan Türkiye'nin, sadece kadın voleybolunda kora kor mücadele etmesinin sırrı budur.

(Bakın "başarının sırrı" dedim, tarihimizde görülmemiş bi örnek anlatayım size... İzmirli kızımız Sinem Sınmaz, liselere giriş sınavında Türkiye birincisi oldu. İstanbul'dakiler dahil, bütün seçkin liseler kuyruğa girdi, bana gel diye... İzmir Amerikan Koleji'ni tercih etti. Niye biliyor musunuz? "Futbolcu" olduğu için... Kaliteli eğitim pek çok lisede var ama, İzmir Amerikan Koleji'nin "kız futbol takımı" var. Orada forma giymek istiyor. 2 saat ders çalışıyor, 3 saat futbol oynuyor. "İlklerin şehri İzmir"li olarak, onur duyuyoruz Sinem'le... Sadece başarılı bir öğrenci değil o... Atatürk'ün dediği gibi, zeki, çevik, ahlaklı bir sporcu.)

Onca eşitsizliğe rağmen, ilave et buna, kadın boksörlerimizin kadın haltercilerimizin kadın atletlerimizin dünya madalyalarını... O otobüsteki zonta'nın neden saldırdığını bulursun.

Çünkü, hadisenin ramazanla, muhafazakârlıkla filan alakası yoktur. Zonta'lıkla alakası vardır. Sporcu kızları sevmez zontalar... Onların "özgürlüğü"nün yanında, kendilerini "ezik" hissederler. Hatta korkarlar. Bu hadisede de görüldüğü gibi "ezik bir zonta" anca "bir otobüs dolusu ezik zonta"yı arkasına alınca, saldırmaya cesaret edebilir, tek başına bir kıza!

(Voleybolcu kızımıza değil de, dünya boks şampiyonu kızımız Gülsüm Tatar'a denk geldiğini düşünsenize o zontanın... Polis tarafından aranmasına gerek kalmazdı. Hastaneye gider, yoğun bakımda çekerdik salağın darmadağın fotoğrafını!)

(Her zaman olduğu gibi, badem medyası rezaleti örtmeye çalışıyor. Utanmadan, kız dayak yemedi, aksine o saldırdı diye yazıyorlar.)

Değerli kız babaları... Kızınız "zontalar ülkesi"nde yaşasın istemiyorsanız, kızınızdan önce, siz cesaret gösterin.

Spor yaptırın kardeşim.
Evladınıza güvenin.
Korkmayın, şort giydirin.
Budur ilacı bu işin.

※※※

Nurcan
İbrahimoğlu

Kadına yönelik şiddet arttıkça, kadınlar toplumda geri plana atılmaya çalışıldıkça, kadın voleybolundaki başarımız yükseldi! Hemen her branşta sapır sapır dökülürken, kadın voleybolunda tarihte görülmemiş neticeler yakalandı. Kadın olarak yaşamanın giderek güçleştiği AKP döneminde, kadın voleybolunun adeta inadına tırmanması, sosyologların incelemesi gereken bir konu sanırım.

※※※

Şeyma

Benim balonlarım vardı
Onları kimler aldı...

Yaşı 30'un üstünde olan herkes, bu şarkıyı ezbere bilir sanırım... Kıkır kıkır "on yüz bin milyon baloncuk" diyen sevimli kız çocuğunu hatırladığımız gibi.

Sihirlidir çünkü balon.
Adeta büyüler...
Kendine çeker.

Aslına bakarsan, tuhaf bi oyuncaktır. Ne sürebilirsin otomobilmiş gibi, ne saçını tarayabilirsin bebekmiş gibi... Bıraksan kaçar, sıksan patlar. İncecik makara ipliğiyle bileğimize bağlayıp, sanki dünya avucumuzun içinden kayıp gidecekmiş gibi endişeleniriz, yüreğimiz erir.

Kimbilir... Belki de hayatın kritik eşiklerinde yaşadığımız, sıkı sıkı tutup sahip olmakla, bırakıp özgürlüğünü seyretmemiz arasındaki çelişkili tercihtir. Ya da ne bileyim mesela... Elbet söneceğini bile bile, asla sönmeyecekmiş gibi fani'liğe duyulan ihtiras mı acaba?

Doğrusunu isterseniz... Her ukala dümbeleği bekâr'ın, evlenmeden önce, kontrollü çocuk yetiştirme konusunda bu ve benzeri binlerce felsefi teorisi vardır. Kendi anlatır, kendi inanır. Evlenip, çocuğu olunca görür ki, tek pratik vardır... Çocuk balon ister. Hepsi bu.

Ve, Şeyma'nın fotoğrafına bakarken yazıyorum bu satırları... Annesini öldürdüler, üç yaşındaki kızkardeşini öldürdüler, annesinin karnındaki doğmamış erkek kardeşini öldürdüler, kendi yaralı, henüz altı yaşında, terör kurbanı... Hastane yatağında, balon başucunda...

Ameliyat eldiveninden balon!

Şişirmişler ameliyat eldivenini.
Bileğinden bağlamışlar.
Balondan bebek yapmışlar.
Beş parmak dikilmiş havaya.
Güya saç olmuş balon bebeğin suratına.

Şeymacığı gülümsetmek için böylesine ağlanası bi formül icat eden doktorlara hemşirelere mi sarılayım, iyi ki varsınız diye... Yoksa "terörün kökünü kazıyacağız" balonu, "analar ağlamasın" balonu, "dünya lideriyiz" balonu havalarda uçuşurken, alt tarafı üç kuruşluk balonu bile olmayan çocuklarımıza ağıt mı yakayım... İnanın bilemiyorum.

Bildiğim şu.
Hastane, doktor, ilaç filan hikâyedir.
Hissetmediği yaraları iyileştiremez Türkiye.

≫≪

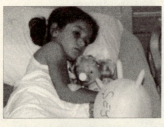

Şeyma Doru

Batman'da polise ateş açıldı, tesadüfen oradan geçmekte olan Doru ailesi hedef oldu. Şeyma'nın kız kardeşi Sultan ve annesi Mizgin hayatını kaybetti. Mizgin, sekiz aylık hamileydi, bebek sezaryenle alındı ama, dayanamadı, kurtarılamadı. Hacca gidecek olan dedelerini ziyaret etmişler, evlerine dönüyorlardı. O saldırıda, komiser yardımcısı Âdem İlkılıç da şehit oldu, evli ve iki çocuk babasıydı.

N.Ç.

13 yaşında, 26 kişinin tecavüzüne uğradı.
Mahkeme "kızın rızası var" dedi.
Tecavüzcülere en alt sınırdan ceza verdi.

Kadınlar isyan ediyor haliyle.
Mesaj yağdırıyorlar:
"Yaz mutlaka bu rezaleti."

E peki.

Televizyon dizisinde "İffet"in kafasını taksinin penceresine kıstırıp tecavüz ettiler. Tıpkı, seneler evvel *İffet* filminde Müjde Ar'ın kafasını pencereye kıstırdıkları gibi.

"Fatmagül"ü sıradan geçirdiler.
Hülya Avşar'ı sıradan geçirdikleri gibi.
Özlemişiz bi nevi.

"Öyle Bir Geçer Zaman ki"de Ali Kaptan'ın canı çekti, boynuzlayarak boşandığı Cemile'ye tecavüz etti, beş yaşındaki oğlunun gözü önünde... Şerefsiz Ekber desen, şıllık Karolin'e kitlerken, başını küvete çarptı, rahmetli oldu, hevesimiz kursağımızda kaldı!

"Bir Çocuk Sevdim"de henüz reşit olmamış liseli Mine'yi hamile bıraktılar. "Ay Tutulması"nda Kenan, Şebnem'in ırzına geçti. "Canan"ın ağzını tıkayıp, masaya yüzükoyun yatırarak becerdiler.

"Muhteşem Yüzyıl"ı dekoder'siz seyretmek mümkün ama, prezervatifsiz seyretmek mümkün değil... Sümbül Ağa olmasa, Boncuk Ağa bile kaşla göz arasında Sadıka'yı hallediyordu, az daha.

"Yaprak Dökümü"ndeki damat sülaleyi dizdi; Önder Somer'in ilaçlı gazoz taktiğiyle baldızı filan bayılttı, zorla yatağa attı, sıra galiba kaymakam Ali Rıza Bey'e gelmişti ki... Allah'tan dizi bitti.

"Binbir Gece"de çocuğum hasta diyen anneye, kaç paraysa vereyim diyerek tecavüz etmişti hayırsever patron. "Asmalı Konak"ta Seymen Ağa konağın sığıntısı kızcağıza giydirirken... "Hanımın Çiftliği"nde Muzaffer Bey boş vakitlerinde hizmetçi Gülizar'ı temizliyordu.

"Aşk-ı Memnu"da Behlül yengesini ütülerken... "Bihter'e kocası tecavüz edecek, azzz sonra" anonsu yapıldı, adeta sokağa çıkma yasağı ilan edildi, en başta benim valide, misafirlikleri bile iptal etti, tecavüz sahnesini kaçırmamak için!

(Rol icabı hadiseler o kadar gerçekçi ki... "Derin Sular" dizisindeki oğlan, rol arkadaşı kıza harbi harbi tecavüz ettiği iddiasıyla tutuklandı iyi mi, yargılanıyor!)

"Küçük Kadınlar"da Elif'e tecavüz ettiler.
"Arka Sıradakiler"de Zehra'ya.
"Unutulmaz"da Melda'ya 8 saat tecavüz ettiler, tecavüzün çekimleri 8 saat sürdü, güya yayınlanmadı. Ancak, sahneler basına servis edildi, bütün detaylarıyla yayınlandı.
"Unutulmaz"dı hakikaten.

"Menekşe ile Halil"in Menekşe'sine beklendi, beklendi, beklendi, tam Dünya Kadınlar Günü'nde tecavüz edildi... O daha unutulmazdı.

Ucundan accık gösteriyorlar ama, sanırım "Kuzey"e de tecavüz etmişler mapusta!

(Yazının başını "kırmızı nokta"yla işaretleyip, "18 yaşından küçükler okumasın" notu koyacaktım. Sonra vazgeçtim. Biliyorum ki, o zaman daha çok okunacak. O yüzden koymadım.)

Netice itibariyle...
Böyle başa, böyle tarak.

Kalbinizi kırmak istemem ama, nefes bile almadan kim seyrediyor kardeşim bunları? Başka mevzu kalmamış gibi, cinsel suçlara reyting rekorları kırdırarak, kim daha fazla çekilsin diye teşvik ediyor? Kim normalleştiriyor? Irz'a rıza'yı kim gösteriyor? Sırf Yargıtay mı?

N.Ç.

Yargıtay tarafından "rızası var" denilen talihsiz kız, dört defa ameliyat olmak zorunda kaldı. Çünkü "rızası var" denilen 13 yaşındaki kızcağız, tecavüzlerin etkisi yüzünden oturmakta bile güçlük çekiyordu. Travmayı atlatabilmek için senelerce psikolojik tedavi gördü. Sosyal hizmetler müdürlüğü tarafından ismi, kimliği değiştirildi. Çok iyi bir eğitim alması sağlandı, hukuk okudu, avukat oldu. 2015 itibariyle 24 yaşındaydı. Hayata yeniden başladı.

Keriman

Türkiye'nin ilk dünya güzeli...
Keriman Halis Ece, vefat etti.

Aslına bakarsanız, bi önceki senenin, 1931'in Türkiye Güzeli Naşide Saffet hanım, Avrupa Güzel Göz Kraliçesi seçilmişti.

Perşembenin çarşambadan gelişiydi bu... "İnsan" olma hakkını kazanan Türk kadınının güzelliği ortaya çıkmıştı. Mustafa Kemal, kuru-ruhsuz bi telgrafla yetinmedi, onuruna balo tertipledi, medeni bi erkek olarak, Dünya Güzeli'yle dans etti.

Dünya Güzelimiz için Taksim Meydanı'nda sahne kuruldu, törenle halka tanıtıldı. Çoğunluğu kadın-kız, on binlerce vatandaşımız koştu oraya... Kimse kimseye parmak atmadı!

Keriman Halis Ece'nin Dünya Güzeli seçildiği sene...
Samsun'un simgesi olan Atatürk Anıtı açılmıştı. O zamanlar "19 Mayıs'ı niye kutluyoruz ki" filan denmiyordu.

Milletler Cemiyeti'ne girdik o sene... Onlar davet etmişti. TBMM görüştü, kabul etti. Şimdi olduğu gibi, elâlemin cemiyetlerine girmek için popomuzu yırtmıyorduk... Yalvarılıyorduk.

Aynı sene... Ramazanın 15'inci günü, Hafız Yaşar bey, İstanbul Yerebatan Camii'nde cuma namazını müteakip, "müşfik ve rahim olan Allah'ın adıyla" diye başlayarak, ilk kez, Türkçe Kuran okudu. Ardından... Hafız Burhan, Hafız Kemal, Hafız

Zeki, Hafız Nuri, Hafız Rıza, Hafız Fahri, Hafız Rifat beyler, Sultanahmet Camii'nde Türkçe Kuran okudu. Cemaatin çok önemli bölümü, kadındı. Hafız Rifat bey, Fatih Camii'nde, ilk kez Türkçe ezan okudu. İlk Türkçe hutbe, Süleymaniye Camii'nde okundu. Kadir Gecesi... Ayasofya'da 30 hafız, Türkçe Kuran okudu. 50 bin kişi geldi Ayasofya'ya... Radyodan naklen yayınlandı.

1'inci Türk Tarih Kongresi toplandı.
En önemli kararı şuydu: "Türk tarihi Osmanlı'yla başlamadı, siyaset ve kültürde Osmanlılığı esas almak kesinlikle yanlıştır."

Türk Dil Kurumu kuruldu.
"Türk dili sadeleşmeli" denildi.
"Arapça ve Farsçadan arındırılmalı" denildi.

Yoyo moda olmuştu. Sevgili çocuklarımız "oyuncak" diye bir şeyin varlığından haberdar olmuştu.

Enflasyon eksi 6.
Büyüme hızı yüzde 11.
Ekmeğin kilosu, tanesi değil, kilosu sadece 8 kuruştu.

Kilo diyorum, çünkü, dünyaya entegre olunmuştu, uluslararası ölçü birimleri kabul edilmiş, kilogram, gram, metre, litre'ye geçilmişti.

Keriman Halis Ece'nin Dünya Güzeli seçildiği sene... Bölge tiyatroları kuruldu, ilk defa Anadolu turnelerine çıkıldı.

İlk kadın hâkimimiz Mürüvvet Hanım'dı.
Adana'da görevine başladı.

"Boşverin canım, kolayı var... Uruguay'dan inek, ABD'den pamuk, Rusya'dan buğday, Fransa'dan arpa alırız" denmemiş... "Kendi kendimize yetelim" diye, 1'inci Ziraat Kongresi toplanmıştı.

Tekel kurulmuştu.

İzmir Rıhtım Şirketi devlet tarafından satın alınmıştı.
Ki, tek tek alınan o limanların tamamı şimdi satıldı.

Bugün bile milyonlarca insanın diş fırçasından haberi yokken, taaa o zamanlar mevzunun önemi kavranmış, 1'inci Diş Hekimliği Kongresi tertiplenmişti. Milli İktisat Cemiyeti "ey ahali, sağlık için balık ye" kampanyası başlatmıştı.

Türkiye'nin ilk otomobil yarışı, İstinye-Zincirlikuyu arasında yapılırken... Yüzme sporunun teşvik edilmesi için, Türkiye'nin ilk yüzme yarışları, Büyükdere sahilinde gerçekleştirilmişti.

Tayyareci Vecihi Bey, Vecihi Hürkuş, uçağıyla yurt gezisine çıktı. Bugünlerde "soykırımcı" denilen, dünyanın ilk kadın savaş pilotu Sabiha Gökçen'i o yetiştirdi.

İzmirli kadınlar, Cumhuriyet'in nimetlerinden öylesine faydalanmaya başlamıştı ki, İzmir'de erkek haklarının savunuculuğunu yapmak üzere Erkekler Birliği adıyla dernek kurulmuştu iyi mi!

Mustafa Kemal'in Ankara'ya gelişi, ilk kez, törenlerle kutlanmıştı. Bu sene, ilk kez, kutlanmadı.

Bugün, vicdansızca ve utanmazca "diktatör" denilen Atatürk'ün Türkiyesi'nde, Keriman Halis Ece Dünya Güzeli seçilirken, yukarda bazı örneklerini saydığım devrimler yaşanırken... Almanya'da seçim yapıldı. Dünya "demokrasi" zannediyordu, Hitler çoğunluğu elde etti.

"Sandık demokrasisi"yle geldikten sonra neler yaptı o Hitler, herkes biliyor.

Ha bu arada... Keriman Halis Ece'nin Dünya Güzeli seçildiği sene, Muhsin Ertuğrul'un *Bir Millet Uyanıyor* filmi gösterime girmişti. Bilmiyorum gari, uyanıyor mu, uyanamıyor mu!

Keriman Halis Ece

99 yaşında hayata gözlerini yuman Keriman Halis Ece, 1913 doğumluydu, Feriköy mezarlığında toprağa verildi. İki defa evlenmişti, üç çocuğu vardı. Boyu 1.70'ti... Doğup büyüdüğü senelerin ortalaması itibariyle, çok uzun boylu bir kadındı. Saçı siyah, gözleri koyu kahverengiydi. Belçika'daki final gecesinde, kırmızı bir tuvalet giymişti, yakasına beyaz kurdela takmıştı, saçları topluydu. 28 ülke yarışıyordu.

Alman ve Yugoslav güzeliyle son üçe kalmış, 28 jüri üyesinden 25'inin oyunu alarak "dünya güzeli" seçilmişti.

※

Nur

atv'nin yeni dizisindeki "fahişe" karakterine, üstü kapalı ima ederek filan değil, adıyla soyadıyla, CHP milletvekili Profesör Nur Serter'in adı verildi.

Sonra da, güya pardon denildi:
"Nur Serter demek istemedik.
Nur Sertaç demek istemiştik."

"Fahiş"e hata yapılmış yani.
Sehven bi nevi.

Halbuki... Aynı grubun gazetesinde, bir köşe yazarı, çocuk bakıcısı diye İstanbul'a gelen Türkmen kadınlarının fuhuş yaptığını iddia edince, bizzat gazetenin patronu tarafından derhal işten kovulmuştu.

Ayrıca... Moğolistan nüfusunun azaldığı, altı kadına bir erkek düştüğü, çaresiz kalan Moğolistan'ın Türkiye'den 20 bin erkek istediği yolunda asparagas bi haber uydurulduğunda... RTÜK devreye girmişti, bu palavrayı yayınlayan atv'ye uyarı cezası vermişti.

Bakalım, hakarete uğrayan kadın "CHP'li kadın" olunca neler olacak?

Ki... Aynı grubun gazetesinde CHP milletvekili Şafak Pavey için "hem özürlü hem CHP'li" diyene, hiç bi şey olmamıştı.

Çünkü maalesef...
Türkiye'de kadın olmak zor.
CHP'li kadın olmak daha zor.

※

Nur Serter

Ekonomi profesörü Nur Serter, 28 Şubat sürecinde, İstanbul Üniversitesi rektör yardımcısıydı. Türbanlıları üniversiteye sokmadığı iddiasıyla, şeriatçı medya tarafından hedef haline getirilmişti. O dönemde YÖK'ün yasak kararını uygulayan onlarca rektör, yüzlerce profesör olmasına rağmen, ısrarla Nur Serter'e saldırılıyordu. Çünkü aslında, Nur Serter'in şahsında, laik dünya görüşüne saldırılıyordu. Nur Serter'in Atatürkçü, çağdaş bir eğitimci olması ve bu görüşleri korkmadan savunma cesaretini göstermesi, dincileri çılgına çeviriyordu. AKP'nin de daima hedefindeydi. İktidar partisi, 2015 seçimlerinde "türbanlı olduğu için üniversiteye giremeyen kızlarla" alakalı kampanya reklamı yapmış, Nur Serter'e benzeyen bir karaktere rol vererek, oy toplamaya çalışmıştı.

≫≪

Ayşe

Ali'nin eski eşi hastaydı.
Ali'yle Ayşe evlendi.
Sanırsın nikâh şahidiyiz...
Kadınlar, bütün erkeklere öfkelendi.

"Erkek milleti böyle."
"Hastalansak, aynısını yaparlar."
"Hepsinin gözü dışarda."

Ali'yle Ayşe balayına çıktı.
Sanırsın beraber çıktık...
Kadınlar, bütün erkeklere saydırdı.

"Erkekler yaşlanınca azıyor."
"Balayında bile aldatır bunlar."
"Beni balayına götürmemiştin."

Ali'nin eski eşi vefat etti.
Sanırsın biz öldürdük...
Kadınlar, bütün erkekleri suçladı.

"Erkekler huzura ermiştir artık."
"Ölsek, yarın evlenirler."

"Ayrılırsak, cenazeme gelme."

Ali'yle Ayşe boşandı.
Sanırsın biz boşandık...
Kadınlar, bütün erkekleri genelledi.

"Erkeklere asla güvenilmez."
"Bunların yeminine inanılmaz."
"Hepiniz aynısınız."

Sevgili kadınlar... Hadise nihayete erdiğine göre, izninizle, iki çift laf da biz edelim.

Ali'den bize ne kardeşim!
Vekâlet mi verdik adama?

>>><<<

Ayşe, evlenmeden önce, şarkıcı Neco'nun kızı olarak tanınıyordu. Gazetede köşe yazarı oldu, kitap yazdı, babası gibi şarkıcı oldu, albüm çıkardı, televizyon programı yaptı. "Türkiye'de şöhret olmak zor mu?" sorusunun, cevaplarından biriydi!

Ayşe Özyılmazel

>>><<<

Çiçek

Dört sene önce, 2008'de, baskın üstüne baskın yiyen, sıfır noktasındaki karakolun hemen eteğinde bulmuştuk onu.

Aktütün Köyü'nde.
Adı, Çiçek.

Star Haber ekibinden, gözünü budaktan sakınmayan sevgili arkadaşlarım Turgut Erat ve Mustafa Şap, anında uçmuş, 17 şehit verdiğimiz günün gecesinde varmıştı Aktütün'e... Duvarlardaki mermi deliklerini, yaşanan dehşeti gösteriyor, tanıklarla, köyün sakinleriyle konuşuyorlardı. Canlı yayında.

Bir kız çocuğu geldi Turgut'un yanına. Pıtı pıtı boy, iri iri gözler, henüz 9 yaşında. Avucunda, sokaktan topladığı mermi kovanlarıyla... Ve, şırrak diye uzatıverdi kameraya. "Kurşun değil, kalem tutmak istiyoruz, okumak istiyoruz" diye haykırdı.

En başta biz... Türkiye ekran başında dondu kaldı. "Çocuk olmak bizim de hakkımız" diye devam etti, televizyonlardan öğrendiği pırıl pırıl Türkçesiyle... "Biz de mutlu olmak istiyoruz, biz de başarılı olmak istiyoruz, Atatürk yaşasaydı, okulumuz kapanmazdı" dedi. Hıçkırmaya başladı.

O ağladı. Biz ağladık.

O kaderine. Biz utancımıza.

Başımıza gelmeyen kalmadı sonra... Bırakın köyü, Şemdinli'den yayın yapmamız bile engellendi. Gözaltına almaya kalktılar. Hatta, mahkemeye verildik. Ama değmişti... Yürekli Çiçek'in sözleri, en taş kalplerde bile tomurcuklandı. Kapısına kilit vurulan okul, açıldı.

Hatırlarsınız mutlaka... Çiçek'in elinden tuttuk, İstanbul'a getirdik, çok merak ediyordu, hayatında ilk kez deniz gördü, atlıkarıncaya, vapura bindi. Yardım yağdı. Ev alındı Çiçek'e.

İşte tam o günlerde... Oraya atandı Erhan.

Kolları sıvadı, bismillah, işe Aktütün köyünden başladı. Valiyle beraber, devletin gönderdiği parayı, 2'şer bin liralık çekler halinde, ev ev, kapı kapı dolaşarak, en başta Çiçek'in ailesi, Aktütün sakinlerine dağıttı. Sadece Aktütün değil, bütün Şemdinli onun sorumluluk alanıydı.

Mesaisinin önemli bölümünü esnaf ziyaretlerine ayırdı, sorunlarını dinledi, höt zöt yapmadı, arkadaş oldu, kepenk kapatma eylemlerini en aza indirdi. Sınır ticaretinin gelişmesinde büyük pay sahibiydi, kaymakam ve emniyet müdürüyle birlikte, Esendere Hudut Kapısı'ndan İran'a geçiyor, dostluk temasları kuruyor, İranlı mevkidaşlarını bizim tarafta ağırlıyordu.

Kan davalarına son verdi. Aralarında senelerdir husumet bulunan Öveç ve İnan sülalelerini, müftü ve kaymakamla birlikte camide bir araya getirdi, barıştırdı.
Devlet Hastanesi'ne hemodiyaliz ünitesi açılırken, sadece basına poz verenlerden değildi, çevre köy ve mezralardan sayısız böbrek hastasının taşınmasına bizzat yardımcı oldu.

Yöre halkını akrabaları gibi tanıyor, kendi ailesi gibi yakından ilgileniyordu. Mesela, kalbinde 3 delikle dünyaya gelen, 3 defa ameliyat olmasına rağmen kurtarılamayan 10 yaşındaki talihsiz Amed'in taziye evinde, adeta öz amcaydı.

Her 19 Mayıs, 23 Nisan... Her 29 Ekim, 10 Kasım... 18 Mart Çanakkale Zaferi'ni memleketin teee öbür ucunda düzenlediği törenlerle yaşattı, Atatürk'ü anma yürüyüşleri yaptırdı.

Nevruz'da halay çekti. Halk Eğitim Merkezi'ndeki gençlik konserlerinde, Kürtçe şarkılara eşlik etti. Tiyatro oynansın diye ilk salonun kurdelesi kesilirken, en ön sıradaydı.

İki kız çocuğu babasıydı.
Çiçek'ler okusun diye çırpındı.

Kerpiç evlerden oluşan Cevizpınar mezrasında, 6'sı kız, sadece 8 öğrencisi bulunan tek derslikli okulun yapımına nezaret etti, açılışını yaptı. Elini taşın altına koyanlardandı. Onlarca köy okulunun inşaatında amele gibi çalıştı, kum taşıdı, çivi çaktı. Öğretmenevi'ne gözbebeği gibi bakıyordu, öğretmenlerin rahat etmeleri, kendilerini güvende hissetmeleri için 24 saat emirlerindeydi.

Defalarca çarpıştı.
Vuruştu. Vuruldu.
Gaziydi.
Binbaşı'ydı.

İskenderun'a atandı.
Dün, pusu... Şehit oldu.

"Ya Çiçek?" derseniz...
Okuyor. Çok başarılı.
SBS'ye hazırlanıyor.

Kendisi gibi Çiçek'ler açsın, Erhan'ların çabasına değsin, utanmadan hala lay lay lom yaşayan Türkiye'nin, hissetmediği yaralarını iyileştirsin diye... Doktor olmak istiyor.

≫≪

Çiçek Aysal

Erhanların çabası boşa gitmedi. Çiçek, köyündeki Şehit Teğmen Nadir Ozan İlköğretim Okulu'nda okuyordu, eğitimine devam edebilmesi için Şemdinli merkeze taşındılar, Yavuz Selim İlköğretim Okulu'nu bitirdi, 2015 itibariyle, Şemdinli Sabri Özel Anadolu Lisesi'nde dördüncü sınıfa geçmişti, derslerinde son derece başarılı, karnesinde hiç zayıf not yoktu, 2016'da üniversite sınavına girecekti.

⋙⋘

Safiye

110 sene evvel... Edirne'de dünyaya gelmiş, İstanbul'da, önce Alman mektebini, sonra Fransız mürebbiye mektebini bitirmiş, henüz 13 yaşındayken, lise için Almanya'ya gönderilmiş, Münih Üniversitesi'nde edebiyat ve felsefe diploması almış, şarkiyat doktorası yapmıştı, Safiye.

Çok güzeldi. Etrafına ışık saçıyordu. Dönemin Türk kızlarına kıyasla, saçı başı, giyimi, davranış biçimleri açısından özgür ruha sahipti, cesurdu. Gönlü tutuştu... Âşık oldu.

Hintliydi delikanlı, okuldan arkadaşıydı. Evlenmeye karar verdiler. Gel gör ki, ikisi de yurtseverdi, hangi ülkede yaşayacaklar? Daha işin başında anlaşamadılar maalesef. Vatanını, yüreğine tercih etti Safiye. Son bir öpücük, vedalaştı, topladı bavulunu, memlekete döndü. 1926'ydı.

Yazmaya başladı. Duygularını romanlarına döktü. "Aşkı hiç tatmamak mı, yoksa, tattıktan sonra yalan olduğunu anlamak ve kaybetmek mi?" diye sordu mesela... "Âşık olan zaten alacağını almıştır, artık bir şey isteyemez, bundan geri o verecektir, hep o verecektir" dedi.

"Sen yalnız sevdiğini kaybettin, ben ise, sevdiğimi de, sevginin kutsiyetini de... En büyük acı sevmek ve günden güne ayaklar altında çiğnenip, paçavra edildiğini görmektir" dedi... Ki, Türk edebiyatında aşk'ı en derin o tarif etmiştir bana göre.

Kadınlardı hep roman kahramanları.
Kırılgan, düş kırıklığına uğramış kadınlar... Ve, kaleminin gücünün yanı sıra, çok çok önemli bi özelliği daha vardı.

"Doğu"yla "Batı"yı harmanlarken, "muasır medeniyet"le sosyal hayata hâkim "geleneksel" arasında sıkışan, bocalayan insanlarımızın, kuşak farklarını deşti, kültür çatışmalarını irdeledi.

Bi gün oturdu, sene 1938...
Ülker Fırtınası'nı yazdı.

Batı'da müzik eğitimi almış, ayıp mayıp dinlemeyen, ailesinden ayrı evde, tek başına yaşamak isteyen Nuran'la, evli ve çocuklu Sermet'in umutsuz aşkıydı. Müsveddelerini çantasına koydu, Yunus Nadi'nin kapısını çaldı, henüz kitap olarak piyasaya çıkması beklenmeden, *Cumhuriyet* gazetesinde tefrika edildi.

Çift manalıydı Ülker... Boğa takımyıldızının adıydı. Aynı zamanda, denizcilik literatüründe bi fırtınanın adı... Zaten, hem fırtınalı bir aşkı anlatıyordu, hem de sosyal yaşamdaki fırtınaları.

Dönemin edebiyat âleminde patlama yapan, adeta fırtına gibi esen bu romanı okuyanlar arasında, genç bir adam vardı... Eminönü Nohutçu Han'daki küçücük atölyesinde, bi yandan bisküvi üretiyor, bi yandan harıl harıl Ülker Fırtınası'nı okuyordu. Doğu'yla Batı'yı harmanlarken, muasır medeniyet'le geleneksel'i "çok iyi okumayı başaran" bi adamdı.

Şirketinin adı, Üç Yıldız'dı.
Popüler bi marka adı arıyordu.
Safiye, esin kaynağı oldu...
Sözlük anlamı da gayet uygundu.
Ha üç yıldız, ha yedi yıldızdan oluşan Ülker.

İşini aşkla yap diye boşuna dememişler.
Aşk romanından yola çıktı.
Kazandı...
Bisküvilerinin adı Ülker olur olmaz, fırtına gibi esmeye başladı. Dedim ya, geleneksel'ciydi ama, muasır medeniyet'i iyi harmanlıyordu, reklam denilen kavramı bu memlekette ilk keşfedenlerden oldu. Önce güneş, hava su, sonra bol gıda gelir, akşama babacığım, unutma Ülker getir... Sözleri Nuri Gamsız, bestesi Süheyl Denizci tarafından yazılan bu reklam sloganı, 7'den 77'ye herkesin ağzındaydı, ezberlendi, marş gibi oldu.

Safiye'nin Ülker'i öyle hale geldi ki, Safiye'den ilham alan o genç adam, Berksan olan soyadını Ülker olarak değiştirdi, "Sabri Ülker" adını aldı.

Ve, bana sorarsanız, vizyoner ticari zekâsının en önemli özelliği... Kuruşların değerini kavrayamayan, küçümseyen Doğu kültüründe, Batı yaklaşımıyla "kuruş kuruş" imparatorluk kurmasıydı.

Senelerce ve bugün bile hâlâ, para üstü olarak kullanılır, kuruş etiketli Ülker ürünleri... O nedenle, biz 25 kuruşun kıymetini bilmiyoruz ama, o, aynı 25 kuruşlarla 25 bin kişi çalıştırıyordu.

"Gazozdan işlerle uğraşmayı bırak" diye nasihat eden bi toplumdan... Gazozdan işlerle uğraşa uğraşa, dünya devi Coca-Cola'nın siyo'su olmayı başaran Muhtar Kent'in çıkması gibi.

Safiye'ye dönersek...

Sadece denizlerde değil, duygusal dünyamızda da derin dalgalanmalar yaratan Ülker Doğumu Fırtınası, her sene 10 Haziran'da esmeye başlar, üç gün sürer, 12 Haziran'da diner. Sabri Ülker'in tam da 12 Haziran'da vefat etmesi ise, sanırım, kaderin cilveleri üzerine eşsiz eserler bırakan Safiye'nin bile hayal edemeyeceği bir romanın öyküsüdür.

Safiye Erol

Safiye Sami adıyla tercümeler yaptı, Dilara adıyla öyküler yazdı. 1931'de deniz kuvvetlerinde çarkçıbaşı olan Nurettin Erol'la evlendi. Erol soyadını ilk kez *Kadıköyü'nün Romanı*'nda kullandı. Çocukları olmadı. Kızkardeşi Refiye vefat edince, yeğeni Aydın'ı nüfusuna aldı. CHP'liydi, İstanbul'da belediye meclis üyeliği yaptı. 1964'te 62 yaşındayken gözlerini yumdu, Karacaahmet'te yatıyor.

Tukaş

Bembeyaz ekmeğini maden ocaklarının zifiri karanlık dehlizlerinden çıkaran bir babanın, evladıydı. Bi yandan çalıştı, bi yandan okudu, öğretmen oldu. İlk görev yeri, ücrada, patikadan başka yolu olmayan bi köydü, gitti. 1980... Darbe. Solcu dediler, tutuklandı. Yattı. Çıktı. Sürüldü. Ordan oraya. Defalarca. Soruşturma açıldı. Aklandı. Dava açıldı. Kazandı. Senelerce boğuştu, hepsinden haklı, hepsinden tertemiz çıktı. Doğru bildiğini söylemekti tek suçu... Âşık oldu. Evlendi. Eşi de öğretmendi. Oğul doğdu. Ulaş. Okuttu. Bize emanet etti, İzmir'e, Ege Üniversitesi'ne gönderdi. Emekli oldu. Taksitle anca iki göz oda, ev aldı. Tapusunu eşinin üstüne yaptı. Hayatı boyunca parasızlık çekmiş, parayla hiç işi olmamıştı. Ödenmeyeceğini bile bile arkadaşlarına kefil oldu, ödediği borçların haddi hesabı yoktu. Hiç otomobili olmadı mesela. Öğrencileriydi onun serveti... Bi de, Tukaş.

Kurzhaar cinsiydi. Dişiydi. Sevimli mi sevimli, kahverengi burun, beyaz kırçıllı, yelpaze gibi koca kulaklar. Yavruyken getirmişlerdi, Tukaş salça kolisinde... Güldü. E adıyla beraber gelmiş, Tukaş olsun adı dedi. Can yoldaşıydı. Avcıydı çünkü. Ama, avcılığı da bi acayipti. Vuran değil. Kurtaran. Bi defasında yaralı geyik buldu, evine getirdi, tedavi etti, doğaya saldı; yaban hayatı koruma derneklerinden sayısız ödülü vardı. Atmaca beslerdi. Büyütür, bakar, günü gelince özgürlüğe uçururdu, hiçbir canlı tutsak olmamalı derdi. Çevreciydi. Artistlerinden değil. Aktiflerinden. Derelere santral kurulmasına karşıydı. Vatan topraklarının peşkeş çekilmesine itirazı vardı. Bana dokunmayan yılan bin yaşasın yalakalığı, ona göre değildi. Tırsmaz, yüreğini ortaya koyardı. Baktılar, susmuyor. Gözüne gaz sıktılar. Öldürdüler.

Öğretmen gitti...
Tukaş hayata küstü.
Şalteri indirdi.

Kefen içindeki arkadaşı, evinin şuncacık mesafesinde toprağa verilirken, en öndeydi. Sabaha kadar nöbet tuttu kabir başında, kokladı toprağı, inledi... Bi daha asla gitmedi. Yanından bile geçmedi. Yemeyi içmeyi kesti. Yedisinde mevlit okunana kadar, yuvasından çıkmadı, ağzına tek lokma sürmedi. Kahkaha dolu gözlerinde, artık sadece hüzün hâkimdi. Halk Festivali yaptılar bi süre sonra, öğretmen'i andılar, sanki telefonla davet edilmiş gibi, koştu, yürüyüşe katıldı iyi mi.

Ve...

Oğul, okul için mecburen İzmir'e döndü, anne, oğlu'na taşındı, incir ağacı dikilen baba ocağında, amcanın yanında kaldı Tukaş... Zorla ağzına tıkıştırılıyor ama, yemiyordu, iğne ipliğe dönmüş, iyiden iyiye zayıflamıştı. Yalvarıp, yakarıyor, hiç olmazsa birazcık değişiklik olsun, hayata bağlansın diye av'a götürmek istiyorlar, çok sevdiği, uzman'ı olduğu halde, gitmiyordu. Mecali yoktu. Bırak ava eşlik etmeyi, gezintiye çıkmayı bile istemiyordu.

Taa ki, o sabah...

Amca ve dostları, bagajı yüklerken, fırladı yerinden aniden, eski günlerdeki gibi, atlayıverdi arka koltuğa... Şaşırdılar. Sevindiler aynı zamanda, okşayıp, öptüler onu. Ama, suratlarına bile bakmadı. Yol boyunca sessizdi, pencereden dışarı baktı hep, dalgının dalgın... Vardılar. Az biraz iz takibi. Avucunun içi gibi bilirdi oraları... Buldu hedefi. Arkasına dolandı, havlaya havlaya, sürdü namluların ucuna. Drannn... Boynuz gibi azı dişlerine sahip, azılı tabir edilen, erkek yaban domuzu vurulmuştu. Düşmedi. Ölmez hemen. Bilen bilir, yaralıyken, en tehlikeli halidir. En iyi de, Tukaş bilirdi. Senelerin tecrübesi. Normalde, yaklaşmaz, etrafında dans eder gibi döner dolanır, çıldırtır, bitirici vuruş gelene kadar dikkatini dağıtırdı.

Öyle yapmadı maalesef... Direksiyonu tam gaz uçuruma sürer gibi, üstüne yürüdü, karşısına dikildi, dişlerini kılıç misali sallayan domuzun burnunun dibinde, heykel gibi çakıldı, bekledi. N'apıyorsun çığlıkları nafile, kılını kıpırdatmadı, kararlıydı, bile bile kestirdi kendini.

Hasretten ölemeyince...
Kahrına böyle son vermişti Tukaş.

Hani, Mustafa Kemal'e vefalı, ideallerine sadık, kalemini satmayan gazetecilere "köpek" filan deniyor ya bugünlerde... Tukaş kadar "insan" olsak, yeter.

Tukaş

Öğretmen Metin Lokumcu, henüz 54 yaşındayken biber gazıyla öldürüldü. Kurzhaar'ların ortalama ömrüne bakarsak, Tukaş en az yedi-sekiz sene daha yaşardı. Bir sene zor tahammül edebildi. Hopa'nın caanım dağlarında, hayatını kaybettiği yerde toprağa verildi.

Ayşegül

Korhan Yamaç. Teğmen'di. Mayına bastı.
Sağ ayağını kaybetti. Atıcılıkta yarışacak.

Oğuzhan Polat. Mayına bastı, topuğu koptu.
Zafer Korkmaz. Mayına bastı, dizinden gitti.
Okçularımız.

2012 Londra Paralimpik Olimpiyatı başlıyor.
67 evladımız mücadele edecek.

"Sakaryalı Mehmet Kıran, okçuydu, bedensel engelliler federasyonu'nda gönüllü çalışıyor, bize yardımcı oluyordu, askere gitti, Eruh'ta şehit düştü, onun için yarışacağız" diyor Zafer.

Özlem Kalay, öğretmen, ilk görev yeri Bitlis'ti, köy okuluna götüren askeri araç devrildi, felç oldu. Hatice Bayar, ablası polis'ti, ablasını taradılar, Hatice belinden vuruldu. Okçularımız.

Gizem Girişmen. 11 yaşında, trafik kazasında felç kaldı. Ankara Tevfik Fikret Lisesi ve Bilkent İşletme'den şeref öğrencisi olarak mezun oldu. İngilizce, Fransızca, İspanyolca, İtalyanca biliyor. 2008 Pekin'de tarihimizin ilk paralimpik altın madalyasını kazandı. Başkanı, efsane atlet Edwin Moses olan, Laureus Dünya Spor Akademisi'nin Oscar'ına aday gösterildi. Gizem'i aday gösteren jüride, Beckenbauer, Boris Becker, Sergei Bubka, Bobby Charlton, Nadia Comaneci, Emerson Fitibaldi, Kip Keino, Michael Jordan, Martina Navratilova, Mark Spitz,

Katarina Witt ve Pele vardı. İmzalı fotoğrafı masamda... Bana hediye ettiği ok'u ise, ödüllerimin baş köşesinde durur. Masal prensesi'dir o... Okçumuz.

Ayşegül Tahtakale... Tahtakale'de cami avlusuna bırakıldı, adını soyadını, Tahtakale Karakolu'ndaki polisler koydu, Çocuk Esirgeme'de büyüdü. Zihinsel engelli. Güllecimiz.

Mehmet Nesim Öner. Çocukken, Diyarbakır'ın Uzunova Köyü'nde çobandı. Yolda bulduğu mayınla oynarken, patladı, sol gözünü, sol kolunu, sağ parmaklarını kaybetti. 800 metrecimiz.

İsmail Ar, Marmara depremine Yalova'da yakalandı, enkaz altında kaldı, çıkarıldığında felçti. Ali Asker Turan, 11 aylıkken geçirdiği çocuk felci nedeniyle engelli oldu. Aytaç Ercan, çocuk felci aşısı yaptırmayı unuttular. Bülent Yılmaz, 26 yaşındayken trafik kazası geçirdi. Fikri Gündoğdu, 17 yaşında silahla oynarken vuruldu. Tekerlekli sandalye basketbolcularımız.

Çiğdem Dede, altı yaşındayken vurulan iğneden bacağını kaybetti, haltercimiz... Hüseyin Alkan, 19 yaşındayken iş kazasında gözlerinden oldu, goalball'cumuz... Mustafa Demir, kavgayı ayırmaya çalışırken, maganda kurşunuyla felç kaldı, okçumuz.

Turan Mutlu. Çocuk felci, haltercimiz.
Cevat Karagöl. Altı aylıkken hatalı iğne... Atıcımız.

Gülbin Su... Üç yaşında çocuk felci. Özgür Özen... Trafik kazası. Doğan Hancı... Hatalı iğne. Erdoğan Aygan... Motosiklet kazası. Okçularımız.

Özlem Baykız. Yüzücümüz. Gelişmiyor, boyu 1.30'u geçmiyor. Bedensel engeli nedeniyle milli takımımızda forma giyiyor, ancak, engelli olduğu kabul edilmediği için, memur olarak işe alınmıyor! Devletimizin işine gelince engelli, işine gelmeyince, engelsiz oluyor yani.

Beytullah Eroğlu. Yüzücümüz. İki kolu omuzdan yok. Bi bacağı, diğerinden 12 santim kısa. Kulaç atmadan yüzüyor. Bacaklarını gemi pervanesi gibi kullanıyor. Yemek, giyinme, diğer ihtiyaçlar, sağ ayağının parmaklarıyla hallediyor.

Kazandığı ödüllerle ailesinin geçimini sağlıyor. Çünkü, babası mobilyacıydı, şimdi işsiz, masör kursuna gitti, diploma aldı, oğlunun masörlüğünü yapıyor. Burası Türkiye... Kolsuz yüzmek mümkün, iş bulmak imkânsız!

Eli ayağı tutan âcizler ülkesinin...
İnsanüstü yeteneklere sahip evlatları'dır onlar.

Engelleri farklı'dır. Ortak özellikleri ise... "Bu memleketin halledemediği sorunlarının milli takımı"dır!

Hepsi sapasağlamdı... Terör, mayın, trafik kazası, iş kazası, maganda kurşunu, deprem, bürokrasi hazretlerinin marifetleri, sağlık faciası ve hatta cami avlusu dramı.

Hiçbirimiz Usain Bolt olamayız ama, sorunlarımızı görmezden gelmeye devam edersek, hepimiz engelli olabiliriz. Çünkü, doğuştan engellilere bi faydası olmadığı gibi... Sağlam insanlarını engelli yapma konusunda, olimpiyat şampiyonudur Türkiye!

※※※

Ayşegül
Tahtakale

"Doping" konusunda dünyanın en rezil ülkelerinden biriyiz. Bana göre, hayat mücadelesindeki cesaretiyle, yüreğinin temizliğiyle, Türk atletizminin "tek gerçek altın madalyası" Ayşegül... Karakoldaki polislerden, çocuk esirgemeye, sosyal hizmetlerden, atletizm hocalarına kadar, Ayşegül'e emek veren tüm sorumlulara, teşekkür borçluyuz. Sporu futboldan ibaret görüp, Ayşegüllerin çabasına yer vermeye tenezzül etmeyen medyanın, hakikaten utanması gerekiyor.

※※※

Cynthia

Dedesi, Bağdat kadısı, babası, padişah tarafından atanan Heyet-i Ayan azası'ydı. Çamlıca'da, uşaklı bahçıvanlı, muhteşem bi köşkte yaşayan, oturmasını kalkmasını, ecnebi lisanları bilen, yakışıklı bi delikanlıydı. Yüksek tahsil için İskoçya'ya gönderildi. Ve, Londra'da bi partide gördü onu...

Güzeller güzeli İngiliz genç kadın, şahane gülümsüyor, etrafına ışık saçıyordu. Vuruldu, âşık oldu. Gözler her şeyi anlatır derler ya, belli ki, hisleri karşılıksız değildi. Zaten, zarif bi kaç kısa cümleden oluşan sohbet sırasında işareti almış, genç kadının her gün Hyde Park'ta at gezintisi yaptığını öğrenmişti. Sabahın köründe, soluğu Hyde Park'ta aldı. Aaa ne tesadüf filan... Birlikte at bindiler, yemek yediler, muhabbeti ilerlettiler. Rüya gibiydi. Rüya gibiydi ama, uyanması da vardı... Tahsilini tamamlamıştı, yurda dönmesi gerekiyordu. Kalsa, olmaz, bıraksa, hiç olmaz. Pat diye, benimle evlenip Türkiye'ye gelir misin dedi. Genç kadın sevinç çığlığı attı, coşkuyla boynuna atlayıverdi. Sonra... Az geri çekildi, oturdu, boynu büküldü, hayatta en çok istediğim şey bu ama, maalesef imkânsız, Jack var dedi.

Jack de kim yahu?

Genç kadının ailesi tiyatrocuydu, ordan oraya turneyle dolaşan kumpanyaları vardı. Babası ölünce, annesi bi adamla Avustralya'ya kaçmış, kızını anneannesine bırakmıştı. Anneanne, n'aapsın, torununu acilen başgöz etmiş, talihsizlik işte, savaşa giden damat, kimbilir nerde mıhlanmış, geri dönmemiş, ardında, henüz 16 yaşında hamile bi dul bırakmıştı. Jack, oğluydu.

Delikanlı dinledi dinledi, önce sıkı sıkı sarıldı, sonra, hiç sorun değil, oğlumuzla gideriz dedi.

Orient Express...
Ver elini İstanbul.

Delikanlı hiç sorun değil demişti ama, sorun büyüktü. Esir şehrin insanlarıydı İstanbul... Mustafa Kemal Bandırma vapuruna binerken, İngiliz gelinin, İngiliz işgalindeki kâbusu başlıyordu.

Dedim ya, işgal yıllarıydı, herkes herkese şüpheyle bakıyor, memleketi satanlar mimleniyordu... Faytona binip, köşke geldiler. Aman da efendim hoş gelmişiniz sefalar getirmişiniz diye kucaklaşma beklenirken, bismillah, nerden bulup getirdin bu gâvuru dedi, delikanlının ailesi!

Memleket İngiliz süngüsü altında inim inim inlerken, İngiliz gelin olacak iş değildi yani.

Aşklarına sığınıp, göğüs gerdiler. Sevdiği adam uğruna, kara çarşafa bile girdi İngiliz gelin, Müslüman oldu, Olga Cynthia'ydı, "Nadide" adını aldı. Kaderin cilvesi mi desek, ne desek... Mustafa Kemal Bandırma'ya binerken İstanbul'a inen bu genç kadının nüfus kâğıdına, doğum yeri olarak Bandırma yazıldı... Çünkü, nüfus memuru doğum yerinin Londra olduğunu gördü, Londra Mondra olmaz, olsa olsa Bandırma'dır diye kaydetti!

Memleket kurtuldu, cumhuriyet kuruldu. Hariciye'ye giren delikanlı, Lozan'da İsmet İnönü'nün özel kalem müdürü oldu. Şak, kanun çıktı, hariciyecilerin eşi ecnebi olamaz... İnönü, pek beğendiği delikanlıya kıyamadı, boşan, birlikte yaşa, mesleğine devam et dedi. Delikanlı, bu teklifi hakaret olarak kabul etti. Benim için ailesini, memleketini, dinini terk eden eşime bunu yapamam, mesleğimden vazgeçerim, aşkımdan asla dedi.

Bastı istifayı, ıvır zıvır işler yaparak, evini geçindirmeye çalıştı. O zamanlar memur değilsen, ayvayı yiyordun. Ayvayı yedi. Hayatları kaydı. Önce eldeki avuçtaki bitti, sonra gümüşler satıldı, ardından köşk gitti... Dımdızlak kaldılar. Kiraya çıktılar. Tükene tükene, gecekonduya kadar düştüler. Çocukları olmuştu. Saracak bez yoktu. Çarşafları yırttılar. Bi eli yağda bi eli balda doğup büyüyen delikanlı, eşinin hiç sızlanmadan dimdik duruşunu gördükçe, yeniden yeniden âşık oluyordu ama, kahrından alkole dadanmıştı. Çalışamaz hale geliyor, daha çok sefalete sürükleniyorlardı. Hayatlarında eksilmeyen tek kavram, mutluluktu. Mutluydular.

İngiliz anne, adı gibi, hakikaten nadide'ydi... O kör kuruşa muhtaç hallerinde bile, hastaneden atılmış iki çocuklu bi kadına evini açtı, sokakta dilenen bi nineye kendi yatağını verdi, aylarca baktı, yıkadı, pakladı, komşuların fısır fısır dedikodusuna aldırmadan, kaçak olarak yaşayan, dara düşmüş bi Fransız'ı sofrasına oturttu, çocuklarına kuru ekmeği paylaşmayı öğretti.

Bi gün... İngiltere Elçiliği'nden görevliler geldi, nasıl duydularsa duymuşlar, çocuklarını al, İngiltere'ye dön, eğitimlerini üstlenelim, sosyal güvencen olsun dediler Nadide'ye... Kapıdan kovdu! Eşim Türk, çocuklarım Türk, burada babalarının yanında yaşayacaklar, ben de onların yanında öleceğim, benim için hayatını feda eden eşimi, paraya değişmem dedi.

İki millet, iki devlet, iki din arasında perişan olmuşlardı ama, aşkları sapasağlamdı.

Üstelik... Cumhuriyet de sapasağlamdı. O dönemin Cumhuriyet'i, şimdiki gibi sadece parası olanlara değil, gariban ailelerin çocuklarına da fırsat eşitliği sağlıyor, okumaya niyetleri varsa, okutuyor, üniversiteyse üniversite, konservatuvarsa konservatuvar, yeteneğin önünü açıyordu.

Delikanlı, delikanlı gibi yaşadı, öldü.
Nadide zatürreeden vefat etti, hayatının en çetin günlerini yaşadığı İstanbul'da, kızının evinde... En çok kızına güvenir, en çok küçük oğlunu severdi. Bu koca yürekli kadının küllerinden doğan kızı, Yıldız... Oğlu, Müşfik Kenter'di.

Boşuna dememişler, işini yapacaksan aşk'la yap diye... Ve, merak ederim, tiyatroda sahneye koymak için abuk sabuk senaryolar aranır hep niye?

⸻

Olga Cynthia
Nadide Kenter

Ahmet Naci bey'le Cynthia'nın aşkı, Türkiye'nin sanat tarihine iki inanılmaz evlat armağan etti. Kızları Yıldız, hiç tartışmasız, Türk tiyatrosunun yüzakı ve divası... 1928 doğumlu. İlk kez 1948'de sahneye çıktı. Bu kitabın yayımlandığı tarihte, 87 yaşındayken gayet zinde, zarif, güzel, şık ve hâlâ sahnedeydi. Oğulları Müşfik ise, yeri doldurulamaz bir karakter, yeri asla doldurulamaz bir ses'ti. Maalesef 2012'de 80 yaşındayken kaybettik. O da ölene dek, sahnedeydi.

Güllü

Hava Kuvvetleri Komutanı, Deniz Kuvvetleri Komutanı, 1'inci Ordu Komutanı, MGK Genel Sekreteri, Harp Akademileri Komutanı, Kuzey Deniz Saha Komutanı, Güney Deniz Saha Komutanı... Bi de Güllü.

Balyoz'un "ana" fikri!

İki çocuk annesi.

Dünya tarihinin, ilk kadın sivil darbecisi.

Oğlu bu sene İTÜ'den mezun oldu, kızı İTÜ'de okuyor, eşi, işçi emeklisi... Aslında, kendisinin de günü doldu, 1985'ten beri Hava Harp Okulu'nun öğrenci işlerinde memur olarak çalışıyor, emekli olabilirdi ama, kızı okulu bitirene kadar gayret ediyordu. O sabah erkenden kalktı, kahvaltı hazırladı, kızını oğlunu öpüp uğurladı, sonra eşinin koluna girerek, Silivri'ye gitti, tribünlere, sanık yakınlarının arasına oturdu.

Karar okundu...
"Ege Denizi'nde hır çıkarıp, Yunanistan vurmuş ayaklarıyla kendi F-16'ımızı düşürüp, bilahare, camilerimizi bombalamak suretiyle darbe yapmak" suçundan 16 sene verdiler Güllü'ye!

Halbuki, sanık sandalyesinde bile değildi.
Çünkü, daha önce söz konusu darbe planını yazdığı iddiasıyla gözaltına alınmış, kadın daktilo memurunun uçakla-tankla ne alakası var kardeşim denilerek, derhal serbest bırakılmış, hatta, duruşmalardan vareste tutulmuştu.

Gel gör ki... Adaletimizin terazisinde, orgenerallerle, kuvvet komutanlarıyla aynı kefeye konuldu. Korgenerallerden, tuğamirallerden daha fazla hapis yedi.

16 sene kesmedi...
Darbenin "ana" fikri, anne'likten men edildi.

Böylece...
Demokrasimiz, Güllü'k gülistanlık olmuş oldu.

Güllü Salkaya

Güllü Salkaya, Havelsan genel müdürüyle birlikte Balyoz davasında yargılanan iki sivil sanıktan biriydi. 16 sene hapis cezasını duyduğunda bayılmıştı. Hasdal askeri cezaevine konuldu. Bir sene 18 gün yatırıldı. Beraat kararı kesinleştikten sonra, devleti temsilen Hazine'ye dava açtı. Kendisi için 500 bin lira, eşi için 300 bin lira, çocukları için 100'er bin lira olmak üzere, 1 milyon lira manevi tazminat talep etti. 2015 itibariyle bu dava henüz sonuçlanmamıştı.

Fatma

Çiçekler açıyordu...
İzmir'in dağlarında.
Boşaldılar aşağıya...
Dörtnala.

Yüzbaşı Şerafettin, Teğmen Ali Rıza ve Teğmen Hamdi, bismillah ilk iş, Hasan Tahsin'in düştüğü yere, hükümet konağının alnı kabağına diktiler sancağı... Üsteğmen Selahattin, Kordon'a dalarken, Teğmen Celil'le Asteğmen Besim, varmıştı bile Kadifekale'ye.

Ya Karşıyaka?
Kara Fatma!

Evet... Karşıyaka'ya giren süvarilerin başında, simsiyah atının üstünde, simsiyah elbiseleri, simsiyah çizmeleri, simsiyah tüfeğiyle, esmer güzeli bi kadın, bi anne, Kara Fatma vardı.

Ona bu sıfatı Mustafa Kemal vermişti. Binbaşı eşini Sarıkamış'ta kaybetmiş, Sivas Kongresi'ne gitmiş, yolunu gözleyip, sarışın kurt'un önüne dikilmiş, yüzündeki peçeyi açmış, at bindiğini, silah attığını belirtip, bana iş ver demişti. Gazi de, yanık tenli, gözü kara kadına, görev pusulası yazıp, imzalamış, tarihi sıfatını takmıştı: Keşke bütün kadınlar senin gibi olsa Kara Fatma!

(İstisnaları tenzih ederim, kadın düşmanı ülkemin, kadın

düşmanı tarihçileri bu mevzuyu sevmez, yazmaz... Aralarında kendi kızının da bulunduğu, neredeyse tamamı kadınlardan oluşan, 300 kişilik çetesi vardı. İnönü'de, Sakarya'da, Dumlupınar'da çarpıştı, yaralandı, bi ara esir bile düştü, kaçtı, Ege dağlarında vuruştu. İzmir'e girdiğinde 34 yaşındaydı.)

(İstiklal madalyası aldı. Onbaşı olarak başladı, üsteğmen olarak emekliye ayrıldı. Maaşını Kızılay'a bağışladı. Dara düştü, kimseye haber vermedi, Galata'daki Rus manastırına sığındı. Tesadüfen fark edildi, madalyam bana yeter demesine rağmen, yeniden, zorla maaş bağlandı, 1955'te, Darülaceze'de vefat etti, Kasımpaşa'daki Kulaksız Mezarlığı'na defnedildi.)

(Biz İzmirliler için yüreğimizde hicrandır, İzmir'de vefat etmediği için kahroluruz. Çünkü, Kara Fatma'nın kabri, hoyrat bi yol inşaatı sırasında darmadağın edildi, kayboldu maalesef.)

(Offf, of... Parantezi kapatalım. Devam edelim.)

En başta Kara Fatma, İzmir'e giren kahramanlarımız çok şaşırmış, gözlerine inanamamışlardı. Bütün şehir ay-yıldızlı bayraklarla donatılmış, adeta "gelincik tarlası"na dönmüştü. Ne var bunda şaşılacak derseniz... İşgal edilir edilmez, evler didik didik aranmış, bütün bayraklara süngü'yle el konulmuştu, ibretiâlem için sokaklarda yakılmıştı. E şimdi bu kadar bayrak nerden çıkmıştı?

Vaziyet kısa süre sonra anlaşıldı. Yokluk, sefalet içinde yaşayan İzmirli kadınlar, bütün eşyalarını yok pahasına satmış, kırmızı perdelerini, kırmızı masa örtülerini saklamış, asla satmamış, yarıdan keserek, beyaz perdeler, beyaz masa örtüleriyle değiş tokuş etmiş, sabırla o gece'yi beklemişti... O gece, 8 Eylül 1922'ydi. Çıkardılar sandıklardan... Kırmızı'nın üstüne beyaz ay-yıldız'ı diktiler. Denizi kız, kızı deniz kokan İzmir'in, kadınlarının bayrağıydı onlar.

(Kutsal emanet'tir... Bir tanesi, değerli gazeteci-yazar ağabeyim Yaşar Aksoy'da mesela... Namazgâhlı Sırrıye teyze'nin 8 Eylül gecesi dikip, 9 Eylül sabahı penceresine astığı bayrak.)

Ve, neymiş efendim, akp genelge çıkarmış, bundan böyle bayrak töreni yapılmayacakmış, mutlaka izin alınacakmış falan.

Bak arkadaş...

Akp'nin generali Necdet bey'e kilim hediye etmeye, lokum ikram etmeye benzemez bu iş... Görürsün 9 Eylül sabahı Kara Fatma'nın İzmir'ini, ak mı kara mı!

Fatma Seher Erden

Çok şükür ki, yukarıda okuduğunuz yazı internette kampanyaya dönüştü, o güne kadar kılını kıpırdatmayanları harekete geçirdi. Kara Fatma'nın tahrip edilen kabri, tespit edildi. Kızılay tarafından anıt mezar haline getirildi. 2014'te açılan anıt mezarın üzerine, "Türk Kızılay bağışçısı Gazi Üsteğmen Fatma Seher hanım, nam-ı diğer Kara Fatma, 1888-1950, ruhuna fatiha" yazıldı.

Seher

Emmanuelle öldü.
Entel'lerimiz yasta.
Dokunaklı satırlar döşeniyorlar...
Erotizm ikonasıydı, kuşağımızın âşık olduğu kadındı, cinsel keşiflerimizin heyecanını içselleştirmişti filan.

Bu, koskoca bir yalandır.

Dünyada 350 milyondan fazla insanın seyrettiği Emmanuelle'i, Türkiye'de seyredenlerin sayısı parmakla gösterilecek kadar azdır. Türkiye'nin erotizm ikonaları, Arzu Okay'dır, Zerrin Egeliler'dir, Figen Han'dır, Seher Şeniz'dir, Gülgün Erdem'dir, Zerrin Doğan'dır, Mine Mutlu'dur, Necla Fide'dir... İnanmayan genç varsa, babasıyla anket yapsın, hepsi Emmanuelle'e beş basar.

Emmanuelle'in vizyona girmesi için özgürlük mücadelesi verdik, falan... Palavradır. Evet, yasakçı dangoz zihniyet, açık saçık diye Emmanuelle'e karşı çıkıyordu ama, bizim Emmanuelle'lerin filmleri aynı tarihlerde çatır çatır sinemalardaydı. Üstelik, 18 yaş sınırı da yoktu. Bildiğin okul'du.

Belki şaşacaksınız ama, bırak ecnebi Emmanuelle'i, *Kasımpaşalı Emmanuel* bile vizyondaydı! Feri Cansel... Erkeksi tavırları, sinkaflı konuşmasıyla, bu lakapla tanınırdı, 1979'da aynı adla film çevirmişti.

Hatta, *Horoz Gibi Maşallah* filmiyle patlama yapan Emel Aydan vardı, ki, asıl adı Erdoğan'dı, İtalya'da ameliyatla kadın olmuştu. Filmlerinde onun için yanıp tutuşanlar, bu gerçeği bilmiyordu. Askere çağırılmış, askerlik şubesine gidip, buyrun beni çağırmışınız deyince, vaziyet anlaşılmıştı.

Ha diyebilirsiniz ki, *Horoz Gibi Maşallah, Parçala Behçet, Ah Deme Oh De, Civciv Çıkacak Kuş Çıkacak, Azgın Bakireler, Sevişerek Ölenler* gibi filmleri, nasıl olur da *Emmanuelle*'le kıyaslarsın?

Güzel soru ama, o filmin afişlerdeki adı Emmanuelle değildi ki... *Hisli Duygular*'dı! Çünkü, güya Türkçeleştirirken dilimizi katletme merakı, sadece bugün değil, o günlerde de vardı.

Tıpkı... Entellerimizin, ecnebi'yi kaliteli kabul edip, aynı içerikteki yerli'yi ikinci sınıf kabul etme merakı gibi.

Tıpkı, Emmanuelle'in ikona ilan edilip... Kuşağımızın âşık olduğu, Arzu'ların, Zerrin'lerin, adeta yok sayılması, haklarının teslim edilmemesi, hem ezbere bilinip, hem karalanması gibi.

Bakın, aynen şöyle yazmıştı intihar mektubunda Seher Şeniz... "Nihayet gidiyorum. Daha 15 yaşındayken anlamıştım bu dünyadaki insanların ne mal olduğunu... Öldüğümü kimse bilmesin. Peruklarımı yakın, küllerini savurun. Beni beyaz bir bornoza sarıp her yerimi kapatın, o kadar."

Bilmiyorum, Seher'leri küçümseyip, Emmanuelle'in ardından ağıt yakan entel tayfası, çıplaklığın masumiyetine dair, böylesine bir cümle kurmayı başarabilir mi...

Özetle. Çoğu rahmetli oldu, kalanlar da sessiz sakin köşelerde, mütevazı şekilde yaşıyor. Bana sorarsanız, Altın Portakal'ın Altın Koza'nın bu ikiyüzlülüğe son verip "hakkı teslim etme zamanı" geldi de geçiyor.

Seher Şeniz

Seher Şeniz'in asıl adı, Seher Başdaş'tı. İzmirliydi. 1966'da Türkiye güzellik yarışmasında ikinci olmuş, Yeşilçam'a adım atmıştı. "Seks sembolü" olarak tanınmıştı ama, aslında, başrollerini Yılmaz Güney'le, Ayhan Işık'la paylaştığı filmleri de vardı. Paris'te striptiz kulüplerinde çalıştı. *Playboy*'da fotoğrafı çıkan ilk Türk'tü. İstanbul'un ünlü gazinolarında dansöz olarak sahneye çıktı. 1992'de Teşvikiye'deki apartman dairesinde aşırı dozda uyku hapıyla canına kıydığında, 44 yaşındaydı. Zincirlikuyu'da toprağa verildi.

Zübeyde

Anıtkabir'de seni en çok etkileyen nedir derseniz...
Tıraş seti.

Biri beyaz saplı, diğerleri siyah, sekiz ustura, seramik tabak, madeni tas, bıyık makası, tarak, sıfır numara makine, fırça ve bileme taşı... Ayrıca, arkasına K.A. harfleri kazınmış, gümüş el aynası, kapağına ay-yıldız işlenmiş, metal esans şişesi, çiçek motifli, cam krem kabı ve tırnak törpüsü.

Hayatı cephelerden cephelere sürüklenerek geçti, yatağından çok arazide yattı, bakımsız tek kare fotoğrafı yok.

Dünyanın, gelmiş geçmiş en şık giyinen lideridir o.

Gideli 74 sene oldu, bizimkileri zaten boşver, bugünkü İngiltere başbakanından, Fransa cumhurbaşkanından, ABD başkanından bile daha şık... En önemli moda markaları İtalyan ama, İtalyan başbakanı giyiyor, çuval gibi duruyor. Çünkü, kumaş, dikiş ve tasarım yetmiyor, fizik istiyor. Sıfır göbek. Hep fit'ti o... Sağlıklı yaşam için spor'un keşfedilmesi, egzersiz bilincinin yaygınlaşması anca 30-40 sene öncesine dayanıyor, o'nun ise, Anıtkabir'deki özel eşyaları arasında, formda kalmak için teee 1925 senesinden beri kullandığı kürek çekme aleti sergileniyor.

Ortalıkta fırıncı küreği, kazma sapı gibi dolaşmaya benzemiyor yani bu iş.

Çoğunlukla beyaz, daima açık renk gömlek tercih eder, manşetlerine ya da kalbinin üzerine K.A. veya G.M.K. arması işletirdi. Kol düğmesi sever, yaka iğnesi takardı. Sayfiyede, Savarona'da, kısa kollu, keten gömlek giyerdi. Laciverti pek sevmez, kruvaze'den hoşlanmaz, genellikle yelekli, üç parçalı, siyah takım elbiseler diktirirdi. Her daim ütülü olmasına, orasından burasından sarkma yapmamasına büyük özen gösterirdi. Çapraz çizgili, desenli, takımına kontrast renkli kravatlar kullanırdı. En sevdiği kravat iğnesi, gövdesi burgulu, altın, devlet demiryolları amblemli olanıydı. Köstekli saati, ceket cebi mendili, vazgeçilmez aksesuvarlarıydı; ipek mendillerinin kenarları zikzak motifli olurdu. Seyahatlerinde tüvit takım, güderi ceket, riding coat tarzı jokey pantolonları giyerdi. Düz kemerden sıkılır, örgülü, illa ki tokalı yaptırırdı. Baston deyip geçme... Kimisi fildişi, kimisi lületaşı topuzluydu; tek mermi atabilen, tetikli olanı en meşhurudur ama, aslında en çok, sapında tavşan yakalamış aslan figürü bulunan, ucu metal halkalı, ahşap bastonunu severdi. Smokin ve frak'ta beyaz papyon takıyordu. Maharet isteyen pelerin'i değme aktörlere taş çıkartırcasına taşıyor, omuzlarına illa siyah değil, bazen mavi atıyordu. Bağcıklı, siyah rugan ayakkabı seviyor, çizgili siyah çorap kullanıyordu. Yazlık kıyafetlerinin altına beyaz veya lacivert-beyaz ayakkabılar giyiyor, çorap giymiyor, hatta bazen, ten rengi sandalet giyiyordu. Paltodan sıkılır, mümkün olduğunca giymemeye çalışır, mecbur kalırsa, koyu renk yerine, gri veya kahverengi tonları tercih ederdi. Ancak, desenli kaşkolları kış'ın olmazsa olmazıydı. Ve eldiven tabii... İçi ve bileği kürklü severdi. Akşamları pijamasının üzerine, mavi-lacivert çizgili, kirli beyaz, şal yakalı robdöşambr alıyordu. Ceketli pantolonlu; yakası, kolağzı ve cep kapağı mutlaka farklı renk şeritli, püsküllü kuşağı olan ipek pijamalar giyerdi.

Bir insan, hem kalpak'ı, hem silindir şapka'yı, hem panama şapka'yı, hem melon şapka'yı, hem fötr'ü, hem de kasket'i böylesine eşdeğer karizmayla taşıyabilir mi...

Şık, özenli, bakımlı olmayı elitizim, Anadolu çocuğu olmayı

hırt'lık zonta'lık zanneden... Ve "gardırop Atatürkçüsü" lafına pek bi sırıtanlar, o'nun gardırobunda kullanılmış külot torbası bile olabilir mi?

Sevgili anneler...
10 Kasım'lar kaygı duruşu değildir.
Saygı duruşu'dur.

En bakımlı halinizle... Elbette ister yeni, ister eski ama, mutlaka temiz, ütülü; çocuklarınıza en güzel kıyafetlerini giydirin.

O sizi nasıl bekliyorsa...
Lütfen öyle gidin.

Zübeyde Hanım

Zübeyde hanım, Selanik yakınlarındaki Langaza kasabasında dünyaya gelmişti. Karaman'dan göçen, Rumeli'de Konyarlar olarak bilinen Türkmenler'dendi. Babası, sofuzade Feyzullah Sadullah ağa, annesi Ayşe hanım'dı. Bu yazıya, tüm Atatürkçü anneleri temsilen Zübeyde hanım'ın fotoğrafını koymak istedim. Ne mutlu bu kadına ki, böyle bir evlada sahipti. Ve, ne mutlu bize ki, böyle bir ana'ya sahibiz.

Gülşah

Hiç düşündünüz mü...
Neden "imdaat adam öldürüyorlar" diye çığlık atılır?
Veya neden "yetişiin adam öldürüyorlar" diye bağırılır?

Çünkü...
Kadın'sa kimseyi ırgalamaz.
Adam'sa yardıma koşulur!

O nedenle, filmlerimizde asla "imdaaat kadın öldürüyorlar" diye bi replik duyamazsınız.

Bakın, Gülşah öğretmen mesela... Peşine takılan manyaktan kurtulmak için çırpınmış, savcı'ya gitmiş, polis'e gitmiş, son çare valilik'ten medet ummuş, takma kafana en fazla ölürsün demişler.
E, öldü tabii.

Halbuki, ben bu "adam"ı öldüreceğim deseydi, seferberlik ilan ederler, manyağa yakın koruma verirler, Gülşah da o manyağa verilen yakın koruma sayesinde şu anda yaşıyor olurdu!

Uydurmuyorum, örneği var. Baltayla tehdit edilen, yalvar yakar koruma isteyen, verilmeyen, neticede delik deşik edilerek öldürülen kadıncağızın, göğsünden girip sırtından çıkan 26 santimlik bıçağa "sapı uzun gösteriyor, yoksa öldürücü değil" diye rapor verilirken... Kırk yılda bir "adam"ın biri, eşim beni ısırıyor diye 155'i aradı, kadını gözaltına alana kadar, başına bi şey gelmesin diye "adam"ı karakolda tuttular!

Son 10 yılda İstanbul'da şiddetten kurtarılan sadece bi kadın var. Teyit etmek istiyorsanız, girin internete okuyun... Geçen haziran ayında, çelik yelekli özel harekât polislerinin düzenlediği operasyonla Mecidiyeköy'de bi kadını kurtardılar. Cama çıkıp "imdaaat adam öldürüyorlar" diye bağırmıştı!

Kuru kuruya "imdaaat" deseydi...
Zabıta bile dönüp bakmazdı.

Bu memlekette, kadın'lar adam değildir.

Binlerce defa, kadın'ı doğradılar, kadın'ı yaktılar, kadın'ın gırtlağını kestiler şeklindeki nafile manşetleri yazmış biri olarak, iddia ediyorum ki... "Kadın"a şiddet kampanyalarının öznesi yanlıştır. Dövülmüş, ağzı burnu dağılmış kadın fotoğraflarıyla bir yere varılamaz, toplumun ilgisi çekilemez.

Eğer gerçekten hassasiyet yaratılmak isteniyorsa... "Koç gibi yiğit"in karısını öldürdüler, "aslan gibi delikanlı"nın annesini kestiler, "adam gibi adam"ın kızını katlettiler sloganlarını kullanmak lazımdır!

Gülşah Aktürk

27 yaşındaki ilkokul öğretmeni Gülşah Aktürk, eski erkek arkadaşı Hakan Başar tarafından yeniden birlikte olmaları için tehdit ediliyordu. Mahkemeye şikâyet dilekçesi verdi. "Yardım istemek için Van valiliğine gittim, vali yardımcısı en kötü ihtimalle öleceğimi, ölümün hak olduğunu, kaçış olmadığını, hiç olmadı istifa edebileceğimi, yanımda biber gazıyla gezmem gerektiğini söyledi" dedi. Ne yapsın bu durumda Gülşah? Konya'ya, ailesinin yanına kaçtı. Ancak, Van kültür müdürlüğünde çalışan eski erkek arkadaşından kurtulamadı. Hakan Başar, peşinden geldi, başından tabancayla vurarak öldürdü. Katilin bilgisayarında yapılan incelemede, "cinayeti işlemeden önce, kadın cinayetinden en fazla kaç sene yatacağını araştırdığı" ortaya çıktı. Hakan Başar, 2015 itibariyle müebbet hapisle yargılanıyordu. Ama... Mahkemeye kravat takarak gelip, iyi hal'den faydalanıp, en fazla 8-10 senede çıkacağını, gayet iyi biliyordu! Gülşah'ın şikâyet dilekçesinde adı geçen Van vali yardımcısı, Zafer Coşkun'du. "Kafaya takmaması için teselli etmeye çalışmıştım" dedi! Kastamonu Taşköprü'ye kaymakam olarak atandı.

※※※

Necla

Gazeteciydi Ali Kemal.
İngiliz finosuydu.
Milli mücadeleye karşıydı.
"Avrupa ile başa çıkmayı hangi Asya kavmi başardı ki, biz başarabilelim" diye makaleler döşeniyordu. Bugünkü kayıtsız-şartsız AB'ciler gibi, Avrupalıların illa başımızda bekçi olarak dikilmesini istiyordu.

Mustafa Kemal'den nefret ediyor, milletin başına bela olarak görüyor, "onunla tokalaşmak eşkıyaya el uzatmaktır" diyordu. Hatta "derme çatma bir ordu, dövüşüp duruyor, zırzoplar, tam istiklal isteriz diye tutturmuşlar, ne demiş Arap, elhekmü limen galebe, galibin dediği olur, işte bu kadar" diyordu.

Hızını alamıyor, Mustafa Kemalcileri "sevinçle" şöyle tarif ediyordu: "Çanlarına ot tıkanıyor, moralleri pek düşük, çoğu yalınayak, teçhizatları noksan, gerçi birkaç kamyonları var ama, hepsi kullanılmaz halde, motorları bozuldu mu tamir edilemiyor, benzin-yedek parça yok, taşıma için ancak mandaları var, Mustafa Kemaller faydalı hiçbir işe yaramazlar, hamdolsun sayıları azdır, hastalanmış uzuv gibi kesip atmalı."

"Berduş" diyordu Mustafa Kemal'e... "Medeniyet dünyasını aleyhimize çevirmek için, Anadolu'da havsalaya sığmaz delilikler, cinayetler işliyor" diyordu. "Ey Müslüman kardeşlerimiz, teşkilat-ı milliyeye aldanmayınız, bolşevik kafası taşıyan yurtsuz serserilerdir bunlar" diyordu. "Bu millici mahluklar kadar, başları ezilmek ister yılanlar hayal edilemez, düşmanlar onlardan bin kere iyidir" bile diyordu.

Neticede...
Bedelini ağır ödedi, linç edildi.

Eşi, İsviçre'ye taşındı. Oğlu, orada hukuk tahsili gördü, üniversiteyi bitirince "memlekete döneceğim" dedi. Aile büyükleri itiraz etti, seni yaşatmazlar diye dil döktüler, nafile... Bindi trene, geldi. İngilizce, Almanca, Fransızca bilen, donanımlı bi gençti. Dışişleri bakanlığının memuriyet sınavına girdi, kazandı.

İsmet İnönü, cumhurbaşkanı... Masasına, sınavı kazananların dosyalarını getirdiler. Birinin üzerinde "menfi" notunu gördü. "İşe alınması muvafık değildir" yazıyordu. Sakıncalı yani, uygun değil... Açtı dosyayı, okudu, kırmızı kalemle belirtilmişti, Ali Kemal'in oğluydu. Çizdi menfi'nin üstünü, müspet yazdı, çizdi muvafık değildir'in üstünü, muvafakat ediyorum yazdı, imzaladı. "Devlete kin yakışmaz, biz bu cumhuriyeti kanla kurduk ama, insanla büyüteceğiz" dedi. Dosyayı uzatırken de, ekledi, "Ben bunu Gazi'den öğrendim!"

CHP'deki "ulusalcı"lar budur.

(Ali Kemal'in oğlu Zeki Kuneralp, Paris, Bern, Londra, Madrid büyükelçimiz oldu, Dışişleri Bakanlığı müsteşarımız oldu. Ali Kemal, ABD fıstıklamasıyla Doğu'daki şehirlerimizi altın karşılığında Ermenilere satmamızı öneriyordu, kadere bakın ki, oğlu Madrid'de Asala'nın saldırısına uğradı, makam otomobiline ateş açıldı, Zeki Kuneralp otomobilde değildi, eşi Necla Kuneralp'le birlikte, bacanağı emekli büyükelçi Beşir Balcıoğlu ve İspanyol makam şoförü Antonio Torres hayatını kaybetti.) (Ali Kemal'in torunu, Zeki Kuneralp'in oğlu Selim Kuneralp ise... Babasına açılan yoldan yürüdü, Stockholm ve Seul büyükelçimiz oldu, AB daimi temsilcimiz oldu, Dünya Ticaret Örgütü daimi temsilcimiz oldu.)

(Çünkü... Bu cumhuriyeti kuran "ulusalcı"lar, kendilerine "başı ezilesi yılan, kesilip atılması gereken hastalıklı uzuv" diyen, "idam"larını isteyen adamın suçunu evladına çektirmeyip, bağrına bastı, senden-benden diye ayırmadı, ötekileştirmedi.)

E hal böyleyken...
Ne diyorlar hâlâ ulusalcılara?
Irkçı, faşist, katil, hastalıklı filan.

Sizi gidi... 2013 model Ali Kemaller sizi!

※

Necla Kuneralp

Türk dostu İngiliz tarihçi Andrew Mango, şehit diplomatlarımız anısına Londra'da düzenlenen konferansta, şu hatırasını anlatmıştı: "Saldırıdan bir kaç ay önce Kuneralp ailesini Madrid'de ziyaret etmiştim, geniş pencereli evlerinde yemek yiyorduk, 'Türk diplomatlara saldırılar artmışken bu kadar gözönünde oturmanız doğru mu?' diye sormuştum, Schiller'in bir sözünü hatırlatarak cevap vermişti, 'ölmesini bilmeyen yaşamasını da bilmez' demişti, maalesef Zeki bey'in düşünemediği husus, bir sonraki kurbanın kendisi değil, eşi olacağıydı..." Ali Kemal'in gelini Necla Kuneralp, 1978'de şehit edildi. Zeki Kuneralp ise, 20 sene sonra, 1998'de rahmetli oldu.

※

Nazlı

Allah'ın lütfudur incir.
İnsanlık tarihinden eskidir.
Sapından "süt" süzülür.
Ki, mitolojide "ana"dır.
Oysa, erkeği de vardır.
Peki nasıl döllenir?

Doğanın mucizesidir... Erkek-dişi incir arıları, ki, incir sineğidir aslında, inciri yatak odası olarak kullanır. O yatak odasından bu yatak odasına uçarken, incirin de döllenmesini sağlar. Bazen hava bozar. İlk buldukları kuytuya, içinde yaşam barındırmayan, terk edilmiş, metruk evlerin bacasına sığınırlar. En korunaklı yerdir, bacanın dibindeki ocak... Ve rüzgâr, toprağı savurup biriktirir ocağın dibinde... Arının narin kanatlarında taşıdığı incir tozu, buluşur o toprakla... Boy verir.

Hani "ocağına incir ağacı dikildi" derler ya...
Budur.

Ocağına incir ağacı dikilmiş bir kadının torunuyum ben... Evini, köyünü, yurdunu, dünyaya geldiği toprakları ebediyen terk etmek zorunda kalan; defolup gideceksin dedikleri Girit'ten pılısını pırtısını toplayıp, Anadolu'ya göç eden Nazlı'nın torunu.

Yiğit adamdı dayısı, burda doğdum burda öleceğim dedi, Rum çeteciler tarafından vuruldu. Kız kardeşi bebekti, yolda koleradan hayatını kaybetti. Katır sırtındaydılar. Öz vatanlarında ama, bilmedikleri adreslerde, hangi meçhulde defnettiler o kızıl saçlı minik kızı, hatırlamıyordu. Babasının ağaçlara vura vura, haykıra haykıra ağladığını hatırlıyordu sadece... Annesinin o günden sonra bir daha asla gülmediğini.

Ben ise, yaşlılığını hatırlıyorum, Nazlı'nın... Adraçimu diye okşardı saçımı, adamım yani... Kendi Hanyalı, gönlünü kaptırdığı Süleyman, Aksaraylı... Götür beni Mevlana'ya dedi, götürdü Süleyman... Mecaz değil, Hanya'yı da gördü, Konya'yı da Nazlı!

Herkes anlatır, anneannem çarşaflıydı, babaannem başörtülüydü filan diye... Benimki, tülbentle bile örtmedi iyi mi, beline kadar örerdi. Mustafa Kemal âşığıydı.

Hanya, Antep, Diyarbakır, Urfa, Mardin üzerinden incir poleni gibi savrulduğu İzmir'de... Kordon'da salep yudumlayıp, cigara tellendirip, dalgın dalgın denize bakarken yakalardım onu... Gözü ufukta, sanki Girit'in ışıklarını görecekmiş gibi... Garibanız o zamanlar, içimizde uktedir, götüremedik maalesef, 80'ini gördü, bi daha Girit'i göremedi. Ah Hanya, ah Kandiye

diye diye son kez göçtü gitti.

İki kere yabancıydı benim canım kırtikozum.
Orada oldurmadılar, burada da tam olamadı.

Yunanlar kitap yapar bu tür öyküleri... Film yapar, dizi yapar. Eleni anlatır, Eftemiya anlatır, okumuşsunuzdur belki, hüzünlenmişsinizdir. Biz pek yapmayız. Hem geleneksel tembelliğimizden, hem de, alt tarafı alın yazısı olarak kabulleniriz olan biteni... Rumların bize dediği gibi, senin yüzünden oldu demeyiz. Neticede, bizimle aynı kaderi paylaşan, hayat asfaltının farklı istikametlerinde yol alan insan evlatlarıdır. İşgalcilerle bir tutmayız. Düşman gözüyle bakmayız.

Uzatmayayım... Dünyanın en çok sırtından hançerlenen, çocuklarını büyüttüğü komşuları tarafından en çok ihanete uğrayan milletimin, çileli, sessiz sedasız ferdiydi Nazlı.

Ve, dün öğreniyoruz ki... "Yeni CHP"nin mebusu olan bi arkadaş, Dido Sotiruyu'nun *Benden Selam Söyle Anadolu*'ya isimli romanını okumuş, o yıllarda Ege'de Rumlara "etnik temizlik" yaptığımızı anlatıyormuş o roman... Kesmişiz elâlemi.

Pasaport'tan karaya çıkan Yunan askerlerinin çizmelerini öpüp, ne kadar Türk kanı içerseniz o kadar sevaba girersiniz diye takdis eden Hrisostomos, Türk-Yunan dostluk derneği başkanıydı demek ki!

Girit'i bi daha göremedi... İyi ki ömrü vefa etmedi, bu utanç verici günleri de görmedi Nazlı.

❯❯❯❮❮❮

Nazlı Özdil

Anneannem Nazlı, Hanya'da dünyaya gelmişti, anası babası Resmo'luydu. Mübadelede Gaziantep'e yerleştirildiler ama, neticede Ege çocuğuydu, ayaklarını denize sokmadan edemedi, İzmir'e göçtü, oradan buradan savrulan benim canım kırtikozlarımın yoğun olarak yaşadığı Çimentepe'ye yerleşti, iddia ediyorum, dünyanın en muhteşem aşçılarından biriydi, geleneksel Girit mutfağının son temsilcilerindendi, yüzden fazla çeşit meze yapardı.

Mustafa Kemal'in kalpaklı fotoğrafı daima evinin başköşesindeydi. Bazen sorardım, özlüyor musun Girit'i? Mustafa Kemal'in fotoğrafını işaret ederdi parmağıyla, "onun olduğu yer vatan" derdi. Vatanında rahmetli oldu.

⁂

Sakine

Paris...
Seçim arifesi.
Bum!

Tren istasyonunda bomba patlar, çok sayıda ölü ve yaralı vardır, 11 Eylül'den sonra her terör saldırısında olduğu gibi gözler yine köktendinci gruplara çevrilir, Müslüman avı başlar. İşte tam o sırada, kimliği belirsiz bilgisayar korsanı, mobese dediğimiz güvenlik kameralarına sızar, ağır çekim inceler, ayrıntıları yakalar, çanta içindeki bombayı, İslami gruplarla alakası olmayan genç bi çiftin bıraktığını tespit eder. Sonra? Şehrin her tarafında bulunan ve insanları 24 saat aralıksız canlı yayında izleyen mobese, metro, otobüs, mağaza, müze, ofis, asansör ve para çekme makinelerindeki güvenlik kameralarıyla adeta gölge gibi takip etmeye başlar. Binlerce görüntü, binlerce ses kaydı... Neticede, gerçekler hiç de göründüğü gibi değildir, yabancı elçiliğin karıştığı dörtdörtlük komplo vardır.

Film bu.
2012, Fransız yapımı.
Adı *Paris Gözaltında*...

Öykü hayali.
Kameralar gerçek.

Fransa'da resmi-özel 600 binin üzerinde güvenlik kamerası var. Paris'te sırf toplu taşıma araçlarında 10 bin kamera bulunuyor. Ki, o yüzden güvenlik kameralarıyla uzun metrajlı film çekebilmiş adam.

(İngiltere'de 4 milyon 200 bin güvenlik kamerası var. Londra'da sıradan bir İngiliz vatandaşı sokağa çıktığında, her gün en az 300 defa görüntüye giriyor. New York'u saymıyorum bile... Almanya'da sadece tren garlarında 6 bin 500 kamera var, gerisini sen hesap et. Fransa'da çok tartışıldı, özel hayata müdahale ediliyor filan dendi, Sarkozy kestirip attı, 2005'te kanun çıkardı, kiliseler dahil, kamuya açık her tarafa kamera yerleştirdi. İstanbul'da resmi-özel 100 binden fazla kamera var.)

Sakine Cansız, Fidan Doğan, Leyla Söylemez... Cinayetler, Gabar dağının kokurganlarında veya bestler-dereler'in kuytularında işlenmedi. Paris'in göbeğinde işlendi. Olay mahalli de, hafta sonlarında meraklısının takıldığı kanarya sevenler derneği değil... En başta, Fransız istihbaratı tarafından gireni-çıkanı gözlem altında tutulan, pkk merkezi.

Her saat başı, kapağı başka ülkeye atmaya müsait hızlı trenlerin kalktığı Gare du Nord bölgesinde... 500 civarında kamera var. Tetikçinin görülmemiş olması, şu anda bilinmiyor olması, imkânsız.

Bakalım hangi film çevrilecek...
İster misin, "operadaki hayalet" desinler!

※》》《《※

Sakine Cansız

Sara kod adıyla bilinen Sakine Cansız, 1958, Tunceli doğumluydu, PKK'nın kurucu üyeleri arasında yer alan tek kadındı, örgütün Almanya sorumlusuydu. Fidan Doğan, 1982, Kahramanmaraş doğumluydu, Kürdistan Ulusal Kongresi Paris temsilcisiydi. Leyla Söylemez, 1989, Mersin doğumluydu, PKK üyeliğinden Türkiye'de gıyabi tutuklama kararı vardı, aranıyordu. Susturuculu tabanca kullanılmıştı. Sakine'den dört, diğerlerinden üçer kurşun çıkarıldı. Fransız polisi, katil zanlısı olarak Ömer Güney'i yakaladı. Cinayet günü Sakine Cansız'ın şoförlüğünü yapıyordu. 2011'de PKK'ya katılmıştı, MİT'le ilişkisi olduğu iddia ediliyordu. 2015 itibariyle, üçlü cinayetin neden'i nasıl'ı hâlâ belirsizdi. Şurası ise, gayet netti... Türk vatandaşlarına turist olarak vize verirken bin dereden su getiren Avrupa ülkelerinde, PKK cirit atıyordu! Trafik suçu bile işlememiş insanlara ahret soruları sorulurken, yüzlerce evrak istenirken, PKK'lılar elini kolunu sallaya sallaya ülkeden ülkeye dolaşabiliyordu.

※》》《《※

Pervin

Oturduk masaya...
Lozan Antlaşması'nı imzaladık.
"Memleketin tapusu"nu aldık.

İsmet İnönü çıktı TBMM kürsüsüne... "Bu antlaşma açıkça ifade etmektedir ki, birlik ve bütünlük içinde bir vatan, bağımsız bir vatan ve bu vatanın adı Türkiye'dir" dedi.

85 sene sonra... İsviçre Konfederasyonu Başkanı, Ankara'ya resmi ziyaret yaptı. İsviçre'den Türkiye'ye gelen ilk devlet başkanıydı. Giderken eli boş gitmeyeyim dedi, Lozan Antlaşması'nın imzalandığı masayı getirdi, Cumhurbaşkanı Gül'e hediye etti. Aklınca jest yapmıştı... Suudi Kralı, Katar Emiri gibi "yükte hafif pahada ağır" bi şeyler getireceğine, "manevi değeri var" zannettiği masayı getirmişti.

Antlaşmaya ev sahipliği yapan Rumine Sarayı'nda senelerdir özenle korudukları... Türkiye'nin tapusunun, Cumhuriyet'in nüfus kâğıdının imzalandığı o tarihi masanın... Bizim açımızdan önemli olduğunu düşünmüştü.

O kadar önemsendi ki...
Cumhurbaşkanımız istemedi!

Alt tarafı yemek masası ebatlarındaki masaya, 438 dönüm ebatlarındaki Çankaya Köşkü'nde yer bulunamadı... Türk tarihinin, kaderinin "dönüm" noktasına imza atılan masa, 438 "dönüm"e sığmadı.

Depoya kaldırıldı iyi mi!

Mandal karşılığında hurdacıya verilecekmiş gibi, Resim Heykel Müzesi'nin deposuna koydular.

"Yuh be birader" haberleri yapılınca... Lütfettiler, depodan çıkardılar, Birinci Meclis'e taşıdılar.
Ve, dün öğreniyoruz ki... Açılım görüşmelerini yürüten BDP mebusu Pervin Buldan, İmralı'ya hediye olarak "dolmakalem" ve "AB üyesi ülkelerin anayasaları"nı götürmüş.

E kalem hazır.

Anayasa hazır.
Bi masa eksik.

Her şeyi sayın apo'dan beklemeyin kardeşim, çaba harcayın biraz... Alın o masayı, İmralı'ya götürün. Nasıl olsa biz kıymetini bilmiyoruz. Bari onun işine yarasın. Antlaşmayı o masada imzalasın!

Pervin Buldan

Pervin Buldan, uyuşturucu baronu ve PKK'nın kasası olduğu iddia edilen Savaş Buldan'ın eşiydi. Savaş Buldan, 1994'te İstanbul'da kaçırıldı, faili meçhul cinayetle öldürüldü, cesedi Bolu'da Melen Çayı kenarında bulundu. İşkence yapılmıştı, başına ve göğsüne kurşun sıkılmıştı. Pervin Buldan eşini kaybettiği gün, sekiz aylık hamileydi, yaşadığı travma nedeniyle erken doğum yaptı. Babasının öldürüldüğü gün dünyaya gelen kızı Zelal, doğum gününü hiç kutlamadı. Pervin Buldan eşi öldürülünce aktif siyasete girdi, 2007'de Iğdır'dan bağımsız milletvekili seçildi. Iğdır'ın ilk kadın milletvekili oldu. İmralı'daki MİT-PKK müzakerelerine, HDP grup başkanvekili sıfatıyla katıldı. 2005'te İsviçreli bir kadın girişimi tarafından Nobel Barış Ödülü'ne aday gösterilen 1000 kadın arasında yer aldı.

Meryem

Haftalardır tartışılıyor.
İmralı'ya kim gitsin?
Seçenek seçenek sunuluyor.
Hükümetimiz isim beğenmiyor.

E bi öneride bulunayım bari.

Anadolu'nun küçücük kasabasından elinde bavuluyla yola çıktığında kendisi de küçücüktü, henüz 14 yaşındaydı. Askeri liseye yazıldı. Harp okulundayken, boks'a başladı, 1979 senesinde, kilosunda Türkiye şampiyonu oldu, defalarca milli takıma girdi. Özel kuvvetler'e seçildi, bordo bereyi taktı. Paraşütçü, kurbağaadam, kar kayakçısı, sualtı savunma-taarruz uzmanı, yakın dövüş ve atış hocası oldu.

15 Ağustos 1984, bölücü terör, tarihimizde ilk kez vurdu. Bir saat sonra helikopterle Eruh'a indirilen tim'in komutanıydı. Lübnan, Somali, Bosna, Arnavutluk, Kosova, Gürcistan, Irak'ta özel görevlerde; 28 ülkede bulundu. Somali'deyken, bizzat ABD Genelkurmay Başkanı tarafından "best of the best" sıfatıyla onurlandırıldı, delta force'lara örnek gösterildi. Beyrut'ta askeri ataşelik yaptı; oradayken Beyrut büyükelçiliğimiz roketle vuruldu, odası isabet aldı, kıl payı kurtuldu. Hayatı boyunca bir kere bile olsun, batı'daki şehirlerimizde görev yapmadı. Yüzlerce operasyona, bütün sınır ötesi harekâtlara katıldı, Hakurk, Haftanin, Zeli, Metina, Zap, Avaşin... Kampların hepsine girdi, Kuzey Irak'ta aylarca kaldı.

Gazi... Bir keresinde, çatışma bölgesine, gece karanlığında paraşütle atladı, kayalıklara inerken son anda ters rüzgâr yedi, çakıldı, boynundan ağır şekilde yaralandı, günlerce hastanede yattı, haber vermedi, ailesinin anca iyileştikten sonra haberi oldu.

İngilizce, Yunanca, Kürtçe biliyor. Zodyak'tan tank'a kadar, operasyonel anlamda kullanabiliyor. Gazi Üniversitesi'nde, silah ve mühimmat kazaları üzerine yüksek lisans yaptı.

Üstün Cesaret ve Feragat Madalyası var. Sayısız takdir beratı var. İnanılmaz kahramanlıkları ve fedakârlıkları sebebiyle, çok az insana nasip olacak şekilde, Genelkurmay'dan iki defa para ödülüne layık görüldü. Almadı, iyi mi... Kabul etmedi. Devlet zaten bize maaş veriyor, üstüne niye ekstra para alayım ki, dedi.

Nerelerde bulunduğunu, kimbilir hangi dağlarda olduğunu, eşi bile bilmiyordu. Ama hangi şartlarda olduğunu biliyordu. "70 kilo gönderirdim, 60 kilo dönerdi" diyor. En uzun ayrılık... Sekiz ay görüşemedikleri oldu, sadece telefonlaşabildiler. Oğlu mesela, ilkokul birinci sınıf karnesini aldığı gün, velilerin arasında alkışlayan babasını tanımadı. Kızı doğdu, gelemedi, kucağına aldığında dört aylıktı. Babasını kaybetti, gene gelemedi.

Peki ya, onu doğuran ana?

Hakkında "terörist" diye yakalama kararı çıktı.
Annesi duydu.
"O gece" kalp krizi geçirdi.
Vefat etti.

Ömrünü terörle mücadeleye adayan oğlunun terörist ilan edilmesine dayanamadı ana yüreği.

Evet... Terörün başladığı gün, Türkiye Cumhuriyeti'nin terörle mücadele etsin diye "ilk gönderdiği subay" hapiste.

Dolayısıyla... Hâlâ İmralı'ya kim gitsin filan diye kafa yormanın âlemi yok. Çıkarın İmralı'dakini kardeşim. Bunları koyun İmralı'ya.

Meryem Gülbahar

Meryem Gülbahar'ın okuma yazması yoktu. Olan biteni konu komşudan az çok duyuyor, detaylarını öğrenemiyordu. Kızları çeşitli mazeretlerle oyalıyor, televizyon seyretmesini, özellikle haberleri seyretmesini engelliyordu. Vefat ettiği gece anlaşıldı ki... Oğlunun fotoğrafının basıldığı bir gazeteyi bulmuş, gizli gizli, komşu kızından rica etmiş, "şurada ne yazmışlar, bana okur musun" demiş, çocuk yaşta devlete emanet ettiği kahraman oğlu hakkında "terörist" diye yakalama kararı çıkarıldığını öğrenmişti. Ana yüreği, o geceyi çıkaramadı. Varlığıyla onur duyduğumuz albay Hulusi Gülbahar, Ergenekon kumpasıyla iki sene hapis yatırıldı.

Sarai

Amerikalı turist kadın öldürüldü.
Deniyor ki, tek başına ne geziyordu?

Kadın dediğin...
Tek başına sokağa çıkmaz çünkü!

Hatırlayın... Yılbaşı gecesi, Rus kızı, ahtapot gibi uzanan ellerden kurtulmak için Taksim'de otobüs durağının üstüne tırmanmıştı, ayakkabısı çıkmıştı, çorabını çekiştiriyorlardı aşağıdan, külotunu cep telefonuna kaydediyorlardı. Alman kız taksicilere, Litvanyalı kız eczaneye, Hırvat kız atv'nin kameramanına sığınmıştı, kazağı duruyordu ama, sutyeni yırtılmıştı, sutyeni... Bacaklarını açıp gösteremedi, kollarını sıyırıp gösterdi, mosmordu.

Netice?
Salyalarını akıta akıta saldıranlar gözaltına alındı ama, alt tarafı 50'şer lira ödeyip, çıktılar.

Aramıza döndüler.
Otobüse, vapura, tenhaya.

Tecavüz ederken suçüstü yakalanan adam, henüz tecavüz gerçekleşmediği için "yarım kaldı" indirimi aldı bu memlekette... Tecavüzünü kameraya kaydeden sapık "eski sevgilisiymiş" indirimi aldı. "Tecavüzde bağırmıyorsa, rıza göstermiş sayılır" indiriminden faydalanan var. Üvey kızına tecavüz edip, "kızın ruh sağlığı bozulmadı raporu"yla indirim alan var. Ormanda saldıran, döve döve çırılçıplak soyan, ancak, astım krizi geçirerek bayılıp yakalanınca, "orası ıssız bi yer, isteseydim yapabilirdim" indirimi alan var. Tecavüz edip, hamile bırakan, sonra da "zaten bakire değildi" indirimi alan var. Tanımadığı birine saati soran eşini delik deşik ederek öldürüp "cilve yaptı" indirimi alan var. Eşini katledip, "kot giyiyordu, piercing takıyordu, çantasında doğum kontrol hapı buldum" indirimi alan var. Kadın programında, "babam bana tecavüz etti" diyen kızını öldürüp, "babasını kamuoyunda mahçup etti" indirimi alan var. Mahkemeye takım elbiseyle geldi diye "iyi hal" indirimi alan seri tecavüzcü var.

Bakın, daha bu hafta... Denetimli serbestlik yasası çıkarıp, bismillah, ilk kimleri bıraktılar? Kadın dövenleri.

Hırt cumhuriyetidir burası.

Amerikalı kadının öldürülmesinden daha vahimi...
Kadının öldürülmesine hiç kimsenin şaşmamasıdır!

≫≪

Sarai Sierra

Sarai Sierra, amatör fotoğrafçıydı, 33 yaşındaydı, evliydi, iki çocuk annesiydi, turist olarak İstanbul'a gelmişti, Beyoğlu'nda bir oda kiralamıştı. Ortadan kayboldu. Ailesi polise başvurdu, FBI devreye girdi. 13 gün sonra, Cankurtaran'daki tarihi surlarda cesedi bulundu. "Laz" lakaplı Ziya Tasalı tarafından öldürüldüğü tespit edildi. Hurdacılık yapan Laz Ziya, Suriye'ye kaçtı. MİT devreye girdi. Lazkiye'de kaldığı otel odasında yakalandı, Türkiye'ye getirildi. Suçunu itiraf etti. Surların fotoğrafını çeken Sarai'ye tecavüz etmeye kalkmış, kadın direnince, kafasına taşla vurarak öldürmüştü. Müebbet hapse mahkûm edildi. Sarai Türk vatandaşı olsaydı, Laz Ziya yırtabilirdi ama, Sarai Amerikalı olduğu için Laz Ziya'nın çıkması zor görünüyor. Sarai, kimine göre macera arayan turistti, kimine göre uyuşturucu kuryesiydi, kimine göre casustu. Turist olmasının dışında hiçbir somut veri yoktu. New York'ta toprağa verildi. Sarai'nin kocası, bir sene sonra, Sarai'nin çocukluk arkadaşıyla evlendi.

※※※

Engin

İsviçre Cern'de, sekiz bin fizikçi ve mühendisin ortak çalışmasıyla,
10 milyar dolara mal olan hadron çarpıştırıcısında Tanrı Parçacığı'nı bulmak için deneye başlandığı gün… Din eğitimi almadığı halde din adamı olan mollaların devletimize kadrolu imam yapılacağı açıklanmıştı.

İsviçre Cern'de, Tanrı Parçacığı'nın bulunduğu hafta… İsviçre Bern'e, AKP milletvekili adayının, yabancı dil bilmediği halde, büyükelçilik basın ataşesi olarak atandığı, e yabancı dil lazım olduğu için tercüman tutulduğu, eşinin de aynı büyükelçiliğe hafize olarak atandığı ortaya çıktı.

İsviçre Cern'deki küresel çalışmaya Türk bilimi adına katkı koyan Profesör Engin Arık, teee 2007'de Isparta'da düşen uçakta hayatını kaybetti. Pisi pisine can veren 57 yurttaşımız arasında, Engin Arık'la birlikte beş değerli biliminsanımız daha vardı; Profesör Fatma Boydağ, Doçent İskender Hikmet, öğretim üyeleri Özgen Berkol Doğan, Engin Abat, Mustafa

Fidan... Ulusal Türk Hızlandırıcı Merkezi'nin çalıştayına katılmak üzere Isparta'ya gidiyorlardı.

Hızlandırıcı öyle mi?

5 sene geçti kardeşim...
6'ncı seneye girdik.
Mahkeme devam ediyor.
Hâlâ bilirkişi raporu bekleniyor.

Elâlem Tanrı Parçacığı'nı buldu.
Biz henüz, sorumluyu... Allah'ın kulunu bulamadık!

※※※

Profesör Engin Arık, Boğaziçi Üniversitesi fizik bölümü öğretim üyesiydi. Cern'de bizzat katıldığı deneyin ismi Atlas'tı. Kadere bakın ki, Atlasjet'in kazasında hayatını kaybetti. 2007 senesindeki kazanın mahkemesi, 2015 senesinde nihayet sonuçlandı, 57 insanımızın canına karşılık, sekiz sorumluya uyduruk hapis cezaları verildi.

Engin Arık

※※※

Sevim, Elif, Jale

Tayyip Erdoğan "milli içkimiz ayrandır" demiş.

Tayyip Erdoğan'ın rakı'dan anlamadığı... 2 milyar 100 milyon dolara satılan rakı'yı sadece 292 milyon dolara vermesinden belliydi!
Ayranla bu kadar oluyor tabii.

Milli içkimiz, rakıdır, rakı... Üstelik, rakıyı resmen milli içki ilan eden, AKP hükümetidir. Rakıyı milli içki olarak tescilleyen Türk Patent Enstitüsü Başkanı'nı o makama AKP atadı. Türk Patent Enstitüsü Başkanı'nın eşi de AKP milletvekiliydi. Dolayısıyla... "Rakı balık Ayvalık" gibi, zincirleme reaksiyonla AKP'nin millisidir rakı.

Resmi Gazete'de bile yayımlandı. "Karakteristik özelliğini Türkiye Cumhuriyeti sınırları içinde yer alan doğal unsurlardan, özellikle Türkiye'de yetişen üzüm, anason ve

Türkiye'de uygulanan geleneksel üretim yöntemlerinden alan, kendine has, renksiz alkollü içki" olarak tanımlandı. "Geleneksel tat" olduğu belirtildi.

Özbeöz Türk'tür rakı.
Ne malum derseniz?
Nerede, ne zaman ve kim tarafından icat edildiği bilinmiyor, meçhul, oradan malum... Eğer, biz Türklerden başka bir milletin icadı olsaydı, cilt cilt yazılı tarihi olurdu, şeceresini bilirdik.

Şampanyanın mucidi Fransız keşiş Dom Perignon mesela, anca 1638'de dünyaya gelmiş... Evliya Çelebi'nin 1635 tarihli seyahatnamesinde ise, rakıdan bahsediliyor. Demek oluyor ki... Şampanyayı icat eden adam kundakta ana sütü içerken, biz aslan sütü içiyorduk. Daha ne diiim?

Ve, bizatihi Türkiye'dir... Senelerce İstanbul'da yaşayan *New York Times* yazarı Stephen Kinzer, *Hilal ve Yıldız* isimli kitabında, "rakı gibi ülke" olduğumuzu anlatır... "İlk gördüğünde şişedeki gibi berraktır, su ilave ettiğinde sisli-puslu hale gelir, dışarıdan bakınca içini göremezsin, anlayabilmek için hissetmen, içine girmen lazım" der.

Asildir rakı... Bakın, 1900'lü yıllardan bir davetiye aktarayım size: "Muhterem efendim, teşrin'i saninin 21'inci gününe müsadif Cuma akşamı, Hristo'nun meyhanesinde taam eylemek ve hususi eğlence tertip ederek vakit geçirmek istiyoruz. Sizi pek seven cümle dostlarımız teşrif edeceklerdir. Binaenaleyh, icabetiniz bizim için mücib-i şeref olacaktır. Bu lütfu bizden esirgemeyeceğiniz ümidi ile takdim-i ihtiram eyleriz efendim... Pera sahaflarından Şener Efendi."

Nezakettir, zarafettir.
Adabımuaşerettir.

Rakı içeceğinize üzüm yiyin, kavunun yanına 35'lik salkım açın falan gibi gayriciddi yaklaşılamaz ona... Ciddiyet ister. Fava, pilaki, şakşuka, memleket "meze"lesidir.

Yurtseverdir. İki tek attın mı, n'oolacak bu memleketin hali diye endişelenmezsin aksi olsa.

Evrim Teorisi'nin kanıtıdır.
Fazla kaçırırsan, özüne dönersin, maymun olursun...
Bilimdir.

Bilim deyince, aklıma geldi. Elektriğin icadından sonra "ampul" icat edildi sanıyorsan, yanılıyorsun... Çünkü, elektriğin icadıyla birlikte, buz üretildi. Buz üretilince "rakıya niye buz koymuyoruz azizim?" icadı yapıldı. Bu tarihi icat neticesinde, rakının üstüne buz koymak için daha uzunca bardağa ihtiyaç oldu. Zahmet edip özel bardak icat etmek karakterimize zor geldiği için, pratik Türk zekâsı devreye girdi. "Limonata bardağı ne güne duruyor muhterem, ona koyalım" icadı yapıldı.

Bardak limonata bardağı ama... Ne anlamı var rakısız radika'nın cibez'in deniz börülcesi'nin turpotu'nun, inek miyiz biz? Niye avlayıp günahına giriyorsun boşu boşuna; şerbetle mi yiyeceksin lüferi?

Fevkalade'dir.
Aliyülâlâ'dır.
1926'da üretime başladığında, bu caanım isimleri koymuştu, boş şişe fiyatına sattığımız Tekel.

Kadındır.
Cumhuriyet'in ilk yıllarında "Sevim, Elif, Hanım, Denizkızı, Üzümkızı, Jale" isimlerini taşırlardı. O nedenle botoks'tur aynı zamanda... Çirkin kadın yoktur, az rakı vardır. En kaknemi bile bi başka görünür gözüne, içilir "güzel"leşilir.

Hayatın anahtarıdır.
Büst gibi oturan adamın bile çenesinin kilidini açar.
"Çilingir" sofrasıdır.

Kontörsüz muhabbettir. Kahkahadır.

Çocuktur, ağlarsın.

İçki denip geçilemez... İçki içen neler yaptığını hatırlamaz, rakı içen unutulanları hatırlar. Acısıyla tatlısıyla hatıraları kaydeden harddisk'tir.

Tıp bazen çaresizdir. O ilaçtır.
Gurbete bile iyi gelir.

Herkesin gençlik hatası olabilir, bira içersin, sonradan para kazanınca şarap içmeyi matah zannedersin, Amerikalı kamyon şoförlerinin içtiği viskiye kamyon parası ödersin, ayrı... Kürkçü dükkânıdır. Döner dolaşır, gelirsin.

Akil'dir bi nevi rakı! Orhan Gencebay'dır. Entel dantel barlarda dinlemeye, eşlik etmeye utanırsın ama, hepimiz biliriz ki, ezbere bilirsin.

Tatlıses'tir. Kürt Realitesi'dir.

Örgüttür!
Peynir, rakı, kavun, PRK...
Bölücü değildir, birleştirici örgüttür.
Türk'ü de içer, Kürt'ü de, Laz'ı da, Çerkez'i de, Ermeni'si de, Yahudi'si de... Rumlar öyle meze yapar ki kardeşim, helali hoş olsun, Kıbrıs'ı veresin gelir.

Orhan Veli'dir... "Şiir yazıyorum, şiir yazıp eskiler alıyorum, eskiler verip musikiler alıyorum, bir de rakı şişesinde balık olsam"dır.

Şiirdir.
Şarkıdır.
Dönülmez akşamın ufkudur.

Mustafa Kemal'dir...
Rakı içiyordu diye "ayyaş" demeye getirirler ama, kurup yücelttiği cumhuriyeti "ayık kafayla" niye yönetemiyorsun diye sorarlar adama!
Ooof of.
Vakit tamam.
Güneş usuuul usul batmak üzere...
Bana müsaade, cümleten şerefe.

Osmanlı rakısı

Endüstriyel rakı üretimi, zannedildiği gibi Cumhuriyet'ten sonra değil, henüz Osmanlı dönemindeyken, 1880'de başladı. Tekel öncesinde üretilen rakılardan birinin adı, gene bir kadın, Elif'ti. Cumhuriyet'i "ayyaş"lık zanneden Yeni Osmanlıcıların kafası basmaz ama... Osmanlı döneminde rakıya sadece kadın adı verilmez, aynı zamanda etiketlerinde de kadın figürleri kullanılırdı. Üzüm taneleri, birbirinden güzel kadınların portreleri olarak resmedilirdi.

≫≫≪≪

Dilek

Çok güzel adamdı.
Güler yüzlü, babacan.
Ölene kadar cüzdanında küçücük bir kâğıt parçası taşıdı, muska gibi. Gazete kupürüydü. Sadece dokuz satırdan oluşuyordu. Tek sütun bir haber. Başlığı "müjde"ydi. Yakalandığı kanser türünün çok yakında tarih olacağını, mucize ilacın en geç altı ay içinde piyasaya çıkacağını "müjde"liyordu o haber... Kesmiş, cüzdanına koymuştu. Her görüştüğümüzde çıkarıp gösteriyor, artık ezbere bildiğimiz halde tekrar tekrar okuyordu. Yavaş yavaş sararmaya yüz tutan gazete kâğıdı parçası... Özenle katlıyor, yerine yerleştiriyordu. Umutla bekledi. Cüzdanında taşıdı umudunu. Altı ay geçti. Yok. Bir altı daha geçti. Verdi son nefesini.

Palavraydı o haber elbette. Sayfada yer doldursun diye oraya buraya sokuşturulan tek sütunluk "müjde"lerin, kim bilir ne yalancı umutlar yarattığını, hangi yürekleri hangi duygusal fırtınalara sürüklediğini idrak edemeyen... Sorumsuz gazetenin sorumsuzluğuydu.

Ve, dün seyrediyorum televizyonu... Kanser tedavisi gören üniversiteli kız "ilaçları bulamıyoruz" diyerek yardım istiyor. Bakan da başımın gözümün sadakası olsun der gibi, cüzdanından papelleri çıkarıp, kızın cebine sokuşturuyor, düşürmesin sakın diye de tembihliyor; namaza duruyor. Allah kabul etsin! Namazdan sonra anlaşılıyor ki, bu onurlu kızın talebi, para mara değil. İlaç yok, ilaç... AKP'nin yanlış politikası sonucu bulunamıyor. Üstelik, bugünün işi değil... Bu sıkıntı 1.5 senedir devam ediyor. Çaresiz insanlarımız, kokain satın alır gibi kaçakçıların, karaborsacıların eline düşmüş vaziyette... Eczacılar aylardır çırpınıyor, meseleyi anlatmaya çalışıyor, sansürleniyor.

Çünkü...

Sırf kendi cüzdanını düşündüğü için AKP politikalarını "müjde" diye manşet yapan yalaka basınımız... Ve, aman düşürme sakın diye tembihleyen o bakan... Cüzdanlarda sadece para taşınıyor zannediyor.

Dilek Özçelik

Tekirdağlı Dilek Özçelik, Trakya Üniversitesi İngilizce öğretmenliği bölümü öğrencisiydi. Sadaka vermeye kalkan Toki bakanı Erdoğan Bayraktar'a "görüyorum ki, çaresizliği hayatınızda hiç tatmamışsınız" demişti. "Alma mazlumun ahını çıkar aheste aheste" derler... Çaresizliği o güne kadar hiç tatmayan Erdoğan Bayraktar'ın sonradan ne tür çaresizlikler, ne tür zavallılıklar yaşadığını tüm Türkiye biliyor. 23 yaşındaki Dilek ise, Edirne Üniversitesi Tıp Fakültesi hastanesi tarafından düzenli kontrol altına alındı, eksik ilaçları temin edildi, tedavisi olumlu sonuç verdi. Dilek, tüm kanser hastalarının sesi olmuştu. AKP iktidarı "sağlıkta reform" yaptığını iddia ediyordu ama, kanser ilaçları el altından, Bulgaristan'dan Yunanistan'dan kaçak olarak getiriliyordu. Hayati önem taşıyan, alt tarafı 15 euroluk ilaçlar, sağlıkta reform yaptığını zanneden Türkiye'de bulunamıyordu!

Hülya

1919'da Damat Ferit hükümetinin "heyet-i nasiha"sı vardı. Bu hükümetin "heyet-i akil"i var.

O heyetin amacı, vilayet vilayet dolaşıp, işgale direnmemeleri, büyüklerimiz ne diyorsa onu yapmaları konusunda "ahaliye nasihat" etmekti. Bu heyetin amacı da, vilayet vilayet dolaşıp, direnmemeleri, büyüklerimiz ne diyorsa onu yapmaları konusunda "ahaliye nasihat" etmek.

O heyetin mensupları 7'şerliydi.
Bu heyetin bölgeleri 7'şerli.

O heyet nisanda kurulmuştu.
Bu heyet de nisanda kuruldu.

O heyet padişah efendimizi "Dolmabahçe"de ziyaret ettikten sonra görevine başlamıştı. Bu heyet de başbakanımızı aynı mekânda, "Dolmabahçe"de ziyaret ettikten sonra görevine başlıyor.

O heyet maneviydi.
Bu heyetin de hiçbir yetkisi yok.

O heyette müftü vardı.
Bunda imam var.

O heyette Ohannes Efendi vardı.
Bunda muadili var.

O heyette liboş vardı.
E kambersiz düğün olmaz. Bunda da var.

O dönemin basını "muhabbetin temin edileceğini, nifakın yok edileceğini" anlatıyordu. Bu dönemin basını da fotokopi gibi "barışın sağlanacağını, hayırlara vesile olacağını" anlatıyor.

O dönem, biri şöyle yazmıştı...
"Millicilik bağnazlıktır.
Milliyetçilik dedikleri, medeniyet için afettir."

Bu dönem, hangi birini yazayım!

O heyetin başkanları, her gittikleri vilayetten sadrazama telgraf çekiyor, gözlemlerini aktarıyor, memleketin sevinçlere gark olduğunu, tebaanın bila istisna sadakat gösterdiğini bildiriyordu. Bu heyetin başkanları da, Başbakan'a rapor hazırlayacak.

O heyet işe yaramamıştı.
Bu heyetin neticesini henüz bilmiyoruz.

Ama kesinlikle bildiğimiz şu...
O heyeti tarih unutmadı.
Bakın bugün bile konuşuyoruz.

Bu heyet de asla unutulmayacak.

Çünkü, şöyle demiş milli şair...
Tarihi tekerrür diye tarif ediyorlar.
İbret alınsaydı, tekerrür mü ederdi.

Hülya Koçyiğit

Hülya Koçyiğit, ANAP'ın tek parti iktidarında, ANAP'lıydı, ANAP'tan milletvekili adayı olmuş, seçilememişti. AKP tek başına iktidara gelince, AKP'li oldu, Tayyip Erdoğan hakkında "karizmatik" diyordu, "büyük lider" diyordu. Bu övgülerin karşılığında, AKP'nin akillerinden biri oldu. Oldu ama... Türk sinemasının dört yapraklı yoncası, Türkân Şoray, Fatma Girik, Filiz Akın ve Hülya Koçyiğit'ti. Bu dört kadın, Türkiye'nin sevgilisiydi. Taa ki AKP iktidarına kadar... Türkân Şoray, Fatma Girik ve Filiz Akın, AKP'ye karşı daima "mesafeli" dururlarken, Hülya Koçyiğit alenen AKP'ci oldu. Bu yol ayrımının neticesinde ne oldu? Türkân Şoray, Fatma Girik ve Filiz Akın, Türkiye'nin sevgilisi olmaya devam ediyor. Hülya Koçyiğit için aynı şeyi söyleyebilmek, artık pek mümkün görünmüyor.

Nazmiye

"12 Mart"ta evlen...
Darbelerle yaşa.
"27 Mayıs"ta vefat et.

"Demokrasi tarihi" gibi kadındı.

Maalesef çocuğu olmadı.
Baba'nın eşi oldu.
İnadına sanki.
Bu sıfatı taşımak zorunda kaldı.

Sevdiği renk, eşinin sevdiğiydi.
Sevdiği müzik, eşinin dinlediğiydi.
Sevdiği yer, eşinin gittiğiydi.
Hamzakoy dahil...
İyi günde kötü günde, yeminliydi.

Ve, deniyor ki... Hayatını kaybetti.

Yaşadı mı acaba hayatını?
Mecburcu ömürde... Var mıydı böyle bir tercih şansı?

Onca yalaka.
Bir sürü tantana arasında, mutfağındaydı.
Tek başına.
Sessiz, sakin.
Mütevazı.

Unutmak en iyisiydi sanırım.
Sildi hafızasını, hatırlamadı.

Düşündükçe, yüreğine diken batıyor insanın.
Gül reçeli'ydi o Ankara'nın.

><<

Nazmiye Demirel

Süleyman Demirel, dile kolay, 40 sene boyunca iktidar kavgalarının içinde yer aldı, 7 defa hükümet kurdu, 7 sene cumhurbaşkanlığı yaptı. Dolayısıyla... Nazmiye Demirel, Türk siyasi hayatında en uzun süreyle yer alan siyasetçi eşi'ydi. 1948'de evlendiler, 65 sene aynı yastığa başkoydular. Nazmiye hanım 2013'te rahmetli oldu, ikisinin de dünyaya geldiği Isparta İslamköy'de aile mezarlığında toprağa verildi. Süleyman Demirel iki sene sonra vefat etti, İslamköy'de kendisi için tahsis edilen anıt mezar alanına defnedildi. Anıt mezarın inşaatı tamamlanınca, Nazmiye'nin naaşı Süleyman'ın yanına taşınacaktı. 58 bin metrekarelik anıt mezar alanı, Anıtkabir'den sonra Türkiye'nin en büyüğüydü.

><<

Nadire

AKP'nin en hayırlı tarafı...
Liboşlar mümin oldu.

Kocaları ihale kovalayan sosyetik hanımların, paparazzi kameraları eşliğinde poz vere vere umre'ye gitmesiyle başlamıştı her şey... Gerçi dönüşte free shop'tan viski alırken yakalandılar ama, olsun.

Gazetelerin ekonomi müdürleriyle birlikte kutsal topraklara gidip, fotoğraf çektire çektire, baştan aşağı zemzem'le yıkanan işadamlarımız bile oldu. Hayırlara vesile haberi okurken benim bile maneviyatım artmıştı.

Maneviyat deyince aklıma geldi... Sosyete hidayete erince, sosyetik diyetçiler de hidayete erdi. AKP öncesinde detoks tarifleri, ayurveda salatası, zayıflama tozu filan tavsiye eden bi arkadaş mesela... Aniden "maneviyatı artıran yemekler"i açıklamıştı. Bedenen ve ruhen "fit" kalabilmek için "daha edepli" ve "dua dolu" beslenmemiz gerektiğini söylemişti.

Kesip sakladım; bir moda dergisi şu ramazan mönüsünü vermişti... İftarda, önce hurma, sonra fesleğen yağıyla tatlandırılmış minestrone çorba, roka yaprakları ve kurutulmuş domates püresinin yanında balsamik sirke ve limon soslu sızma zeytinyağı gezdirilmiş dana carpaccio, taze rozmarinle sarılmış ve karemelize edilmiş tavuk göğsü fırın, üstüne, nane ile dinlendirilmiş franbuaz soslu panna cotta... Sahurda, brokoli çorbası, zeytinyağlı brükselhahanası, sote mantar ve graten soslu küp patatesler yanında, marine edilmiş jülyen dana bonfile veya tercihan, iceberg yapraklı ızgara levrek fileto, bir çay bardağı light yoğurt, üstüne ananas kompostosu.

Peki ya pide?
Kepekli.
Kroton şeklinde.
Sanırsın, Buckhingham din değiştirdi...
Kraliçe oruç tutacak.

Dikkat ederseniz, ilahiyatçılara yöneltilen "kan versem orucum bozulur mu, niyetliyken diyalize girebilir miyim?" falan gibi klasik sorular kalmadı. Şimdi artık "bikini orucu sakatlar mı, güneş kremi sürebilir miyim, niyetliyken jetski caiz mi, teravihten önce sevişebilir miyim?" diye soruluyor.

Hocalar da n'aapsın... "Hurma yerine viagra mı yedin a mübarek" diyemiyor, usturuplu şekilde cevaplamaya çalışıyor. Bi tanesini hiç unutmam; "helal cinsel ilişki" için, cinsel ilişkiye girmeden önce besmele çekmemiz gerektiğini, cinsel ilişkinin sonunda hamdolsun dememiz gerektiğini izah etmişti.

En son ne çıkmış şimdi şekerim?
Alkolsüz mojito.

E, Allah kabul etsin... Bu seneki sahurda içerek kop koplar, eller havaya yaparız gari.

Nadire İçkale

AKP tek başına iktidara gelince, o güne hiç alakası olmayan tipler, akın akın umreye gitmeye başladı. Kâbe manzaralı, 5 yıldızlı umre seyahatleri, magazin muhabirlerinin eşliğinde yapılıyor, AKP'nin gözüne girmeye çalışılıyordu. Umre seyahatlerinin sembol ismi, Nadire İçkale'ydi. İçkale Holding'in sahibi Nadire hanım, ANAP döneminde Papatya'ydı, AKP döneminde tesettüre girdi. Tur organize ediyor, sosyetenin ünlü isimlerini topluca kutsal topraklara götürüyordu. Nadire hanım'ın seyahatleri öylesine popüler oldu ki, moda haline geldi, işdünyasından talep patlaması yaşandı, turizm şirketleri 5 yıldızlı umre organizasyonları yapmaya başladı.

Bülent

Türkiye'de vergi vermek "kerizlik" kabul edilir. Bu nedenle, vergi rekortmenleri listesi daima ilgiyle okunur. Kim ne vermiş, kim ne vermemiş, gazetelerin hepsinde manşet yapılır.

Halbuki... Gazetelerimiz hiç alaka göstermiyor ama, kimin ne verdiğine, ne vermediğine dair, enteresan bi liste daha var.

Geçtiğimiz senelerde... Bülent Ersoy, Şişli belediyesinin iftar çadırında iftar verdi. Seda Sayan, Eyüp belediyesinin iftar çadırında iftar verdi. Petek Dinçöz, Fatih belediyesinin iftar çadırında iftar verdi. Nadide Sultan, Üsküdar belediyesinin iftar çadırında iftar verdi. Hülya Avşar, üç bin kişiye iftar verdi. İbrahim Tatlıses, beş bin kişiye iftar verdi. Gülben Ergen iftar verdi. Sibel Can iftar verdi. Safiye Soyman iftar verdi. Mahsun Kırmızıgül iftar verdi. Alişan iftar verdi. Ceylan iftar verdi. Ajda Pekkan iftar verdi. Orhan Gencebay iftar verdi. Hande Ataizi iftar verdi. Yıldız Tilbe iftar verdi. Demet Akalın iftar verdi.

İftar çadırları gazino gibiydi.

O akşamki iftarın faturasını ödeyen dinibütün sanatçımız, ana haber bültenlerinin canlı yayın kameraları eşliğinde, huşu içinde Kur'an dinliyor, ezanın okunmasıyla birlikte hurmayla oruç açıyor, Allah rızası için, kendi elleriyle çorba dağıtıyordu.

Bu sene nerdeyse Ramazan bitiyor...
Henüz iftar veren şarkıcı yok!

E merak ediyor insan tabii...
Akp iktidardan düşünce, iftar çadırları mı kaldırıldı, yoksa sanat dünyamızın maneviyatı mı azaldı?

Bülent Ersoy

AKP döneminde "iftar" kavramı, hem siyasi rant, hem de magazin malzemesi haline getirilmişti. Trajikomik hadiseler yaşanıyordu. Mesela... İstanbul büyükşehir belediyesi iftar verdi, katılanlar arasında Ajda Pekkan'la Bülent Ersoy da vardı. Ajda, Bülent'e selam vermedi, Bülent açtı ağzını yumdu gözünü, "ucube" dedi. Ajda savcılığa suç duyurusunda bulundu. Tayyip Erdoğan devreye girdi, AKP yandaşı radyocu Gezegen Mehmet'i aracı yaparak, sanatçıların barışmalarını rica etti. Ajda, başbakanın ricasını kırmayacağını, davasını geri çekeceğini açıkladı. Ancak, geri çekmedi. Bülent Ersoy hakkında gıyabi tutuklama kararı çıktı iyi mi... Bülent savcıya gitti, ifade verdi, tutuklama kaldırıldı. 2015 itibariyle dava devam ediyordu, Bülent'in de Ajda'ya karşı dava açacağı konuşuluyordu. "Mübarek Ramazan"ın haberleri işte böyleydi!

Adile, Mualla, Münevver, Nermin

Bedriye Gökmen.
İlk kadın pilotumuz.
Sene 1933.

Yıldız Uçman.
İlk kadın paraşütçümüz, 1935.

Naciye Toros.

Planörle uçan ilk kadınımız, 1936.

Eribe Hürkuş.
İlk kadın hava şehidimiz, 1936.
(Cumhuriyet Bayramı törenlerinde Ankara'da 600 metreden atladı, paraşütü açılmadı, henüz 18 yaşındaydı.)

Sabiha Gökçen.
Dünyanın ilk kadın savaş pilotu, 1937.

Edibe Subaşı.
İlk kadın akrobasi pilotumuz, 1938.
(İlk uçuşunu Mustafa Kemal'in özel izniyle daha 15 yaşındayken yaptı; Türk Yıldızları'nın annesi o.)

Nezihe Viranyalı.
Erkeklerin çoğu anca eşşeğe binerken... Hem pilot olan, hem de başkent Ankara'da "hususi otomobili" olan ilk kadınımız, 1940.

Adile Tuğrul.
Mualla Bayülken.
Münevver Erdoğdu.
Nermin Şen.
İlk hosteslerimiz.
Sene 1946.

Fotoğraflarının siyah-beyaz olmasına rağmen, gayet belli... Adile'nin gülümsemesine, vesikalıklarda Mualla'ya Münevver'e Nermin'e dikkat isterim. Cumhuriyetin öncü kadınları, dudakları rujlu, kırmızı.

Sonra...
Apronda deve kesen bu arkadaşlar geldi.
Güya 2013.

Türk Hava Yolları'nın hosteslerine kırmızı ruj yasağı getirildi. Kırmızıyla birlikte, frapan bulunan, bordo ve pembe ruj da yasaklandı. İlla ruj sürmek isteyenler, sadece parlatıcı sürebilecekler.

"İleri" demokrasiyle "bir asır geriye" hayırlı uçuşlar sayın yolcular... Kemerleri bağlamasanız da olur!

Adile Tuğrul   Mualla Bayülken   Münevver Erdoğdu   Nermin Şen

Hosteslere ruj yasağı gazetelerde manşet oldu, THY geri adım attı, "alt seviyedeki yöneticiler, üst yönetime danışmadan böyle bir karar almış, yasak uygulanmayacak" denildi. Demeye kalmadı... Modacı Dilek Hanif'e hazırlatılan yeni hostes üniformaları internete sızdı. Kaftanlı ve fes'liydi! Osmanlı esintisi verelim derken, alay konusu oldular. Fesli hostes modellerine "ekib-i tayyare" lakabı takıldı. Mizah dergilerine kapak oldu. THY gene geri adım attı, bu tuhaf üniformalar kullanılmadı. Ancak, illa insanların hayatına müdahale edecek bir şey arıyorlardı. Buldular. İzmir, Antalya, Ankara, Bodrum, Dalaman hariç, iç hat seferlerindeki içki servisini kaldırdılar.

Sibel

Akp'li belediyelere evlilik semineri veriyor.
Aile danışmanı.
Sibel Üresin...

Oku da gülesin.

"Parası olan erkek, cinsel gücü olan erkek, cilveli kadına koşuyor. Haklı bir arayıştır. Kadın itaat etmeli. İmam nikâhlı çokeşlilik, kadınlar için kurtuluştur. Yasal olsun. Ben kendi kocama bekâr arkadaşımı gösterdim. Beğeniyorsan alabilirsin dedim."

Daha ne desin?

Eskiden bu tür saçmalıklar dile getirilmezdi.
Ayıptı, utanılırdı.

"Haya"ldi.
Gerçek oldu!

Kaldı ki... Başbakanımızın daha cilveli bi fikri var.
Mitingde söyledi.

"Malatya büyükşehir olmak istiyor. Ancak, nüfusun 750 bin olması lazım. Burada ufak bi açığımız var. 10 bin eksik... Bu 10 bin açığın 2013'e kadar giderilmesi lazım. Ne yapacaksınız? Nüfus artış oranı binde beş... Bu iş binde beşle olmaz. Ya nasıl olur? Binde 10'a çıkarırsak olur. Hazır mıyız? Bayanların ellerini görüyorum, bazıları üç diyor, bazıları dört diyor. Üç olursa yeter zaten... Ses az geliyor beyler... İki yıl içinde bu 10 bin açığı tamamlamalısınız, ona göre... Bunu tamamladığınızda mesele bitti."

Her şeyi devletten bekleme e mi...
Ha gayret yani.

Ve, değerli kadınlar...
Tercih sizin gari.
Ya başbakanımıza uyup, üreyin.
Ya da bu kafaya müsaade edin...
Sibel Üresin.

>>><<<

Sibel Üresin, Maltepe Üniversitesi'nden "yaşam koçluğu sertifikası" almıştı, bu sertifikayla "aile danışmanı" olmuştu. Kendi ailesinde tesettürlü hiç kimse bulunmadığını, 19 yaşındayken bir rüya gördüğünü, bu rüya üzerine türban taktığını söylüyordu. AKP'li belediyelere, hatta, emniyet müdürlüklerine bile seminer veriyordu. "Kadının dayak yemesi, kadının eşi tarafından aldatılması, bana göre boşanma sebebi değil" diyordu. Sibel Üresin'in zihniyeti, AKP döneminde kadınlarımızın başına gelenlerin "özeti" gibiydi.

Sibel Üresin

>>><<<

Melike

Akdeniz Oyunları bugün sona eriyor.

Ev sahibi Mersin'di. Mersin büyükşehir belediye başkanı CHP'li olduğu için, açılış töreninde konuşturulmadı.

Başbakanımız yuhalanmasın diye, yandaş tribün oluşturuldu. Açılış töreninin biletleri el altından AKP teşkilatlarına dağıtıldı. Güya internetten satılacaktı, satışa çıkmadan tükendi. Mersin halkı bilet bulamazken, başka şehirlerden otobüslerle seyirci taşındı.

Başbakanımız açılış töreni konuşmasını iki lisanda yaptı, İngilizce-Türkçe hitap etti. "Akdeniz, beyaz deniz, White Sea olarak adlandırılır" dedi. Böylece, hem Akdeniz oyunları, hem olimpiyat, hem de dünya "gaf rekoru"nu kırmış oldu. Çünkü White Sea, maalesef, Rusya'nın kuzeyindeydi.

Gezi Parkı direnişçileri hakkında "yaptığınız eylemi si..yim vatan hainleri" diyen, "Ermenilere bıraktınız meydanı, Allah belanızı versin eylemci çapulcular" diyen yandaş güreşçi Rıza Kayaalp, onurlandırıldı, milli takım kafilemizin bayrağı taşıtıldı. Dünyanın ırkçılıkla mücadele ettiği bir dönemde, Türkiye'nin olimpiyata talip olduğu bir dönemde... Ne kadar gurur duysak azdı!

Akdeniz Oyunları'nın resmi logosunu taşıyan servis aracıyla "genelev"e gidenler oldu!

Binicilik müsabakaları için 3.5 milyon lira harcanarak, muhteşem konkurhipik tesisleri yapıldı. Küçük bi pürüz vardı... Bizim oralar, at hastalıkları konusunda dünya şampiyonuydu. Avrupa Birliği'ne göre "karantina bölgesi"ydi. Akdeniz Oyunları'na katılan yabancı ülkeler "kusura bakmayın, biz atlarımızı oraya getirmeyiz" dediler. Bizimkiler çok zeki ya, hemen çözüm buldular, "binicilik müsabakalarını İstanbul'da yapalım" dediler. Adamlar da "kardeşim, adı üstünde Mersin Akdeniz Oyunları bu, İstanbul'da ne işi var" dediler. Bunun üzerine, bizimkiler daha şahane çözüm buldu: Binicilik iptal edildi... Bizim Akdeniz Oyunları'nda binicilik branşı yoktu iyi mi!

Tekvando'da dereceye giren sporcuların madalyasını bir hanımefendi verdi. Yabancı basın sordu, bu hanımefendi Tekvando federasyonu başkanınız mı? Değildi. Olimpiyat komitesi başkanınız mı? O da değildi. Ya kimdi? Spor bakanımızın eşiydi.

Bismillah ilk gün... Sekiz haltercimizde doping çıktı. 62 kilo sporcumuz, 69 kilo sporcumuz, 77 kilo sporcumuz, 105 kilo sporcumuz dopingliydi. Silkme ve koparmada 56 kilocularımız rekor kırdı, 56 kiloda dört sporcumuz birden dopingli yakalandı.

Erkek çekiç atmacımız dopingli çıktı. Kadın çekiç atmacımız dopingli çıktı. Uzun atlamacımız, yüksek atlamacımız, sırıkla atlamacımız, 100 metre engellicimiz, 400 metrecimiz, diskçimiz dopingli çıktı. Güllecimiz dopingli çıktı. Yarı maratoncumuz dopingli çıktı.

Akdeniz Oyunları başladığından beri dopingli olduğu tespit edilen sporcu sayımız, 16... Numune testleri devam ediyor, bu akşamki kapanış törenlerine kadar kısmetse 30'u filan bulması bekleniyor.

Zoraki başarı için veriyorlar Cumhuriyet altınları ödülünü, veriyorlar para ödülünü... Avanta kömür dağıtır gibi.

Neticesi?
Türk spor tarihinde böyle rezalet görülmedi.

➡➡➤⬅⬅⬅

Melike Kılıç

Spor bakanı Suat Kılıç'ın eşi olmaktan başka hiçbir sıfatı bulunmayan Melike Kılıç, madalya törenine katılarak, dünya olimpiyat tarihine geçti. Melike Kılıç'ın babası, Tayyip Erdoğan'ın danışmanlığını yapan Ali Yüksel'di. Spor bakanının kayınpederi Ali Yüksel'in adı, tam da Akdeniz Oyunları sırasında akçeli bi mevzuya karıştı. Başbakan yardımcısı Yalçın Akdoğan'ın eniştesiyle birlikte ortak şirket kurdukları, "4 bin adet 112 acil servis istasyonu kuracağız" diyerek, istasyon inşaatlarına talip olan müteahhitlerden para topladıkları, istasyon mistasyon kurmadıkları, müteahhitlerin toplam 60 milyon lira kaptırdığı iddia edildi. Basında çıkan bu haberler üzerine, Sağlık Bakanlığı mecburen devreye girdi, kayınpeder ve enişte hakkında, dolandırıcılıktan suç duyurusunda bulundu. Savcılık inceledi, jet hızıyla takipsizlik kararı verdi. Suat Kılıç "ak"landı. Gel gör ki... İlk kabine değişikliğinde zart diye görevden alındı.

➡➡➤⬅⬅⬅

Lorraine

Hayata pırıl pırıl gülümseyen bir genç kız. Üniversite öğrencisi. Gezi Parkı'na uğramıştı. Fotoğraflar çekti. Dolaştı, çıktı, Taksim'den Gümüşsuyu'na iniyordu, ki, gaz bombası atıldı. Telaşla kaçmaya çalıştı. Polisler kovalıyordu. Kulak tozuna vurdular. Sersemledi. Kaldırıma oturdu. Kafasına bir darbe daha... Yere düştü. Tekmelediler. İttirildi kaktırıldı, gözaltına alındı. Doooğru Emniyet Müdürlüğü'ne.

Sordular, adın ne?
"Lorraine" dedi.
Fransız'dı.

Aha, casus yakaladık!
(James Bond filmlerinde, *Görevimiz Tehlike*'de filan görmüşünüzdür muhtemelen, bu yabancı casuslar hep böyledirler, gelirler, toplumsal olayların içinde polise yakalanırlar!)

Neyse... İfadesini almak istediler, çocuk Türkçe bilmiyor, bunlar Fransızca bilmiyor. Allah'tan, İstanbul Barosu var. Adli yardım bürosundan gönüllü avukat yetişti imdadına... Yine Baro'dan, tercüman getirildi. Susma hakkını kullandı. Haseki Hastanesi'ne götürüldü. Üç erkek doktor tarafından kontrol edildi. Sol bacağında üç santimlik açılma olmuştu, tekmeden... Bacak mosmordu. Kafasında şişlik, berelenme vardı. Rapora bunlar yazıldı. Aslında, asıl sorun kalçasındaydı. Hem çürük içindeydi, hem de darbeden yara açılmıştı. Hayatında ilk defa gözaltına alınmış, dövülmüş, şokta, tanımadığı adamlar etrafında, nerdeyim ben paniği... Bi de üstüne, ne alakaları varsa, odada iki tane erkek hastabakıcı var, adeta sinema seyreder gibi seyrediyorlar... Kalçasını göstermeye çekindi. Orası rapora yazılmadı.

Adliyeye götürüldü. Savcıya anlattı. Nantes Üniversitesi İletişim Fakültesi öğrencisiydi, Erasmus değişim programıyla bir dönem için Galatasaray Üniversitesi İletişim Fakültesi'ne gelmişti. Okulda dergi çıkarıyorlardı, gazetecilik dersine giren hocası "gidin, görün, haber olarak yazın" demişti. O da, diğer sınıf arkadaşları gibi, gözlemlemek üzere Gezi Parkı'na gitmişti. Hepsi buydu.

Daha savcılık tutanaklarına bile girmeden... Şerefli Türk basını, adını soyadını bile yazarak, çoktaaaan casus ilan etmişti.

"Gezi olaylarında dış mihrakların parmağı olduğu belgelendi, diplomatik pasaport sahibi Fransız ajan kıskıvrak yakalandı, uluslararası organizasyon deşifre edildi, korkunç plan bozuldu, hedef kaos yaratmaktı, Lorraine K. adındaki Fransız, güvenlik şubeye götürüldü" diye yazdılar.

(Nasıl anlatabiliriz ki benim canım Lorraineciğime... TSK'nın yarısını "casus" diye damgaladı bunlar... Sen haline şükret, sadece casus dediler sana... "Fuhuşçu casus" da diyebilirlerdi.)

Neticede, savcı durumu anladı, serbest bıraktı ama... Yok öyle hemen gitmek falan! Polis bırakmadı. Kolundan tuttular, doooğru Kumkapı'ya, yabancılar şubesi'ne götürdüler, kadınlar koğuşuna tıktılar. Memlekete kaçak giren Burkina Fasolular orada, denizden botla kaçarken yakalanan Sri Lankalılar orada, kamyon kasasında enselenen Myanmarlılar orada, Kongolular, Kamerunlular, Afganlar, tam şenlik...

Peki niye buraya tıktılar kızı?

Mevzuat böyle... Savcı bıraksa bile, suça karışmasan bile, takipsizlik verilse bile, bakalım Milli İstihbarat Teşkilatı ne diyecek?

"Ankara'dan cevap gelince bırakacağız" dediler.
Lorraine başladı beklemeye.

Galatasaray Üniversitesi haberdar oldu. İstanbul Barosu adli yardım bürosunda gönüllü avukat olan, aynı zamanda Galatasaray Üniversitesi Hukuk Fakültesi'nde doktora yapan, Bedia Ayşegül Tansen devreye girdi. Hem kızcağızı bir saniye olsun yalnız bırakmadı, hem de resmi yazışmaları takip etti, hızlandırdı. Buna rağmen, salı günü gözaltına almışlardı, anca 5 gün sonra, cumartesi çıkarılabildi.

İşin ekstra hazin tarafı ne biliyor musunuz... Polisimiz tarafından sebepsiz yere dövülen, içeri tıkılan, casus ilan edilen Lorraine, polis kızı... Babası, Fransız emniyet müdürlüğü'nde polis memuru!

Lorraine Klein

Gazetecilik öğrencisi Lorraine'in başına bunlar gelmişti. Peki gazetecilerin başına neler geldi? Bilanço şuydu... Gezi olayları sırasında, 10'u yabancı 153 gazeteci polis şiddetiyle yaralandı, 39 gazeteci gözaltına alındı, 3'ü tutuklandı. Kafasına gaz bombası fişeği denk geldiği için hastanelik olan, ayağı kırılan, kolu kırılan, parmağı kırılan, tazyikli suyla kör olma tehlikesi atlatan, plastik mermiyle göğsünden vurulan, elinden vurulan, biber gazından bayılan, kafası yarılan, kaşı açılan, kameraları-fotoğraf makineleri kırılan, kaydettiği görüntüleri zorla silinen gazeteciler vardı. Ve, bunları yapan polisleri "destan yazdılar" diye manşet yapan yandaş gazeteler vardı!

※》》》《《《※

Ceyda

İki tane ağacı yıkamadın birader...
Cumhuriyet'i nasıl yıkacaksın?

"Gezi" budur.

Ve ısrarla yazarım; sağcı-solcu, Alevi-Sünni falan değildir mesele... Gençliğini yaşamamış insanlar tarafından yönetiliyor Türkiye... Sıkıntı budur.

Hani, okul yıllarında aynı sıraları paylaşmanıza rağmen, suratını hayal meyal hatırladığınız, varlığıyla yokluğu bir, hafızanızı zorlasanız bile ismini çıkaramadığınız tipler vardır ya... İşte onlar yönetiyor.

Gezi direnişinin "gündüz Clark Kent, akşam Superman"lerini anlamamaları ondan.

Elbette onlar da 18 yaşında, 25 yaşında oldular ama, hiç genç olamadılar. Vazgeçtik okulu kırıp kafelerde yan yana, el ele oturmayı, otobüs duraklarında bile kızlı-erkekli duramadılar. Doğa yürüyüşünde gitarın tınısı, plajda yakılan romantik ateşin etrafı, ne kadar uzak onlara... Kantinde şamata, şenlikte dans, mezuniyet gecesinde mırıldanan aşk şarkıları, alt tarafı bi bira. Ne kadar uzak.

"Mahalle baskıları"nın, dar çevrelerinin bilinçaltlarına ördüğü

Çin Seddi gibi duvarlara esir büyüdüler maalesef... Kanları kaynamıştır, aşmak istemişlerdir mutlaka; aşamadılar. O duvarları aşanlara öfkelenmeleri ondan... Halbuki, ömründe bi kere olsun dağıtmadan, nasıl toparlanır ki insan? Hangi sınırdan bahsedebilirsin, özgürlüğü tatmadan, ruhun rüzgâr almadan?

Açın özgeçmişlerini... Hayat baharının en güzel yılları, şu okulları bitirdi diye geçiştirilen kupkuru üç-beş kelimeden ibarettir. Sonra zart diye atlar, siyaset sahnesindeki binlerce fotoğraf... Arası boştur. Gençlik yıllarına dair hatıra fotoğrafları olabilmesi için, yaşanmış hatıralar lazım öncelikle... Yoktur.

Bana sorsalar, king çevirmeyeni mebus bile yapmam, ki, briç'i kumar zannedip, zekâ sporu olduğunu kavrayamadan mezun oldular. Spor ayakkabı, şort giymeden emekli oldu çoğu... Mayoyu zaten boşverdik ama, Allah'ın bize lütfu bu memlekette, şezlonga uzanıp güneşlenemediler, şezlonga.

İyi yönetilen devlet, iyi yönetilen üniversite, iyi yönetilen holding, iyi yönetilen banka, iyi yönetilen gazete, hepsini inceleyin... Hepsinin başında, gençliğinin hakkını vermiş yöneticiler görürsünüz. Efsane siyo'ların ortak özelliği, telefon rehberi gibi kalın akademik kariyerleri değildir, "çapulcu" olmalarıdır.

Memleketi gururlandıran kadınlarımızın tamamı ise, fikri hür vicdanı hür babaların, özgür kızlarıdır.

Gençlik, insanın başına hayatta bi kere gelir.
En vahim gençlik hatası, gençliğini yaşamamaktır.

Hayat okulunda sınıfta kalmış tipler, hayata gülümseyerek bakan çocuklarımıza ders veremez. Deneme-yanılma'yla olmasa bile, deneme-yamulma'yla öğrenilecektir.

Kafayı ağaca taktın ya... Ordan izah edeyim.

Dut gibidir iktidar.
İstediği kadar tutunmaya çalışsın.
İlla ki düşer.

Silkeliyoruz...
Düşeceksin.

Ceyda Sungur

Gezi direnişinde her şey "kırmızı elbiseli kadın"ın suratına biber gazı sıkılmasıyla başladı. Ceyda Sungur'du. Kırmızı elbisesi, omzundaki alışveriş çantası ve gazın tazyiğiyle arkaya savrulan saçlarıyla, fotoğraf oldu, poster oldu, sembol oldu. İTÜ Mimarlık Fakültesi'nde araştırma görevlisiydi. Ceyda Sungur'un suratına, hayatını tehlikeye sokacak şekilde, yarım metre mesafeden biber gazı sıkan polis memuru Fatih Zengin, kasten yaralama suçundan yargılandı, ibretiâlem cezası aldı, 600 ağaç fidanı dikmesine ve o fidanların altı ay boyunca bakımından sorumlu olmasına karar verildi. Tarihe geçen "kırmızı elbiseli kadın" fotoğrafı, Reuters haber ajansına aitti, Reuters'in Türkiye muhabiri Osman Örsal'ın objektifiyle yakalanmıştı. Osman Örsal, bir gün sonra biber gazı kapsülüyle kafasından vuruldu, hedef gözeterek öldüresiye vurmuşlardı, kanlar içinde hastaneye kaldırıldı, neyse ki sekiz dikişle kurtuldu.

※》》《《※

Kadriye

Maltepe'deki arkadaşlarımı ziyarete gitmiş ve yazmıştım...

"Ön bahçede, tel örgüyle bina arasındaki dört-beş metrekarelik boşlukta dut ağacı var. Altına bi masa, sekiz-on sandalye sığıyor. Gölgesine oturduk. Çocuklardan konuştuk. Bi kitap ayracı getirdiler. Kırk yıl düşünsem aklıma gelmezdi, ayva ağacının yapraklarından hazırlamışlar. Hani, nüfus cüzdanlarını, ehliyetleri falan şeffaf plastikle kaplarız ya, öyle... İki yaprak, üstünde Mustafa Kemal'in imzası var, altında bir not, 'gölgesinde oturduğumuz ayva ağacının yaprakları' yazıyor. İyi de bu ağaç dut değil mi? Arka bahçeye götürdüler beni. Ayva ağacı orada. Meğer, o ayva ağacını Ataol Behramoğlu dikmiş oraya iyi mi... Ataol ağabeyi zamanında buraya tıkmışlar, hayata küseceğine hayatı yeşertmiş, ayva fidanı dikmiş. Ve, yazmış: Maltepe askeri cezaevinin avlusunda, sisler içindeki Büyükada'nın karşısında, oturmuş yazarım bu şiiri / Eylül başlarında bir cumartesi sabahı, lodos titretiyor ağaçları, yağmur geceden yıkamış çiçekleri / Gökyüzü mavi, bulutlar beyaz, ardından baharın geçti koca bir yaz, hapisteyiz hâlâ ve güzün ilk serinlikleri / Avlunun dört yanı dikenli teller, tellerin gerisinde nöbetçiler bekler, kapanır uykusuzluktan gözleri / On gündür çocuk sesi duymadım, özledim 'baba' deyişini kızımın, özledim beni görünceki sevincini / Hayatım benim, kırk yıllık hayatım, seni başarabildiğimce dürüst yaşadım, içim burada da pırıl pırıl şimdi / Geçer, güzelim, bu günler de geçer, sökülüp atılır dikenli teller, koparır halk bir gün zincirlerini..."

Ve, Ataol ağabey bu hafta sonu bir mektup yayınladı *Cumhuriyet*'teki köşesinde... Kadriye anne göndermiş. Maltepe'deki arkadaşlarımdan Ali Yasin Türker'in annesi.

"Merhaba Ataol Bey... Ben 66 yaşında ilkokul mezunu bir anneyim. 16 yaşıma kadar köyde yaşadım, köy çocuğuyum, evlenince Ankara'yla tanıştım. Rabbim bize üç evlat verdi. Dört de torunumuz var. Benim beyim çocuklarının rızkını tırnaklarıyla kazıyarak kazandı. 20 sene seyyar satıcılık yaptı, 20 sene taksicilik yaptı. Tek arzumuz, muhanete muhtaç olmadan çocuklarımızı büyütüp, okutabilmekti. Bizim azmimiz, onların gayreti, kızım Ortadoğu'da iktisat okudu, Amerika'da mastır yaptı, küçük oğlum Hacettepe'de İngilizce işletme okudu, büyük oğlum asker olmayı seçti. Harp okulunu dereceyle, harp akademisini dereceyle bitirdi, Amerika'da mastır yaptı, Boğaziçi Üniversitesi'nde endüstri mühendisi olarak doktora yaptı, üç tane yabancı dili var. Bu çocuk bu eğitimini memleketine daha iyi hizmet vermek için yaptı, darbeye teşebbüsten 16 sene aldı. Anne olarak çok canımı yakıyor... Oğlum 2003-2006 arası İspanya'da Nato'da görevliydi, gelinim ücretsiz izin alıp eşinin yanına gitti, dünya tatlısı Elif orada doğdu. Biz oğlumun yurtdışında olduğunu hukuka inandıramadık. Oğlum gündüz İspanya'da çalışmış, gece Türkiye'de darbe planı yapmış... Çocuğuma atılan bu çok çirkin suçu, bizlere ve çocuğuma yaşatılan bu acıyı, rabbimin adaletine havale ediyoruz, 66 yaşında bir anne ve 76 yaşında babası, çocuğumuzun özgür kalması için dua ediyoruz. Ben oğlumu orduya 14 yaşında verdim, birinci ailesi bendim, ikinci ailesi orduydu ama, ordu çocuklarımıza çok sessiz kaldı, halktan da hiç destek görmedik, sadece sizin gibi yazarlarımız bizlerin gören gözü, konuşan dili oldu, teşekkür ederim. Size mektup yazmak istedim. Çünkü... Sizin dikmiş olduğunuz ayva fidanının altında, şimdi benim fidanım oturuyor. Geçen cumartesi günü açık görüş vardı. Torunlarım Ege ve Elif, birer ayva koparmışlar, bana da nasip oldu. Kaderin tecellisi hiç belli olmuyor. Bizleri sizler anlarsınız diye, bir anne olarak dertlerimi paylaşmak istedim. Kadriye Türker".

İftirayla hapse tıkılmış oğlunu özleyen anne'den, iftirayla aynı hapse tıkılıp, kızını özleyen baba'ya... Dikmiş olduğunuz fidanın altında, şimdi benim fidanım oturuyor!

Yarın Yargıtay'da tarihi gün... Memlekette hukuk olmadığını biliyoruz ama, adalet var mı, öğrenmemize 24 saat kaldı.

Kadriye Türker

"Açılım" adı altında PKK'yla yürütülen müzakerelerin sloganı "analar ağlamasın"dı. Aynı dönemde, asrın iftirasıyla hapse atılan subayların anaları, anadan sayılmıyordu! Ağlamaktan gözpınarları kuruyan annelerden biri, Kadriye Türker'di. Evladı için verdiği mücadeleye bizzat tanığım. Yardım istemek için her kapıyı çalıyor, gerçekleri anlatabilmek için her yetkiliye ulaşmaya çalışıyor, duygularını kaleme döküyor, gazetecilere, siyasilere mektuplar gönderiyordu. Keşke o mektupların birer kopyası olsaydı ve kitap haline getirilseydi. O dönemin zulmünü anlatan, en etkileyici kitaplardan biri olurdu. Yukardaki yazının son bölümüne gelirsek... 24 saat sonra, maalesef, memlekette adalet olmadığını öğrenmiş olduk. Yargıtay, asrın iftirasını onadı, subaylara verilen cezalar kesinleşti. AKP'yle Fethullah Gülen Cemaati kapışmasaydı, subaylarımız hâlâ hapisteydi.

Hamile

TRT'de iftar programına katılan tasavvuf düşünürü arkadaş, hamilelerin sokağa çıkmasının terbiyesizlik olduğunu söyledi.

Bu güya "düşünür" olanı.
"Düşünmeyen"leri varın siz düşünün gari.

Kravatlı talibanların "ulema" diye devlet televizyonuna çıkarıldığı ülkede... "Dekolte giyen kadınlar tecavüzü göze

almalı, erkekleri tahrik ettikten sonra şikâyet edilmesi makul değil" diyen profesör varsa...
"Tecavüze uğrayanlar dert etmesin doğursun, devlet bakar" diyen sağlık bakanı varsa...
Düğünlerde eşinin dans etmesine izin veren erkeklerin "pezevenk" olduğunu söyleyen müftü varsa...
75 yaşında kene'den rahmetli olan kadıncağızın cenaze namazını kıldırırken "fuhuş arttığı için bu tür belaların musallat olduğunu" anlatan imam varsa...
Başörtülü bacımıza trende saldırıldı palavrası papağan gibi tekrar tekrar manşet yapılırken, şort giyiyor diye belediye otobüsünde yumruklanan voleybolcu kızımız mesela, tek sütun haber bile yapılmıyorsa...
AKP'li belediyelere evlilik semineri verip, "kadın itaat etmeli, imam nikâhlı çokeşlilik kadınlar için kurtuluştur, yasal olsun" diyen... Hatta "kocama bekâr arkadaşımı tavsiye ettim, beğeniyorsan üstüme imam nikâhıyla alabilirsin dedim" bile diyen mütedeyyin (!) aile danışmanı varsa...
Terörü halletmek için Kürt kızlarını "kuma" almamızı öneren belediye başkanı varsa...
Kadın gazetecilere "bacak aranızın fotoğrafını çekip gazeteye bastırsam" filan diyen milletvekili varsa...
Bahçesinde kızlı-erkekli oturulan Boğaziçi Üniversitesi'ne "yoldan çıkmamak için" gitmediğini izah eden bakan varsa...
Tüsiad'ın kadın başkanına hitaben "onun gibi düşünenler iktidara gelirse porno sitelerini serbest bırakabilirler" diyen başbakan yardımcısı varsa...
"Kadın erkek eşit değildir, yaradılışa ters, kürtaj katliam, sezaryen cinayet, banklarda kızlı-erkekli oturmayı saygıyla karşılamam" diyen başbakan varsa...

Hani o hep bahsedilen "evlerinde zor tuttuğumuz yüzde 50" var ya... İşte o evlerinde zorla tutmaya çalıştıkları "toplumun yarısı" aslında kadın'lardır.

⸎

Terbiyesiz bir kadın!

Sokağa çıkan hamilelerin terbiyesiz olduğunu söyleyen Ömer Tuğrul İnançer, Cerrahi tarikatının şeyhiydi, Atatürk devrimlerine hakaret edip, AKP şakşakçılığı yapıyordu, TRT'de baştacı ediliyor, program yaptırılıyor, cebine para konuyordu. Kendisine en güzel cevabı, Türkiye'nin ilk kadın vaizi, ilahiyat profesörü Beyza Bilgin verdi: "Bu söylenenler dinle-imanla alakalı bir şey değil, olsa olsa erkeklerin güvensizliğiyle alakalı olabilir, ayıp diyor ama, kendisi de o ayıptan doğdu!"

Haşema

TBMM çatısı altında CHP milletvekiline "senin a...ına koyarım, o...spu çocuğu, senin ananı s...rim" diyen AKP milletvekili Zeyid Aslan, bu sefer kadın gazetecilere saydırdı. TBMM kulisinde uyurken fotoğrafları yayınlanınca öfkelendi, "bu yaptığınızı gazetecilik mi sanıyorsunuz, ben de sizin bacak aranızı çekip gazeteye bastırsam, bunların doğal hali bu diye, ahlaksız olurum değil mi? Ama sizinki gazetecilik oluyor" diye bağırdı.

Seneler evvel...

İstanbul Üniversitesi Hukuk Fakültesi'nde okuyan bir grup muhafazakâr erkek arkadaş vardı. Havalar güzelleşince topluca denize gidiyorlardı. Ancak, mayo giymeye utanıyorlardı. Kimisi eşofmanla giriyordu denize, kimisi de kot pantolonu kesip bermuda haline getiriyordu. Baktılar olacak gibi değil, model tasarladılar, özel dikim yaptırdılar, ortaya haşema çıktı.

(Yağlı güreşçi kıspetine benzeyen, dize kadar inen haşemalar, önceleri sırf erkekler için üretiliyordu. AKP'nin yükselişiyle beraber, ninja kıyafetine benzer şekilde, kadınlar için de üretildi. Tesettür mayolarının hepsine birden haşema deniyor ama, aslında tescilli bir markanın ismi Haşema.)

(Anlamı ne dersiniz? Rivayet muhtelif. İsim babası, Haşema Tekstil'in sahibi Mehmet Şahin... Haşemayı arkadaşlarıyla birlikte icat eden ve ticari ürüne dönüştüren Mehmet

Şahin "Türkçede haşema diye bir kelime yok. Literatüre biz soktuk. Kafamda bir açılımı varsa bile, söylemem. Ben söylemediğim için, şu anda bir anlamı yok" diyor. Parantezi kapatıp, devam edelim.)

Haşema'yı icat eden hukuk fakültesi öğrencileri, *Teklif* ismiyle dergi çıkarıyordu. Haşema'nın reklamlarını bu dergide yayınlamaya başladılar. "Yazın kilonuzu boyunuzu, gönderelim mayonuzu" sloganını kullanıyorlardı. İstanbul Üniversitesi iktisat ve edebiyat fakültelerinden, bilahare İTÜ'den talepler gelmeye başladı. Satıştan elde ettikleri gelirle, derginin masraflarını karşılıyorlardı. Söz konusu dergide yazar-editör 50 civarında öğrenci çalışıyordu. Çoğu AKP'den belediye başkanı oldu, milletvekili oldu.

Haşemayı icat eden derginin, amatör gazeteci kadrosundan biri kimdi biliyor musunuz? Zeyid Aslan.

Ana avrat dümdüz gidebilirsin, kadınlara bacak aranı filan diyebilirsin ama... Mayo giyince utanıyor yani insan!

❯❯❯❮❮❮

AKP mayosu

Harem-selamlık otellerin sayısı arttıkça, haşemanın da satışı arttı. 2015 itibariyle, Türkiye'deki mayo pazarının yüzde üçü, tesettür mayosuydu. *Hürriyet* yazarı Ayşe Arman, nasıl olduğunu merak etti, haşemayla denize girdi, gözlemleri şöyleydi: "Kat katım... Altımda, dansçıların giydiği gibi bir tayt, onun üzerinde alttan çıtçıtlanan, sadece ellerimi açıkta bırakan uzun kollu bir body, onun üzerinde yağmurluk gibi bir şey, kafamda bone, bonenin tepesinde boynumu ve çenemin altını kapatan, yandan cırt cırtlı kukuleta, patladım patlayacağım... Yürürken fıştırı fıştırı ses çıkıyor. Denize girdim, su vücuduma değiyor mu, inanın kavrayamıyorum. Lisedeyken bir kere elbiselerimle denize düşmüştüm, tıpkı öyle bir his... Sudan çıkması ayrı bir felaket. Mayo-bikini hemen kuruyor, bununla öylece kalakalıyorsun, ıslak duruyorsun, paçalarından kilolarca su dökülüyor. Maruz kaldığım zulmün adı haşema."

❯❯❯❮❮❮

Minna

Dünya barışı için gelinlikle otostop yapa yapa İsrail'e giden İtalyan kadın sanatçıya İzmit'te tecavüz ettiler, boğarak öldürdüler. Amerikalı kadını İstanbul'un göbeğinde raylara yatırıp, kafasını taşla ezdi herif... İzmirli garson, İrlandalı iki kadını bıçakla doğradı, kanlı elbiseleri çöpe, cesetleri ormana fırlattı. Antalya'da tecavüz edilen 14 yaşındaki Norveçli kız, polise sığındı. Kemer'de Rus kadın turist, otel personelinin toplu tecavüzüne uğradı. Didim'de üç İngiliz kadına tecavüz edildi. Marmaris'te Hollandalı turist kadın tecavüze uğradı. Manavgat'ta inşaat işçileri Alman kadın turiste tecavüz etti. İsveçli kadın turiste İstanbul'da tecavüz ettiler. Trabzon'da Sümela Manastırı'nı gezmeye giden Güney Koreli kadın turiste tecavüz edildi. Ankara'da otelin güvenlik görevlisi, Avustralyalı çiftin odasına balkondan girdi, bıçakla tehdit ederek, erkek arkadaşının gözü önünde Avustralyalı kadına tecavüz etti. Rus turist kız, yılbaşı gecesi Taksim'de, ahtapot gibi uzanan ellerden kurtulmak için otobüs durağının üstüne tırmanmıştı, televizyonlarda seyrettik, ayakkabısı çıkmıştı, yırtılmış eteğini çekiştiriyorlardı aşağıdan, külotunu cep telefonuna kaydediyorlardı. Bisikletiyle seyahat eden Danimarkalı turist kadına, Yozgat'ta mola verdiği çeşme başında tecavüz edildi. Yaya olarak gezdiği ülkelerdeki deneyimlerini kaleme alan Polonyalı gezi yazarı kadın, İstanbul Çatalca'da tecavüze uğradı. Van'da kamp kuran İsviçreli turistler, saldırıya uğradı, erkek İsviçreliyi döve döve bağladılar, kadın İsviçreliye altı kişi tecavüz etti. Manyağın biri, Nevşehir'de iki Japon öğrenciyi bıçakla parçaladı, kızlardan birinin delik deşik bedenine, öbürünün cesedine tecavüz etti.

Finlandiyalı turist Minna Eeva Kaarina Lehtovirta, Alanya'da tecavüze uğradı, neyse ki öldürülmemişti ama, yaşadıklarına dayanamadı, bir gün sonra hap içerek canına kıydı.

Sapık her ülkede var...
"Birleşmiş Milletler sapığı" sadece bu ülkede var!

Kadına şiddete göz yummanın... Demokrasi ayaklarıyla "millet böyle istiyor" diye, hırtlığı, magandalığı, zontalığı baş tacı etmenin... Kadının sırtına tekme atan palalıya, sırf "kendi tarafında" diye sahip çıkmanın... Kızları saçından sürükleyen, hamilelere tekme atan polisleri "kahraman" ilan etmenin sonucudur bu.

Hukuk tanımazlığın sonucudur.

Güya, dünyaya "edep" dersi veriyorsun ama... Memleketi öyle hale getirdin ki, kuytuda kıstırsalar Mısırlı Rabia'ya bile tecavüz edecekler, haberin yok!

Minna Lehtovirta

Türkiye'ye tatile gelen pekçok yabancı kadın, ya öldürüldü, ya da korkunç hatıralarla ayrıldı. Minna ise, cinsel saldırı tarihimizde bir ilk'ti. Canını kurtarıp, intihar eden ilk kadın turistti. Minna'ya tecavüz eden Murat K. yakalandı, utanmadan Minna'yı suçladı, kendi rızasıyla birlikte olduklarını iddia etti. Takdir-i ilahi... Mahkeme başkanı, bir kadın hâkim, Emine Talay Yavuz'du. Hadiseyi derinlemesine inceledi.

Minna'ya tecavüz eden herif hakkında, daha önce Rus turiste, ondan önce de Danimarkalı turiste cinsel saldırıda bulunduğu iddiasıyla soruşturma açıldığını tespit etti, 12.5 yıl hapis cezasını yapıştırdı.

Rihanna

Ezan okunuyor.
Rihanna söylüyor.
Olimpiyat tanıtım filmimiz bu.

Televizyonlarda yayınlanıyor.
İnternette var, izleyin lütfen...
Kızlı-erkekli dolaşıyorlar.
Kızlı-erkekli parkta oynuyorlar.
Kızlı-erkekli müze geziyorlar.
Kızlı-erkekli alışveriş yapıyorlar.
Kızlı-erkekli çay içiyorlar.
Kızlı-erkekli Boğaz kenarındalar.
Kızlı-erkekli tekneye biniyorlar.

Dalgalı, düz, kıvırcık.
Hepsinin saçı açık.

Tekneye binen kız, mini etekli.

Sanırsın, Los Angeles'tır.
Siyah Amerikalı bile var.

Nerde türbanlılar kardeşim?

Yok mu İstanbul'da hiç türbanlı?
Neden koymadınız tanıtım filmine?

Benim başörtülü bacım, benim başörtülü bacım diye oy toplamayı biliyorsun... Utanmıyor musun başörtülü bacını saklamaya? Başörtüsünden mi utanıyorsun yoksa?

Kızlı-erkekli bankta oturmayı hoş karşılamam diyeceksin... Memleketi dünyaya tanıtmak için çapulcu'lara sarılacaksın, öyle mi?

Başörtülü bacım üniversiteye giremiyor, başörtülü bacım TBMM'ye giremiyor diye mağdur ayaklarına yatacaksın... Kendi ellerinle hazırladığın tanıtım filmine, başörtülü bacını sokmayacaksın, öyle mi?

Ayıp mıdır türbanlıları göstermek?
Yoksa, bu senin yaptığın mı ayıptır?

Ayrıca... Ezan okunurken konserlerin sesini kısmayana dinsiz diyeceksin... Sonra da, ezan'a Rihanna'yla vokal yaptıracaksın... Müezzin midir Rihanna?

İçinde "rakı" geçiyor diye "Vardar Ovası" türküsünü yasaklayacaksın. İçinde "ecstasy" geçen Rihanna şarkısıyla Türkiye'yi tanıtacaksın öyle mi?

2020'yi verirler mi bilmem ama, "takiye olimpiyatı" yapsalar, banko bunlar alır!

⫸⫷

Rihanna

AKP'nin kendi çıkarları için bayrağı, Kuran-ı Kerim'i, İstiklal Marşı'nı alet ettiği görülmüştü ama, Barbadoslu seksi şarkıcı Rihanna'yı alet etmesi, dünya takiye tarihinde ilk'ti. Ve aslında... Dışardan görünüşü cami, içerden görüşünü Rihanna, AKP'nin ta kendisiydi. Olimpiyat tanıtımı yapalım derken, kendilerini anlatmışlardı.

⫸⫷

Aslı

Bizim spor bakanı "olimpiyatlara adını veren dağ, Antalya'daki Olimpos Dağı'dır, Çıralı'da yanan ateşin tanrısal olduğuna inanılıyor, olimpiyat meşalesini doğduğu topraklara, Anadolu'ya götürmek gerekir" dedi.

Olimpos Dağı, Antalya'da değil, Selanik'te... Olimpiyata adını veren, dağ mağ değil, Yunanistan'daki antik kent Olimpiya... Olimpiyat meşalesinin Çıralı'yla alakası yok, tarihte ilk kez Hollandalılar tarafından 1928 Amsterdam olimpiyatında yakıldı. Olimpiyat meşalesinin elden ele koşturulması geleneği ise, Hitler'in icadı, 1936 Berlin olimpiyatında başladı.

Bu bilgisizliğe, değil olimpiyat, kiraz festivali bile vermezler!

Bizim başbakan, Mersin Oyunları'nın açılışında "Akdeniz, beyaz deniz, White Sea olarak adlandırılır" dedi. White Sea, Rusya'nın kuzeyinde.

Milli takım bayrağı taşıttığın yandaş güreşçi, ırkçılıktan ceza aldı.

AKP'li Üsküdar belediyesi'nin sporcusu diye hava attığın, spor salonuna adını verdiğin olimpiyat şampiyonu Aslı Çakır Alptekin, dopingci çıktı, spordan men edildi.

Dünyada, gençlerine spor bayramı armağan eden tek lider var, tek devlet var, Mustafa Kemal Türkiyesi... 19 Mayıs'ı yasaklayacaksın, sonra utanmadan, spor ülkesiyim diyeceksin öyle mi?
Rize çıkacak, Kasımpaşa çıkacak, Kayseri Belediyespor bile çıkacak, Diyarbakırspor garibanlıktan amatöre düşecek... Sen hâlâ sporda fırsat eşitliği sağladım hikâyesi anlatacaksın.

20 senedir olimpiyata talibiz, tesisler hâlâ çizgi film şeklinde... Maketi bile yok. Yapa yapa bi tane olimpiyat stadı yaptın, onu da yanlış yere yaptın. Ağustosta bile anca paltoyla oturabilirsin, devamlı fırtına var. Kaleci degaj yapıyor, öbür kalenin arkasına uçuyor. Cirit fırlat, Bahçeşehir'e kadar gider. Atletizmde rüzgâr limiti var, istersen dünya rekoru kır, meteorolojik limit aşılmışsa, kabul edilmez. Bu statta olimpiyat yapmana izin verilmez. Bundan hiç bahsetmeyeceksin di mi?

Bir numaralı kriter, olimpik vatandaş... Bu işin olmazsa olmazıdır. Olimpik vatandaş, spor yapan, spor takip eden, spor için para ödeyen insandır. İstanbul'da anket yapıldı, ahalinin yüzde 38'inin olimpiyat adaylığımızdan haberinin olmadığı ortaya çıktı. 20 senedir adayız, bu arkadaşların hâlâ haberi yok. Sence, kime oy vermiştir bu "bilinçli" yüzde 38?

Kızlara ayrı, erkeklere ayrı havuz yapacaksın. Spor bakanlığının gençlik kamplarını harem-selamlık ayırdın. Parktaki banklara kızlı-erkekli oturulmasına bile gıcık oluyorsun. Olimpiyat köyü'nde laik mi olacaksın?

Avrupa'da sokağa çık, bu ülkede ne kadar çok engelli var dersin. Türkiye'de sokağa çık, bu ülkede hiç engelli yok dersin. Engelli vatandaşlarımızı belediye otobüsüne bile bindirmeyi başaramıyorsun birader... Paralimpik senin neyine?

Altın madalya kazananlara toki'den ev vermeyi vaat ettin, olmadı... Usain Bolt'a avanta kömür vermeyi de düşünüyor musun?

Sloganımız neydi? Bridge together. Fatih Köprüsü'nü kim yaptı? Japonlar. Marmaray'ı kim yapıyor? Japonlar.

Güya "iki kıtayı birleştiren ülkeyiz" diyorsun... İki kıtayı, hem denizin altından hem denizin üstünden anca Japonlar sayesinde birleştiriyorsun.

Sen önce köprü yapmayı becer...
Bridge together'ı sonra düşünürüz!

>>><<<

Aslı Çakır Alptekin

Aslı Çakır Alptekin, 2012 Londra Olimpiyatları'nda 1500 metrede altın madalya kazandı. Bu altın, Türkiye'nin olimpiyat tarihindeki ilk atletizm altınıydı. Memleket sevinçten havalara uçtu. Özellikle AKP tarafından gurur vesilesiydi. Çünkü, AKP'li Üsküdar belediyesinin sporcusuydu, tarihi başarıyı kendilerine maledyorlardı. Ödül olarak altınlar hediye edildi, evler hediye edildi, televizyon reklamlarında oynatıldı.

Aslı Çakır Alptekin antrenörü İhsan Alptekin'le evliydi. Üç yıldır evlilerdi. Olimpiyat altını kazandıktan sonra düğün yaptılar! Üsküdar

Belediyesi'nin evsahipliğindeki düğüne, Tayyip Erdoğan onur konuğu olarak katıldı, spora ne kadar büyük katkılar sağladıklarına dair konuşma yaptı, konuşması televizyonlarda geniş geniş yayınlandı. Aslı'nın altın madalyasını AKP'nin altın madalyası olarak sunuyorlardı. Unuttukları küçük bir detay vardı... Aslı Çakır Alptekin, 2004'te dünya gençler şampiyonasında final koşmuştu ve kanında doping maddesi yakalanmıştı, iki yıl spordan men edilmişti. Neticede... Olimpiyattaki kan numunelerinde de doping maddesi çıktı. Olimpiyat madalyası geri alındı, sekiz yıl spordan men edildi. AKP'nin "ödülle başarı" yönteminin kaçınılmaz sonucuydu. Madalya getirene, avanta kömür dağıtır gibi, altın dağıtıyorlardı, toki'den ev dağıtıyorlardı. Altyapıya önem vermeden, çalışmadan, didinmeden, kısa yoldan başarı yakalayabileceklerini sanıyorlardı. Parayı bastırırım, hallederim zannediyorlardı. AKP'nin bu yaklaşımı yüzünden, sporcu karakterinin yerini, paragöz karakteri almıştı. Ödül peşinde koşan sporcular gözü karartıyor, belki yakalanmam diye düşünerek, dopingi basıyorlardı. AKP döneminde her meselede olduğu gibi, sporda da hem tarihi çöküş yaşıyorduk, hem de dünyaya rezil oluyorduk.

>>><<<

Themis

Themis...
Mitolojide adalet tanrıçasıdır.
Bakiredir.
Bir elinde kılıç tutar, bir elinde terazi vardır.
Gözü bağlıdır.
Bakire oluşu, bağımsızlığını...
Terazi, adaletin hakkaniyetli dağıtılmasını...
Kılıç, caydırıcı gücünü...
Gözlerinin bağlı olması, tarafsızlığını sembolize eder.

Tüm dünyada "evrensel hukuk"un simgesidir.

Türkiye hariç!

Bizde de öyleydi aslında.
4 sene öncesine kadar.

2009'da Anayasa mahkemesi'nin yeni binası hizmete girdi. İmam başbakanımız, dindar cumhurbaşkanımız ve iktisatçı anayasa mahkemesi başkanımız tarafından törenle açıldı. O da ne? Binanın önüne heykel dikilmişti. Bir elinde terazi, bir elinde kılıç olan kadın heykeliydi ama, adalet tanrıçası Themis'e benzemiyordu. Olsa olsa "adalet bacı"ydı. Çünkü, şalvarlı, göbekli, terlikli, boncuk gerdanlıklıydı. Ve, gözleri açıktı. Fıldır fıldır bakıyordu. Tarafsız kalsın, adaletinin terazisi şaşmasın diye gözü bağlı olan evrensel hukuk... "Açıkgöz" hukuka dönüşmüştü. Ben yargıladığım kişinin kim olduğuna bakmam demiyor, kim olduğunu görürüm, ona göre karar veririm diyordu.

Milattı.

Bu heykelin dikildiği günden bugüne, memlekette hukuka dair ne varsa, alt üst edildi. Yargı sistemimiz themis themis kararlarla, dip köşe themislendi!

Ak'lar paklar, dolma yapar, iyi börek açar ama, hukuk bekleyen boşuna bekler adalet bacı'dan!

Adalet bacı

Anayasa mahkemesi'nin girişine konulan heykeli, heykeltıraş Aslan Başpınar yapmıştı. Peki, neden böyle bir şey yapmıştı? Şöyle anlattı: "Anayasa mahkemesi başkanı Haşim Kılıç, özgün, yerel, hiçbir yerde olmayan bir şey istediğini söyledi. Ben de maket hazırlayıp, mahkemeye sundum. Eserim çok beğenildi, kabul edildi. Yedi ay içinde tamamlayıp, teslim ettim. Benim yaptığım heykel, Anadolu genç kızıdır, adalet tanrıçası Themis değildir, öyle bir talep olsaydı, öyle yapardım, bu eser benim kişisel yorumum, bir marangozun, bir demircinin, bir mobilyacının yaptığı eser tartışılmıyor, benim kişisel yorumum tartışılıyor, bunu anlamıyorum, heykelin gözleri neden kapalı değil diyorlar, yargıçların da gözü açık değil mi?"

Meryem

Bir uyandım Kuşadası'nda... Zannedersin, dışarıda devasa bir saç kurutma makinesi üflüyor.
50 derece falan.

"Allahım bu ne sıcak" dedim.
"Orman yanıyordur" dedi, yazlıkçılar.
Meğer, önceki yıllarda yaşanan Güzelçamlı, Söke, Germencik yangınlarından tecrübeleri varmış, 30 kilometre civarında orman yangını çıkınca, Davutlar Körfezi'ni böyle etkilermiş.

"Sen gazetecisin" dediler...
"Sor bakalım gazeteye, neresi yanıyormuş?"

"Bülbül Dağı yanıyordur" dedim, gazeteyi aramadan.
Dediler ki, "nereden biliyorsun?"

Acele etmeyin, anlatacağız.

Atladım otomobile.
Vurdum Selçuk yönüne.
Tahmin ettiğim gibi...
Ege'nin pırıl pırıl gökyüzüne hiç yakışmayan, kapkara bir leke, duman... Bulut olmuş, çökmüş üzerimize.

Bülbül Dağı yanıyor.
Efes'in yaslandığı, Meryemana Evi'nin Bülbül Dağı.

Sigara izmariti falan değil... 500'er metre aralıklarla, 20-25 tane alev noktası görünüyor. Dağın, Efes tarafında da yangın var, Selçuk tarafında da, Davutlar tarafında da... Belli ki, bu işin eğitimini alan kansızlar, uygun noktalara benzin döküp, söndürülmesi imkânsız şekilde çakmağı çakmışlar. Meşale gibi, Bülbül Dağı.

Dört tane helikopter saydım havada... Pamucak sahiline gidip, deniz suyunu dolduruyor, dönüp, yangına döküyorlar. Büyük bir çaba var. Ama ne mümkün... Alan çok büyük. 44 tane helikopter lazım.

Nasıl tarif edeyim... Evinde yangın çıkmış, sen komşudan bardakla su taşıyorsun, o hesap.

Önümde, Belevi belediyesinin itfaiye kamyonu gidiyor.
40'la gidiyorum, solluyorum!
Çünkü itfaiye kamyonu, ilk icat edilen itfaiye kamyonu...
Kimbilir, hangi büyükşehir belediyesinin beşinci el hibesi...
Eski mi, eski... Üstünde itfaiye yazıyor ama, değil orman söndürmek, bahçe bile sulayamazsın.

Düşünüyorum, milyonlarca dolar saçılan jilet gibi makam araçlarını, özel uçakları falan... Bir de bakıyorum, bu zavallı orman söndürme aracına... Kahroluyorum.

Gelelim, Bülbül Dağı'nın yandığını nereden bildiğime...
Üç ay sonra Papa gelecek buraya.
Oradan biliyorum.

Papa 23'üncü Jean, 1961'de, tüm dünya Katolikleri için "Hac" yeri ilan etti bu dağı...
1967'de Türkiye'ye gelen Papa 6'ncı Paul, gezdi burayı.
1979'da Türkiye'ye gelen Papa 6'ncı Jean Paul da, gezdi.
Aradan 27 sene geçti.
Yeni Papa 16'ncı Benediktus, kasım ayında Türkiye'ye gelecek.
Meryemana Evi, mutlaka gideceği "en önemli" adres.

Şahane bitki örtüsüyle, tablo gibi doğasıyla, Türk turizminin "reklamı için" olağanüstü fırsat.

Yunanistan'ın Türkiye'ye zarar vermek için özel olarak kurduğu Lavrion Kampı'nda sabotaj eğitimi alan PKK'lılar biliyor bunu.

Bülbül Dağı'nın bu yaz mutlaka ve mutlaka hedef alınacağını, bizim gibi "beyinsiz" gazeteciler de biliyor!

Bi tek kim bilmiyor?
Bi tek kim görevini ciddiye almıyor?
Bi tek kim, istihbarat ve söndürme önlemi düşünmüyor?
"Çok akıllı" politikacılar.

İçişleri bakanı, yabancı futbolcunun TC pasaportu almasıyla meşgul, turizm bakanı villa satmakla, emlakçılıkla... Orman bakanı desen... Bahçesinde tilkiler oynaşıyormuş, tilkiler bile mutluymuş bu hükümetin icraatlarından, öyle anlatıyor.

Pazar'ı pazartesi'ye bağlayan gece, dizüstü bilgisayarımın ışığında yazıyorum bu satırları size.
Saat, 02.00...
Trafo yanmış, elektrikler kesik.
Yangın devam ediyor.
Bülbül Dağı "kızıl abajur" gibi aydınlatıyor karanlığı.

Havada geniz yakan, kesif is kokusu.
Kül yağıyor yazlıkların üzerine.
Her kül, 50 yıllık, belki 100 yıllık bir ağaç, biliyorum.
Meryemana evi'nin akıbetini bilmiyorum.
Bülbüller kendini kurtarmıştır Bülbül Dağı'ndan ama...
Kaçamayan tavşanları, kaçması mümkün olmayan
kaplumbağaları düşünüyorum. Kavrulduğu için en az 10 yıl
yeşermeyecek toprağı...
Saat 02.00.
Çaresizim.

Meryemana

Meryemana evi, Hazreti İsa'nın annesi Meryem'in son yıllarını geçirdiğine inanılan kilise'dir. 1891'de, Alman rahibe Catherine Emmerich'in rüyası üzerine, Lazarist papazların araştırmaları sonucunda ortaya çıkarıldı. 1891'den beri defalarca yangın tehlikesi atlattı ama, yukarıda anlattığım felakette, 2006'da, sadece iki metreyle kurtuldu. 350 hektar alan kül olmuştu. Yeniden yeşertmek yedi sene sürdü. Yanan ağaçların yerine, 300 bin adet, fıstıkçamı, kızılçam, kara servi, mavi servi, toros sediri, yalancı akasya dikildi.

Nadide

İzlediniz mutlaka.
"Üvey anne, 9 yaşındaki Fırat'ı bıçaklayarak öldürdü, minicik vücudunu parçalara ayırdı, kafasını kolunu çöp bidonlarına poşetlerle dağıtırken yakalandı. Üvey annenin, Fırat'ı okula göndermediği, sürekli dövdüğü, işkence ettiği, aç bıraktığı ortaya çıktı sayın seyirciler..."

Okudunuz illa ki.
"Cani üvey anne."
"Üvey anne vahşeti."
"Vicdansız üvey anne."
"Üvey anne kurbanı."

Aslında, Anneler Günü'nde yazmayı düşünüyordum ama,

annem aradı. Hemen dedi, şimdi yaz.

"Cani öz anne" demediğimize göre, hangi vicdanla "cani üvey anne" diyebiliyoruz avaz avaz? Ağız burun kıvırma, zahmet edip kıyasla... Öz annesi tarafından öldürülen öz evlat sayısı mı fazladır, üvey annesi tarafından öldürülen üvey evlat sayısı mı?

Manyak, manyaktır... Bıçaklayarak öldürüp, kafasını kesen Cem Garipoğlu, Münevver'in üvey annesi miydi?

Bakın, Türkiye İstatistik Kurumu açıkladı, son 5 yılda 604 bin çift boşandı. Herkes bi yastıkta kocamak niyetiyle imzayı basıyor ama, samanlık seyran olmayabiliyor. Hayatın gerçeği bu. Keşke olmasa... Ne çare ki, oluyor. Son 50 yıla oranlarsak, en az 5 milyon çiftin boşanmış ve yeniden evlenmiş olduğunu görürüz. Kabaca yarısının çocuklu boşanma ve çocuklu ikinci evlilik olduğunu varsayarsak, milyonlarca insanımız "üvey anne-üvey evlat"tır.

Ruh sağlığı bozuk bir kadının insanlık dışı cinayetini, hoyratça "üvey, üvey, üvey" vurgusuyla yazdığımızda... İkinci evliliğiyle edindiği çocuklarına şefkat gösteren kadınların ruhunda nasıl yaralar açıldığını merak eden var mı acaba?

Hiç dahli olmadığı ayrılıklar neticesinde, öyle ya da böyle, bi şekilde kendisini öz olmayan annenin evinde bulan, özellikle küçük çocuklar... "Üvey anne dehşeti, üvey anne vahşeti, cani üvey anne" haberlerini izleyip izleyip, ne hissediyorlardır şu anda iç dünyalarında?

Annen öz'se, leğende yıkarken kafana tasla vurur, kıkır kıkır gülersin. Terliği geçirir suratına, bilirsin ki, yanağını okşadı. Ama, öz değilse annen, hele bir de, bu bangır bangır haberleri izledikten sonra hafif asıldıysa suratı akşam sofrasında...
Düşünsene üveysen.
Üvey de tıpkı öz gibidir iddiasında değilim... Ama, öz evladını cami avlusuna bırakan kadın mı öz'dür, yoksa, o bebişi çocuk esirgemeden alıp, bağrına basan kadın mı üvey'dir?

Ne doğmak elimizde.
Ne ölmemek.
Ne anamızı seçebiliriz.

Ne babamızı.
Hayattır bize rol biçen.

Ve, emektir sevgi... Öz olmayan anne tarafından öz'enle büyütülen, okutulan, efsane sanatçılarımız var, sporcularımız, zirveye çıkan profesörler, işadamları, politikacılarımız var.

Benim bildiğim, fedakârlıktır annelik... Kendi mesleğini bırakıp, eşinin ilk evliliğinden olan felçli çocuğa bakan anne var. Doğurmadığı evlada, canından can, böbreğini veren anne de. Ya üvey baba?

Bırak siyaseti miyaseti, bunu yaz dedi.
Hemen şimdi.
Çünkü, üvey babayla büyüdü.
Öz babasından çok severdi rahmetliyi...
Rahmetli de öz oğullarından çok, annemi.

⊷⊶

Nadide Ulaş Özdil

Sevgili annem, oradan oraya savrulan bir neslin ferdiydi. Girit'ten Gaziantep'e, Eskişehir'den Diyarbakır'a, Mardin'den İzmir'e sürülen-göçen bir ailenin kızıydı. Bunca darmadağınlık arasında, ailesinin bir bütün olarak kalabilmesi elbette mümkün değildi. O dönemin pek çok çocuğu gibi, üvey büyüdü. Nur içinde yatsın, en hassas olduğu konulardan biriydi. İşin ekstra tuhaf tarafı... Üvey babası Süleyman, aynı zamanda babamın babasıydı! Babamın babası boşanmış, annemin annesi boşanmış, iki dul İzmir'de evlenmişler, annemle babam aynı evde iki üvey olarak yaşamaya başlamışlar ve neticede onlar da evlenmişti! Kimbilir... Belki de ilerde romanlarını yazarım.

⊷⊶